άπò Παύλου

바 울 로 부 터

바울의 흔적이 전해온 메시지

최종상 지음

두란노

목차

4부 ━━━

제3차
선교 여행 _____

5부 ━━━

제4차
선교 여행 _____

6부

바울 관련
중요 주제들 _____

추천사

예수 그리스도의 복음을 나타내는 네 가지 형식은 개인 전도, 세계 선교, 목회 사역, 신학 훈련입니다. 사도 바울의 생애에 이 모두가 충족하게 드러났는데, 《바울로부터》를 통해 아름답게 정리됐다고 생각합니다. 최종상 선교사는 로고스 신교선과 둘로스 선교선에 승선해서 바울이 사역했던 지중해 연안뿐만 아니라 세계 여러 나라를 순회하며 선교한 분입니다. 영국인 교회를 개척해서 목회도 하였고, 바울과 로마서를 전공하여 영국의 신학교에서 가르치기도 했습니다. 그는 사도 바울이 섰던 자리에 거의 다 서 보았기 때문에 사도 바울의 진면목을 보여 줄 적임자입니다. 복음주의 신학을 굳게 지키는 학자요, 전도하는 선교사입니다. 이미 스토리 다큐 〈바울로부터〉가 많은 사랑을 받고 있는데, 그 원작 스크립트가 책으로 출판되었으니 더욱 놀라운 축복의 현장으로 인도할 것입니다. 이 책으로 인해 사도 바울에 대한 이해가 풍성해지고, 그의 삶과 정신이 한국 교회 안에서 실천되는 축복이 있기를 기도하며 기쁨으로 추천합니다.

홍정길 남서울은혜교회 원로목사

스토리 다큐 〈바울로부터〉의 스크립트가 이제 책으로 출판됨을 진심으로 축하하며 강추하고 싶습니다. 최종상 선교사님은 바울의 로마서가 단순한 신학적인 편지가 아니라 선교사의 편지임을 입증하는 일에 생애를 드린 소중한 분입니다. 그렇습니다. 바울은 위대한 신학자요, 신실한 예수님의 제자요, 하나님의 사람이었지만, 동시에 그는 선교사였습니다. 당시 알려진 세상을 걸어 다니면서 목숨을 불사르며 전도했습니다. 최종상 선교사님은 이 책에서 바울의 소중한 삶과 사역의 기록을 면밀하게 연구하여 출생부터 순교까지 연대기적으로 친절하고 설득력 있게 설명해 줍니다. 다큐와 책으로 나온 《바울로부터》를 통해 우리 모두 바울을 다시 배웠으면 좋겠습니다. 그리하여 한국 교회가 결코 놓칠 수 없는 선교의 소명, 전도의 열정을 다시 회복하기를 기대하며 기도합니다.

이동원 지구촌교회 원로목사

성경을 바르게 해석하려면 본문 텍스트(text)가 어떤 역사와 문화와 지리적 상황(context)에서 쓰였는지를 이해하는 것이 선행되어야 합니다. 스토리 다큐 〈바울로부터〉의 현지 촬영을 안내하며 최종상 선교사님과 동행했는데, 그가 텍스트에 대한 방대한 학문적 지성을 가졌음에도 불구하고 바울이 처했던 상황을 조명하려고 애쓰는 모습에 깊은 감동을 받았습니다. 바울이 신학자이기 전에 선교사와 목회자였던 것처럼, 최종상 박사님도 신학자이기 전에 선교사와 목회자로서 성경을 보는 모습이 인상적이었습니다. 사도행전은 신약의 역사서이자 바울 서신의 연결 고리입니다. 최 선교사님은 사도행전과 바울 서신의 자료를 면밀히 비교 분석하여 바울의 삶과 선교 사역을 연대기적으로 재구성했습니다. 그 연구로 스토리 다큐 〈바울로부터〉의 스크립트를 썼는데, 그것을 같은 제목의 책으로 출판하게 되었습니다. 이 책과 다큐가 지식 전달의 차원을 넘어 바울의 정신이 독자들의 삶 속에서 실천되게 하는 데 쓰임 받을 것을 확신하며 선교사, 목회자, 신학생, 순 모임 인도자들에게 강추합니다.

조용성 바울&바나바 연구소 소장, 전 GMS 선교사무총장

바울의 사역과 삶을 10부작 스토리 다큐 〈바울로부터〉를 제작한 CGN의 용기에 감사합니다. 절찬리에 상영되는 이 다큐의 기초를 바로 최종상 선교사님이 쓰셨는데, 이 원작이 책으로 출판되어 참으로 기쁩니다. 최 선교사님은 학문적으로뿐만 아니라 선교와 목회 사역에서도 바울의 삶을 뒤따라가고 있는 바울 분야의 전문가입니다. 이 전문가가 《바울로부터》라는 책과 다큐를 통해, 바울 사도의 삶과 사역뿐 아니라, 정신과 철학, 신앙과 헌신을 잘 설명해 주고 있습니다. 이 훌륭한 자료를 통해 한국 교회의 성도들이 큰 도전을 받아 복음 전파의 역사를 일으키고, 영적 충격을 받아 바울이 전한 복음을 살아 내어 이 땅에서 귀하게 쓰임 받기를 바랍니다.

이규현 수영로교회 담임목사

《바울로부터》의 출간을 기뻐하며 축하드립니다. 최종상 선교사님은 바울을 연구한 신학자로서만이 아니라 바울처럼 복음 전도를 삶 속에서 실천하고 있기에 누구보다도 바울의 심정으로 바울에 대한 책을 쓰기에 적합한 분입니다. 2024년 9월, 인천 송도에서 열리는 제4차 로잔대회가 사도행전을 중점적으로 다루는 것에 발맞추어 한국 교회에서는 사도행전을 함께 설교하는 'ACTS NOW' 프로젝트를 실행하고 있습니다. 이 시기에 최종상 선교사님이 집필한 스크립트에 기초하여 CGN에서 바울의 생애와 사역을 연대기적으로 다룬 스토리 다큐 〈바울로부터〉를 제작했습니다. 이제 그 스크립트가 책으로 출판되니 다큐 영상과 함께 더 자세히 공부할 수 있게 되었습니다. 한국 교회의 성도들이 바울의 생애와 사역을 깊이 있고 정확하게 배울 수 있는 귀한 도구들이 생기게 되어 큰 기쁨이 넘칩니다. 《바울로부터》는 바울에 대한 핵심 논점들을 깊이 있게 다루면서도 쉽게 설명하기 때문에 사도행전적 전도의 영성을 불러일으킬 귀한 책입니다. 이 책을 통해 바울의 영성이 한국 교회의 모든 성도와 목회자들에게 전해지기를 소망하며 추천합니다.

이재훈 온누리교회 위임목사

스토리 다큐 〈바울로부터〉를 촬영하면서 최종상 선교사님과 함께 바울의 행적을 따라가는 여행을 했습니다. 반평생 바울을 연구한 만큼 지식이 깊고 해박함에도 불구하고 최 선교사님은 겸손했습니다. 바울이 돌에 맞은 루스드라로 추정되는 튀르키예의 어느 시골길에서, 최 선교사님은 자신의 이해와 상충되는 의견 사이에서 어떻게 해설할지를 온종일 고민했습니다. 그 모습이 흡사 깨진 유물 한 조각을 발굴해 조심스럽게 먼지를 털어 내는 고고학자처럼 보였습니다. 그는 모든 사건을 유물을 만지듯 조심스럽게 다루었고, 단정이 아닌 추정으로, 주장이 아닌 제안으로 접근하며 해설했습니다. 이 책은 이런 학자적 태도와 양심으로 쓰였습니다. 메시지를 다루는 메신저를 보면 그 메시지의 경중을 알 수 있습니다. 최 선교사님을 보면서 선교란 말하는 것이 아니라 살아 내는 것이고, 말씀이란 읽는 것이 아니라 경험하는 것임을 다시금 깨달았습니다.

차인표 배우, 작가, CGN 스토리 다큐 〈바울로부터〉 출연

콘텐츠를 제작하며 많은 출연자를 만나게 되는데, 오래도록 기억에 남고 잊히지 않는 사람은 공통적으로 자신의 삶으로 이야기하는 사람들이었습니다. 살아온 삶의 궤적이 전하는 메시지는 묵직한 힘이 있습니다. 제가 만나고 경험한 최종상 선교사님은 삶으로 이야기하시는 분입니다. 스토리 다큐 〈바울로부터〉의 촬영을 위해 긴 시간을 함께 보내며 최 선교사님을 통해 열정 있는 전도자의 모습, 따뜻한 사랑을 가진 목회자의 모습, 바울을 집요하게 탐구하는 신학자의 모습을 확인할 수 있었습니다. 조심스럽지만 제가 아는 사람 중 바울과 가장 닮은 부분이 많은 분이라고 생각합니다. 평생을 전도자로 살아온 최 선교사님의 경험과 관점으로 풀어낸 이 바울 이야기는 복잡하고 어려운 신학 서적이 아니라, 하나님의 마음을 품은 한 전도자의 인생 스토리입니다. 스토리 다큐 〈바울로부터〉의 시작이자 기초가 된 이 책을 통해 다른 곳에서는 확인할 수 없는 새로운 바울을 만나게 될 것입니다.

정지훈 CGN 스토리 다큐 〈바울로부터〉 PD

바울의 발자취를 따라 나서며

사도 바울의 삶과 사역, 신학을 바울의 사역 경로를 따라 연대순으로 조명하는 책을 출판하게 되어 기쁘고 감사합니다. 먼저 하나님께 영광을 돌립니다. 또한 바울 사도께 감사드립니다. 그는 온갖 고난과 핍박을 감수하고 생명을 드리는 헌신으로 예수님의 복음을 증거했을 뿐 아니라, 교회가 진리에 바로 서도록 복음을 수호하고 서신으로 전달해 주었습니다.

바울은 많은 성도와 목회자, 선교사와 전도자, 신학자들이 사표로 삼는 예수님의 제자요, 하나님이 택하신 그릇이었습니다. 예수님을 향한 그의 신앙과 헌신과 충성, 불신 영혼을 향한 전도의 열정과 성도들을 향한 사랑을 모두가 본받고 싶어 합니다. 바울은 2천 년 전 인물로서 그의 서신도 2천 년 전에 쓰였지만, 삶에 대한 그의 자세와 가르침은 오늘날에도 매우 적절합니다. 읽을수록 우리에게 보낸 편지 같습니다. 우리가 가진 지식과 선입견을 내려놓고 열린 마음으로 바울 서신과 사도행전을 읽으면 바울을 새로이 만날 수 있을 것입니다.

저는 주님의 은혜와 인도하심으로 지난 45년간 선교 현장에서 사역했습니다. 저에게 바울은 예수님 다음으로 흠모하는 대상이었습니다. 바울같이 배를 타고 여러 나라를 다니며 순회 선교를 했고, 바울의 대표 서신인 로마서 연구로 박사 학위를 한 후, 런던신학대학에서 잠시 바울 신학을 가르쳤으며, 영국인들을 대상으로 교회를 개척하여 목회하기도 했습니다. 사역과 연구를 이어 갈수록 바울의 심오한 신학과 진지한 헌신을 존경하게 되었습니다. 그의 정신과 모본을 따라 전도하고 선교하며, 교회를 개척하여 목회하려고 애써 왔습니다.

신약성경에는 13권의 바울 서신과 사도행전이 들어 있어 바울의 삶을 조명하고 연구할 자료가 풍부합니다. 하지만 그의 신학과 사역의 여정을 순서대로 재구성하여 이해하는 것은 생각만큼 쉽지 않습니다. 신학자들도 바울을 부분적으로 보고 이해하다 보니 바울을 오해하는 경우가 많습니다. 특히 서양의 바울 학자들 중 절대다수는, 누가가 사도행전에서 묘사하는 바울과 바울 서신을 쓴 진짜 바울이 다른 인물이라고 주장합니다. 그러다 보니 바울의 생애와 신학을 이해하고 재구성하는 데 사도행전의 자료를 거의 사용하지 않거나 사용하기를 주저합니다.

저는 이런 학풍을 학문적으로 반박하는 책《사도행전과 역사적 바울 연구》(*The Historical Paul in Acts*, 새물결플러스 역간)를 영국에서 출판한 바 있습니다. 따라서 이 책에서는 서신을 쓴 실제 바울의 삶과 선교 사역을 누가가 충실하고 정확하게 기술했다는 근거를 토대로, 사도행전에 담긴 바울 자료를 활용했습니다. 사도행전이 바울의 동선과 요약된 메시지를 많이 전해 주기 때문에 그 자료를 함께 사용하면 바울의 생애와 사역, 신학을 훨씬 풍성하게 그려 낼 수 있습니다.

그럼에도 불구하고 바울의 삶과 사역 이동 경로는 물론, 그의 가르침과 신학의 발전 과정을 구슬을 한 줄에 꿰듯 연대순으로 배열하여 큰 그림 속에서 해석하기란 쉽지 않습니다. 다양한 전제 중 어떤 것을 채택하느냐에 따라 자료에 대한 해석이 달라지기 때문입니다. 그래서 긴요한 작업임에도 불구하고 바울의 일대기를 순서대로 재구성하려는 시도는 많지 않았습니다.

마침 영국의 한 출판사의 의뢰를 받아 선교사와 신학자로서의 바울을 조명하는 책, 《*Paul: Missionary and Theologian*》(Paternoster, 근간)을 쓰는 과정에서 바울의 삶과 사역, 서신을 순서대로 한 줄로 재구성할 기회가 있었습니다. 예루살렘 공회와 안디옥 사건의 시기, 갈라디아서 기록 시기, 옥중 서신 기록 장소에 대해서는 동서양 학계에서 논란이 끊이지 않는데, 각기 취하는 입장에 따라 바울의 여정의 구성이 달라집니다. 제가 엮은 바울의 여정에 동의하지 않는 사람도 있겠지만, 함께 제시된 이유를 진지하게 고려하면 어느 정도 수긍하리라 기대해 봅니다.

영국 출판사에 원고를 보내고 얼마 되지 않아 이 주제로 부산 수영로교회 목회자들에게 강의를 했습니다. 그 영상을 본 CGN의 정지훈 PD가 사도 바울의 출생부터 순교까지 이동 경로를 따라가며 그의 사역과 신학적 논쟁, 서신을 총체적으로 조명하는 미니 신학 다큐멘터리를 만들자고 제안해 왔습니다. 다큐멘터리에 출연하여 설명하는 것은 물론, 그 근간을 이룰 스크립트도 써 달라고 주문했습니다.

처음에는 사양했지만 결국 하게 되었습니다. 선교와 목회, 신학의 길을 걸어온 한 사람으로서 바울의 삶과 정신을 이 시대 한국 교회에 알려야 된다는 의무감 때문이었습니다. 또 성지 순례에 대한 영상은 많지만 바울의 여정을 연대기적으로 설명하되 10부작으로 정성을 쏟고, 바울 개관을 포함하여 여섯 개의 심화 강의까지 곁들인 다큐멘터리는 세계적으로도 유례를 찾아볼 수 없으리라는 생각이 들었습니다. 더구나 바울이 각 서신을 쓴 시기와 장소까지 그 여정에 넣고 그의 신학의 발전 단계와 배경까지 총체적으로 재구성하는 시도는 꼭 필요하다고 확신하게 되었습니다.

이 책은 이런 배경에서 일차적으로 스토리 다큐 〈바울로부터〉의 스크립트로 쓰였습니다. 사실 바울에 대한 분야는 무척 방대하고, 참고해야 할 책과 자료도 헤아릴 수 없습니다. 다양한 주제와 각 주제에 대한 논쟁, 역사적 배경, 열세 권에 달하는 서신에 대한 설명 등 끝이 없습니다. 저는 과다한 지식과 정보로 인한 혼선을 피하고자 사도 바울의 삶과 사역과 신학의 큰 줄기를 잡는 데 집중하기로 했습니다. 그래서 바울이 사역한 도시의 전후(前後) 역사나 정치, 종교적 상황은 꼭 필요한 것 외에는 다루지 않았습니다. 그래도 CGN의 제작, 촬영 팀과 함께 세 차례에 걸쳐 현장을 다니면서 발견하고 묵상하고 배운 것들은 가끔 반영했습니다.

바울에 대해 보다 크고 명확한 그림을 갖기 원하는 진지한 성도들을 떠올리며 썼습니다. 학문적인 영역에 관심을 기울이는 신학생과 목회자들도 염두에 두었습니다. 벽난로가 정겹게 불타는 거실에서 몇 분을 모시고 차분히 설명해 드리는 마음으로 존칭 문장을 사용했습니다.

CGN의 퐁당 오리지널 콘텐츠나 유튜브에서 스토리 다큐 〈바울로부터〉도 함께 보면 훨씬 이해가 쉽고 마음에 와 닿으리라 생각합니다. 다큐멘터리를 먼저 보았다면 이 책을 읽으면서 사도 바울에 대해 더 깊이 묵상하고 천천히 공부할 수 있으리라 생각합니다. 시간이 제한되어 다큐멘터리 영상에 포함되지 못한 내용들도 실려 있습니다. 책과 다큐멘터리를 본 후에는 제가 설명하는 것이 과연 그런가, 성경을 직접 공부해 보면 좋겠습니다. 다큐멘터리 영상을 보고 매 편마다 관찰, 묵상, 실천, 기도할 수 있도록 부록에 워크북을 담았으니 교회 소그룹 모임에서 교재로 활용하면 좋을 것입니다.

이 책은 총 6부로 구성됐습니다. 바울과 바울의 세계를 개관한 후 1부는 바울의 사역 준비 과정과 초기 사역, 2-5부까지는 바울의 1차에서 4차까지의 선교 여행과 사역을 담았습니다. 마지막 6부는 좀 더 신학적 논증이 필요한 다섯 가지 주제를 다루었습니다. 예를 들어, '갈라디아서는 언제, 어디서 썼는가', '옥중 서신은 어느 감옥에서 썼는가', '안디옥 사건은 언제 발생했는가', '로마서의 핵심 주제는 무엇인가'와 같은 내용입니다. 이 주제들을 중간중간에 설명하지 않고 따로 구분하여 뒷부분에 모았습니다. 바울의 여행 경로의 흐름을 최대한 살리고, 또 다소 무거운 신학적 주제 때문에 책장이 쉽게 넘어가지 않는 경우를 피하고 싶었습니다. 5부까지 읽고 나면 6부의 내용도 이해가 쉬우리라 기대해 봅니다. 이 부분을 읽으면 제가 바울의 생애와 사역, 서신들의 기록 시기를 재구성한 신학적 배경과 논지를 더욱 이해하게 되리라 생각합니다. 본서의 초두에 나오는 바울 개관과 6부의 내용은 풍당 오리지널 콘텐츠에서 영상으로 제작된 〈바울로부터 심화 강의〉 1-6편에서도 볼 수 있고, 이 책에 표시된 QR 코드를 이용하여 볼 수도 있습니다.

제가 이해하는 바울을 쉽게 기술하려 했습니다. 가독성을 위해 각주(脚註)를 생략하고 참고 문헌을 뒷부분에 모았습니다. CGN과 제가(DC) 촬영한 바울의 선교 유적지 사진들도 넣었습니다. 또한 파올로 프리올로(Paolo Priolo)의 영감 어린 목판화를 비롯하여 저작권과 상관없이 사용 가능한 작품들도 실어 독자들의 이해를 돕고자 했습니다. 바울의 선교 여행 동선을 나타낸 지도는 제가 재구성한 경로를 반영했습니다.

다큐멘터리와 이 책의 탄생에 결정적 계기를 제공해 주고 총감독으로 수고한 정지훈 PD님과 이 스크립트를 대화와 내레이션 같은 방송 언어로 재구성해 준 안효미 작가님께 감사드립니다. 좋은 영상과 사진을 찍어 준 박창용, 정철하, 노용환, 강성모 촬영 감독님, 이분들이 찍은 사진을 이 책에서 사용하도록 허락해 준 CGN에도 감사드립니다. 다큐멘터리 편집을 함께 했던 양진아, 박현규, 송유진, 김광진 PD님들께도 감사드립니다. 더 좋은 다큐멘터리를 만들기 위해 기도하며 혼신을 다하는 이분들의 열정과 헌신에 큰 감동을 받았습니다. 특히 다큐멘터리에 함께 출연한 차인표 집사님과 3차 촬영에 동행했던 신애라 집사님께도 감사드립니다. 현지에서 안내뿐 아니라 좋은 대화로 도움을 준 조용성(튀르키예), 김수길(그리스), 원두우(이스라엘), 이대빈(키프로스), 한평우(로마) 선교사님께도 감사드립니다.

이 책을 과분한 말씀과 함께 기쁨으로 추천해 주신 홍정길, 이동원, 조용성, 이규현, 이재훈 목사님과 차인표 집사님, 정지훈PD님께 감사드립니다. 또한 기꺼이 출판해 준 두란노서원과 출판 과정에 전문적인 의견을 제시하고 심혈을 기울여 제작해 준 편집 팀에도 감사드립니다. 평생 선교의 동지가 되어 기도와 사랑으로 함께해 주는 아내, 윤명희 선교사에게도 감사의 말을 나눕니다.

〈바울로부터〉스크립트와 이 책을 준비하면서 저 자신도 성경을 더욱 자세히 살피게 되었고, 다른 책들을 읽으며 배우고 정리하는 시간을 가졌습니다. 앞으로도 더 깨닫고, 배우고, 본받을 부분이 많음을 절감합니다. 그럼에도 불구하고 이 기록을 통해서라도 독자들이 바울이 누구이며 무엇이 바울을 그렇게 살게 했는지 깊이 느끼면서 바울의 복음과 믿음, 헌신과 전도 열정을 이어받아 실천하게 되기를 소원합니다. 그리하여 이 책이 부흥이 절실한 한국 교회와 세계 교회를 회복, 성장시키며 바울이 꿈꾼 하나님 나라를 이 땅에 확장하는 데 쓰임 받게 되기를 기도합니다.

2024년 5월

최종상

바울 개관

심화 강의 1편

바울보다 기독교의 세계화에 더 큰 영향을 끼친 사람은 없을 것입니다. 유대인 신학자 요셉 클라우스너(Joseph Klausner)는 "예수가 없었으면 예수 믿는 사람이 없었을 것이요, 바울이 없었으면 세계 기독교는 없었을 것"이라고 평가했습니다. 그는 비록 불신자였지만 바울의 공헌을 크게 인정했습니다. 바울에 대한 개신교계 지도자와 신학자들의 찬사는 수없이 이어집니다.

사도 바울을 이해하는 것은 초대 교회의 삶과 사역, 선교와 신학의 발전, 복음의 내용과 교회의 본질을 파악하는 데 필수적입니다. 창조주 하나님을 모르던 이방인들 가운데 전도자들을 보내어 예수 공동체를 세우신 그 하나님의 역사를 바울의 삶과 사역을 통해 알 수 있습니다.

바울은 예수님의 가르침을 직접 받지 못했고 그분의 행적을 담은 복음서도 없던 시대에 살았지만, 예수님을 뜨겁게 사랑했고, 그분의 복음을 확신했던 전도자였습니다. 다메섹 도상에서 부활하신 예수님을 만난 경험과 사도들로부터 들은 말씀을 바탕으로 그 누구보다 확실하게 하나님의 구원 계획을 이해하고 전한 사도였습니다. 예수님으로부터 지상 명령을 직접 받았던 사도들조차 이방 선교를 생각지도 못할 때, 바울은 다른 민족에게 복음을 전하려고 나아간 최초의 선교사요, 개척자였습니다. 뿐만 아니라 바울은 예수님의 제자요, 저술가요, 선교사요, 목회자요, 탐험가요, 신학자였습니다. 그는 이처럼 다면적 초상을 가지고 있습니다. 따라서 바울의 삶과 사역, 신학적 깊이는 모든 목회자와 선교사, 신학자와 성도에게 모본이 됩니다.

서신과 사도행전에 담긴 바울의 행적

바울은 스물일곱 권의 신약성경 중 열세 권을 썼습니다. 총 87장의 바울 서신이 신약성경 260장 중 약 3분의 1에 해당합니다. 바울 서신은 신약성경 중 제일 먼저 쓰인 경전이요, 더 나아가 최초의 기독 문서입니다. 바울의 편지들은 그를 반대하는 자들도 인정할 만큼 무겁고 힘이 있었습니다(고후 10:10). 고대 문학 작품으로서도 최고의 가치를 지닙니다. 바울 서신의 수신자는 대부분 그의 전도를 받아 예수님을 믿어 교회 공동체를 이룬 성도들입니다. 성도들의 신앙 성장과 교회들이 직면한 문제들을 해결하기 위한 내용이 서신의 주류를 이룹니다.

하지만 많은 자료에도 불구하고 서신의 자료만으로는 바울의 삶과 사역, 신학의 발전을 재구성하기가 그리 쉽지 않습니다. 바울 서신은 쓰인 순서가 아닌 길이대로 배열되었고, 각 교회가 직면한 특수한 상황과 문제를 다루기 위해 쓰였기 때문입니다. 서신에 사도의 생각과 신학이 담겨 있기는 하지만, 바울은 그보다 훨씬 방대한 분량을 직접 대면하여 가르쳤음을 감안해야 합니다. 늘 핍박을 피해서 다른 도시로 옮겨 가야 했던 바울은 교회 개척 시기에 가장 중요한 내용부터 먼저 가르쳤습니다. 당시 바울의 가르침과 모습이 서신에 거의 반복되지 않는 것은 아쉽지만 당연한 것입니다. 그가 대면하여 가르쳤던 수많은 내용을 전제하고 썼기 때문입니다. 따라서 서신에 길게 기록되었다 해서 그것이 꼭 중요한 가르침이라고 보기도 어렵습니다.

예를 들어, 단일 주제 중 바울이 서신에서 가장 길게 설명하는 내용이 죽은 성도의 부활입니다(고전 15:12-58). 이렇게 길게 기록한 것은 고린도에 머물던 18개월 동안 이 주제를 가르치지 않았음을 반증합니다. 그래서 어떤 성도들은 죽은 자의 부활이 있다, 어떤 성도들은 없다고 주장했던 것입니다(고전 15:12). 이런 논란이 있다는 소식을 듣고 죽은 자의 부활은 당연히 있다고 길게 설명해 준 것입니다. 데살로니가교회 개척 당시에도 바울이 죽은 자의 부활을 가르쳐 주지 않았기 때문에 성도들의 죽음 앞에서 '소망 없는 다른 이와 같이 슬퍼하는 이들'이 생기자 바울은 편지로 이 내용을 가르쳤습니다(살전 4:13-18).

사도행전은 바울이 순교할 때까지 그의 건강을 돌보며 동행했던 누가가 기록했습니다. 복음이 어떻게 예루살렘으로부터 시작해서 로마제국의 여러 지역으로 퍼져 나갔는지 연대순으로 비교적 상세히 기록했습니다. 사도행전 전반부에 베드로의 사역이 소개되기도 하지만, 9-28장까지의 주인공은 단연 사도 바울입니다. 특히 사도가 불신자들에게 전도하여 교회를 개척하는 모습을 중점적으로 기록했습니다. 바울의 사역을 현장에서 직접 보고 들으며, 또 바울로부터 들은 이야기나 바울에게 질문하여 얻은 일차 정보가 바탕이 되었습니다. 그래서 신뢰성이 아주 높습니다. 하지만 모든 전기 작가가 그리하듯 생략하거나 아주 간단히 언급한 부분도 많습니다.

　그래서 출생부터 순교까지 바울의 삶과 선교 여정을 그의 여행 경로대로 이해하기 쉽게 재구성하려면 사도행전과 바울 서신의 자료를 면밀히 분석하고 비교하여 활용해야 합니다. 가끔은 상상력을 동원해서 행간을 메워야 하기도 합니다. 서신과 사도행전의 기자뿐 아니라 수신인과 기록 목적까지 서로 다르다 보니 두 개를 액면 그대로 비교해도 안 되고, 자료를 사용하는 데도 상당한 분별력이 필요합니다. 먼저 우리의 기본자세는 사도행전에 등장하는 바울이 서신을 쓴 진짜 바울이며, 누가는 바울과 동행한 동역자로서 바울의 삶과 사역을 가장 정확하게 기록했다는 전제를 확인하고 출발하는 것입니다.

그리스, 로마 제국의 세계

바울의 삶과 사역을 바르게 이해하려면 바울이 몸담았던 주변 세계의 상황을 살펴봐야 합니다. 바울은 로마 제국이 세계를 다스리던 시대에 태어나 살고 사역했습니다. 당시 로마는, 동서로는 지금의 이란에서부터 스페인까지, 남북으로는 북아프리카에서부터 영국과 독일의 일부 지경까지 통치하고 있었습니다. 바울의 사역 활동 무대였던 이스라엘, 아라비아, 수리아, 길리기아, 갈라디아, 마게도냐, 아가야, 아시아, 지중해가 모두 로마 제국의 관할이었습니다. 로마 제국은 법과 군대, 행정 체제, 도로망, 신화와 종교로 오랫동안 세계 평화를 유지했는데, 이것을 '팍스 로마나'(Pax Romana: 로마에 의한 평화)라고 합니다. 로마는 지중해에 들끓던 해적을 소탕하고, 산적과 반란군이 난무하던 지역에 세바스테 가도(Via Sebaste)와 에그나티아 가도(Via Egnatia) 같은 대로를 닦았습니다. 강과 계곡에 돌로 아치형 나리를 만들고 길을 연결시켜 총 8천 킬로미터에 이르는 대규모 도로망을 건설했습니다. 그 도로를 따라 거점 지역에 로마식 신도시들을 건설했습니다. 일차적으로는 군용 도로망이었지만 상업용으로도 쓰였습니다. 바울은 이 대로를 따라 대도시들을 순회하면서 선교 사역을 수행했습니다. 숙박, 식사 시설이 갖추어졌고 치안이 유지되었기 때문입니다. 하나님께서 전도자들의 편의와 안전을 위해 예비하신 은혜였습니다.

로마 제국은 그리스(헬라) 문화의 우월성을 인정하고 알렉산드로스 (Alexandros the Great, 알렉산더)로부터 시작된 헬레니즘을 이어 갔습니다. 헬라 제국에서 공용어로 쓰이던 코이네 헬라어와 헬라 철학, 그리스 신화를 모두 수용했습니다. 소크라테스와 플라톤, 아리스토텔레스로 대표되는 이념적 고전 헬라 철학을 삶의 방식과 윤리에 대한 철학으로 변형시켰습니다. 그래서 이성과 금욕주의를 강조하며 자연에 순응할 것을 가르치는 '스토아 학파'와 인간의 삶에 관심 없는 신을 섬기기보다는 인간의 쾌락을 주창한 '에피쿠로스 학파'가 생겨났습니다. 하지만 두 학파 모두 회의주의, 물질주의, 숙명주의, 신비주의적 사고방식을 가지고 있었습니다. 따라서 종교를 가졌으면서도 도덕적으로 무책임해져서 성적 문란이 만연하고 심지어 종교를 빙자한 성적 타락도 성행했습니다.

로마는 초대 황제 아우구스투스 때부터 황제를 신으로 숭배했습니다. 동시에 다양한 민족의 신과 종교도 인정하는 혼합주의를 견지했습니다. 특히 유대인들에게는 종교를 간섭하지 않고 많은 특권을 허락했습니다. 군 복무나 황제 숭배를 강요하지도 않았습니다. 주후 64년에 발생한 로마 대화재 전까지는 기독교도 유대교의 일부로 간주되어 로마법에 저촉되지 않고 선교할 수 있었습니다. 이렇게 다양한 종교가 인정되는 분위기

속에서 철학자들은 여러 도시를 다니며 자신들의 사상을 전파했습니다. 따라서 바울이 순회하면서 새로운 종교를 전하는 것은 전혀 이상해 보이지 않았습니다. 제국 어디에서든지 헬레니즘의 토양에 익숙한 다양한 민족에게 헬라어로 복음을 전할 수 있었습니다.

선교의 전진 기지, 유대인 회당

바울은 길리기아 다소(Tarsus)에서 태어났으나 유대 민족과 유대교와는 떼려야 뗄 수 없는 관계를 가지고 있었습니다. 다소에는 큰 유대 공동체가 형성되어 있었습니다. 그가 자랑스럽게 밝히듯이 그는 "이스라엘 족속이요 베냐민 지파요 히브리인 중의 히브리인이요 율법으로는 바리새인"일 뿐 아니라 "바리새인의 아들"이었습니다(빌 3:5; 행 23:6). 예루살렘으로 유학을 가 가말리엘의 문하에서 유대교의 엄한 교육을 받았고, 하나님에 대하여 열심이 넘치는 자였습니다(행 22:3).

바울은 예수님을 믿은 후에도 유대인처럼 살며 회당을 다녔고, 회당을 선교의 전진 기지로 활용했습니다. 유대인들은 로마 제국 곳곳에 흩어져 살았습니다. 오순절에 베드로의 설교를 들은 유대인들의 출신 지역이 열다섯 곳이나 명기된 것을 보아도 알 수 있습니다(행 2:5-11). 외국 땅에 살면서도 이들은 수백 년 동안 헬라와 로마에 짓밟히며 메시아의 출현을 갈망하고 있었습니다. 율법과 절기를 지키고, 예루살렘 성전을 순례하고, 반 세겔 성전세를 내면서 유대 본토와 긴밀한 관계를 유지했습니다. 특히 디아스포라의 회당을 중심으로 전통 신앙과 민족의 정체성을 지켰습니다. 회당은 예배 처소뿐만 아니라 교육, 사업, 인맥, 경제, 금융 등 여러 정보와 편의를 주고받는 허브(hub)로서, 유대인 삶의 중심이었습니다.

회당은 이방인노 환영했습니다. 유일신을 섬기되 그 신의 형상을 만들지 않고 경건한 삶을 추구하는 유대인들을 보고 유대교에 관심을 갖고 회당에 참여하는 하나님을 경외하는 사람들(deomenoi: God-fearers)이 있었습니다. 아예 할례를 받고 유대교로 개종한 사람들(prosēlutoi: proselytes)도 있었습니다. 이들은 이미 창조주 유일신을 믿는 만큼 구약성경과 메시아에 대해 상당한 이해를 지니고 있었습니다. 바울은 회당에서 유대인뿐 아니라 이런 이방인들에게도 복음을 전했습니다. 다소에서 경험한 회당 생활이 도움이 되었을 것입니다.

바울은 예수님의 복음을 새로운 종교의 시작이 아니라 구약의 성취로 보았습니다. 바울의 삶과 사역과 신학의 근본은 예수님이 구약이 예언한 메시아라는 확신이었습니다. 예수님이 십자가에서 우리 죄를 대신하여 죽고 부활하심으로써 메시아 언약이 완성되었다고 보았기 때문에 회당을 찾아가 복음을 선포한 것입니다. 사실 헬레니즘 아래서 많은 이방 사람이 혼잡한 다신론과 그리스·로마 신화에 나오는 신들의 결함 많은 모습에 실망을 느끼고 있었습니다. 또 당시 사회에 범람한 성적 문란, 빈부와 계급의 격차, 대를 잇는 노예 제도로 인해 경건과 자유를 갈급해 하는 이방인이 많았습니다.

그 가운데 유대교에 관심을 갖고 회당을 찾아오는 사람들이 있었습니다. 이런 분위기에서 바울의 선교가 동력을 얻었습니다. '창조주 하나님이 우리를 사랑하여 예수님을 메시아로 보내 주셨다', '그분은 우리의 모든 죄와 문제를 안고 십자가에 못 박혀 죽었으나 다시 살아나셨다', '이 예수를 믿기만 하면 구원을 얻는다'는 메시지는 그들에게 기쁜 소식이었습니다. 또 누구든지 예수 안에 있으면 유대인이나 헬라인이나, 남자나 여자나, 종이나 자유인이나 차별 없이 동등하다는 메시지도 기쁜 소식이었습니다.

바울은 히브리인으로서 구약의 메시아 예언의 성취를 이해했고, 디아스포라 출신으로서 헬라어와 헬라 문화를 완벽히 활용했고, 로마 시민권자로서 어디든지 다니며 필요하면 법적 보호까지 받을 수 있었습니다. 그리스, 로마의 세계와 유대 전통의 기반에 양 발을 굳게 디딘 바울은 예수님이 택하신 시대의 그릇이었습니다. 게다가 하나님을 향한 충성심과 예수 복음을 향한 불타는 열정을 가지고 있었습니다. 이보다 더 준비된 일꾼은 없었을 것입니다.

자, 이제 바울 서신과 사도행전 자료의 안내를 받아 바울의 출생부터 순교까지 그의 여정을 따라가 보겠습니다. 그의 삶과 사역, 신학의 발자취를 따라가며 오늘을 사는 우리가 바울로부터 배우고 실천해야 할 메시지를 살펴보기 원합니다.

▲ 파르테논 신전을 중심으로 본 현대 아테네 ©CGN

1부

바울의
성장 배경과
초기 사역

예수님은 하나님의 구원 계획을 따라 "때가 차매" 이 땅에 오셨습니다(갈 4:4). 헬라어로는 '충만해진 때'(plērōma)에 오셨다는 뜻입니다. 유대 땅에서 로마의 십자가 형벌을 받을 수 있는 시기에(요 3:14-15; 히 9:22), 팍스 로마나의 영향으로 로마 제국에 복음이 편만하게 피질 환경이 충족된 때에 내려와 전할 복음을 완성하셨습니다. 그리고 예정한 대로 모태(母胎)로부터 택정한 바울을 디아스포라의 대도시, 다소에서 태어나게 한 후에 예루살렘으로 유학을 가 최고 율법사 밑에서 공부하게 하셨습니다. 바울은 헬라어와 헬라 철학 사상은 물론 히브리어와 유대교의 신앙과 전통을 두루 이해했습니다. 하나님을 향한 열심이 특출한 그의 눈으로 볼 때 십자가에 못 박혀 처형당한 나사렛 예수를 메시아라고 주장하는 사람들은 죽어 마땅한 신성 모독자들이었습니다. 바울은 산헤드린이 신임하는 핍박 주동자가 되었습니다.

그러나 예수님이 친히 나타나 허물을 탓하지 않고 오히려 이방까지 복음을 전하는 이방의 빛으로, 사도로 세워 주셨습니다. 이제 그는 사도들이 증거하던 예수의 부활, 예수 그리스도의 메시지를 전하는 전도자로 변신했습니다. 하지만 하나님은 그를 아라비아로 보내 3년이나 묻혀 있게 하셨습니다. 하나님의 능력과 공급, 함께하심을 체험하며 앞에 놓인 중대한 임무를 감당할 영적, 정신적, 육체적 준비를 해야 했기 때문입니다. 그 후에야 길리기아와 안디옥에서 본격적으로 사역했습니다.

하나님은 당신의 일을 서두르지 않으십니다. 때를 기다리십니다. 사람을 준비하고 충성된 사람을 통해 당신의 역사를 이루어 가십니다.

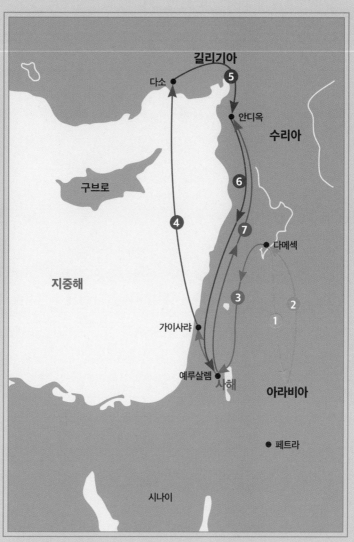

▲ 바울의 초기 사역

1 ── 모태로부터 택정 받은 일꾼

"내 어머니의 태로부터 나를 택정하시고 그의 은혜로 나를 부르신 이가 그의 아들을 이방에 전하기 위하여 그를 내 속에 나타내시기를 기뻐하셨을 때" (갈 1:15-16).

바울이 태어난 다소는 3천 미터의 높은 산들이 이어진 타우로스(Taurus)산맥을 뒤로하고 앞으로는 지중해와 맞닿아 있습니다. 오늘날 영어로는 타우루스(Taurus), 튀르키예어로는 토로스(Toros)로 부르지만 바울 당시 헬라어로는 타우로스(Tauros)였기에 이 책에서는 타우로스로 표기합니다. 다소의 동남부에는 길리기아 페디아스(Cilicia Pedias)라는 비옥한 평원이 자리 잡고 있었습니다. 또 동쪽으로 메소보다미아, 서쪽으로는 아시아와 마게도냐를 지나 로마까지 잇는 교통의 요지였고, 지중해에 근접한 도시로서 상업이 발달했습니다. 그러다 보니 열강들의 충돌이 잦은 곳이기도 했습니다.

주전 333년, 알렉산드로스 대왕이 이소스(Issus) 전투에서 페르시아 군대를 물리친 후부터 다소는 헬라의 지배를 받았습니다. 알렉산드로스가 죽고 그의 왕국이 네 개의 왕조로 나뉜 후, 셀레우코스(Seleukos) 왕조가 이

▲ 현대 다소의 전경, 오른쪽에 시드누스강이 지금도 흐른다. ©CGN

어서 다소를 다스렸습니다. 그러나 주전 64년, 로마제국의 폼페이(Gnaeus Pompeius Maqnus) 장군이 셀레우코스 왕조의 미트리다테스 6세(Mithridates Ⅵ)를 격파한 후부터 다소는 로마의 지배를 받게 되었습니다. 유명한 작가이자 정치인인 키케로(Marcus Tullius Cicero)가 주전 51-50년에 길리기아 총독으로 이곳에 부임했습니다. 주전 47년에는 율리우스 카이사르(Gaius Julius Caesar)도 이곳을 방문했습니다. 바울 당시 다소는 길리기아 속주의 수도로서 크고 유명한 도시였습니다(행 21:39).

바울 시대의 유적으로는 '클레오파트라의 문'(Cleopatra's Gate)이 있습니다. 원래는 주전 34년에 세워졌는데, 고고학적 분석 결과 현존하는 석문은 중세에 보수되었을 것으로 보기도 합니다. 지금은 무너지고 없지만, 이 문 양쪽으로 튼튼한 성벽이 쌓여 있었습니다. 주전 41년, 파르티아 제국을 침략하려던 안토니우스(Marcus Antonius)를 지원하는 군사 동맹을 맺기 위해 클레오파트라(cleopatra Ⅶ Philopator)가 다소를 방문했습니다. 참고로 이때는 아직 옥타비아누스(Gaius Julius Caesar Octavianus)와 안토니우스가 대적 관계는 아니었습니다. 그때 클레오파트라가 항구 입구에 있던 문을 통과했다는 전승에 따라 이 문에 붙여진 이름입니다. 바울도 어린 시절은 물론, 그리스도인이 된 후 다소를 중심으로 한 길리기아에서 10여 년 동안 살면서 이 석문을 자주 오갔을 것입니다. 그래서 비잔틴 시대 이후 오랫동안 이 문을 '사도 바울의 문'(St. Paul's Gate)으로 불렀습니다. 오스만 제국 후기에는 '칸직 카프'(Kancık Kapı)로 불리다가 20세기 초반부터는 이전 이름이었던 '클레오파트라의 문'으로 바뀌었습니다.

바울의 생가가 있었던 곳으로 전해 내려오는 집터와 우물도 있습니다. 로마 시대의 유적지를 발굴하다 발견했는데, 바울 시대의 것은 맞지만 바울의 생가와 바울이 사용하던 우물인지는 분명하지 않습니다. 땅속에 묻

▲ 바울이 걸었을 다소의 고대 거리 ©CGN

했다가 발굴된 집터 내부는 유리판으로 덮여 있어 그 속을 들여다볼 수 있습니다. 바울의 우물과 멀지 않은 곳에서 로마 시대의 대로(大路)와 아고라(agora, 광장) 일부가 발굴되었습니다. 이 공간에 주요 관공서와 시장이 있었으니 많은 사람이 다녔을 것이고, 바울도 이 부근을 걸었으리라 충분히 상상해 볼 수 있습니다.

다소에는 일찍부터 유대인이 많이 이주해 살고 있었습니다. 바울의 가족은 언제, 어떻게 다소에 이주하게 되었을까요? 로마가 팔레스타인을 정복할 때 갈릴리에서 다소로 피난 왔다, 혹은 다소를 발전시키려는 셀레우코스 왕조의 정책에 따라 유대에서 다소로 강제 이주해 왔다는 주장들이 있지만 확실하지는 않습니다.

모태에서 택함 받은 바울

이곳 베냐민 지파의 한 가정에서 남자아이가 태어났습니다. 태어난 해는 주전 5년부터 주후 15년까지 다양하게 주장되고 있지만 주후 5년경으로 추정해 봅니다. 그의 아버지는 8일 만에 할례를 행하고 사울이라는 히브리 이름을 지어 주었습니다. 자신의 지파 출신으로서 이스라엘의 첫 왕이 되었던 사울의 이름을 따랐을 것입니다.

바울은 예수님을 믿은 후에도 15년 정도는 사울로 불렸습니다. 그러다 나중에 그리스와 로마 제국의 지역을 선교 여행하면서 바울이라는 로마식 이름을 사용했습니다. 대개는 1차 선교 여행 중에 구브로에서 이름을 바울로 새로 지었다고 생각하는 경우가 많습니다. 하지만 바울의 이름이 처음 등장하는 사도행전 13장 9절의 헬라어 원문을 보면 "바울이라고도 하는 사울"이라는 표현이 나옵니다. 이미 바울이라는 이름을 가지고 있었다는 뜻입니다. 헬라 문화권에 거주하며 로마 시민권을 가진 집안이었기에 태어났을 때 '파울로스'(Paulos)라는 헬라어 이름과 '파울루스'(Paulus)라는 라틴어 이름을 동시에 지어 주었을 가능성이 높습니다. 베드로가 시몬이라는 히브리 이름을 가지고 있었는데 예수님이 게바라는 아람어 이름을 새로 지어 주셨고, 그것을 헬라어로 번역한 베드로(Petros)라는 이름으로 불렸던 경우와 같습니다(요 1:42).

바울이 태어난 시기에 로마는 현재의 영국과 스페인을 포함하여 유럽과 튀르키예, 북아프리카를 다스리고 있었습니다. 당연히 라틴어가 공용어였음에도 불구하고 300여 년간 헬라의 지배를 받았던 지역은 대부분 헬라어를 계속 사용했습니다. 그런가 하면 로마의 지식인들은 오히려 헬라어를 학술 언어로 사용했고, 주후 610년 이후에는 헬라어가 제국의 공식 언어로 자리 잡았습니다. 헬라어를 제1언어로 사용했던 바울은 다소에서 이미 헬라어로 번역된 구약성경(칠십인경)을 읽고 공부했을 것입니다. 예루살렘에 유학 오기 전에 완벽한 헬라어로 말과 글을 구사했을 것입니다. 가말리엘 문하에서는 히브리어로 성경과 율법에 대해 배웠을 것이므로 히브리어에도 능통했을 것입니다. 또 예수님을 비롯한 1세기 유대인들이 사용했던 아람어까지도 구사했을지도 모릅니다. 일루리곤에 전도하러 갔을 뿐 아니라 동일하게 라틴어를 쓰던 서바나 선교를 계획했던 것으로 보아 로마 시민으로서 라틴어도 구사했을 가능성이 높습니다.

언제, 어떻게 바울의 가족이 로마 시민권을 갖게 되었는지는 확실하지 않습니다. 바울의 부친이나 조부가 로마군에 소속되어 전쟁에서 공을 세웠는지, 가죽으로 천막을 만드는 사업으로 로마군에게 요긴한 물품을 제공한 공적을 인정받아 시민권을 얻었는지는 정확히 알 길이 없습니다. 한 가지 분명한 것은, 유대인이든 헬라인이든 로마 시민권을 가진 집안들은 길리기아에서 특권층, 엘리트 계층에 속했다는 것입니다.

다소는 방직 산업으로 유명했고, 타우로스산맥에서 자라던 염소의 가죽으로 천막과 옷을 생산하는 산업이 발전했습니다. 바울이 천막을 만들고 수리하는 생업에 종사했다는 것을 근거로 그가 어려운 환경에서 자랐으리라 생각하는 사람이 많습니다. 하지만 다소에 살던 바울의 가족은 오히려 부유한 집안이었을 것으로 보입니다. 적어도 중산층이었을 것입니다. 아들을 예루살렘에 유학 보낼 수 있는 집은 많지 않았습니다. 경위는 알려지지 않았지만, 바울의 기혼 자매도 예루살렘에 살았습니다 (행 23:16). 바울이 장막을 깁는 기술을 가지고 있었던 것은, 어려운 경우를 대비해서 기술 한 가지는 꼭 가지고 있어야 했던 유대인의 전통을 따랐을 가능성이 더 큽니다.

▲ 동방 정교회 소속인 다소의 사도 바울 기념 교회 ©DC

바울이 어렸을 때 헤엄치며 놀았을 것 같은 시드누스강(Cydnus River)이 지금도 흐릅니다. 하지만 지금의 다소는 인구 30여만의 중소 도시가 되었습니다. 그나마 '사도 바울 기념 교회'가 남아 있어 다행입니다. 비잔틴 시대의 교회당은 지진으로 무너졌다가 1860년에 다시 건립됐고, 1997년부터 4년간의 대대적인 공사 기간을 거쳐 2001년부터는 정부 문화부에서 박물관으로 관리하고 있습니다. 정규 예배는 없지만 허락을 받아 특별 예배로 모일 수 있다고 합니다. 이 교회당 주변에 아직 고대 도시의 모습이 남아 있어 어린 시절 이 골목길을 다녔을 바울을 상상하게 됩니다.

바울은 디아스포라에서 태어났지만 이스라엘 족속이요, "히브리인 중의 히브리인"(빌 3:5)이라고 고백했을 만큼 유대인의 뿌리를 소중히 여기는 집안에서 자랐습니다. 또한 "바리새인의 아들"이었습니다(행 23:6). 대부분의 한글 번역들과 달리 헬라어 원문과 영어 성경들은 "바리새인의 아들"(a son of Pharisees)이라고 복수(複數)를 사용했습니다. 이것을 보면 적어도 조부 때부터 집안 전체가 율법에 엄격한 생활을 하고 있었던 것 같습니다. 그 열심으로 어린 바울을 예루살렘의 가말리엘 율법사에게 유학을 보냈던 것 같습니다. 바울이 어려서부터 공부와 종교심에 특출했기 때문으로 보입니다. 가말리엘은 《탈무드》에도 자주 등장하는 당대 최고의 율법학자였고, 산헤드린 공회원이기도 했습니다.

당시 다소는 많은 학자를 배출한 학문의 도시였습니다. 특히 로마의 초대 황제가 된 아우구스투스의 가정 교사를 지내고 죽을 때까지 고문으로 재직한 아테노도루스(Athēnōdórus)가 바로 다소 출신이었습니다. 고대 그리스의 지리학자였던 스트라보(Strabo)는 "다소로 공부하러 오는 사람들로 거리가 붐볐고, 아덴이나 알렉산드리아보다 다소가 더 유수한 교육의 도

▲ 다소의 사도 바울 기념 교회 내부 모습. 정규 예배는 없지만 특별한 경우에는 예배나 행사로 모인다. ⓒDC

시였다"고 했습니다. 그런데 바울의 가족은 오히려 그를 변방의 예루살렘으로 보낸 것입니다. 세속적 교육열이 아니라 신앙적 열심 때문이었을 것입니다. 도덕적으로 문란하고 종교적으로 다원화된 디아스포라의 환경에서는 이스라엘의 하나님을 섬기는 참신앙을 배우는 데 한계가 있다는 판단에 신앙의 성지로 보냈을 것입니다. 율법을 제대로 배워 가말리엘 같은 율법학자가 되기를 기대했을 것입니다. 바울이 몇 살 때 예루살렘으로 갔는지는 정확히 알 수 없지만, 13세에 치르는 성인식인 '바르 미츠바'(Bar Mitzvah) 후에 갔을 것으로 보입니다. 어린 나이에 다소에서 예루살렘까지 육로로 가는 것은 힘든 여정입니다. 아마 아버지와 함께 20킬로미터 떨어진 항구에 나가 배를 타고 욥바까지 이르러 동경하던 하나님의 도성에 육로로 들어갔을 것입니다.

2 ─ 죄인 중의 괴수

"이 성에서 자라 가말리엘의 문하에서 … 율법의 엄한 교훈을 받았고 … 하
나님께 대하여 열심이 있는 자라 내가 이 도를 박해하여 사람을 죽이기까지
하고"(행 22:3-4).

　　예루살렘에 도착한 어린 사울은 가슴이 뛰었을 것입니다. 감
사 기도를 드리고 반드시 하나님을 열심으로 섬기는 종이 되게 해 달라
고 간구했을 것입니다. 아버지도 기도하면서 아들에게 신신당부를 하
고, 가말리엘 율법사에게도 간절히 아들을 부탁한 후 다소로 돌아갔을
것입니다.

　유대인들에게 가말리엘 문하에서 공부한다는 것은, 요즘으로 말하면
영국이나 미국의 최고 명문 학교에서 수학하는 것과 같습니다. 당시는 유
명한 선생님들이 학생을 모아 도제식 교육(徒弟式敎育)을 했는데, 가말리엘
은 바리새인이요, 최고의 율법사였고, 존경받는 산헤드린 공회원이었습
니다. 바울이 예루살렘에서 어떻게 공부하면서 소년기와 청년기를 보냈
는지는 알 수 없습니다. 다만 열심히 공부해서 구약과 율법의 규례에 정
통한 학문과 법도를 따라 살았던 것은 분명합니다.

▲ 예루살렘 구 시가지의 현재 모습 ©CGN

‘나는 다소에서 났고 예루살렘에서 자랐다’라고 자신을 소개했을 만큼 예루살렘은 바울의 지식과 인격 형성에 절대적 영향을 끼쳤습니다. 그는 "가말리엘의 문하에서 우리 조상들의 율법의 엄한 교훈을 받았고 … 하나님께 대하여 열심이 있"었다고 회상했습니다(행 22:3). 가말리엘 문하의 동년배들은 물론 당시 이스라엘에 살던 누구보다 "유대교를 지나치게 믿어 내 조상의 전통에 대하여 더욱 열심이 있었"습니다(갈 1:14). 유대교의 가장 엄한 파를 따라 바리새인의 생활을 한 것은 당시 예루살렘에 살던 사람들이 다 알 정도였습니다(행 26:5).

스데반의 순교 현장에서

사울이 성경에서 처음 언급된 부분은 초대 교회의 첫 순교자, 스데반의 순교 현장이었습니다. 그는 십자가에 못 박혀 죽은 나사렛 예수가 부활했다면서 그 예수를 하나님이 약속하신 메시아라고 믿을 뿐 아니라 그 내용을 전파하기까지 하는 사람들을 두고 볼 수 없었습니다. 더구나 허다한 백성이 이 도를 따르는 것은 물론, 심지어 바리새인 제사장의 큰 무리까지 넘어가는 것을 보고는 격분하지 않을 수 없었습니다. 모든 수단을 동원해서 이 잘못된 신앙을 가진 사람들을 잔멸해야 한다는 사명감에 불탔습니다(행 6:7, 8:3).

마침 스데반이 디아스포라에서 온 유대인들이 모이는 회당에서 예수님에 대해 증언하며 논쟁하다가 붙잡히고 말았습니다. 아무도 그가 지혜와 성령으로 전하는 내용을 반박하지 못하자, 거짓 증인들을 세워 모함하고 백성과 장로들을 충동하여 산헤드린 공회로 끌고 갔습니다. 산헤드린은 당시 유대 종교의 최고 기관이었습니다. 정치적 영향력도 상당했습니다.

자신을 변호할 기회가 생기자, 스데반은 아브라함부터 모세에 이르는 이스라엘의 역사를 요약한 후, '하나님이 나와 같은 선지자를 세우실 것'이라고 모세가 말한 그 선지자가 바로 예수님이라고 선포했습니다. 유대 지도자들이 목이 곧고 귀가 막혀 의인 예수를 잡아 살인한 자가 되었고, 율법의 선생이라고 자처하면서 천사가 전해 준 율법도 지키지 않는다고 거침없이 직격탄을 쏘았습니다.

산헤드린 공회원들은 마음에 찔리면서도 스데반을 향하여 이를 갈았습니다. 이때 스데반이 하늘을 우러러 보며 "인자가 하나님 우편에 서신 것을 보노라"고 선포하자 이들은 큰 소리를 지르며 귀를 막고 일제히 스데반에게 달려들었습니다(행 7:54-57). 예수님을 다니엘 7장에서 예언한 신성을 가지신 하나님으로 선포했기 때문입니다. 변론을 마치지 않았는데도 공회원들은 스데반에게 신성 모독죄를 씌워 거칠게 성문 밖으로 끌어

▲ 파올로 프리올로, <스데반의 순교>(1866)

냈습니다. 사울은 산헤드린 공회가 바른 결정을 내렸다고 적극 동의했습니다.

격분한 무리가 돌을 들고 스데반을 노려보았습니다. 증인들은 옷을 벗어 사울의 발 앞에 두었습니다. 이것은 사울이 이 사형의 집행관임을 암시합니다. 시행하라고 손짓하자 유대법에 따라 증인들이 먼저 돌을 던졌습니다(신 17:7). 둘러선 사람들도 증오에 가득 차 죽을 때까지 돌을 힘껏 던지기 시작했습니다. 스데반은 "주여 이 죄를 그들에게 돌리지 마옵소서"라고 크게 부르짖고 숨을 거두었습니다(행 7:58-60). 돌에 맞아 죽는 것은 가장 처참한 죽음입니다.

주후 6년, 유대가 로마의 지배하에 들어갔을 때부터 사형권은 로마 총독에게만 있었습니다(요 18:31). 단, 한 가지 예외 조항으로 심하게 율법을 범하거나 성전 모독과 관계된 범죄는 산헤드린이 심사해서 돌로 쳐 죽이는 형을 집행할 수 있었습니다. 산헤드린은 스데반을 성전 모독으로 고소했습니다(행 6:11-13). 예수님도 같은 죄목으로 고소했는데 증인들의 증언이 엇갈려 그때는 로마의 손을 빌려 처형해야 했습니다. 이번에는 실수 없이 자기들의 손으로 처리하려 했고, 마침내 성공을 거두었습니다. 이를 계기로 예수 공동체에 대한 핍박이 본격적으로 가해지기 시작했습니다.

사울이 스데반을 마주한 것은 이 순교 현장이 처음은 아닐 것입니다. 스데반이 해외에서 온 유대인들이 예루살렘에서 출석하던 한 회당에서 논쟁했던 것으로 보아 그때 사울과도 논쟁을 벌였을 것으로 보입니다. 잘못된 열심으로 가득했던 사울이 스데반을 끌고 산헤드린에 갔고, 공회의 분위기와 결정을 살펴 스데반을 돌로 쳐 죽이는 일을 주도했을 것으로 생각됩니다. 사울은 그의 죽음을 당연하게 여겼습니다(행 8:1). 사울은 예루살렘에서 영향력 있는 사람이 되었습니다. 산헤드린 지도자들의 신망과 기대를 한 몸에 받는 '청년'(neanias)이 되었습니다(행 7:58). 이 단어가 보통 22-40세까지를 통칭했기에 당시 사울의 나이를 알기는 쉽지 않지만, 혈기왕성한 30세 전후로 추정할 수 있습니다.

스데반 처형을 계기로 승기를 잡은 사울과 유대 지도자들은 더 큰 핍박을 시행했습니다. 사울은 더욱 살기등등하여 집집마다, 마을마다, 도시마다 찾아다니며 성도들을 끌어다가 감옥에 넣었습니다. 교회를 완전히 없애 버리려고 동분서주했습니다(행 8:3). 예수님이 미리 말씀하신 대로, 사울은 예수 믿는 사람들을 죽이는 것이 하나님을 섬기는 일이라 확신했습

니다(요 16:2). 사도들을 제외한 성도들은 다 유대와 사마리아와 다른 나라
로까지 급히 피신해야만 했습니다.

온건한 스승과 강경한 제자

사울의 이런 모습은 스승인 가말리엘과 대조적입니다. 가말리엘은 율법
에 대해서는 철저하지만, 생각과 인품은 온건한 사람이었습니다. 베드로
와 요한이 예수님의 부활과 복음을 전하자, 산헤드린 공회는 여러 차례
불러 다시는 예수의 이름으로 가르치지도, 전하지도 말라고 위협했습니
다. 사도들은 사람보다 하나님께 순종하는 것이 마땅하다며 죽음도 불사
하겠다고 맞섰습니다. 오히려 하나님이 보내신 메시아요, 하나님의 아들
인 예수를 이방인인 로마 사람들의 손을 빌려 죽였다고 강력하게 항의했
습니다. 공회원들은 사도들의 무엄한 발언과 태도에 크게 격분하여 죽여
버리자고 의견을 모으고 있었습니다. 이때 율법사 가말리엘이 사도들을
나가게 하고 중재안을 냅니다.

"이 사람들에 대하여 어떻게 하려는지 조심하십시오. 이 사상과 이 소
행이 사람으로부터 났다면 곧 무너질 것이요, 만일 하나님께로부터 났다
면 우리가 그들을 무너뜨릴 수 없을 뿐 아니라 궁극적으로 우리가 도리어
하나님을 대적하는 자가 되지 않겠습니까"(행 5:35-39)?

공회원들은 가말리엘의 제안을 받아들였습니다. 이렇듯 가말리엘은
지혜롭고 온건한 사람이었지만, 제자 사울은 달랐습니다. 나중에 사도
가 된 바울이 당시를 이렇게 회상합니다. "내가 이전에 유대교에 있을 때
에 … 하나님의 교회를 심히 박해하여 멸하고 내가 내 동족 중 여러 연갑
자보다 유대교를 지나치게 믿어 내 조상의 전통에 대하여 더욱 열심이 있

었"다는 것입니다(갈 1:13-14). 어쩌면 사울은 가말리엘 선생의 입장조차 마음에 들지 않았는지 모릅니다. 가말리엘은 유대교 랍비 힐렐(Hillel)의 후계자였습니다. 힐렐과 쌍벽을 이룬 다른 율법학자 샤마이(Shammai)는 강경론자였습니다. 열심이 극심했던 사울은 힐렐과 가말리엘의 온건한 신학보다는 샤마이의 강경 노선을 따른 것 같습니다. 사울이 교회를 핍박한 이유에 대한 학계의 해석은 본서 22장을 참조하기 바랍니다.

사울은 예수를 믿는 자들을 잡아들이고 처형하는 것이 하나님을 섬기는 일이라고 확신했습니다. 신명기 말씀에 근거하여 십자가에 달려 처형당한 예수는 하나님의 저주를 받은 것이 분명하므로(신 21:23), 그런 예수를 메시아로 선포하는 자들도 동일하게 신성 모독죄를 범하는 것이라 확신했습니다. 그들을 없애는 것을 하나님은 당연히 기뻐하시리라 믿고 성도들을 가차 없이 핍박했습니다.

3 ── 최악의 핍박자가 최고의 전도자로

"이 사람은 내 이름을 이방인과 임금들과 이스라엘 자손들에게 전하기 위하여 택한 나의 그릇이라"(행 9:15).

스데반이 순교한 후 핍박이 더욱 심해지자 성도들은 예루살렘을 벗어나 유대, 사마리아, 베니게, 구브로, 안디옥, 다메섹으로 흩어졌습니다. 사울은 예루살렘에 있는 성도들을 핍박하는 데 만족하지 않고 다른 지방과 외국으로 피신한 성도들도 찾아 나섰습니다. 다메섹으로 가서 예수의 도를 따르는 자들을 모조리 결박하여 예루살렘으로 끌고 올 계획을 세웠습니다. 그러려면 대제사장의 공문이 있어야 했습니다. 당시 다메섹은 나바테아 왕국의 아레타 왕(Aretas Ⅳ Philopatris)이 다스리고 있었지만, 대제사장은 그곳 회당들에도 영향력을 행사할 수 있었습니다.

이런 역사적 배경 때문입니다. 주전 142년, 유대에서 율법에 크게 저촉되는 죄를 범하고 이집트로 도망간 사람이 있었습니다. 이때 로마 대사가 이집트의 프톨레마이오스 8세(Ptolemaios Ⅷ)에게 편지를 써서, 이 사람을 잡아 대제사장 시몬에게 보내 유대 율법으로 처벌받게 협조해 달라고 부탁한 적이 있었습니다. 그 후로도 로마 관리들은 대제사장에게 그런 권한을 인정했는데, 특히 율리우스 카이사르가 주전 47년에 이 권한을 다시 확인해 주었습니다(마카비 1서 15:21).

사울은 산헤드린이 이런 권한을 가졌음을 알고 대제사장을 찾아가 공문을 써 달라고 부탁했을 것입니다. 원래 사두개인과 바리새인은 앙숙이었습니다. 그런데도 바리새인 사울이 사두개인 대제사장에게 공문을 요청한 것으로 보아(행 9:1), 그는 예수 믿는 사람들을 잡을 수 있다면 무엇이든 하는 사람이었습니다. 혈기와 살기가 가득한 사울은 군사 몇 명을 데리고 다메섹으로 출발했습니다. 주후 31-32년경이었습니다.

예수님이 택하신 그릇

이것이 사울 자신과 인류 역사의 방향을 바꾸는 걸음이 될 줄은 전혀 알지 못했을 것입니다. 예루살렘에서 다메섹으로 가는 가장 빠른 길은 골란고원(Golan Heights)을 지나가는 길인데, 250킬로미터 정도 되는 거리입니다. 일주일 정도 걸렸으리라 추산합니다. 사울이 예수님을 만난 지점은 알 수 없지만, 시리아 정교회가 전승을 따라 다메섹에서 골란고원으로 가는 서남쪽 16킬로미터 지점의 코캅(Kaukab Hill)에 '바울 회심 교회'(St. Paul's Converting Point Church)를 세운 것을 보면 그 부근으로 보아도 좋을 것 같습니다.

다메섹에 거의 갔던 어느 지점에서 홀연히 하늘로부터 강한 빛이 사울을 둘러쌌습니다. 그 빛에 놀란 사울이 땅에 고꾸라집니다. 말을 타고 이동했을 가능성이 크기에 대부분의 성화는 사울이 말에서 떨어지는 모습을 그리고 있습니다.

빛과 함께 하늘에서 음성도 들려왔습니다.

"사울아, 사울아, 네가 어찌하여 나를 핍박하느냐?"

사울이 물었습니다.

"주여, 뉘시오니이까?"

그런데 상상하지 못한 대답이 들려왔습니다.

"나는 네가 핍박하는 예수라"(행 9:1-5, 개역한글).

얼마나 놀랐겠습니까? 바울이 예수님을 만났거나 본 적이 있는지 모르지만, 같은 시대에 예루살렘에 있었던 것은 확실합니다. 예수님은 당시 가장 주목받는 인물이었던 만큼 바울도 그분에 대해 듣거나 그분을 보았을 가능성이 높습니다. 예수님을 비판하던 바리새인의 하나로서 예수님

▲ 파올로 프리올로, <사울의 회심>(1866)

과 맞붙었던 당사자일 수도 있습니다. 예수님이 행하고 가르치시는 것을 비판적 시각으로 보고 들었을 수도 있습니다. 하지만 바울은 이런 일에 대해 전혀 언급하지 않습니다. 혹 본 적이 있었다 할지라도 그날 다메섹으로 가는 길에 나타나신 예수님은 영광의 광채에 둘러싸여 알아볼 수 없었을 것입니다.

하지만 제자들이 주장하는 것같이 예수가 부활한 것을 확인한 순간, 사울은 교회를 핍박한 것이 곧 예수님을 핍박한 것임을 알게 되었습니다. 얼마나 큰 죄를 저질렀는지 철저히 깨닫게 되었습니다. 그럼에도 불구하고 자기 같은 핍박자에게 영광 중에 나타나 자신을 꾸짖지 않으며 위엄 있고 다정하게 말씀해 주신 이 예수님을 위해 무엇인가 해야 할 것 같았습니다. 아니, 분명 무슨 큰 뜻이 있어 자기에게 나타나셨다고 감지했을 것입니다. 사울은 자기도 모르게 소리치며, 자신의 앞날을 가늠할 중요한 질문을 했습니다.

"주님, 제가 무엇을 하리이까?"

"일어나 다메섹 시내로 들어가라. 네가 무엇을 해야 할지 말해 줄 사람이 있을 것이다."

사울이 땅에서 일어나 보니 너무 강력한 광채 때문에 눈앞이 보이지 않았습니다. 같이 가던 사람들 손에 이끌려 시내에 있는 유다의 집으로 들어갔습니다. 사흘 동안 보지도 못하고, 먹지도 마시지도 않은 채 기도만 하고 있었습니다.

예비된 중재자, 아나니아

그런데 아나니아라는 사람이 찾아왔습니다. 예수님이 그에게도 환상 중에 나타나 다메섹의 직가(直街, Via Recta)라는 거리에 있는 유다의 집에 가서 다소 사람 사울을 찾으라고 명하셨기 때문입니다. 그는 율법에 따라 경건하게 사는 신자로서 모든 유대인으로부터 칭찬받는 사람이었습니다. 사울에게 가라는 말씀을 듣자 아나니아는 펄쩍 뛰었습니다.

"주님, 예루살렘에서 수많은 성도를 핍박한 그 사람의 악명을 여러 사람으로부터 들었습니다. 다메섹에 있는 믿음의 식구들까지 결박하러 온다고 합니다. 그런 사람한테 어떻게 제 발로 가겠습니까?"

"주께서 이르시되 가라 이 사람은 내 이름을 이방인과 임금들과 이스라엘 자손들에게 전하기 위하여 택한 나의 그릇이라"(행 9:15).

아나니아는 순종하는 마음으로 유다의 집을 찾아가 사울을 만났습니다. 직가는 다메섹을 관통하던 1.6킬로미터의 직선 도로였는데, 지금도 고린도식 기둥들과 개선문, 도로의 일부가 남아 있습니다. 유다의 집은 지금 '성 아나니아 교회'(St. Hanania Church)가 되었습니다. 이 작은 규모의 교회에는 사울이 아나니아에게 안수 받는 모습과 회심 장면을 묘사한 그림이 있습니다.

사울의 회심 이야기는 사도행전 9장과 22장에서는 아나니아를 통하여 사명을 들은 것으로, 26장에서는 바울이 직접 들은 형식으로 누가가 기록했습니다. 청중에 따라 바울이 근소한 차이를 두고 말한 것으로 보이지만, 종합해 보면 사울과 아나니아 사이에 이런 대화가 오갔습니다.

아나니아는 눈이 멀어진 사울에게 안수하며 축복의 말을 전했습니다.

"형제 사울아, 다시 보라."

이 말에 즉시 사울의 눈이 밝아져 아나니아를 쳐다보았습니다. 아나니아는 계속 설명했습니다.

"네가 오는 길에서 나타나셨던 예수님께서 나를 보내어 너로 다시 보게 하시고, 성령으로 충만하게 하신다. 하나님이 너를 택하여 너로 하여

▲ 피에로 다 코르토나, ⟨사울의 눈을 뜨게 하는 아나니아⟩(1631)

금 그분의 뜻을 알게 하시고, 그 아들 예수 그리스도를 보게 하시고, 그의 음성을 듣게 하신 것이다. 그러니 이제 너는 네가 보고 들은 것을 모든 사람 앞에서 증언해야 할 것이다. 이제 일어나 세례를 받고 죄를 용서받으라"(행 9:17-18, 22:12-16).

사울은 순종하여 세례를 받았고, 성령의 충만함도 받았습니다. 음식을 먹고 원기를 회복했습니다. 그 후에는 아나니아의 안내를 따라 다메섹의 성도들을 만났고, 함께 며칠을 보내며 교제를 나눴습니다. 다메섹의 성도들이 두려워하던 사울을 이처럼 쉽게 받아들일 수 있었던 것은 신망 높은 아나니아의 중재 때문이었습니다.

많은 학자가 사도행전 9장과 22장에 나오는 아나니아의 이야기는 누가가 지어 낸 것이라고 주장합니다. 갈라디아서 1장 1절과 12절에서 바울은 자신이 사도가 된 것에 대해 "사람들에게서 난 것도 아니요 사람으로 말미암은 것도 아니요", 또한 그가 전하는 복음에 대해 "사람에게서 받은 것도 아니요 배운 것도 아니요 오직 예수 그리스도의 계시로 말미암은 것이라"라고 했으므로 아나니아 같은 사람의 개입이 없었다는 것입니다.

그러나 사도행전 9장과 22장에서 누가도 예수님이 친히 나타나서서, 사도들이 이미 선포했듯이 당신이 부활한 신적 존재임을 직접 보여 주셨다고 분명히 기록합니다. 아나니아가 사울에게 직접 전도했다고 말하지 않습니다. 또 아나니아가 사명을 준 것이 아니라, 예수님이 주신 증인의 사명을 아나니아가 전달했을 뿐임을 명시합니다.

결론적으로, 아나니아는 예수님과 사울 간의 중재자가 아니었습니다. 오히려 사울과 교회 간의 중재자였습니다. 주님은 급격한 영적 변화를 체험한 사울을 예수 공동체에 안전하게 연결하기 위해 존경받는 아나니아를 사용하신 것입니다. 아나니아가 환상 속에서 주님께 지시받아 사울의 눈을 뜨게 하고 신앙 고백을 들은 후 세례를 주지 않았다면, 사울은 다메섹에 있는 예수 공동체, 나아가서는 예루살렘의 사도들에게 접근하여 동역하기가 어려웠을 것입니다. 누가는 사울이 다메섹으로 가는 길에 회심한 이야기를 세 번이나 기록하는데, 아나니아에 대한 이야기도 사울로부터 직접 들은 것이 분명합니다. 사울에게 일어난 변화는 여전히 유대교의 하나님을 믿고, (구약) 성경을 읽으며, 성전과 회당에서 예배를 드린 것을 볼 때 종교를 바꾼다는 의미의 '개종'으로 보기 어렵습니다. 예수를 통한 구원의 길에 대한 새로운 인식과 그분을 향한 헌신이 생긴 것이어서 '회심'으로 보아야 할 것입니다.

회심 즉시 전도하는 바울

사울은 성도들을 극심히 핍박했으나, 하나님은 그에게 큰 자비를 베풀어 주셨습니다. 용서해 주셨을 뿐만 아니라 주님의 일꾼으로 불러 주셨습니다. 어머니의 태(胎)로부터 택정하였다는 축복의 말씀까지 더해 주셨습니다(갈 1:15).

부활하신 주님으로부터 직접 계시와 부름을 받은 사울은 다메섹에서 믿음의 형제들과 며칠을 보내고, 다음 안식일에 회당에 가서 "즉시로 … 예수가 하나님의 아들이심을" 선포하기 시작했습니다. 안식일마다 각 회당을 다니며 '예수가 하나님의 아들이요, 유대인들이 기다리던 메시아'라고 힘을 다해 증언했습니다(행 9:20, 22). 그 말을 듣던 사람들은 깜짝 놀랄 수밖에 없었습니다. 그러나 이 선포는 시작에 불과했습니다. 어느 지역, 어느 상황에서든지 죽을 때까지 예수를 전했습니다. 사울에게 확실히 바뀐 영역은 종교가 아니라 예수님에 대한 관점이었습니다.

"이 사람이 예루살렘에서 이 예수 이름을 부르는 사람들을 진멸하려던 자가 아니냐? 여기 다메섹에 온 것도 그들을 결박하여 대제사장들에게 끌어가고자 함이 아니더냐?"

사울의 선포를 들은 자들이 예수 믿는 사람들을 '그들'로 표현하는 것으로 보아, 사울은 믿지 않는 유대인들에게 복음을 선포했음을 알 수 있습니다. 사울은 더욱 힘을 내어 예수는 그리스도라고 증언하여 다메섹에 사는 유대인들을 당혹하게 했습니다.

최악의 핍박자(Persecutor)가 최고의 전도자(Preacher)가 되었습니다. 하지만 본격적으로 전도하기 전, 그는 사도행전에 기록되지 않은 3년이라는 시간을 보내게 됩니다.

4 — 고강도 준비 훈련

"내가 수고를 넘치도록 하고 옥에 갇히기도 더 많이 하고 매도 수없이 맞고 여러 번 죽을 뻔하였으니 유대인들에게 사십에서 하나 감한 매를 다섯 번 맞았으며 세 번 태장으로 맞고 한 번 돌로 맞고 세 번 파선하고 일 주야를 깊은 바다에서 지냈으며 여러 번 여행하면서 강의 위험과 강도의 위험과 동족의 위험과 이방인의 위험과 시내의 위험과 광야의 위험과 바다의 위험과 거짓 형제 중의 위험을 당하고 또 수고하며 애쓰고 여러 번 자지 못하고 주리며 목마르고 여러 번 굶고 춥고 헐벗었노라"(고후 11:23-27).

사울이 예수 구원의 복음을 용감하게 증거하자 다메섹에 사는 믿지 않는 유대인들이 그를 공격하기 시작했습니다. 다메섹의 형제들은 일단 피신할 것을 권고했습니다. 하나님도 그를 아라비아로 이끌어 내셨습니다. 바울이 갈라디아서에서, 부활하신 예수님을 만난 후 사도들을 만나러 예루살렘으로 가지 않고 즉시 아라비아로 갔다가 다시 다메섹으로 돌아갔다고 기록한 것을 보아(갈 1:16-17) 다메섹에서 아라비아로 갔음을 알 수 있습니다.

누가는 사울이 아라비아에 간 것을 언급하지 않습니다. 다만 "여러 날이 지나매"(행 9:23)라는 포괄적 표현으로 아라비아를 방문한 기간을 암시한 것 같습니다. 하지만 누가를 비난할 수 없는 것은, 역사를 기록하는 사람은 누구나 저작 의도에 따라 자료를 취사 선택하기 때문입니다. 누가가 볼 때 데오빌로 각하에게 쓰는 이 사도행전에서 사울이 아라비아에서 보낸 시간은 별로 중요하지 않다고 생각한 것 같습니다. 바울의 삶과 사역에 대한 모든 세부 사항을 알고 싶어 하는 21세기의 독자들은 바울 서신의 자료를 연구하여 누가가 기록하지 않은 행간을 좀 더 이해하면 좋겠습니다.

왜 아라비아 광야에 갔는가

아라비아에 대한 논의에 있어 중요한 세 가지 질문은 '얼마나 오래 아라비아에 머물렀는가', '아라비아가 어디인가', '왜 아라비아에 갔는가'입니다. 바울은 회심 후 3년 만에 베드로를 만나러 예루살렘에 갔다고 기록하고(갈 1:18), 누가는 바울이 회심 후 다메섹에 오래 머물렀다고 묘사하지 않기 때문에 아라비아에서 3년 가까이 지냈을 것으로 추정합니다.

바울이 갔던 아라비아의 위치를 정확히 알기는 어렵습니다. 당시 아라비아로 불린 곳은 매우 넓은 지역이었기 때문입니다. 바울은 '아라비아'라고 썼지만, 이는 '아라비아 광야'를 가리킵니다(Arabah, 신 2:8, 3:17, 4:49). 하지만 시내산 부근의 아라비아 사막이라기보다는, 나바테아 왕국이 관할하던 다메섹에서 먼 남쪽 광야였으리라 추정됩니다. 3년이 거의 지난 후에야 아레다왕의 고관들이 다메섹에서 사울을 체포하려고 한 것으로 보아(고후 11:32-33; 행 9:23-25) 그동안에는 그들에게 자극을 줄 일을 하지 않았거나, 대부분의 시간을 그들의 손이 미치지 않는 곳에서 보냈던 것 같습니다.

가장 중요한 연구 주제는 아라비아에 간 이유입니다. 학자들은 두 가지 이유를 설명해 왔습니다. 첫 번째 학설은, 이방인들에게 복음을 전하러 갔다는 것입니다. 사울은 이방인의 사도로 부름을 받고 처음부터 이방인

◀ 요르단의 와디 ©DC
▶ 요르단의 고대 도시 페트라 입구의 바위 협곡 ©DC

들을 전도해야 한다는 인식이 확고했기 때문에 이방 지역인 아라비아로 갔다는 것입니다. 이방인에게 복음을 전하러 갔다면 나바테아 왕국의 수도인 페트라(Petra)에 갔으리라고 추정합니다. 오늘날 페트라는 요르단 국보 1호이며 최대의 관광지입니다. 저도 2005년 3월, 둘로스 선교선이 요르단 남단의 유일한 항구 도시인 아카바(Aqaba)를 방문했을 때, 동료 선교사들과 함께 페트라에 가 본 적이 있습니다. 아카바에서 페트라까지는 왕의 대로를 따라 125킬로미터 거리인데, 중간중간 와디(wadi)에 들르면서 갔습니다. 와디는, 평소에는 물이 없다가 비가 오면 많은 물이 흐르는, 들판같이 넓은 골짜기를 말합니다.

페트라 협곡 입구에 들어서면 눈앞에 펼쳐지는 장관에 압도되고 맙니다. 거의 직각으로 솟은 양쪽 바위 절벽의 높이가 무려 100미터는 될 것 같이 느껴집니다. 바닥은 돌길인데, 이런 협곡을 따라 1.2킬로미터를 걸어 들어가는 길이 환상적입니다. 그 협곡을 지나면 큰 광장이 나타나는데, 바로 그 앞에 다다르면 하나의 바위를 파서 조각해 낸 조형물이 눈에

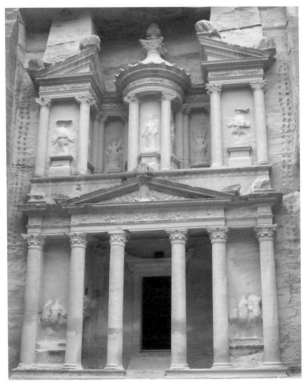

▲ 바위를 깎아서 만든 페트라의 알카즈네 ©DC

들어옵니다. 약 40미터 높이에 열두 개의 기둥으로 이루어진 이 2층 건물
은 아랍어로 '보물'이라는 뜻을 가진 '알카즈네'(Al-Khazneh)입니다. 인디아
나 존스의 세 번째 시리즈인 〈인디아나 존스 - 최후의 성전〉(Indiana Jones
and the Last Crusade)을 이곳에서 촬영했습니다.

　오른쪽으로 거리를 따라 걸으면 바위 산속을 파서 만든 집들이 끝없
이 이어집니다. 마찬가지로 바위를 파서 만든, 10층 빌딩 높이의 '알데
이르(Al Dayr) 수도원' 등 곳곳에 바위를 깎아 만든 크고 작은 건물과 굴이
800개가 넘습니다. 더 깊이 들어가면 산 정상에 종교 의식을 행하던 제단

이 있습니다. 이렇게 넓은 지역이 '페트라 고고학 공원'(Petra Archaeological Park)으로 보존되어 있습니다. 지금은 매년 수백만 명이 방문하는 관광 도시지만, 바울 당시에는 수만 명의 거주민과 장사꾼이 붐비는 상업 중심 도시였습니다.

바울이 이방인에게 복음을 전하러 아라비아에 갔다면 페트라에 갔을 것으로 추정하다가 아름다운 경치를 기억하며 조금 곁길로 나갔습니다.

이 학설의 약점은, 바울이 이방인뿐 아니라 유대인에게도 부름을 받았고, 사도행전에서 보듯 새로운 선교지에 갈 때마다 먼저 유대인 회당부터 들러 복음을 전하는 행적과 상충되는 부분입니다. 이방 교회에 서신을 보내면서도 자신이 얼마나 유대인들의 구원을 갈망하는지를 역설하는 대목을 보면(롬 9:1-5, 10:1, 11:14; 고전 9:20) 그가 이방인에게만 복음을 전하기 위해 아라비아를 선택했다는 주장은 설득력이 약합니다. 물론 아라비아에서 사람들을 만났을 때 복음을 전하지 않았다고는 볼 수 없지만, 그것이 주요 목적이었는지는 의문이 남습니다. 다메섹 변방에서 복음을 전한다고 바울을 체포하려 했던 아레다왕이 자기 왕국의 수도에 와서 전도하는데 거의 3년이나 그냥 두었을까요? 더구나 바울은 '자신이 이방인에게 전하는 복음'을 사도들에게 두 번째 만남에서 보고했습니다. 회심 3년 후 사도들과 가진 첫 번째 만남이 아니라, 그 후 14년이 지난 시점에서야 보고한 것을 감안하면, 이방인들에게 복음을 전하기 위해 아라비아에 간 것은 아니라고 보아야 할 것입니다.

두 번째 학설은, 예수님이 구약이 약속한 메시아라는 새로운 관점으로 성경(구약)을 읽고 묵상하며 하나님과 교통하기 위해 아라비아에 갔다는 것입니다. 십자가에서 비참하게 죽은 예수가 부활했을 뿐 아니라 하늘의 신적 존재로서 살아 있음을 직접 경험한 사울은 엄청난 신학적 충격을 받았을 것입니다. 나무에 달린 자마다 하나님의 저주를 받았다고 믿고 있었기 때문입니다(신 21:23). 그러니 지각 변동이 일어난 자신의 신학을 재정립할 시간이 필요했을 수도 있습니다. 그렇지만 왜 구태여 아라비아 광야로 가서 3년이나 있었는가에 대한 온전한 답이 되기에는 한계가 있습니다.

저는 세 번째 가능성을 제안합니다. 하나님이 고강도 훈련을 시키려고 사울을 아라비아 광야로 불러내셨다고 봅니다. 모세와 다윗도 하나님이 맡기실 큰일을 감당하기 전에 광야에서 당신의 능력과 임재와 공급을 체험하는 훈련을 받았습니다. 예수님도 큰 사역을 앞두고 광야에서 극한 어려움을 마주하며 하나님께 전적으로 의지하여 이겨 내는 훈련의 시간을 보내셨습니다(마 4:1-11; 막 1:12). 세례 요한도 광야에서 하나님만 의지하며 지내는 동안 하나님의 말씀이 그에게 임했습니다(눅 3:2).

모세는 미디안 광야에서 40년이라는 긴 시간을, 다윗은 유다 광야에서 극한 어려움을 겪으며 하나님을 의지하고 그분의 공급과 능력을 경험하

▼ 이스라엘의 에리코 광야. 광야에서는 하나님밖에 의지할 수 없는 열악한 환경을 갖고 있다. ©CGN

는 훈련을 거쳤습니다. 특히 엘리야는 수년간 가뭄이 이어져 척박한 시돈 땅 사르밧의 그릿 시냇가에서 3년이라는 긴 기간을 은둔하면서 하나님의 임재와 능력과 공급을 체험하는 훈련을 받았습니다. 가장 악한 아합왕이 통치할 때였는데도 하나님은 3년이나 광야에 숨겨 훈련부터 받게 하셨습니다(왕상 17:1-18:1). 그런 경험 후에 엘리야는 450명의 바알 선지자와 겨루어 이길 수 있었습니다(왕상 18:20-40). 모두 앞으로 다가올 큰 사역을 준비하는 시간이 필요했던 것입니다.

사울도 장차 올 환난과 핍박, 육체적·물질적·정신적 고통을 하나님을 의지하여 이겨 낼 정신력과 영력을 길러야 했습니다. 예수님처럼 광야에서 사탄의 시험을 받으며 말씀과 믿음으로 이기는 훈련과 경험을 했을 것입니다(막 1:12-13). 전갈과 불뱀과 들짐승의 위험이 있었겠지만, 하나님의 보살핌으로 긴 시간을 지냈을 것입니다. 사실 사울은 정신적으로나 물질적으로 고난을 경험해 본 적이 없었습니다. 최고의 엘리트 코스만 밟아 왔던 그는 자신의 배경과 능력으로 살아왔습니다. 그러나 하나님께서 앞으로 맡기실 선교 사역은 참으로 험난한 가시밭길이었습니다. 그 사역을 충실히 감당해 내려면 그 어떤 고난도 하나님만 의지하고 이겨 내는 비결을 배워야 했습니다. 하나님의 임재와 보호, 공급을 경험해 보아야 했습니다. 귀신도 쫓아내고 병도 고치며 성령의 능력을 베풀 영력을 갖추어야 했습니다. 이 모든 것을 위해 하나님은 당신만을 의지하지 않고는 살 수 없는 환경으로 불러내어 고강도 훈련을 시키셨을 것입니다.

성령께서 예수님을 광야로 몰아내셨던 것같이 사울도 광야로 데려가 사탄의 권세와 유혹을 이기게 하셨을 것입니다(막 1:12). 예수님과 같이 사울에게도 고난이 예언되어 있었기 때문입니다(막 8:31, 9:12-13; 행 9:16; 고후

11:24-28). 또 광야에서 하나님과 시간을 보내던 세례 요한에게 하나님의 말씀이 임했던 것과 같이 사울에게도 이 아라비아 광야에서 하나님의 경륜에 대한 비밀스러운 말씀이 새롭게 임했을 것입니다(롬 16:25-27; 엡 3:1-4; 골 1:25-27). 광야라는 히브리어 '미드바르'는 '말하다'라는 '다바르'에서 유래했습니다. 광야는 하나님께서 특별히 세운 종들에게 말씀하시는 곳이기도 했습니다.

물론 전도, 묵상, 훈련의 세 가지 이유가 어느 정도 서로 연결되었을 수 있습니다. 그러나 가장 중요한 이유는, 더 심오한 하나님의 말씀을 받으며 장래 사역을 감당할 고강도 훈련을 받기 위함이었을 것입니다.

광주리를 타고 다메섹을 빠져나가다

위험하고 열악한 아라비아 광야에서 하나님과 긴밀하게 교통하며 약 3년의 시간을 보낸 후 사울은 다메섹으로 돌아왔습니다(갈 1:17-18). 누가는 이 기간을 "여러 날이 지나매"로 압축하여 기록합니다(행 9:23). 다메섹에 다시 나타난 바울을 유대인들이 죽이려 하고 나바테아 왕국 아레다왕의 군사들까지 나서서 체포하려는 것을 보면 다메섹에 돌아온 후 다시 복음을 담대히 전했던 것으로 보입니다. 아레다 4세(Aretas IV)는 주전 9년부터 주후 40년까지 수도 페트라에서 왕국을 다스렸습니다. 즉위 후반부에 로마로부터 수리아 지역의 통치권을 부여받고는 다메섹 등 여러 지역에 고관(ethnarch)을 임명했습니다.

복음을 전하는 자들을 핍박하던 사울은 이제 그 복음을 전하는 자가 되었고, 오히려 핍박받는 자가 되었습니다. 자기를 체포하려고 성문마다 군사들이 밤낮없이 철저히 감시한다는 정보를 입수하고 사울은 밤중에 성벽 문 사이로 광주리를 타고 내려가 다메섹성을 빠져나갔습니다 (고후 11:32-33; 행 9:23-25). '그의 제자들'이 피신을 도운 사실로 보아 이미 다메섹에 사역의 열매가 맺히고 있었음을 알 수 있습니다. 다메섹을 빠져나온 후 곧바로 예루살렘으로 발길을 옮겼습니다.

5 — 하나님과 독대한 은둔의 전도자

"그는 십사 년 전에 셋째 하늘에 이끌려 간 자라 … 그가 낙원으로 이끌려 가
서 말로 표현할 수 없는 말을 들었으니 사람이 가히 이르지 못할 말이로다
… 여러 계시를 받은 것이 지극히 크므로 너무 자만하지 않게 하시려고 내
육체에 가시 곧 사탄의 사자를 주셨으니 …"(고후 12:1-7).

　　사울은 예수의 제자가 된 후 처음으로 거룩한 도성 예루살렘
에 발을 디뎠습니다. 얼마나 감개무량했겠습니까? 낯익은 성전과 예루살
렘의 성벽과 성문, 거리와 나무, 곳곳의 집과 익숙한 시장과 사람들의 모
습, 푸른 하늘과 언덕은 다 옛날 그대로였지만, 이 모두가 새로이 보였을
것입니다. 3년이 넘어 이 하나님의 도성에 다시 들어서면서 바울은 처음
으로, 진정으로 하나님이 함께하심을 느끼며 신기한 듯 사방을 둘러보며
성문으로 들어갔을 것입니다.

극비리에 이루어진 예루살렘 방문

핍박을 피해 다메섹을 떠났지만, 예루살렘이 더 안전하게 생각되어 온 것
은 아니었습니다. 예루살렘의 유대인들이 자기가 전하는 메시지를 들으
면 더욱 가만두지 않을 것을 누구보다 잘 알고 있었습니다. 교회를 핍박

하던 사울을 기대하고 응원했던 만큼 이제는 그에게 실망과 원한을 쏟아 낼 것입니다. 배반자와 배교자 취급을 감내해야 했습니다. 예루살렘 방문은 목숨을 건 극비 방문이었습니다.

사울은 분명한 목적을 가지고 예루살렘에 왔습니다. "[예수님을 영접한 지] 삼 년 만에 내가 게바를 방문하려고 예루살렘에 올라가서 그와 함께 십오 일을" 머물렀다고 기록합니다(갈 1:18).

예루살렘의 사도들은 다메섹의 성도들로부터 사울이 회심했다는 소식을 곧바로 들었을 것입니다. 그러나 반신반의했을 것입니다. 그 사울이 3년이 지나 제 발로 찾아왔습니다. 그냥 받아들일 수만은 없었습니다. 무슨 간사한 함정을 파고 유인하려 들지 모를 일이었습니다. 두렵기도 했을 것입니다. 베드로도 사울이 교회를 핍박한 행적에 대해 잘 알고 있었으므로, 만나고 싶다고 해서 그 요청을 쉽게 수락할 수 없었습니다. 먼저 확인이 필요했습니다.

이때 바나바가 베드로와 야고보에게 사울이 다메섹으로 가던 도중에 주님이 그에게 나타나신 사건과 이미 다메섹에서 예수의 이름으로 담대히 복음을 전한 일을 설명해 주었습니다. 바나바는 많은 재물을 교회에 바친 적이 있고, "착한 사람이요 성령과 믿음이 충만한 사람"(행 4:36-37, 11:24)이었기에 사도들은 그의 말을 신뢰했습니다. 바나바 자신도 변화된 사울을 만나 보지 못했지만, 아나니아와 같이 믿을 만한 다메섹 성도들로부터 사울의 변화에 대해서 들었을 것입니다. 그래서 사울을 위해 보증을 서 주었습니다. 마치 아나니아가 다메섹 성도들에게 사울을 보증해 주었듯이 말입니다. 그제야 베드로는 조심스럽게 사울을 만나 주었습니다.

사울과 베드로가 15일 동안 지내며 서로 무슨 대화를 나누었는지는 기록이 없어 아쉽습니다. 하지만 대화의 내용을 추측하기는 어렵지 않습니다. 먼저 바울은 베드로를 안심시키기 위해 자신에게 나타나셨던 예수님에 대해 간증하면서 이제는 그분을 따르는 제자가 되었고, 유대인과 이방인에게 복음을 전하라는 사명을 받았다고 말했을 것입니다. 또 교회와 성도들을 심하게 핍박한 과거의 잘못에 대해 진심으로 용서를 구했을 것입니다.

더 나아가 사울은 예수님에 대해 가르쳐 달라고 부탁했을 것입니다. 베드로에게 '히스토레싸이(historēsai)하러 갔다'는 표현에서 알 수 있습니다 (갈 1:18). 영어의 '역사'(history)가 이 헬라어에서 유래했는데, 과거의 인물과 사건을 살펴보는 것을 의미합니다. 예수님의 가르침(전통)을 전해 줄 최고의 적임자가 베드로였으므로, 예수님의 성품과 가르침의 핵심에 대해 물어보고 싶었을 것입니다. 형제로 인정받아 우정 어린 교제를 나누는 동시에, 복음을 전할 방도를 의논하며 동역하고 싶었을 것입니다. 사울은 베드로가 들려주는 예수님의 인격과 성품, 가르침을 간절한 마음으로 경청했을 것입니다. 베드로는 예수님이 제자들의 발을 씻기시고 성찬을 나누었던 곳으로, 십자가에 못 박히셨던 골고다로, 부활하셔서 비어 있는 무덤으로 사울을 안내해 주었을 것 같습니다.

예루살렘 방문 중에 야고보도 추가로 만났습니다. 부활한 예수님이 당신의 동생인 야고보에게 별도로 나타나신 후에야 야고보가 예수님을 믿었다는 말을 듣고, 그 경험을 자신의 것과 비교해 보고 싶었을 것입니다. 야고보는 어머니로부터 예수님을 잉태한 이야기 등 여러 말씀을 들었을 텐데도 예수님이 십자가를 지실 때까지도 그분을 따르지 않았습니다. 그러나 부활 후에 개인적으로 나타나 주시자, 예수님의 신성을 확인하고,

형님을 넘어 주님으로 믿고 따르기 시작했습니다. 야고보도 예수님에 대해 많은 이야기를 들려주었을 것입니다. 사울은 부활하신 예수님이 베드로, 야고보와 함께 자기에게도 개인적으로 나타나 사명을 주셨음을 확인하고 충성을 다짐했을 것입니다(고전 15:5-8).

바울이 갈라디아서 1장 12절에서 "이는 내가 사람에게서 받은 것도 아니요 배운 것도 아니요 오직 예수 그리스도의 계시로 말미암은 것이라"라고 말한 내용과 고린도전서 15장 3절에서 "내가 받은 것을 먼저 너희에게 전하였"다는 내용이 상충된다고 보는 경우가 많습니다. F. F. 브루스(Frederick Fyvie Bruce) 교수는 이 두 구절에서 '받았다'는 동사 '파랄람바노'(paralambanō)가 쓰였는데, 이것은 전통을 전달받는 것을 의미하며 특히 '전했다'는 동사 '파라디도미'(paradidōmi)와 같이 연결되어 쓰이면 더욱 그렇다고 지적했습니다. 따라서 고린도전서 11장 23절에서는 성찬에 대한 지시를 '내가 주께 받은(paralabon) 것을 너희에게 전하였노니(paredōka)'(고전 11:23)라고 표현하지만, 베드로로부터 성찬에 대한 가르침을 들었다고 보아야 한다는 것입니다(F. F. Bruce, 《Paul Apostle of the Heart Set Free》, pp. 86-87).

이런 의미로 본다면, 바울이 갈라디아서 1장 12절에서 직접 계시를 받은 것처럼 단호히 표현한 맥락에는, 유대주의자들이 이방 성도들도 할례를 받아야 한다고 주장하면서 바울의 사도권을 부정하고 갈라디아 교회들에게 문제를 일으킨 특수 상황이 존재합니다. 바울이 갈라디아서에 베드로와 야고보를 별도로 만났다고 언급한 것은, 교회 안에서 가장 영향력 있는 두 사도와 맺은 개인적 친분을 나타내고 또한 그들이 자신이 전하는 복음을 인정했음을 알리려는 의도 때문이었습니다. 이 짧은 방문으로 사도들은 사울의 회심을 확인하고 서로 귀히 여기는 복음의 동역자가 되었습니다.

환상을 본 후 예루살렘에서 피신하다

어디까지나 상상이지만, 사울은 스데반이 순교당한 자리를 찾아갔을 것 같습니다. 자신도 스데반이 전하던 예수 복음을 위해 목숨을 바치리라 다짐했을 것입니다. 예루살렘에 있는 동안에도 사울은 잠잠히 있지 못하고 예수님을 전하기 시작했습니다. 그런 선포는 곧 죽음이요, 투옥으로 이어질 것을 알면서도 유대인들에게 예수는 그리스도라고 담대히 선포했습니다. 그들이 반발하면 구약을 인용하며 논쟁했습니다. 그러자 불신자들은 사울을 죽이려고 온갖 힘을 썼습니다(행 9:29). 종교 지도자들은 자기들이 가장 신뢰했던 사울이 '이단'의 열렬한 전도자가 되어 당황하고 분개했을 것입니다. 사울의 열심과 논지를 이길 수 없자, 할 수 있는 것은 하나밖에 없었습니다. 체포하여 죽여 없애는 것입니다. 하지만 사울은 죽음도 두려워하지 않았습니다. 그러나 믿음의 형제들은 그를 보호하려 했습니다. 사울을 설득하여 가이사랴로 데리고 가서 배에 태워 다소로 피신시켰습니다(행 9:29-30).

사울이 다소로 피신한 내용을 다루기 전에, 바울이 성전에서 환상을 보았다는 사도행전 22장 17-21절의 기록이 언제를 가리키는지 알아볼 필요가 있습니다. 사울이 회심하고 3년 후 베드로를 만나러 왔던 15일 동안에 생긴 일일까요? 아니면 안디옥교회가 모금한 구제 헌금을 전달하러 왔을 때일까요? 그것도 아니면 그 후 예루살렘 공회에 참석차 방문했을 때일까요?

결론부터 말하면, 베드로를 만나러 왔을 때일 것입니다. 바울은 성전에서 기도하고 있었는데 주께서 나타나 속히 예루살렘을 떠나라고 말씀하셨습니다. 유대인들이 바울의 증언을 듣지 않으리라고 일러 주셨습니다. 바울도 스데반의 순교를 주동하는 등 교회를 핍박한 자신의 전력(前歷)을 아는 사람들에게 전도하기란 쉽지 않다고 동의합니다. 그러자 주님은 "[예루살렘을] 떠나가라 내가 너를 멀리 이방인에게로 보내리라"라고 재차 말씀하셨습니다(행 22:21).

누가는 바울이 "주 예수의 이름으로 담대히 말하고 헬라파 유대인들과 함께 말하며 변론하니 그 사람들이 죽이려고 힘"썼다고 기록합니다(행 9:29). 바울이 베드로와 야고보를 만나는 기간에도 시간을 내어 디아스포라에서 온 헬라파 유대인들을 먼저 찾아가 전도를 했습니다. 사울이 교회를 핍박할 때는 칭찬을 아끼지 않던 사람들이었지만 회심한 그를 그냥 둘 리 없었습니다. 그런 상황을 놓고 바울이 성전에서 기도했던 것으로 보입니다. "네가 내게 대하여 증언하는 말을 듣지 아니하리라"라는 말씀으로 미루어 볼 때, 이 환상은 전도를 하던 중에 생긴 고민을 풀어 주려고 보여 주신 것으로 보입니다(행 22:18). 바울도 스데반의 순교 때 자신이 맡은 역할을 아뢰는 것으로 보아 그때와 근접한 시기였을 것 같습니다. 구제 헌금을 들고 왔을 때 환상을 보았다면 스데반이 순교한 후 14-15년이 지난 시점인데, 그때는 스데반의 순교 때 바울이 한 일을 유대인들이 생생하게 기억하지 못했을 것입니다.

또 바울이 구제 헌금 전달이나 공회 참석차 예루살렘에 왔을 때에는 불신자들을 전도했다는 기록이 없습니다. 따라서 이 환상은 바울이 회심하고 3년 후 베드로를 만나러 예루살렘에 돌아왔을 때 헬라파 유대인들을 전도하던 상황과 더 연관이 있는 것 같습니다. 주님도 바울에게 예루살렘을 속히 떠나라, 이방인에게로 보내리라고 명하신 것으로 보아, 이 명령에 따라 형제들의 도움을 받아 급히 다소로 떠났다고 보는 것이 더 타당합니다.

그렇다면 바울이 다소로 간 것은 위험을 피하는 차원을 넘어 주님의 인도하심을 따른 순종의 걸음이었습니다. 하나님께서 큰 계획을 가지고 길리기아로 부르신 것입니다. 그 후에도 사용하실 일이 많았기 때문입니다. 그래서 성전에서 기도하는 바울에게 나타나 지금은 피하라고 말씀하신 것입니다.

고향에서 보낸 10년

율법학자와 랍비가 되는 꿈을 안고 어린 나이에 예루살렘으로 유학 갔던 사울은 이제 예수 그리스도의 제자가 되어 고향으로 돌아왔습니다. 하지만 고향에서도 잠잠하지 않았습니다. 먼저 가족과 친척들에게 자신이 만난 그리스도에 대해 이야기하며, 이스라엘이 그토록 기다리던 메시아가 드디어 오셨고 그분은 예수라고 진지하게 설명하는 모습을 충분히 상상할 수 있습니다. 부모와 가족들은 이 믿을 수 없는 현실 앞에 망연자실했을 것입니다. 친척과 친구들도 예수 전도사로 변신한 사울을 반기지 않았을 것입니다. 회당에 가서도 예수가 메시아라고 진지하게 선포했습니다. 또 자신이 어떻게 예수님을 만나 그분의 제자가 되었는지, 그분이 왜 그리스도인지 박식한 구약 지식을 동원하여 열심히 복음을 전했습니다. 선지자가 고향에서 대접을 받지 못한다는 예수님의 말씀처럼 많은 배척을 당했겠지만, 결국 그의 메시지를 듣고 예수님을 따르는 사람들이 생기기 시작했습니다. 이런 소식은 현대식 소셜 미디어가 없어도 빠르게 퍼져 나갑니다. 유대에 있는 교회들도 이 놀라운 소식을 들었습니다. "우리를 박해하던 자가 전에 멸하려던 그 믿음을 지금 전한다"며 하나님께 영광을 돌렸습니다(갈 1:21-24).

바울은 다소를 거점으로 하여 길리기아와 수리아 지역에 10여 년간 체류했을 것으로 추산합니다. 갈라디아서 2장 1절에서 "십사 년 후에" 바나바와 함께 예루살렘으로 갔다는 기록에 근거하여 계산한 것입니다. 이때가 안디옥교회에서 모은 구제 헌금을 예루살렘교회에 전달하러 간 때입니다(행 11:27-30; 갈 2:1). 사도행전의 기록을 보면 바울은 바나바의 초청을 받아 다소를 떠나 안디옥으로 옮겨 1년 동안 제자들을 가르쳤습니다. 따라서 "십사 년 후에"라는 표현을 그리스도인이 된 때부터 센 연수라고 보면 아라비아 3년, 안디옥 1년을 제할 경우 다소에 10여 년간 머물렀다는 계산이 나옵니다.

안디옥에서 1년 정도 동역한 후에 흉년에 대한 예언이 있었습니다. 예언을 전한 지 몇 년 후에 실제로 흉년이 들었는지에 따라 사울이 수리아와 길리기아에서 사역한 기간이 조금 달라집니다. 이 모든 상황을 고려하면 10년에 미치지 못할 수도 있지만, 편의상 10년이라고 하겠습니다.

바울이 10년 동안 다소에서 무슨 일을 했는지는 거의 기록이 없습니다. 하지만 다소를 포함한 수리아-길리기아 속주에서 분명히 복음을 전했을 것입니다. 죽음을 무릅쓰고 다메섹과 예루살렘에서 복음을 전했던 바울이 고향에서 10년이라는 오랜 기간을 침묵했으리라고는 상상할 수 없습니다.

톰 라이트(Nicholas Thomas Wright) 교수는 이 10년 동안 바울이 다메섹 경험에 비추어 구약을 묵상했다고 주장합니다. 하지만 이 기간에 복음을 전하는 활발한 선교 활동을 했다고 보는 것이 다음 세 가지 이유에서 오히려 더 타당합니다. 첫째는, 사도행전 15장 23절에 나옵니다. 예루살렘 공회를 마치며 작성한 공회 결정문(the decree)에 수신자를 '안디옥과 수리아와 길리기아에 있는 이방인 형제들'이라고 설정했습니다. 수리아와 길리기아에 이방인들의 교회가 있었다는 증거입니다. 누가 이 지역에 이방인 교회들을 세웠을까요?

바울이 안디옥의 이방 성도들은 율법을 지키지 않아도 된다는 문제를 제기했는데, 이에 대한 결정을 안디옥뿐 아니라 수리아와 길리기아에 있는 이방인 형제들에게까지 확대 적용한 것에 주목할 필요가 있습니다. 그것은 수리아와 길리기아 지방에 이방인 교회들이 이미 있었다는 것을 방증하며, 이 교회들의 출발에 바울이 참여했다는 말입니다. 바울 외에 이 지역에서 전도했을 다른 후보자를 추정하기가 어렵습니다. 바울은 "예루살렘 사람들이 너의 증언을 듣지 않으니 내가 너를 멀리 이방인에게 보내리라"는 주님의 말씀을 듣고 길리기아에 갔기 때문에 더욱 이방인들에게 복음을 전했을 것입니다. 복음을 믿는 자들을 모아 교회 공동체를 형성했을 것입니다.

더 나아가 바울 자신이 이 기간에 길리기아에서 전도했음을 갈라디아서 1장 21-23절에서 분명히 밝히고 있습니다. "내가 수리아와 길리기아 지방에 이르렀"다는 기록에 곧바로 이어 예루살렘 성도들이 "우리를 박해하던 자가 전에 멸하려던 그 믿음을 지금 전한다 함을" 들었다고 연결합니다. 그렇다면 예루살렘 성도들이 들은 것은 바울이 수리아와 길리기아에서 복음을 전한다는 소식이었을 것이 분명합니다.

더 중요하게는 바울이 2차, 3차 선교 여행 기간에 이 수리아와 길리기아 지역을 다녀가며 교회들을 견고하게 했습니다(행 15:41). 바울은 남의 터 위에 건축하지 않는 원칙을 가졌기에, 남이 세운 교회들을 방문하여 가르치고 권면했을 것 같지는 않습니다(롬 15:20-21). 이렇게 보면 수리아와 길리기아 지역에 머물던 10년 기간에 이방인들을 대상으로 교회를 개척했다고 보는 것이 가장 설득력이 있습니다.

3차에 걸친 선교 여행 중에도 회당을 찾아가 전도한 바울의 패턴을 보면 수리아와 길리기아에서 이방 선교뿐 아니라 유대인 전도도 했을 것입니다. 이 기간에 사십에 하나 감한 매를 여러 번 맞았을 수도 있습니다(고후 11:24). 바울도, 누가도 이렇게 매를 맞은 사건을 구체적으로 기록하지 않습니다. 회심한 지 얼마 되지 않았을 때 유대 회당의 징계에 더 쉽게 순복했으리라 본다면, 길리기아에서 복음을 전하다가 회당의 처벌을 받았을 것으로 생각됩니다. 로마 시민임을 언급하며 매 맞는 것을 피할 수도 있었는데 그러지 않은 것은, 로마 관리가 관여할 수 없었던 회당의 처벌이었기 때문일 것입니다.

바울은 천막 제조 및 수리 기술이 있어서 선교 중에 자비량하며 자신과 동료들의 재정을 감당하기도 했습니다(행 18:3, 20:34; 살전 2:9). 유대인의 풍습을 따라 어렸을 때부터 이런 기술을 어느 정도 배웠겠지만, 길리기아로 돌아와서 복음을 전하던 이 기간에 가업을 돕거나 가족이 예수 믿는다고 내쳐서 생존을 위해 기술을 더욱 익혔을 것으로 보입니다.

삼층천(三層天)의 환상

한 가지 더 짚어야 할 중요한 부분이 있습니다. 고린도후서 12장 1-10절에 기록된 삼층천의 환상입니다. 유대인들은 삼층천을 하나님이 임재하시는 곳으로 이해했기에, 이 환상은 바울이 하나님의 존전으로 이끌려 올라가 하나님과 대화를 나눈 엄청난 경험이었습니다. 이 환상이 얼마나 놀라웠던지 '몸 안에 있었는지 몸 밖에 있었는지 모른다', '셋째 하늘에 이끌려 갔다', '낙원으로 이끌려 갔다'고 표현합니다. 또 말하지 못할 만큼, 말해서는 안 될 만큼 놀라운 환상이고 계시였다면서, 자만하지 않게 하시려고 하나님이 몸에 가시를 허락하셨다고 고백했습니다(고후 12:7; 갈 4:13-14). 다메섹으로 가는 길에 예수님을 만난 환상은 여러 번 언급하면서 이 환상을 구체적으로 밝히지 않으려는 것을 보면, 이 환상은 다메섹 도상에서 본 것보다 더 놀라웠는지도 모릅니다.

그렇다면 이 환상은 언제, 어디에 있을 때 보았을까요? 고린도후서를 쓰면서 14년 전에 이 환상을 보았다고 했으므로, 고린도후서를 주후 55-56년에 썼다고 추산한다면 환상을 본 시기는 주후 41-42년이었을 것으로 생각됩니다. 바로 수리아-길리기아에 머문 거의 마지막 때였습니다. 이렇듯 누가는 바울이 길리기아에서 보낸 10년에 대해 침묵하고 있지만, 서신들을 통해 살펴본 것과 같이 이 기간에도 바울의 선교 사역과 삶에 중요한 일들이 일어났음을 알 수 있습니다.

6 ── 새로운 차원의 사역

"바나바가 사울을 찾으러 다소에 가서 만나매 안디옥에 데리고 와서 둘이 교회에 일 년간 모여 있어 큰 무리를 가르쳤고 제자들이 안디옥에서 비로소 그리스도인이라 일컬음을 받게 되었더라"(행 11:25-26).

다소를 중심으로 10여 년간 사역했을 때 바나바가 찾아왔습니다. 통신 수단이 열악했을 때니 예고 없이 나타났을 것입니다. 바나바는 이방인들이 주축이었던 안디옥교회의 담임목회자였습니다. 안디옥에 할 일이 많으니 가서 동역하자고 사울을 초청했습니다. 사울이 수리아와 길리기아에서 이방인 사역을 잘한다는 소식을 듣고, 확장되어 가던 안디옥 사역을 위해 초청했을 것입니다. 다른 사람을 보낼 수도 있었지만, 바나바는 자신이 들은 좋은 소문을 확인할 겸 간곡히 부탁하려고 직접 찾아간 것 같습니다.

사도행전에 나오는 수리아 안디옥은 지금의 튀르키예 남동쪽에 있는 안타키아(Antakya)의 옛 이름입니다. 이 도시는 주전 301년에 셀레우코스 1세(Seleucus I Nicator)가 브루기아에서 벌어진 입소스(Ipsus) 전투에서 안티고노스(Antigonus)를 물리치고 승리한 것을 기념하여 세운 도시입니다. 셀레우코스가 부친 안티오코스(Antiochus)를 기념하여 안디옥이라는 이름을 붙여 세운 도시가 열여섯 개나 되는데, 그중에서 가장 유명합니다. 주전 64년, 로마의 폼페이 장군은 이 안디옥을 정복한 후 수리아 속주의 수도로 삼았습니다. 바울 당시에는 로마와 알렉산드리아에 이어 로마 제국에서 세 번째로 큰 도시로서 30만 인구가 살고 있었습니다. 안디옥은 행정과 경제는 물론, 종교와 문화의 중심지이기도 했습니다. 대규모 유대인 공동체가 있던 다민족의 도시였습니다. 동과 서, 남과 북이 연결되는 교통의 요지이기도 했습니다. 셀레우코스 왕조와 로마 제국은 이 안디옥에 신전과 큰 건물을 많이 지었습니다.

바나바의 초청을 받고, 사울도 이 크고 영향력 있는 안디옥을 복음화하고 기존의 교회를 강건케 하는 것이 중요하다고 생각했을 것입니다. 이미 길리기아 지방에서 10년을 사역했기에 제자들에게 사역을 넘겨도 되리라 판단했을 것입니다. 먼 길을 마다하지 않고 찾아온 바나바의 진지한 마음에도 감동했을 것입니다. 고속도로가 뚫린 지금은 안디옥과 다소

▲ 베드로 동굴 교회에서 바라본 현대 안타키아 도시 전경 ©DC

의 거리가 243킬로미터인데, 그 당시 구불거리는 길로는 400킬로미터에 가까웠을 수도 있습니다. 사울은 많은 생각과 기도 끝에 바나바의 초청을 수락하고 안디옥으로 가기로 했습니다(행 11:25). 가족들과 수리아와 길리기아의 여러 곳에서 모이는 성도들에게는 아쉬운 작별을 고했습니다. 감사와 기대에 찬 마음으로 바나바와 동행했을 몇몇 형제와 함께 먼 길을 걸어 안디옥에 도착했을 것입니다. 하지만 하나님께서 앞으로 이 안디옥 교회를 통해 자신의 인생을 어떻게 통째로 바꾸실지 이때는 미처 알지 못했습니다.

안디옥에서 시작된 이방 교회

안디옥교회는 교회사에서 이방인들이 다수를 이룬 첫 이방 교회였습니다. 그 시작은 사도행전 11장 19-21절에 적혀 있습니다. 스데반의 순교 후 예루살렘 성도들이 더 가혹해진 핍박을 피해 베니게와 구브로, 안디옥까지 흩어졌습니다. 성도들은 흩어진 곳에서 전도했습니다. 그들은 '유대인에게만' 말씀을 전했습니다. 복음이 유대인들만을 위한 것이라고 생각했기 때문입니다. 안디옥으로 피난 온 구브로와 구레네 출신 성도들도 유대인인 줄 알고 복음을 전한 대상이 믿고 난 후에 보니 헬라인인 경우가 많았습니다. 유대인들도 헬라어를 쓰는 데다가 거의 구별되지 않는 외모를 가졌기에 그런 오해가 생겼을 것입니다. 마치 일제 시대에 일본인이 상대가 일본인인 줄 생각하고 일본어로 한참 대화를 나누다 보니 나중에야 한국인인 줄 알게 되는 경우와 같습니다. 35년 정도 섞여 있어도 이런 일이 생기는데, 300년 동안 헬라의 지배를 받다 보니 이는 흔하고 자연스러운 일이었습니다.

당시 이방인들의 개종은 고넬료의 개종과는 차원이 달랐습니다. 고넬료는 이방인이었지만 이미 '하나님을 경외하는 자'(God-fearer)였습니다(행 10:35). 안디옥에서 만난 이방인들은 유대인 회당에 들어오지도, 하나님을 경외하지도 않던 사람들인데도 예수님을 믿고 교회의 일원이 되기 시작한 것입니다.

많은 헬라인이 예수님을 영접하는 현상은 즉시 예루살렘에 보고되었습니다. 사도들은 바나바를 파송하여 이 기이한 현상을 파악하게 했습니다. 현장에 온 바나바는 "하나님의 은혜를 보고 기뻐하여 모든 사람에게 굳건한 마음으로 주와 함께 머물러 있으라"고 권면했습니다(행 11:23). 그러면서 이방인들이 예수님을 믿는 것은 하나님의 진정한 역사하심이라고 사도들에게 보고했습니다. 바나바는 안디옥에 머물며 이 교회의 목회자가 되었습니다.

안디옥교회의 개척은 예루살렘과 유대인에게 국한되었던 복음이 디아스포라와 이방인에게까지 확대되는 놀라운 사건이었습니다. 기독교의 세계화가 시작되는 순간이었습니다. "너희는 온 천하에 다니며 만민에게 복음을 전파하라"(막 16:15)고 하신 예수님의 지상 명령이 실질적으로 처음 실행된 순간이었습니다. 사도들은 지상 명령을 직접 듣고도 이방 선교를 수행하지 못했는데, 스데반의 순교 이후 흩어진 평신도들을 통해 복음이 아소도, 가이사랴 등 여러 도시에 퍼지게 되었습니다(행 8:4-25, 40, 9:31-32, 42, 10:1-48). 지금도 세계 복음화에 평신도들이 할 역할이 아주 크고 많습니다.

이것을 보면, 이방 선교는 초대 교회가 지상 명령을 따라 전략적으로 시작한 것이 아니라, F. F. 브루스 박사가 지적했듯 '우연히' 시작되었습니다. 인간적 측면에서 보면 그렇습니다. 베드로가 고넬료를 전도하게 된 것도 마찬가지입니다. 베드로는 이방인에게 전도하러 갈 생각조차 하지 않았고, 주님이 가라 하셔도 그럴 수 없다고 완강히 버텼습니다. 고넬료의 집에 도착해서도 제일 처음 한 말이 "유대인으로서 이방인과 교제하며 가까이하는 것이 위법인 줄은 너희도 알거니와"(행 10:28)였습니다. 사도들이 율법을 어기지 않으려고 이방인들과 접촉하기조차 꺼렸음을 알 수 있습니다. 그랬던 유대인 사도들은 하나님이 이방인들을 구원하시는 현상을 보고 충격을 받았을 것입니다. 그들의 생각에 지각 변동이 생긴 것입니다. 먼저 신학적 이해를 가지고 이방 선교를 수행한 것이 아니라 성령의 강권적 인도로 이방 선교를 경험하게 되었고, 그 경험을 바탕으로 신학을 정립해 나갔음을 알 수 있습니다.

안디옥교회는 유대인과 이방인이 함께 시작한 교회였습니다. 유대 성도들이 안디옥에 가서 '유대인들에게만' 전도할 정도였기에 교회 안에 유대인도 많았습니다. 그러나 시간이 흐르면서 이방인 성도의 수가 더 늘어나 이방인이 다수가 되었습니다. 사도행전 13장 1절을 보면 안디옥교회는 다양한 인종이 리더십을 형성하고 있던 국제 교회였습니다. 또 처음으로 이방인들이 교회 공동체에 합류하여 리더로 세워지기도 했습니다. 그래서 안디옥교회를 최초의 이방인 교회라고 부르는 것입니다.

바울이 바나바의 초청과 주님의 인도로 안디옥에 도착했을 때는 이미 교회가 12년 이상 존속하고 있을 때였습니다. 바나바와 바울이 "교회에 일 년간 모여 있어 큰 무리를 가르쳤고 제자들이 안디옥에서 비로소 그리스도인이라 일컬음을 받게 되었"습니다(행 11:26). 이러한 정황으로 볼 때 안디옥에는 아직 핍박이 없었던 것 같습니다. 바울은 구약과 예수 복음에

▲ 안타키아 가운데로 흐르는 오론테스강 ©CGN

통달한 훌륭한 성경 교사이자 개척 전도자였기에 교회의 성장과 성경 공부를 통한 제자 훈련으로 많은 공헌을 했을 것입니다.

바나바와 바울은 이 기간에 동역하면서 서로를 알아 가고 귀히 여기며 우정을 키웠을 것입니다. 타우로스산맥에서 발원하는 물과 눈 녹은 물이 모인 오론테스강(Orontes River, 지금은 아시강[Asi River])은 이소스평야를 지나 안디옥을 관통하여 지중해로 흘러들어 가면서 안디옥을 더욱 풍요롭게 만들었습니다. 둘이서 가끔 이 강을 따라 걸으며 교회의 일과 복음의 진보를 위한 일들을 의논했을 것입니다. 길거리와 골목에서 전도하고 찻집에서 목을 축이며 잠시 쉬기도 했을 것입니다.

그리스도인이라 불렸다

'그리스도인'(Christian)이라는 단어는 예수님을 믿는 사람들을 지칭하는 보통 명사입니다. 그리스도인들은 이 용어를 자랑스럽게 사용하고 있습니다. 그러나 이 호칭이 처음 생겼을 때의 상황은 지금과 완연히 달랐습니다. 이 단어를 먼저 만들어 쓴 사람들은 안디옥에 사는 불신 이방인들이었습니다. 예수 믿는 사람들이 나사렛 시골 출신 목수, 그것도 십자가에 못 박힌 사형수를 '그리스도'(Christos)라고 부르면서 따라가는 멍청한 사람들이라고 조롱하며 '그리스도인'(christianoi)이라 불렀습니다. 이방인들이 볼 때 십자가는 미련한 것이기 때문입니다(고전 1:23).

누군가를 따르는 사람들을 조롱하듯 부른 경우가 또 있었습니다. '헤롯당'(Hērōdianoi)이라는 호칭입니다. 유대인들은 이두매 사람으로서 로마를 등에 업고 유대인의 왕이 된 헤롯을 은근히 비하했습니다. 그 헤롯에게 빌붙어 사는 사람들을 '헤롯당'이라고 조롱했습니다(막 3:6, 12:13). 헤롯에게 속한 사람들은 결코 자기들을 헤롯당이라 부르지 않았습니다. 마찬가지로 예수님을 그리스도로 믿는 사람들 또한 그리스도가 성스러운 이름이기 때문에 감히 스스로를 그리스도인이라고 부르지 않았습니다. 심지어 불신 유대인들도 그런 말을 못 했을 것입니다.

그런데 나중에 예수를 따르는 무리가 많아지고 그들의 삶에 변화가 생기고 사회에 선한 영향을 끼치게 되자 교회는 이 '그리스도인'을 '예수 그리스도를 닮은 사람들'이라는 뜻으로 자칭하며 자랑스러운 호칭으로 받아들였습니다. 마치 감리교단의 명칭이 만들어진 과정과도 같습니다. 존 웨슬리(John Wesley)는 영국 성공회에서 파면당한 후 감리교를 시작했는데, 그 신도들을 영어로 '메소디스트'(Methodists)라고 부릅니다. 이 호칭 역시 초기에는 조롱 섞인 별명이었습니다. 당시 웨슬리는 기도, 성경 읽기, 전도 등 신앙생활의 여러 방법(methods)을 강조했는데, 국교 성공회 사람들은 신앙생활을 방법으로 유지하느냐고 비웃으며 그들을 '메소디스트'라고 조롱했습니다. 그 '방법'으로 교인들이 신앙에 열심을 내고 교세가 성장하자 웨슬리의 성도들은 이 별명을 자기들을 지칭하는 자랑스러운 교단 이름(the Methodist Church)으로 확정했습니다.

한국 교회 초기에도 '예수쟁이'라는 말이 유행한 적이 있었습니다. 불신자들이 성도들을 얕잡아 보며 비하하는 호칭이었습니다. 우리도 믿음과 삶으로 사회에 선한 기여를 하여 '예수쟁이'가 감동과 존경을 자아 내는 자랑스러운 호칭으로 자리 잡을 수 있으면 좋겠습니다.

안디옥교회가 전달한 구제 헌금

바울이 바나바와 함께 안디옥교회에서 사역하고 있는 중에 예루살렘에서 선지자들이 안디옥을 방문했습니다. 그중 아가보라는 선지자가 천하에 큰 흉년이 들 것이라고 예언했습니다. 로마의 역사가 수에토니우스(Suetonius)가 기록한 대로 글라우디오(Claudius) 재위 중 로마를 포함한 여러 지역에 큰 흉년이 5-6년 동안 계속되었습니다. 요세푸스(Flavius Josephus)도 주후 44-49년에 예루살렘에 큰 기근이 들어 겨우 무교병을 구웠으며, 제사장도 그 부스러기조차 먹기 힘들었고 많은 사람이 굶어 죽어 가고 있었다고 기록했습니다(《유대 고대사》, 3. 15. 3; 20.2.5). 안디옥 성도들이 자기들도 기근으로 어려운데 구제 헌금을 보낸 것은 대단한 헌신이고 희생이었습니다. 예루살렘 성도들은 '이들이 이방인이지만 정말 우리의 형제구나'라고 느꼈을 것입니다.

예루살렘 공회 후 사도들이 바울과 바나바에게 당부한 내용을 보면 그렇게 생각할 수 있습니다. "다만 우리에게 가난한 자들을 기억하도록 부탁하였으니 이것은 나도 본래부터 힘써 행하여 왔노라"(갈 2:10). '본래부터'라는 단어는 헬라어 원문에 없지만 '힘써 왔다'라는 동사가 문법상 대과거로 번역될 수 있는 직설 부정과거 동사로 쓰였으므로 '본래부터', '예전부터'라는 말을 넣어 이해하는 것이 좋습니다. 그래서 한글로 번역 된 성경에 그 말이 들어 있습니다. 갈라디아서를 쓰는 시점에서 생각해 보면, 과거 예루살렘 공회 때 사도들이 가난한 자들을 기억해 달라고 부탁했고, 본래부터 힘써 행한 때는 그보다 더 전의 과거였으므로 그때는 구제 헌금을 모금하고 전달한 때를 가리키는 것입니다. 사도들은 '우리에게' 부탁했지만 바울은 '내가' 힘써 행했다고 쓰는 것을 볼 때, 예언대로 천하에 흉년이 들자 바울이 헌금하자고 주도적으로 독려했을 가능성이 큽니다.

바울은 이방 성도들이 예루살렘으로부터 영적 유익을 받았기 때문에 육적인 것으로 예루살렘의 성도들을 섬기는 것이 마땅하다고 생각하고 있었습니다. 그래서 나중에도 예루살렘을 위해 모금하는 일에 열심을 내었습니다(롬 15:27; 갈 2:10; 고전 16:1-4; 고후 8-9장). 안디옥교회가 자신들도 어려운 중에 구제 헌금을 할 수 있었던 것은 바울의 이런 신학적 이해와 독려에 의한 것으로 볼 수 있습니다. 따라서 이방 교회들이 예루살렘의 어려운 성도들을 물질적으로 지원해야 한다는 공감대와 주고받는 관계 설정은 예루살렘 공회에서 이루어진 것이 아니라, 이미 구제 헌금을 전달한 때에 형성되었는데, 이것을 예루살렘 공회에서 재확인한 것으로 보입니다.

구제 헌금은 흉년 초반부인 주후 45-46년에 전달했을 것으로 보입니다. 이때가 갈라디아서 2장 1절에서 "십사 년 후에 내가 바나바와 함께 디도를 데리고 다시 예루살렘에 올라"갔다는 바로 그때입니다. 많은 헌금과 헌물을 들고 멀고 위험한 길을 걸어가게 되었으니 디도를 포함하여 몇몇 건장한 형제가 함께 갔을 것입니다.

바울로서는 예수님의 제자가 된 후 두 번째 예루살렘 방문이었습니다.

바울이 14년 후에 예루살렘을 방문했다고 알려 주어 그의 연대기 재구성에 큰 도움이 됩니다. 하지만 이것이 회심으로부터 14년인지, 예루살렘 첫 방문 후 14년인지는 확실하지 않습니다만, 회심 후 14년이 더 정확하다고 생각됩니다. 물론 만 14년을 의미하는 것은 아닙니다. 아라비아에서 거의 3년, 길리기아에서 거의 10년, 안디옥에서 1년 반 정도 지난 후에 구제 헌금을 전달하러 갔으리라고 산정할 수 있기 때문입니다.

누가는 아가보가 흉년을 예언한 '그때'와 흉년이 생긴 '글라우디오 때'와의 시간차를 산출할 수 있는 자료나 실마리를 주지 않습니다. 그러나 시간차가 크지는 않을 것입니다. 바울이 안디옥으로 온 이후(42-44년 사이)에 선지자들이 안디옥에 와서 예언했고, 흉년은 아그립바 1세가 죽은 주후 44년 이후부터 49년 사이에 지속되었으므로 예언부터 기근이 들 때까지는 1-2년이 걸렸을 것입니다. 흉년이 들자마자 즉시 예루살렘으로 가지는 않았을 테니 2년 정도 시간차가 있었다고 보면 좋을 것 같습니다.

구제 헌금 전달 팀이 얼마 동안 예루살렘에 체류했는지는 기록되지 않았지만, 하나님께서 그들을 통해 수리아와 길리기아에서 그리고 안디옥에서 하시는 일들을 사도들에게 알리기에는 충분한 시간이었을 것입니다. 바울이 예루살렘에서 "이방 가운데서 전파하는 복음을 그[사도]들에게 제시"한 시기가 바로 이 구제 헌금을 전달한 때일 것입니다(갈 2:2). 이 재회를 바울과 베드로는 11-12년 전에 나눈 교제와 동역의 연대를 한층 더 강화하는 좋은 기회로 삼았을 것이 분명합니다. 바울이 전하는 복음이 사도들이 전하는 것과 다르지 않다는 확인을 받았기 때문입니다. 이렇듯 하나님은 바울을 향한 다음 단계를 준비하셨습니다. 감사를 전하는 사도와 성도들을 뒤로하고 일행은 안디옥으로 돌아왔습니다. 이때 예루살렘교회의 일꾼이던 마가가 삼촌 바나바를 따라 안디옥으로 왔습니다 (행 12:25).

　종합해 보면, 안디옥교회는 주님이 세우신 아주 특별한 교회였습니다. 처음으로 선교사를 파송한 교회로 잘 알려져 있지만, 이 외에도 처음으로 유대인과 이방인이 한 신앙 공동체를 이룬 교회, 처음으로 이방인이 다수를 형성한 교회, 처음으로 그리스도인이라 불린 교회, 처음으로 예루살렘 교회에 구제 헌금을 전달한 교회였습니다.

▲ 비시디아 안디옥 유적지 ©CGN

2부

제1차
선교 여행

다메섹 가까운 길에서 바울에게 나타나셨던 주님은 수리아 안디옥에서 다시 한 번 바울을 부르셨습니다. 성령이 불러 시키는 일을 위해 바나바와 함께 특별한 부름을 받은 바울은 안디옥교회의 파송을 받아 구브로와 비시디아 안디옥, 이고니온, 루스드라, 더베 같은 갈라디아 지역을 다니며 유대인과 이방인들에게 복음을 전했습니다. 주님의 손이 함께하여 교회들이 세워졌습니다. 하지만 가는 곳마다 핍박을 받았습니다. 이전에 복음 메시지를 전하는 사람들을 죽도록 핍박했었으니 자신도 핍박 받을 것은 이미 각오가 되어 있었을 것입니다. 열악한 환경 속에서 순회 선교를 하다 보니 고생도 많았습니다.

"여러 번 여행하면서 강의 위험과 강도의 위험과 동족의 위험과 이방인의 위험과 시내의 위험과 광야의 위험과 바다의 위험과 거짓 형제 중의 위험을 당하고 또 수고하며 애쓰고 여러 번 자지 못하고 주리며 목마르고 여러 번 굶고 춥고 헐벗었노라"(고후 11:26-27).

"바로 이 시각까지 우리가 주리고 목마르며 헐벗고 매 맞으며 정처가 없고 또 수고하여 친히 손으로 일을 하며 모욕을 당한즉 축복하고 박해를 받은즉 참고 비방을 받은즉 권면하니 우리가 지금까지 세상의 더러운 것과 만물의 찌꺼기 같이 되었도다"(고전 4:11-13).

이 말씀은 3차 선교 여행 때 기록했지만 1차 선교 여행 때부터 자신이 겪은 경험을 회상한 것입니다. 2년 정도 후에 안디옥교회로 무사히 돌아와 승리의 선교 보고를 합니다. "하나님이 함께 행하신 모든 일과 이방인들에게 믿음의 문을 여신 것을 보고"했습니다(행 14:27).

세상 끝 날까지 함께하겠다고 약속하신 주님은 우리가 전도하러 나갈 때 특별히 함께하십니다. 천국의 GPS로 우리의 걸음을 인도하며 부르튼 발을 아름답다 하십니다.

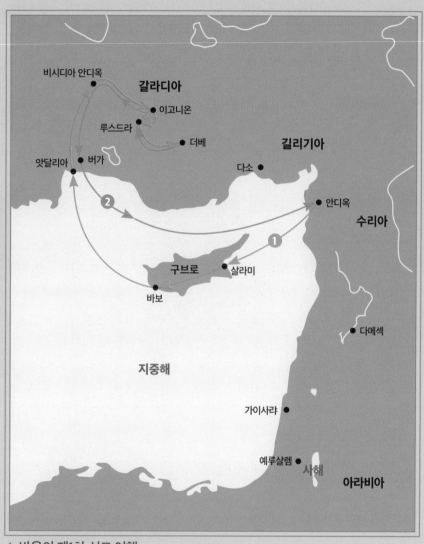

▲ 바울의 제1차 선교 여행

7 ── 성령이 불러 시키는 일을 위하여

"주를 섬겨 금식할 때에 성령이 이르시되 내가 불러 시키는 일을 위하여 바나바와 사울을 따로 세우라 하시니 이에 금식하며 기도하고 두 사람에게 안수하여 보내니라"(행 13:2-3).

바나바와 사울은 예루살렘교회에 구제 헌금을 전달하고 안디옥으로 돌아와 일상적인 사역을 계속 이어 갔습니다. 가끔 안디옥교회의 지도자와 성도들이 금식하며 기도하기도 했습니다. 그런 안디옥교회를 향한 하나님의 계획은 점점 드러나기 시작했습니다.

안디옥교회에는 다섯 명의 지도자가 있었습니다. 유대인이며 디아스포라 출신인 바나바와 바울 외에 니게르라 하는 시므온, 구레네 사람 루기오와 분봉왕 헤롯의 젖동생(suntrophos) 마나엔이 있었습니다. 시므온은 이름인데, 니게르(Niger)는 성(姓)이라기보다 아프리카 출신의 흑인을 가리키는 별명이었을 것입니다. 루기오는 구레네 출신이니 지금의 북아프리카 사람이었습니다. 유대 이름을 가진 마나엔은 분봉왕 헤롯 안티파스와 같은 유모의 젖을 먹고 자랐습니다. 왕궁에서 같이 교육을 받으며 자란 헤롯의 죽마고우로 왕족이거나 귀족이었을 것입니다. 다양한 인종, 출신 지역, 신분을 가진 사람들이 지도부를 형성하고 있었습니다. 이것만 보아도 안디옥교회 전체 구성원의 다양성을 짐작해 볼 수 있습니다.

처음으로 선교사를 파송한 안디옥교회

안디옥교회는 전도하는 교회, 구제하는 교회였을 뿐 아니라 기도하는 교회였습니다. 그리고 선교하는 교회가 됩니다. 지도자와 성도들이 금식하며 기도할 때 성령께서 "내가 불러 시키는 일을 위하여 바나바와 사울을 따로 세우라"고 말씀하셨습니다(행 13:2). 사도들은 지상 명령을 반복적으로 받고도 모든 족속에게 복음을 전하는 사명을 이해하지도, 순종하지도 못했습니다. 안디옥교회의 지도부는 성령께서 불러 시키는 일이 무엇인지 구체적으로 말씀하시지 않았음에도 불구하고 바나바와 사울을 특별한 사역을 위해 다른 곳으로 보내라는 말씀인 줄 알아차렸습니다.

바나바는 이 교회 초기부터 12-13년 정도 목회해 온 담임목회자였고, 사울은 1년 남짓 교회에 머물렀으나 가장 잘 가르치는 성경 교사였습니다. 중요한 역할을 하던 이 두 지도자를 다른 곳으로 보낸다는 것은 쉬운 일이 아니었습니다. 안디옥교회가 자신의 공동체만 생각했다면 바나바와 사울을 보내는 것이 쉽지 않았을 것입니다. 안디옥교회 성도들은 이 힘든 지시를 받고 잠을 이루지 못했을 것 같습니다. 하지만 더 금식하고 기도하다가 결국 성령의 지시에 순종했습니다. 모두 모여 특별 예배를 드리며 바나바와 사울에게 안수함으로써 사도와 선교사로 자격을 부여한 후 파송했습니다. 교회를 대표하는 선교사로 파송했고, 교회는 본부 역할을 자임했습니다. 그리하여 안디옥교회는 사울의 모교회이자 파송 교회가 되었습니다.

성령이 일꾼을 지목하셨고, 성령의 인도를 받아 교회가 처음으로 선교사를 파송할 수 있었습니다(행 13:2, 4). 교회와 성도들을 늘 생각하며 목회해 온 바나바와 사울도 발이 떨어지지 않았을 것입니다. 하지만 교회를 주님의 손에 의탁하고 하나님이 어떤 곳으로 인도하며 어떤 일을 이루실지 기대하는 마음으로 성령의 부름에 순종했습니다. 그리하여 선교사를 파송하며 하나님의 선교에 참여하는 역사상 첫 교회가 되었습니다. 모든 족속을 제자로 삼으라는 지상 명령을 반복적으로 들은 사도들도 실행하지 못하던 '선교'를, 이 안디옥교회가 처음 시작한 것입니다.

사도와 선교사는 같은 말입니다. '보냄을 받은 자'라는 뜻입니다. 바울은 예수님을 만나 이미 사도로 부름 받았습니다. 그러나 그것은 어디까지나 개인의 경험이었습니다. 증인이 없었습니다. 그를 선교 사역자로 인정하고 주님의 명령을 따라 '보냄을 받은 자'로 세운 주체는 안디옥교회였습니다. 바울은 이런 절차에 감사했을 것입니다. 이제 바울은 다른 차원에서 사역하게 되었습니다. 지금까지 다메섹, 아라비아, 길리기아, 안디옥에서는 다분히 개인적으로 사역을 수행해 왔습니다. 이제는 교회의 대리자로서 교회의 선교 사역을 담당하게 된 것입니다. 지금까지는 주로 혼자 사역해 왔으나, 이제는 다른 사역자들과 더불어 팀 사역을 하게 되었습니다.

안디옥교회의 선교사 파송은 예루살렘교회가 바나바를 안디옥으로 파송한 경우와 근본적으로 다릅니다. 바나바는 이미 예수를 믿은 성도들에게서 나타나는 구원의 역사를 점검하여 보고할 목적으로 보냄을 받은 사례였고, 바나바와 사울은 '성령께서 불러 시키시는 일', 즉 이방의 불신자들에게 복음을 전하는 선교 사역을 감당하라고 파송받은 경우였습니다.

당시 '해외 선교'의 개념은 지금보다 아주 미약했습니다. 모두 헬라어를 썼고, 정치적으로는 로마의 통치 아래 있었기에 국경도, 외국이라는 개념도 없었습니다. 모두 헬라 문화 아래 있었기에 타 문화권이라는 인식도 거의 없었습니다. 하지만 이들의 출발은 해외 선교 역사상 가장 놀라운 시발점이었고, 교회사의 전환점 중의 하나였습니다. 예수교가 유대인들의 종교로 남느냐, 세계적 종교가 되느냐의 기로에서 우주적 교회의 정체성과 방향을 잡은 위대한 출발이었습니다. 안디옥교회가 파송한 이 선교사들로 말미암아 구브로와 갈라디아와 마게도냐와 아가야와 아시아에 예수 공동체가 세워졌고, 이를 전초 기지로 삼아 결국 세계 곳곳에 교회가 세워지게 되었습니다.

이렇듯 세계 선교의 출발은 하나님의 계획과 사람들의 순종으로 시작되었습니다. 부름 받은 선교사들의 순종은 물론, 유능한 두 지도자를 다른 지역에서 사역하도록 기꺼이 내놓은 성도들의 순종도 돋보입니다. 이 순종으로 안디옥교회는 해외 선교를 위해 최초로 선교사를 파송한 위대한 교회가 되었습니다. 당시 이 교회는 수천 명이 모이는 큰 교회도 아니었고, 마음 놓고 활발하게 사역할 수 있는 교회도 아니었습니다. 그랬어도 전심으로 기도하여 주님의 뜻을 구하다 그 뜻을 알게 되었고, 믿음으로 그 뜻에 순종했기에 하나님의 위대한 역사에 참여할 수 있었습니다. 주님은 이렇게 순종하고 희생하는 안디옥교회를 축복하셨습니다. 오늘날도 주님은 이렇게 당신의 뜻을 구하는 교회, 주님의 인도에 순종하는 교회, 주님의 사역을 위해 희생하려는 교회를 교세의 크기와 상관없이 축복하고 사용하십니다.

미미한 시작, 위대한 효시(曉示)

이렇게 엄청난 대역사를 이룬 안디옥교회였지만 그 시작은 미미했고, 변변한 건물 하나 없었습니다. 당시는 집에서 가택 교회(house church) 형태로 모였기 때문에 예배하는 장소로서 교회당 개념도 없었습니다. 핍박의 위험에 노출되는 것을 피하기 위해 많은 성도가 한자리에 모일 수도 없었습니다. 그렇기에 2천 년 전 안디옥교회의 위치와 모습을 찾는다는 것은 불가능합니다. 무엇보다 수많은 전쟁과 시신으로 파괴되고 그 위에 재건축을 반복한 까닭에 안디옥에는 초기 기독교 유적이 거의 남아 있지 않습니다. 그래도 1098년, 제1차 십자군이 안티오키아를 정복한 후 복원한 '성 베드로 교회'(St. Pierre Church)가 실피우스산 중턱에 남아 있는 것은 감사한 일입니다. 물론 베드로 동굴 교회로 알려진 이곳이 실제 바울 시대에 안디옥교회 성도들이 비밀리에 예배를 드리던 곳인지는 확인할 길이 없습니다. 다만 전승으로나마 그렇게 알려지고 있기에, 이곳에서 세계 선교

▲ 성 베드로 동굴 교회의 외부 모습. 2023년 지진에도 굳건히 서 있다. ©DC

산실의 의미를 되새겨 볼 수 있
어 감사합니다. 어떤 학자들은
이 안디옥의 예배 처소가 역사
상 최초의 예배당이었다고 말
하기도 합니다. 150명 정도 예
배드릴 수 있는 공간이고, 안쪽
에 비밀 통로가 있어 피신할 수

▲ 성 베드로 동굴 교회의 내부 천장 모습 ©CGN

있었다고 합니다. 하나님이 이 작고 초라한 곳에 모이던 작은 무리를 통해
세계 선교의 원대한 계획을 펼치기 시작하셨다니 놀랍지 않을 수 없습니다.

베드로를 교회 이름에 붙인 것은 열두 사도 중에 베드로가 안디옥에 제
일 처음 방문했고(행 12:17), 오랫동안 안디옥교회의 지도자로 있었다는 전
승 때문입니다. 베드로는 이방 교회들을 방문하기도 했고 디아스포라의
이방 교회들에게 편지를 쓰기
도 했습니다(갈 2:11-14; 벧전 1:1).
1963년 6월 29일, '성 베드로의
날'에 교황 바오로 6세(Paul VI)
가 방문하여 미사를 집전했습
니다. 지금 이 교회는 천주교
사제가 상주하며 관리하고 있
습니다. 동굴 안 정면에는 대
리석으로 만든 조그만 베드로
의 전신 조각상이 설치되어 있
고, 비잔틴 시대에 만든 모자이

▲ 성 베드로 동굴 교회 제단과 베드로 조각상 ©DC

▲ 2023년 지진으로 무너지기 전의 안타키아의 성 바울 교회 ©DC

크로 장식된 바닥이 보존되어 있습니다.

2023년 2월 6일, 이날 발생한 두 차례의 강력한 지진으로 안타키아와 인근 지역 1,200개의 빌딩과 많은 가옥이 다 무너지고 도로 교통 시설이 파괴되었습니다. 2023년 10월 7일, 3차 촬영을 갔을 때 마음과 삶을 추스르는 시민들의 안타까운 모습을 보고 이 도시가 속히 복구되어 그들의 마음속 아픔들이 치료되기를 기도했습니다. 성 베드로 동굴 교회는 피해를 보지 않았지만, 안디옥 시내에 있던 '성 바울 교회'(St. Paul's Church)는 완전히 무너지고 말았습니다. 2022년 10월, 〈바울로부터〉 다큐멘터리 제작팀과 1차 촬영을 갔을 때만 해도 이 교회는 아담하면서도 제법 크고 단단해 보이는 석조 건물의 위용을 뽐내고 있었습니다. 바깥쪽 출입문 위에는 예수님의 초상화와 함께 오른쪽에는 베드로, 왼쪽에는 바울의 초상화가 같이 그려져 있었습니다. 교회 지붕의 흰 십자가를 위시하여 건물 곳곳에 십자가가 새겨진 광경이 감격스러웠습니다. 교회는 동방 정교회 소속인데 아랍계 그리스도인들이 주류를 이루고 있었습니다. 무슬림 국가 튀르키예에서도 수백 년 전통을 이어 온 동방 정교회는 인정하지 않을 수 없었던 것 같습니다. 오늘날 이 안타키아는 튀르키예 사람은 물론 아랍인, 시리아인, 크루드인이 섞여 사는 다민족 도시입니다.

세계 선교의 첫 출발지, 실루기아 항구

역사적인 세계 선교의 첫 출발지는 실루기아였습니다. 오늘날의 사만다그(Samandag) 항구입니다. 지중해에서 튀르키예 제일 동남단에 자리하고 있습니다. 오랜 역사 속에서 수많은 전쟁과 제국의 흥망성쇠를 보아 온 항구입니다. 알렉산드로스 대왕이 죽은 후 나뉜 네 개의 왕조 중 하나인 셀레우코스 왕조가 안디옥으로 수도를 옮기기 전까지는 수리아의 수도였습니다. 지중해에 인접한 수리아 지역에서 가장 큰 항구 도시였기에, 수많

▼ 오늘날 실루기아 항구의 모습. 바울 시대에는 수리아 안디옥의 큰 외항이었으나 지금은 작고 조용한 항구가 되었다. ©DC

은 사람과 화물이 오고 가는 활력의 현장이었습니다. 그러나 흐르는 세월 속에서 밀려온 토사가 쌓여 지금은 대부분 농경지로 변했습니다. 활발하던 옛 항구의 모습은 사라지고 지금은 작은 항구로 남아 있을 뿐입니다.

하지만 이 항구는 교회사에서 아주 중요한 곳입니다. 바로 이곳이 바울과 바나바가 1차 선교 여행의 대장정에 오른 성경의 실루기아이기 때문입니다. 성도들의 따뜻한 전송을 받은 바울과 바나바는 안디옥에서 남서쪽으로 30킬로미터 정도 떨어진 실루기아로 향했습니다. 안디옥의 형제들도 빵과 치즈, 절인 올리브, 말린 대추야자와 무화과 등 몇 가지 음식과 신발 몇 켤레를 싸 짊어지고 항구까지 동행했을 것입니다. 길은 대체로 평지였기에 힘들지 않게 하루 정도 걸었을 것입니다. 마가도 두 선교사와 함께 출발했습니다. 마가가 수행원 자격으로 같이 간 것은 마가가 원했거나, 바나바와 바울이 제안했거나 안디옥교회의 결정일 수도 있습니다. 마가는 예루살렘교회의 성도였는데, 삼촌 바나바가 예루살렘교회에 구제 헌금을 전달하고 안디옥으로 돌아올 때 같이 왔다가 선교 여행까지 따라나서게 된 것입니다. 마가가 비록 어렸지만 예수님을 뵈었고 직접 가르침도 받았기에 바울은 그의 동행을 기뻐했을 것입니다. 세 사람은 하나님께서 불러 따로 세우는 특별한 일을 한다는 생각에 설레었을 것입니다. 하나님이 어떻게 자신들을 통해 역사하실까 기대하면서 복음을 전하는 일에 온 힘을 기울이리라 각오도 다졌을 것입니다. 물론 두려움도 없지 않았을 것입니다.

당시에는 여객선이 없었기에, 바울 일행은 실루기아에서 화물선을 타고 구브로로 향했습니다. 구브로는 바나바의 고향인데, 1차 선교 여행 출발 당시 리더였던 바나바의 제안에 따라 그곳에 갔을 수도 있습니다. 알

▲ 살라미의 유적지와 포장된 도로 ©CGN

렉산드리아, 실루기아, 살라미, 바다라로 이어지는 노선은 화물선이 다니던 항로였습니다. 당시에는 선박 일정이 정기적이지 않았지만, 이소스평야에서 생산된 곡물과 과일을 실으러 배가 실루기아에 들르곤 했습니다. 바울 일행은 곡물선이 올 때까지 실루기아에서 며칠을 기다렸을지도 모르겠습니다.

바다는 잠잠했을까요, 아니면 성난 파도로 덮였을까요? 바울 일행은 하나님께서 그들의 발길을 인도하사 하고자 하는 일들을 이루어 가시기를 기도하는 마음으로 배 난간에 서서 하늘과 바다를 바라보며 항해했을 것입니다. 초대 교회의 해외 선교 사역과 위대한 바울의 선교 여정은 이렇게 시작되었습니다. 바울의 세심한 계획과 전략에 의한 것이라기보다, 누가가 사도행전에서 묘사하듯 성령님의 주도적 인도로 펼쳐지기 시작한 것입니다.

▲ 공중에서 본 살라미 고대 유적지 ©CGN

첫 해외 선교 사역지, 살라미

실루기아에서 배를 타고 서남쪽으로 약 200킬로미터 정도 항해하여 구브로섬, 지금으로 말하면 키프로스섬 동쪽에 위치한 살라미에 도착했습니다. 요즘은 엔진을 장착한 배로 하루 조금 더 걸리는 거리이지만, 바울 당시는 배에 돛을 달고 갔기 때문에 바람의 방향과 속도에 따라 3-4일은 걸렸을 수도 있습니다. 이처럼 세계 선교의 첫 출발은 바다를 통해 시작되었습니다. 그 후 인도로 갔던 윌리엄 캐리(William Carey)도, 아프리카로 갔던 데이비드 리빙스턴(David Livingstone)도, 한국에 온 언더우드(H. G. Underwood)와 아펜젤러(H. G. Appenzeller)도 배를 타고 선교지로 나아갔습니다.

1974년, 튀르키예가 이 섬을 침공해 북쪽 3분의 1을 점령한 후, 1983년에 북키프로스 튀르키예계 공화국(The Turkish Republic of Northern Cyprus)이라는 독립 국가를 세웠습니다. 남쪽과 북쪽의 인종이 다르다는 면에서 우리나라와는 좀 다른 남북 분단국입니다. 분단 장벽도 쌓아 올렸으나, 2008년에 이를 철거하고 키프로스 사람들은 남북을 자유롭게 왕래하고 있습니다.

살라미는 현재 북키프로스 튀르키예계 공화국에 속해 있는 파마구스타(Famagusta)의 옛 이름입니다. 바울 시대의 모습은 다 사라졌지만, 폐허 속에서 발굴된 원형 극장, 항구, 아고라, 원형 기둥들이 세워졌던 넓고 큰 길을 보면 살라미는 상당히 크고 번창한 도시였음을 알 수 있습니다. 하나님의 섭리 속에 시작된 해외 선교의 첫 사역지가 살라미였음을 기억해야 합니다. 항구에 도착하여 배에서 내린 선교사들은 큰 돌로 깔린 포장도로를 따라 도심으로 들어갔을 것입니다.

오랜만에 고향 땅을 밟은 바나바는 가족과 친척을 만났을 것입니다. 유대인들은 예나 지금이나 가족을 끔찍이 챙깁니다. 바나바의 아버지는 구브로에서 구리 광산을 하는 거부였을 것입니다. 바나바의 누나는 마가의 어머니인 마리아입니다. 예루살렘에 120명이 들어가는 2층 방이 있는 큰 저택을 소유하고 있었습니다(행 12:12; 막 14:15; 행 1:13-15). 바나바도 예루살렘에 상당한 땅을 가지고 있다가 팔아 교회에 드렸습니다(행 4:36-37). 살라미에는 많은 유대인이 살고 있어 회당이 여러 개 있었습니다. 바나바와 사울이 먼저 이 회당들을 찾아가 복음을 전했다는 것 말고는 살라미에서 사역한 내용을 알 수가 없어 아쉽습니다. 회당에서 말씀을 전할 때는 랍비였던 사울이 권면의 말을 전했을 것으로 보입니다.

살라미에 있는 동안 기존의 그리스도인들을 만났을 가능성도 많습니다. 스데반의 순교 후 예루살렘 성도들이 사방으로 멀리 흩어져 구브로에도 피난을 왔는데, 그들이 이미 이곳에서 복음을 전했습니다(행 11:19). 베

▲ 바나바의 초상화(바나바 기념 수도원 소장) ©DC

드로의 오순절 설교를 들은 유대인들의 출신 지역에 구브로가 들어가 있지는 않지만, 바나바의 가족과 친척들이 구브로에 살면서 예수님을 믿었던 것을 보면 복음이 아주 초기에 전해진 것 같습니다. 사실 수리아 안디옥에 와서 처음 복음을 전한 사람들이 바로 구브로 출신 유대 성도들이었습니다. 하지만 바나바와 사울이 구브로에 도착했을 때 이방인 그리스도인은 아직 없었을 것입니다.

훗날 바나바는 일전에 복음을 들은 형제들의 근황을 확인하고 싶은 마음에 2차 선교 여행으로 구브로를 방문합니다. 아마 바울과 바나바의 첫 방문 때 상당수의 살라미 사람이 예수님을 믿었던 것으로 보입니다. 바나바는 이곳을 다시 방문해 이들을 만나고, 또 회당들을 다시 방문하며 전도했을 것입니다(행 15:39).

마가가 쓴 것으로 알려진 '바나바 행전'(Acts of Barnabas), 주후 70-135년 사이에 기록된 것으로 보이는 '바나바의 편지'(Epistle of Barnabas), 중세에 쓰인 것으로 추정되는 '바나바 복음'(Gospel of Barnabas)을 종합해 보면, 바나바는 살라미에서 복음을 전하다 주후 61-62년에 돌에 맞아 순교했다고 합니다. 그의 제자들이 비밀스럽게 장사를 지냈기에 바나바의 무덤의 정확한 위치는 알려지지 않았습니다. 하지만 주후 478년, 안테미오스

(Anthemios) 감독이 환상으로 바나바 무덤 위치를 알아냈다는 곳에 아담한 '바나바 기념 교회'(St. Barnabas Monastery)가 세워져 있습니다. 거기서 200미터 정도 떨어진 곳에는 바나바 기념 수도원이 있는데, 지금은 수많은 성화를 보존하는 박물관으로 사용되고 있습니다. 키프로스 사람들은 바나바를 키프로스의 수호성인으로 추앙하여 매년 6월 11일에 기념 축제를 엽니다.

험해도 복음을 전할 곳으로

살라미 회당들을 순회하며 몇 주 동안 복음을 전했던 바나바와 사울은 서남쪽의 바보(Paphos)에 가기로 했습니다. 누가는 "온 섬 가운데로 지나서 바보에 이르"렀다고 아주 간략히 기록합니다(행 13:6). '온 섬 가운데로 지나'라는 표현으로 볼 때 배로 이동하거나 남쪽 해안 도로를 따라 가지 않고, 험한 트로도스(Troodos)산맥을 넘는 육로를 택한 것을 알 수 있습니다. 또 '온 섬'이라는 표현으로 보아 살라미에서 바보로 가는 도중 여러 도시에 들른 것으로 보입니다.

살라미를 출발한 후 처음에는 끝없는 밀밭 평원을 지나 오늘날 키프로스의 수도가 된 니코시아(Nicosia)에 당도했을 것입니다. 며칠을 지내고 계속 서남쪽으로 걸어 험준한 트로도스산맥으로 향했습니다. 이 산맥의 최고봉은 올림포스(Olympos)산인데, 높이가 약 1,951미터로 한라산 높이와 비슷합니다. 니코시아에서 바보까지는 150킬로미터가 넘는데, 구불거리는 좁고 험한 길을 따라 끝없이 오르내리면서 도착하기까지 무척이나 힘들고 오랜 시간이 걸렸을 것입니다.

트로도스산맥에는 유명한 구리 광산이 많았습니다. '구리'(Kypros)가 구브로(Cyprus)의 이름이 될 정도였습니다. 아우구스투스 황제가 헤롯 대왕에게 구리 광산의 채굴권을 주면서 절반은 자기에게 바치라고 명했습니다(요세푸스, 《유대 고대사》, 16.4.5). 헤롯은 이 광산에서 일할 많은 유대인을 이곳으로 이주시켰습니다. 그래서 광산 지역 곳곳에 유대인 집성촌과 회당이 있었습니다. 훨씬 편할 경로를 마다하고 주로 산맥으로 이어진 200킬로미터가 넘는 긴 여정을 택한 이유는, 여러 마을과 도시에 들러 복음을 전하려는 계획 때문이었던 것으로 보입니다.

살라미에서 바보까지 가는 동안 니코시아를 비롯하여 중간중간의 도시와 마을에서 사람들을 만나면 반갑게 인사를 나누고 축복을 빌어 주었을 것입니다. 가능하면 복음을 전하기도 했을 것입니다. 높은 산이 보이면 낙심하고, 평지가 보이면 안도의 숨을 내쉬기도 했을 것입니다. 구브로 사람들은 미(美)의 여신 아프로디테(Aphrodite)를 가장 숭배했습니다. 로마 신화에서는 비너스(Venus)로 불렸습니다. 구브로 앞바다에서 탄생했

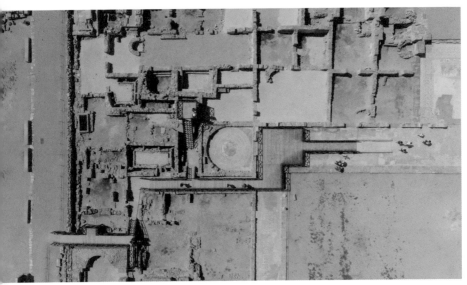

▲ 공중에서 본 바보의 총독 집무 관청과 관저 ⓒCGN

다는 전설 때문인지 구브로를 '아프로디테의 섬'으로 부르기도 했습니다. 이 섬에는 아프로디테 신전이 많았는데, 바울 일행도 걸으면서 그런 신전들을 보았을 것입니다. 유대인들은 이 여신 숭배를 배척했지만, 바울의 마음은 더 착잡했을 것입니다.

선교사들은 평원과 험한 산맥을 일주일 이상 걸어 바보에 도착했습니다. 멀고 험한 산맥을 넘어오느라 발이 부르트고 온몸은 녹초가 되었을 것입니다. 그래도 구브로의 수도에 왔으니 하나님이 하실 일을 기대하며 숙소를 찾았을 것입니다. 원래 바보는 좀 더 내륙 쪽에 있었는데, 주전 58년, 로마가 구브로를 점령한 후 지중해의 패권을 유지하기 위해 해변 지역에 신(新)바보를 건설하여 수도로 삼고 총독까지 파견했습니다. 흙으로 덮였던 언덕과 평지에서 저택과 극장 등이 발굴되어 당시의 규모를 상상하게 만듭니다.

▲ CGN 스토리 다큐 <바울로부터>의 한 장면. 바보 유적지에서 총독 집무 관청을 둘러보는 최종상과 차인표 ©CGN

첫 선교지에서 총독이 회심하다

누가는 바보에서 선교사들이 사역했던 내용을 좀 더 길게 기록하면서 중요한 세 가지를 알려 줍니다. 첫째, 서기오 바울(Sergius Paulus) 총독이 마음을 열고 예수님을 믿게 된 사건입니다. 총독이 "바나바와 사울을 불러 하나님의 말씀을 듣고자" 했다는 것으로 보아 그는 어떤 사람들이 구브로에 와서 회당과 시장에서 베푸는 가르침이 예사롭지 않다는 소문과 보고를 이미 들은 것 같습니다. 이들이 바보까지 왔다는 소식을 들은 총독은 그 교훈을 직접 들어 보고 싶었을 것입니다.

총독이 부르는 것은 명령이나 다름없기에 조심스러운 마음으로 갔는데, 놀랍게도 총독은 하나님의 말씀을 들려 달라고 요청했습니다. 그는 지혜로운 사람이었습니다(행 13:7). 처음으로 총독에게 전도할 기회가 온 것을 감사드리는 순간, 옆에 섰던 엘루마라는 유대인 마술사가 총독이 믿지 못하게 하려고 선교사들을 대적했습니다. 총독은 그동안 마술을 통해 자문을 받으려고 이 사람을 가까이해 온 것 같습니다.

이때 바울이 성령이 충만하여 그를 똑바로 응시하면서 담대히 꾸짖고 눈이 멀게 되리라고 선언했습니다. 그 즉시 엘루마의 눈이 어두워져 손을 허우적거렸습니다. 이런 기적을 보고 놀란 총독이 복음을 듣고 예수님을 믿게 되었습니다. 바울이 베푼 기적의 첫 기록이어서 의미가 깊습니다. 이 사건을 시작으로 바울의 사역에는 수많은 표적과 기사가 나타나 선교 사역에 활력을 불어넣었습니다(행 14:3, 15:12; 롬 15:19). 그런데 그보다 더 큰 의미가 따로 있습니다. 빌라도 총독은 예수님을 십자가에 못 박았지만, 서기오 총독은 그 예수님을 믿고 구원을 얻었다는 사실입니다.

첫 선교지에서 바울은 처음으로 로마 고위 관리와 상류층 인사들이 예수님의 복음을 받아들이는 것을 보았습니다. 복음의 내용이 이들에게 감명을 준다는 것을 확인했습니다. 복음은 지위고하, 빈부귀천을 떠나 모든 사람에게 필요하고, 또 믿는 모든 자에게 구원의 능력이 된다는 것을 경험했습니다. 이때의 경험을 바탕으로 유대의 벨릭스(Antonius Felix) 총독과 베스도(Porcius Festus) 총독 앞에 섰을 때에도 전도의 기회를 찾으려 노력했습니다. 고린도에서 갈리오(Lucius Junius Gallio) 총독이 너무 빨리 재판을 무산시키지 않았더라면, 그에게도 전도했을 것입니다. 서기오 바울 총독을 전도하면서 바울은 복음 전파가 로마 제국 내에서 불법이 아님을 확인하고 기뻤을 것입니다.

둘째, 바울이 선호하는 이름이 바뀌었습니다. 누가는 사도행전 13장 9절에서 "바울이라고 하는 사울이"라는 표현을 사용하여, 이곳에서부터 바울이라는 이름으로 불리게 되었다고 알려 줍니다. 이때 이름을 새로 지었다는 말은 아닙니다. '바울이라고 하는 사울'이라는 표현은 사울이 이미 바울이라는 이름도 가지고 있었다는 뜻입니다. 지금까지는 사울이라는 히브리 이름을 더 즐겨 썼는데, 바보에서부터는 이방인 사역에 더 주력하겠다는 각오로 바울이라는 그리스·로마식 이름으로 불리기를 더 선호했다고 볼 수 있습니다. 이때부터 누가는 사도행전 헬라어 원문에서 바울이라는 이름을 132회 사용합니다. 바울 자신도 서신에서 바울이라는 이름을 29회나 사용합니다. 반면 자신의 히브리 이름은 한 번도 사용하지 않았습니다.

이름을 바꾸어 부르는 경우는 그 사람의 삶에 큰 변화가 생겼음을 암시합니다. 사울이 지금까지 수리아와 길리기아, 또 안디옥에서 이방인들을 대상으로 사역하기는 했지만 바울이라는 그리스·로마식 이름을 쓰지는 않은 것 같습니다. 그러나 자신을 통해 로마 총독까지 예수님을 믿는 것을 보고 다메섹 도상에서 부여받았던 이방인을 향한 자신의 사명을 더 철저히 자각한 것 같습니다.

셋째, 바울이 선교 팀의 리더로 자리매김한 것입니다. 지금까지 누가는 '바나바와 사울'이라고 기록하면서 바나바가 더 선임임을 나타냈습니다(행 11:30, 12:25, 13:1, 2, 7). 그러나 바보를 출발할 때에는 "바울과 및 동행하는 사람들이" 배를 타고 떠났다고 기록하면서 바울이 선교 팀의 리더가 되었음을 암시합니다. 그 후부터는 '바울과 바나바'라고 바울의 이름을 먼저 언급하는 것을 보면 지도권이 바뀌었음을 알 수 있습니다(행 13:43, 46, 50, 14:20, 15:2, 22, 35, 36). 물론 그 후에 '바나바와 바울'이라고 몇 번 쓰기도 하지만, 예루살렘교회와 연관되었을 때만 예외적으로 썼습니다(행 15:12, 25). 바나바는 사도들에게 바울의 보증을 선 사람이었고 안디옥교회의 담임목회자였습니다. 바울을 안디옥교회에 데뷔시켜 선교사로 나갈 수 있도록 다리를 놓은 사람이었습니다. 그런데도 바나바는 지도권을 갖는 데 신경 쓰지 않고 오직 하나님의 일이 제대로 이루어지는 데에만 관심을 쏟았습니다. 바나바야말로 겸손하고 신실한 무대 뒤의 영웅(unsung hero)이었습니다.

선교 팀이 구브로에서 얼마 동안 사역했는지는 알 수 없지만, 총독의 개종으로 복음의 문이 열렸기에 어느 정도 머물며 사역했을 것입니다. 하지만 복음을 듣지 못한 자들에게 전해야 한다는 사명감 때문에 구브로에 오래 머무르지는 않았던 것 같습니다. 바울은 그의 서신에서 구브로에 대해 전혀 언급하지 않습니다. 바울은 2차 선교 여행부터 구브로에 들르지 않았고, 오히려 바나바가 2차 선교 여행 때 이 섬으로 다시 돌아와 사역했기에 이곳을 바나바의 선교 지역으로 여겨 언급하지 않았을 수도 있습니다(롬 15:20-21 참조).

그럼에도 불구하고 바보에는 바울을 기념하는 유적들이 있습니다. 가장 유명한 유적이 '바울 채찍 교회'(The Church at St Paul's Pillar)입니다. 로마 제국에서 기독교를 공인한 후 바울을 기념하여 이곳에 교회를 세웠다고 합니다. 하지만 지진과 전쟁의 세월 속에서 교회는 파괴되어 묻히고 다시 세워지기를 반복했습니다. 지금의 터에 자리 잡은 교회는 16세기에 세워 졌다가 묻혔는데, 키프로스 문화재청에서 1971년부터 18년 동안 발굴해 냈다고 합니다.

이 교회 터의 많은 돌 중에 대리석 돌기둥 하나가 눈길을 끕니다. 바울 이 바보에서 전도하다가 묶여 채찍에 맞은 것을 상징하는 돌기둥입니다. 기둥 앞 조그만 표지판에 그리스어와 영어로 '성 바울의 기둥'이라고 새 겨져 있습니다. 바울이 사십에 하나 감한 매를 다섯 번이나 맞았다고 언 급했는데(고후 11:24), 이곳이 그중 한 곳이라면 총독을 만나기 전에 맞았을 것 같습니다.

섬에서 대륙으로

바보에서 사역을 마친 후 선교사들은 비정기 화물선을 타고 튀르키예 남 단 밤빌리아의 관문 항구인 앗달리아에 도착했습니다. 지금은 안탈리아 (Antalya)라고 부르는데, 튀르키예의 대표적 관광 휴양지입니다. 지금은 인 구 137만이 살고, 매년 수백만의 관광객이 방문합니다.

바울 일행은 내륙으로 약 18킬로미터 떨어진 버가로 갔습니다. 버가는 헬라 시대부터 있었던 도시지만 아우구스투스가 로마인들의 집성촌으로 확장하여 건설한 도시였습니다. 유대인도 많이 살았습니다. 밤빌리아의 수도였고, 세바스테 가도가 시작되는 크고 웅장한 도시였습니다. 지금까지 발굴한 유적지만 보아도 버가가 얼마나 크고 중요한 도시였는지 충분히 짐작할 수 있습니다.

유적지 입구에 당당히 서 있는 로마의 문(the Roman Gate)은 주후 2세기 말에 세워졌고, 그 안의 하드리안 아치(Hadrian Arch)도 하드리아누스(publius Aelius Trajanus Hadrianus) 황제가 세웠으니 바울 시대에는 없었습니다. 하지만 주전 3세기에 세워진 두 개의 원통형 성문과 망루는 분명히 보았을 것입니다. 오랜 세월 속에서도 상당히 양호한 상태를 유지해 왔습니다. 바울은 또 1만 4천 명이 입장할 수 있는 연극장, 1만 2천 명을 수용할 수 있는 경기장, 튀르키예에서 두 번째로 큰 아고라(51×51미터), 수많은 대리석 기둥이 세워진 넓고 긴 거리도 보았을 것입니다.

그런데 이상하게도 바울은 버가에서 복음을 전하지 않고 곧바로 비시디아 안디옥으로 갔습니다. 버가 인근의 아스펜도스(Aspendos)나 시데(Side) 같은 큰 도시가 아니라 왜 지리적으로 200킬로미터 정도 떨어져 있고 해발 3,700미터가 넘는 험악한 타우로스산맥을 넘어야 하는 비시디아 안디옥부터 갔을까, 여전히 궁금한 부분입니다.

비시디아 안디옥부터 간 이유를 신학자 데사우(H. Dessau)와 리스너(R. Riesner)는 구브로에서 예수를 영접한 서기오 바울 총독이 추천했기 때문이라고 주장합니다. 이 총독이 비시디아 안디옥 출신인데다 거기에 부유한 친척들이 살고 있었으므로 그들에게 전도하라고 보냈다고 추정했습니다. 하지만 쉽게 납득이 가지 않습니다. 만일 그랬다면 구브로의 총독이 비시디아 안디옥에 있는 친척들에게 바울을 부탁하는 편지를 써 주

▲ 바울도 보았을 버가의 원통형 성문과 그 부근의 중심 거리 ©DC | ©CGN

거나 다른 인편으로 소식을 미리 전하거나, 누군가를 찾아가라고 했을 것입니다. 그랬다면 바울은 그곳의 로마 고관들에게 복음을 전했을 것입니다. 서기오 총독의 연락을 받았다면 나중에 바울이 비시디아 안디옥에서 핍박받을 때에 고관이나 유력한 자들이 바울을 보호해 줄 수도 있었을 텐데 그런 정황이 없습니다. 오히려 유대인들이 귀부인과 유력자들을 동원하여 바울을 핍박하고 안디옥에서 쫓아냈다고 기록되어 있습니다. 이것을 보면 서기오 바울 총독이 선교사들에게 비시디아 안디옥으로 가라고, 특히 친척들에게 가라고 천거했을 가능성은 낮습니다.

윌리엄 람세이(William Ramsay) 박사는 바울이 버가로 전도하러 갔지만 정작 그곳에 도착하자 건강에 이상이 생겼고, 그래서 좀 더 선선한 고산지대에서 치료받기 위해 비시디아 안디옥으로 갔을 것이라고 주장합니다. 비시디아 안디옥은 갈라디아 지역의 첫 방문 도시였는데, 바울은 갈라디아서 4장 13-14절에서 "내가 처음에 육체의 약함으로 말미암아 너희에게 복음을 전"하게 되었다고 말합니다. '육체의 약함'이라는 헬라어는 질병을 의미하는데, 지중해에 인접하여 습하고 무더운 버가에서 말라리아 같은 풍토병에 걸렸으리라는 것입니다. 그래서 해발 1천 미터 이상의 비시디아 안디옥으로 갔다고 추정합니다. 그러면서 마가는 이렇게 험하고 위험하며 먼 길을 갈 엄두를 내지 못하고 두려워 돌아갔다고 주장합니다. 하지만 바울이 심한 병에 걸렸다면, 그런 몸으로 해발 3천 미터가 넘는 타우로스산맥을 넘을 계획을 세웠으리라고 보기는 어렵습니다. 오히려 여행 중에나 도착한 직후 건강이 악화되었다고 보는 편이 타당할 것입니다.

저는 다른 제안을 하고 싶습니다. 비시디아 안디옥이 갖는 전략적 중요성과 겨울이 오기 전에 높은 타우로스산맥을 넘어야 했기 때문에 버가에서 전도하지 않고 비시디아 안디옥으로 먼저 갔을 것입니다. 비시디아 안디옥은 갈라디아 지역에 편재되어 있으면서도 소아시아의 비시디아와 브루기아 경계에 위치하여 정치, 경제, 군사적으로 아주 중요한 도시였습니다. 선교적으로도 마찬가지였습니다. 밤빌리아에는 베드로의 오순절 설교를 듣고 이미 예수님을 믿는 사람들이 있었습니다(행 2:10). 버가, 앗달리아, 아스펜도스, 시데 같은 큰 도시 선교는 이미 예수님을 믿는 이 지역의 성도들에게 맡기고, 바울은 복음이 전해지지 않은 비시디아 안디옥으로 가고자 한 것 같습니다. 밤빌리아 형제들은 현지의 기후 상황을 말해 주었을 것입니다. 타우로스 고산 지대는 9월 말부터 찬바람이 불고 11월 말부터 4월까지는 눈에 덮이고, 온도가 영하로 떨어지지 않을 때에도 평지와 바위산을 따라 부는 칼바람으로 뼛속까지 추위를 느낀다는 것이었습니다. 아마 바울 일행은 바보에서 비정기 화물선을 기다렸거나 궂은 날씨로 앗달리아에 예상보다 늦게 도착했을 것 같습니다. 11월 중순 전에 간신히 도착했을 것입니다. 이런 기후 정보를 들은 바울은 겨울이 오기 전에 타우로스를 넘어야겠다고 판단한 것 같습니다. 바울이 '여러 번 굶고 춥고 헐벗었다'고 고백했는데(고후 11:27), 늦가을이나 초겨울 추위에 이 산맥을 넘으면서도 같은 경험을 했을 것입니다. 멀고 높고 험한 산맥을 넘는 중에 심한 병을 얻었으나 간신히 목적지에 도착했습니다.

마가의 회군

하지만 버가를 출발하기 전, 선교 팀 내부에 처음으로 위기가 닥쳐왔습니다. 마가가 비시디아 안디옥으로 가지 않고 예루살렘으로 돌아가겠다고 선언한 것입니다. 삼촌인 바나바와 바울은 마가를 만류하려고 애를 썼을 것입니다. 그럼에도 불구하고 마가는 버가에서 일행을 버리고 예루살렘으로 돌아가 버리고 말았습니다.

포크스-잭슨(F. J. Foakes-Jackson) 박사는, 마가가 회군한 것은 바나바의 지도력이 바울에게 넘어간 것과 이방 선교에 주력하는 것을 마가가 탐탁지 않게 생각했기 때문이라고 주장했습니다. 예루살렘이 승인하지 않은 이방 선교를 밀고 나가는 바울에게 실망하여 비시디아 안디옥으로 가지 않고 예루살렘으로 돌아갔다는 설명입니다. 가능성이 없는 것은 아니지만, 그렇다면 바울이 이방인 총독에게 전도하고 선교 팀의 지도력을 맡게 된 바보에서 떠나지, 왜 배를 타고 먼 버가까지 와서 돌아갔는지에 대한 의문이 남습니다. 또 이방 선교는 이미 안디옥에서 활발하게 진행되고 있음을 보았고, 예루살렘교회가 바나바를 보내 지원까지 해 주었기 때문에 포크스-잭슨이 주장하는 이유는 타당하지 않아 보입니다. 또 바울이 비시디아 안디옥에 가서도 유대 회당부터 찾아가 복음을 전하는 모습을 보면,

바울이 이방 선교로 전략을 완전히 바꾸었다고 보기는 어렵습니다.

이 외에도 향수병 때문에 부모가 사는 예루살렘으로 갔다, 마가는 갈라디아까지 선교할 생각이 애초부터 없었다 등 마가에게서 이유를 찾습니다. 그런가 하면 바울에게 이유를 돌리는 설명도 있습니다. 바울의 인간적 연약함이나 고약한 성품 때문에 상처를 받고 떠났다, 일 중심, 목표 지향적 바울의 리더십에 적응할 수 없었다 등. 사실 바울 서신과 사도행전 전체를 보면 바울은 아주 따뜻하고 인내심이 많은 사역자입니다. 만일 바울의 문제로 마가가 떠났다면 아주 예외적인 경우입니다.

마가가 왜 떠났는지 누가가 말해 주지 않으니 온갖 추정이 난무합니다. 저도 한 가지 추정을 덧붙여 보겠습니다. 바보에서 앗달리아로 오는 항해가 너무 험했고 파선까지 당했다고 가정해 봅니다. 혹 이때가 바울이 말한 일주야를 깊은 바다에서 보낸 때인지도 모르겠습니다(고후 11:25). 모두

▼ 바울, 바나바, 마가가 도착하고 떠났던 앗달리아 항구의 현재 모습 ©CGN

간신히 목숨을 건졌는데, 마가는 선교가 이렇게 힘든 줄 몰랐기에 더 이상 지속할 수 없다며 중도 포기했다고도 생각해 봅니다. 게다가 현지 형제들로부터 타우로스산맥의 험한 지형과 숙소와 음식을 구하기 어려운 현지 상황과 산적들이 들끓어 위험한 여정 등 흉흉한 얘기를 듣고 감당하기 어려워 돌아갔는지도 모릅니다. 삼촌의 만류에도 불구하고 결국 떠나간 것을 보면 바울보다 마가에게 문제가 있었다고 보입니다. 바울은 마가가 무책임하다고 느꼈지만 복음 전도의 속도를 늦추지 않았습니다. 비시디아 안디옥으로 가기 위해 험한 타우로스산맥을 넘기로 했습니다.

마가가 왜 돌아갔는지 21세기에 사는 우리의 궁금증을 다 풀어 주지 않는다고 누가를 비난할 수는 없습니다. 자료를 취사선택해서 제한된 지면에 옮기는 것이 전기 작가의 책무이자 특권이기 때문입니다. 어떤 부분에 대해 침묵하는 덕분에 독자들이 온갖 상상력을 동원할 수 있는 여지와 유익도 있습니다.

보통 학자들이 바울을 처음부터 완전한 전도자요, 전략가로 보기도 하지만, 당시 바울은 막 본격적으로 이방 선교를 시작한 선교사로서 지역 상황에 대한 정보를 충분히 확보하지 못했을 것 같습니다. 그래서 선교사 초년생으로 많이 기도하면서 형제들의 조언과 성령님의 인도를 따랐으리라 봅니다. 위대한 바울도 반복된 선교로 성장하는 과정을 지났을 것입니다.

8 ─ 이방에 구원을 전하는 빛

"내가 너를 이방의 빛으로 삼아 너로 땅끝까지 구원하게 하리라"(행 13:47; 사 49:6).

버가에서 비시디아 안디옥으로 넘어가는 길은 아주 험난했습니다. 아우구스투스가 얼마 전에 건설한 세바스테 가도를 따라 버가에서 50킬로미터 정도는 평지였지만, 그 후부터는 점점 오르막이 시작되어 산으로 접어들었습니다. 그리고는 해발 2,000-3,700미터가 넘는 여러 높은 산과 협곡과 강과 호수들로 엮인 타우로스산맥 지역을 넘어가야 했습니다. 구브로에서 넘던 트로도스산맥과는 비교되지 않을 정도로 넘기 힘든 산이었습니다. 알렉산드로스가 전쟁 중에 가장 고전한 곳이 이 산맥이었다고 합니다. 세바스테 가도가 왕의 대로로 불리긴 했지만, 구간 전체를 모두 바위와 돌로 포장하지는 않았기에 상당히 열악한 채로 남은 구간도 많았습니다. 그래도 산 밑 곳곳과 계곡 사이에 크고 작은 평원이 펼쳐지기도 했습니다. 그런 곳에는 대상(隊商)과 로마 군인들이 주둔했던 흔적들이 남아 있습니다. 전체적으로 바위로 형성된 타우로스산맥은 나무조

▲ 바울과 바나바가 넘은 해발 3,000미터 이상의 타우로스산맥 ⓒCGN
▼ 세 개의 터널로 타우로스산맥을 가로지르는 고속도로 ⓒDC

차 없어 참으로 험악했습니다. 비가 올 때면 바위산을 타고 급격히 흘러내리는 물이 갑자기 불어나 계곡에 급류가 몰아쳤습니다. 지금은 4차선 고속도로에 터널이 세 개나 뚫려 있지만, 바울 일행은 능선과 계곡을 따라 끝없이 오르막길과 내리막길을 걸어야 했습니다.

복음 들고 산을 넘는 아름다운 발

2천 년 전, 험준한 타우로스산맥은 무자비한 강도와 산적의 소굴로 유명했습니다. 이 산맥을 넘는다는 것은 생명과 재산을 거는 모험이었습니다. 바울이 선교 여정 중에 강도의 위험을 여러 번 당했다고 했는데(고후 11:26), 이 산맥을 넘을 때도 그랬을 것입니다. 야생 동물과 강도들을 피하기 위해 바울과 바나바는 많은 사람과 그룹을 지어 산을 함께 넘어갔을 것입니다. 밤빌리아의 형제들이 먹을 것을 가득 준비해 주었을 뿐 아니라, 산세에 익숙한 몇 사람이 함께 타우로스산맥을 넘을 때까지 동행해 주었을 것 같기도 합니다.

버가에서 안디옥에 가려면, 확장하여 포장한 지금의 도로로 가더라도 길이 꼬불꼬불해서 자동차로 네 시간 정도 걸립니다. 최근 개발된 사도 바울 트레일(St. Paul Trail)이라는 트래킹 코스를 완주하는 데도 8일 정도 걸립니다. 겨울이 오기 전에 비시디아 안디옥에 도착하려고 서둘러 갔어도 보름은 족히 걸렸을 것입니다. 주막이나 숙소를 만나지 못하고 밤을 맞으면 메고 다니던 작은 천막을 쳤을 것입니다. 바늘과 실, 망치 등 천막 수선 도구와 물병과 빵, 치즈, 올리브 같은 기본 음식, 옷가지와 덮을 것을 넣는 가방을 메고 다녔을 것입니다. 뱀과 야생 동물을 쫓기 위해 단단한 지팡이도 지녔을 것입니다. 늘 상당한 무게의 짐을 메고 다녔으니 쉽지 않았을 것입니다. 길을 가면서 야생 올리브와 무화과, 대추야자, 복숭아 같은 과일과 채소와 버섯을 따 먹기도 했을 것입니다.

바울은 높고 힘든 산맥을 넘으면서 이사야 52장 7절 말씀을 묵상했을 것 같습니다. "좋은 소식을 전하며 평화를 공포하며 복된 좋은 소식을 가져오며 구원을 공포하며 시온을 향하여 이르기를 네 하나님이 통치하신다 하는 자의 산을 넘는 발이 어찌 그리 아름다운가." 나중에 이 말씀을 로마서에서 인용합니다. "기록된 바 아름답도다 좋은 소식을 전하는 자들의 발이여 함과 같으니라"(롬 10:15). 바울이 이 산을 넘는 것은 저 갈라디아 지방에 주 예수의 이름을 부르며 구원받을 자들이 있다는 사실을 생각했기 때문입니다. 듣지 못하면 예수님을 믿을 수 없고 그분의 이름을 부를 수 없기에, 그들에게 예수님의 이름과 사랑 이야기를 들려주려고 그곳을 향해 무거운 걸음을 한 발, 한 발 옮기며 나아갔습니다.

바울과 바나바는 서로 무슨 이야기를 하면서 걸었을까요? 성경을 묵상한 이야기, 구브로에서 만난 사람들 이야기를 나누었을 것입니다. 구약의 예언 성취에 대한 성경들을 인용하면서 하나님이 이 진리와 예언의 성취를 자신들에게 나타내 주셨음에 감격하며 서로를 격려했을 것입니다. 또한 사명감을 새로이 느꼈을 것입니다. 누군가 기도를 시작하면 다른 사람이 이어받아 기도했을 것입니다. 헬라어로 하다가 히브리어로 하기도 했을 것입니다. 누군가 찬송을 시작하면 따라 하고, 또 새로운 찬송을 부르고 … 힘들 때는 우리 새찬송가 73장 같은 찬양도 불렀을 것 같습니다. "내 눈을 들어 두루 살피니 산악이라/ 날 돕는 구원 어디서 오나 그 어디서/ 하늘과 땅을 지은 여호와/ 날 도와주심 확실하도다." "여호와 나의 보호자시니 늘 지키며/ 오른팔 들어 보호하시고 그늘 되네/ 낮에는 해가 상치 못하며/ 또 밤의 달이 해치 못하네."

비시디아 안디옥에 도착하다

버가에서부터 세바스테 가도를 따라 북쪽으로 100여 킬로미터 온 지점에서 바울과 바나바는 왼쪽에 자리한 큰 호수를 보았을 것입니다. 타우로스산맥에서 흐르는 물이 모인 이 호수는 해발 917미터에 자리하고 있는데 길이가 50킬로미터, 둘레가 150킬로미터, 면적이 482평방킬로미터에 이릅니다. 지금은 에기르디르 호수(Eğirdir Gölü)라고 부릅니다. 장대하게 펼쳐진 호수를 바라보면서 두 선교사는 힘들게 걸어 여기까지 온 보람을 느꼈을 것입니다. 소리 높여 창조주 하나님을 찬양하며 휴식을 취했을 것입니다. 다시 길을 재촉하여 호수 옆길을 따라 계속 걸었습니다. 드디어 비시디아 안디옥에 도착했을 때는 남쪽 문을 통해 시내로 들어왔을 것입니다. 주후 46년, 쌀쌀한 늦가을이나 초겨울로 추산됩니다. 도착하긴 했지만 바울의 모습이나 건강 상태가 좋지 않았습니다(갈 4:13). 힘들기는 마찬가지였겠지만 바나바가 큰 힘이 되어 주었습니다. 누가는 이 길고 고된 여정을 아주 담담하고 간략하게 한 줄로 기록합니다. "그들은 버가에서 더 나아가 비시디아 안디옥에 이르러"(행 13:14).

오늘날 비시디아 안디옥의 명칭은 얄바취(Yalvaç)입니다. 고대 비시디

▲ 현대 얄바취 시민들의 모습 ©CGN

아 안디옥 유적지에서는 좀 떨어진 곳에 있습니다. 튀르키예 남서부 해발 1,245미터의 고산 지대에 있는, 크지 않은 도시입니다.

그러나 바울 시대에는 인구 11만의 대도시였습니다. 이곳은 마게도냐의 셀레우코스 1세가 부친 안티오코스를 기념하여 세운 열여섯 개의 안디옥 도시 중 하나였습니다. 성경에는 수리아 안디옥과 이곳의 비시디아 안디옥만 나옵니다. '비시디아' 안디옥이지만 비시디아 지역에 속하지 않고 오히려 인접한 브루기아에 속해 있었습니다. 아우구스투스 황제에 의해 주전 25년부터 갈라디아 지방으로 편재되었습니다. 아우구스투스는 이 안디옥을 지나가는 세바스테 가도를 건설하여 안디옥을 서쪽 에베소와 동쪽 다소를 잇는 중요한 무역 통로로 삼았고, 또 소아시아의 정치, 군사, 행정 중심지로 만들었습니다. 그리하여 타우로스산맥에 거주하며 끈질기게 로마 군대를 괴롭히던 호모나데시안(Homonadesians)들을 주전 3년에야 겨우 소탕했습니다.

오늘날 발굴된 그리스·로마 시대의 유적을 보면 바울 당시에는 이곳이 아주 번성한 도시였음을 알 수 있습니다. 고대 도시는 115에이커(약 14만 평)였고, 도시 전체가 3킬로미터나 되는 성벽으로 둘러싸였으며, 성벽 위의 도로 폭도 1.5-5미터나 되었다고 합니다. 그러나 역사 속에서 전쟁과 지진, 화산으로 인해 지금은 크고 작은 구릉과 언덕으로 옛 도시가 덮여 있습니다. 땅속까지 들여다보는 위성 사진에 의하면 에베소에 버금가는 크기의 도시로 추정된다고 합니다. 바울은 돌로 포장된 도시의 길을 걸으며 웅장한 건물을 많이 보았을 것입니다.

비시디아 안디옥은 19세기 초반부터 발굴되기 시작했는데, 19세기 말과 20세기 초반에 옥스퍼드대학의 고고학자이며 신약학자인 윌리엄 람

▲ 비시디아 안디옥 유적지 모습. 아직 발굴되지 않은 것까지 합치면 에베소에 버금가는 크기라고 한다.
▼ 11킬로미터 밖에서 비시디아 안디옥으로 이어진 교각 수로. 평균 2.6퍼센트의 경사로 하루 3천 평방 미터의 물을 날랐다. ©CGN

세이 박사와 미국 미시간대학의 데이비드 로빈슨(D. M. Robinson) 교수가 본격적으로 발굴 작업을 주도했습니다. 1979년부터는 더 속도를 높였습니다. 아우구스투스 신전, 아고라, 포장된 도로, 1만 5천 명을 수용하던 야외 연극장이 모습을 드러냈습니다. 강이 흐르지 않는 곳에 계획도시를 건설하고 11킬로미터 밖에서 높이 9미터의 석조 교각 수로를 통해 하루 3천 평방미터의 물을 끌어와 식용수와 목욕탕 물로 사용했습니다.

바울이 복음을 전했던 유대인 회당은 기독교가 공인된 후 사도 바울 교

▲ 옛 회당 자리에 세워진 사도 바울 교회당의 일부 ©CGN

회당으로 사용되었습니다. 1924년, 미시간대학교 발굴 팀에 의해 바실리카가 처음으로 모습을 드러냈습니다. 2002년부터 본격적으로 발굴하던 중, 옵티머스(Optimus) 감독 때에 세워진 이 교회 바닥에서 모자이크가 상당히 잘 보존된 상태로 발견되었습니다. 옵티머스 감독의 이름이 새겨진 모자이크도 발견되었습니다. 지금은 훼손될까 봐 오히려 카펫을 깔고 그 위에 30센티미터 두께의 흙을 덮어 놓은 상태입니다. 옵티머스는 375년부터 안디옥의 감독을 지냈고, 381년에 열린 콘스탄티노플 종교 회의에도 참석했던 인물이어서 이곳은 튀르키예에서 가장 오래된 교회 중 하나일 것입니다.

  바울 일행이 비시디아 안디옥으로 온 것은 이 도시가 갖는 선교 전략적 가치 때문이었습니다. 하지만 이곳으로 오던 중이나 도착한 후 바울은 심한 질병으로 고생했습니다. 질병 때문에 갈라디아 지방 사람들이 자신을 무시하고 배척할 수 있었다고 말하는 것으로 보아 그의 모습이나 행동이 상당히 흉하였으리라 추측됩니다. 그럼에도 불구하고 그는 전도하기를 쉬지 않았습니다. 그 일을 위해 여기까지 왔기 때문입니다. 그때 많은 기적의 역사가 나타났고, 감사하게도 많은 사람이 복음을 믿게 되었습니다. 하나님의 사랑을 깨닫고 예수님을 영접한 그들은 이제 바울을 "하나님의 천사와 같이 또는 그리스도 예수와 같이" 예우했습니다. 바울의 병이 나을 수만 있다면 눈이라도 빼어 줄 만큼 감사하며 사랑을 베풀어 주었습니다(갈 3:1-5, 4:14-15).

길리기아에서 엄청난 삼층천의 환상을 보고 난 후 바울은 "니무 자만하지 않게 하시려고 내 육체에 가시"를 주셨다고 고백했습니다. 그 가시가 간질이다, 안질이다, 신경쇠약이다 등 온갖 추측이 많지만 정확히 알 수는 없습니다. 바울은 이 육체의 가시를 거두어 달라고 세 번이나 간절히 기도했지만 주님은 치유해 주지 않으셨습니다. 바울의 능력이 약한 데서 온전해지게 하려고 육체의 가시를 거두어 가지 않으신 것을 보면, 육체적 연약함을 통해 복음의 능력을 나타내시려는 배려가 있었던 것입니다(고후 12:7-9). 바로 이 비시디아 안디옥에서 육체적 고통과 연약함을 통해 복음의 능력이 나타나는 것을 경험할 수 있었습니다.

회당에서 전한 복음

비시디아 안디옥에 도착한 바울과 바나바는 살라미에서 그랬던 것처럼 유대인 회당을 찾아갔습니다. 셀레우코스왕이 주전 3세기에 메소포타미아에서 많은 유대인을 이곳으로 강제 이주시켰기에, 바울이 갔을 때는 이미 상당한 유대인 공동체가 형성되어 있었습니다. 도시 성벽 안에 큰 회당이 세워졌을 만큼 유대교의 핵심 지역이었습니다. 동시에 황제와 여러 신을 숭배하는 중심지이기도 했기에, 바울이 이곳에 복음을 전하고자 한 것은 우연이 아니었습니다.

도착 후 첫 안식일을 맞아 회당을 찾아갔습니다. 회당에는 유대인뿐만 아니라 하나님을 경외하는 이방인들도 예배에 참여하고 있었습니다. 이 이방인들은 아직 유대교로 개종하지는 않았지만, 유대인들의 신앙생활에 감동을 받아 하나님의 존재를 믿고 경외하는 사람들이었습니다.

회당의 예배는 예배의 부름 후 모세 오경과 선지서에서 해당 구절들을 기도문 형식으로 읽고 설교가 이어집니다. 보통 회당의 성도 중 적합한 사람이 설교합니다. 설교할 사람은 회당장이 정하는데, 이 회당에는 회당장이 한 명 이상이었습니다. 그들이 두 방문객에게 사람을 보내 권면할

▲ 파올로 프리올로, <비시디아 안디옥 회당에서 설교하는 바울>(1866)

말이 있으면 (설교)하라고 초청했습니다. 바울은 랍비임을 알아볼 수 있는 옷차림을 하고 다녔던 것 같습니다. 지금도 랍비들은 주 중에는 평복을 입다가도 기도와 예배를 드릴 때는 머리와 어깨를 덮는 탈리트(tallith)와 가운 같은 키텔(kittel)을 입습니다. 가는 회당마다 바울에게 설교 기회가 주어졌던 것은, 유대인들이 바울을 랍비로 알아보았기 때문인 것 같습니다.

누가는 예수님의 회당 설교(눅 4:16-27)와 바울의 회당 설교(행 13:16-41)를 기록하여 1세기 회당 예배의 모습을 알려 주었습니다. 또 베드로와 스데반의 설교도 기록하여 바울과 사도들이 유대인들에게 매우 익숙한 양식과 내용으로 복음을 전했음을 보여 주었습니다(행 2:16-40, 3:12-26, 7:2-53; 고전 15:11). 바울이 비시디아 안디옥 회당에서 전한 설교는 사도행전에 기록된 그의 설교 중 가장 깁니다. 모두 스물여섯 절로 요약되어 있습니다. 안디옥에 도착하여 핍박을 받아 떠나는 모습을 아주 간단히 기록한 것과는 대조적입니다. 다른 지역의 유대인 회당에서도 이 표본과 같은 내용을 전했을 것이므로 이고니온, 데살로니가, 베뢰아, 고린도의 회당에서 전한 설교는 내용 없이 설교한 사실만 언급하고 넘어갑니다.

바울이 일어나 손짓하며 말하기 시작했습니다. 사도행전 13장 16절부터 시작하여 이스라엘의 역사를 요약해 가다가 22절에 다윗을 언급합니다. 하나님이 다윗에게 주신 메시아 언약을 상기시키면서 "하나님이 약속하신 대로 이 사람의 후손에서 이스라엘을 위하여 구주를 세우셨으니 곧 예수라" 하며 예수님을 소개합니다(행 13:23). 예수님은 다윗의 자손이며 이스라엘의 구주시라고 천명합니다. 유대인들은 다윗이 받은 메시아 언약에 근거하여 다윗의 후손에서 메시아가 나시리라고 믿고 기다렸습니다(삼하 7:16). 마태복음 1장에 나오는 족보도 예수님이 다윗의 자손임을 강조하려는 의도로 14대(代)씩 구분되어 있습니다(마 1:1, 17). 옛 유대인들은 히브리 알파벳 순서에 따라 수(數)의 가치를 정했습니다. 다윗(דוד)의 알파벳 이름이 각각 네 번째(ד), 여섯 번째(ו), 네 번째(ד)이므로 수의 가치로 14가 됩니다. 마태는 이 사실에 착안하여 다윗의 이름을 부각시키고자 족보에 나오는 인물들을 14대씩 추려 묶은 것으로 보입니다.

사도행전 13장 26-32절에서는 예수님이 하나님께서 선지자들을 통해 약속하신 예언의 성취 자체이심에도 불구하고 예루살렘의 종교 지도자들이 그를 알아보지 못하고 정죄하여 빌라도의 손을 빌려 죽게 했다, 무덤에 장사되었지만 "하나님이 죽은 자 가운데서 그를 살리"셨다고 선포합니다. 그의 부활을 본 자들이 유대에서 이 사실을 선포하고 있고, 바울 일행도 하나님의 예언의 성취를 전한다고 설교합니다.

바울은 부활을 반복하며 가장 강조합니다. '하나님이 예수를 살리셨다(30절), 하나님이 예수를 일으키셨다(33절), 하나님께서 그를 일으키사 다시 썩음을 당하지 않게 하셨다(34절), 주의 거룩한 자로 썩음을 당하지 않게 하셨다(35절), 그는 썩음을 당하지 아니하였다(37절).' 또 구약을 인용하면서 예수님의 부활을 증거하고, 또 시편 2편의 "너는 내 아들이라 오늘 내가 너를 낳았도다"(7절)라는 말씀을 인용하여 예수님이 하나님의 아들이심을 선포합니다.

38절부터는 이 예수의 죽음과 부활을 믿는 자마다 죄 사함과 의롭다 함을 얻는다고 설파합니다. 모세의 율법을 지켜도 의롭다 함을 얻지 못했지만, 이 예수를 믿는 자마다 의롭다 함을 얻게 된다면서 율법이 아니라 믿음으로 구원을 받는다고 재차 강조합니다. 그러니 완악한 마음을 갖지 말고 이를 믿으라고 권면하며 설교를 마무리합니다.

기대하지 못했던 명설교를 들은 유대인들은 다음 안식일에도 말씀을 전해 달라고 부탁했습니다. 몇몇 유대인과 유대교에 입교한 경건한 헬라인들이 이 말씀을 더 들으려고 바울과 바나바를 따랐습니다.

이방인에게로 가리라

그다음 안식일에는 거의 모든 시민이 하나님의 말씀을 들으러 모였습니다. 회당에서 바울의 설교를 들은 경건한 이방인들이 일주일 사이에 좋은 소문을 퍼뜨렸을 것입니다. 하지만 유대인들은 그 무리를 보고 시기가 가득하여 바울을 비방하기 시작했습니다.

바울은 "하나님의 말씀을 마땅히 먼저 너희[유대인]에게 전할 것이로되 너희가 그것을 버리고 영생을 얻기에 합당하지 않은 자로 자처하기로 우리가 이방인에게로 향하노라"(행 13:46)라고 전합니다. "내가 너를 이방의 빛으로 삼아 너로 땅끝까지 구원하게 하리라"라고 하신 이사야 49장 6절의 말씀을 자신들에게 적용시키며, 유대인들이 복음을 받지 않겠다 하니 이방인들에게 전하겠다고 선언합니다. 이방인들이 호의적인 반응을 보이기도 했겠지만, 무엇보다 이사야 49장에 등장하는 여호와의 종이 이방인들에게도 구원을 베푸는 이방의 빛으로 세움을 받았듯이(눅 2:32), 자신들도 이방인들에게 구원을 전하는 이방의 빛으로 세워졌다고 인식했기 때문입니다.

바울과 바나바는 이사야 49장 6절의 후반부만 인용했지만, "네가 나의 종이 되어 야곱의 지파들을 일으키며 이스라엘 중에 보전된 자를 돌아오게 할 것은 매우 쉬운 일이라[작은 일이라]"라는 전반부도 틀림없이 알고 있었을 것입니다. 여호와의 종에게 유대 선교보다 이방 선교가 더 어렵고 중요하다고 예언하셨다는 것입니다. 예수님도 "동서로부터 많은 사람이 이르러 아브라함과 이삭과 야곱과 함께 천국에 앉"을 것이라고 말씀하셨는데(마 8:11), 그런 일이 일어나고 있었습니다.

반면 이방인들은 하나님의 복음이 자신들도 위한 것이라는 말을 듣고 크게 기뻐하며 복음을 받아들였습니다. 그리하여 비시디아 안디옥 지방에 하나님의 말씀이 두루 퍼지게 되었습니다. 많은 이방인이 복음을 듣고 예수님을 믿었습니다. "주의 말씀이 그 지방에 두루 퍼"졌고 성숙한 "제자들"이 늘어났다는 말씀으로 미루어 보아(행 13:49, 52) 바울 일행은 이곳에 상당 기간 머물렀고, 사역의 결과도 좋았으리라 추정할 수 있습니다.

하지만 유대인들은 예수가 메시아라는 바울의 주장과 그것을 따르는 이방인들의 개종을 심히 못마땅하게 생각했습니다. 그래서 귀부인과 유력자들을 선동하여 바울과 바나바를 핍박하고 그 지역에서 쫓아내 버렸습니다. '박해하게 하여 쫓아냈다'라는 표현을 볼 때, 실상은 바울 일행이 체포되어 이방 행정 관리들로부터 태장을 맞았던 것으로 보입니다. 바울은 가끔 아주 심한 박해, 즉 핍박을 만나면 도망가야 했습니다(행 9:24-25, 14:6, 17:15; 고후 11:25; 딤후 3:11). 이 경우에는 도망갔다는 말 대신 박해 후 쫓겨났다고 되어 있습니다. 관리들이 형을 집행한 후 강제 추방시켰다는 말입니다.

두 선교사는 발의 티끌을 떨어 버리고 도시를 떠났습니다(행 13:51; 마 10:14; 눅 10:10-11 참조). 심한 박해 때문에 부득이 비시디아 안디옥을 떠나는 선교사들을 보면서 새 신자들은 아쉽고 슬펐을 것입니다. 그럼에도 불구하고 성령께서 심령과 믿음을 지켜 주셨기에 새 신자들은 기쁨과 성령이 충만했습니다. 새 신자들은 바울과 바나바에게 급하게라도 음식과 신발과 옷가지를 챙겨 주었을 것입니다.

이고니온으로 피신하다

바울과 바나바는 비시디아 안디옥을 뒤로하고 세바스테 가도를 따라 동
남쪽으로 180킬로미터 정도 떨어진 이고니온으로 향했습니다. 곧 험악
한 산맥을 넘으며 강도의 위험에 노출되었지만, 그 후에는 끝없는 평원이
이어졌습니다. 바울 때에도 이 광활한 평야에서는 밀을 낳이 재배했을 것
입니다. 로마 대로와 크고 작은 오솔길을 걸어 일주일 정도 걸렸을 텐데,
마을을 만나 쉬기도 하고 사람을 만나 간간이 복음을 전했다면 며칠 더
걸렸을 것입니다. 지금도 작은 마을이 띄엄띄엄 있으니, 바울 당시는 인
적이 더 드물었을 것입니다. 높고 낮은 능선을 따라 끝없이 펼쳐지는 평
야를 바라보며 걷고 또 걸었을 것입니다. 하나님의 기쁜 소식을 전하러

▼ 이고니온 근교의 성 헬레나 기념 교회 ©DC

간다는 사명감으로 한 발, 한 발, 옮겼을 것입니다. 힘들고 지칠 때면 머리 위로 떼 지어 날아가는 새들을 부러워했을 것 같습니다.

이고니온은 큰 도시는 아니었지만 아주 부유했고, 후에 셀주크 제국의 수도가 되었습니다. 오늘날에는 콘야(Konya)라는 이름으로 불리는데, 해발 1,016미터의 고산 지역에 자리 잡은 현대식 도시입니다. 인구는 150만 명으로 튀르키예에서 일곱 번째로 큰 도시입니다. 수피댄스(Sufi Whirling)로 유명한 수피즘이라는 이슬람 종파의 본거지이기도 합니다. 지진이나 전쟁으로 폐허가 된 터에 다시 도시를 세워 가는 일을 반복하다 보니 옛 모습이 거의 다 묻혀 버렸습니다. 바울 시대의 유물은 물론, 비잔틴 시대의 것도 거의 보존되지 못했습니다.

그래도 옛 이고니온 지역에 로마 시대에 만든 석조 다리가 지금까지 보존되어 있습니다. 그 인근에 콘스탄티누스(Flavius Valerius Aurelius Constantinus) 황제의 어머니 헬레나가 예루살렘에 성지 순례를 가던 중 머물렀던 것을 기념하여 주후 327년에 지은 '성 헬레나 기념 교회'가 있습니다. 헬레나(Helena)는 콘스탄티누스가 기독교를 공인하는 데 지대한 영향을 끼친 독실한 그리스도인이었습니다. 헬레나가 이곳에 여러 날 머문 것은 이 지역에 그리스도인이 많이 살고 있었기 때문일 것입니다. 오스만 시절, 이 예배당은 모스크로 사용되었고, 1924년에 문을 닫았다가 2012년에 다시 문을 열었는데, 수리하면서 고대 성화 벽화들 위에 회색 페인트를 칠하여 아쉬움이 많았습니다.

유대인에게 전도하는 이방인의 사도

이고니온에도 유대인 회당이 있었습니다. 비시디아 안디옥에서 유대인들이 복음을 받아들이지 않기에 이제는 이방인들에게 가겠다고 선포했는데도 바울과 바나바는 이고니온에 도착하자마자 회당부터 찾아가 복음을 전했습니다.

여기뿐만 아니라 2차 선교 여행 중에도 데살로니가, 베뢰아, 고린도, 에베소에 방문하여 회당부터 먼저 찾아가 복음을 전합니다(행 17:1-2, 18:4, 19). 사도행전 17장 2절은 "바울이 자기의 관례대로", 즉 늘 하던 습관대로 회당으로 들어가 복음을 전했다고 합니다. 바울은 이방인의 사도시만, 유대인에게도 복음을 전해야 한다는 사명을 깊이 인식하고 있었습니다(롬 9:2-3, 10:1, 11:14). 반복적으로 유대인의 구원을 향한 노력과 기도를 숨기지 않았습니다. 동족의 구원에 깊은 관심을 가지고 있었습니다.

유대인들이 오래도록 메시아를 기다려 왔던 만큼 바울은 그분이 드디어 오셨고, 바로 나사렛 예수라는 사실을 먼저 유대인에게 알려야 한다는 사명에 가득 차 있었습니다. 복음이 첫째는 유대인에게 구원을 주시는 하나님의 능력임을 확신했기 때문입니다(롬 1:16). 그래서 유대인들이 자신을 혹독하게 핍박함에도 불구하고 가는 곳마다 회당부터 찾아간 것입니다. 기회가 있을 때마다 나사렛 예수가 하나님이 다윗에게 언약하신 메시아시요, 하나님의 아들이며, 우리의 죄를 감당하려고 십자가에서 죽으셨고, 우리를 의롭다 하기 위해 부활하셨다고 선포했습니다.

스스로 이방인의 사도임을 철저히 인식했던 바울이 회당에 들어가 복음을 전했다는 누가의 기록은 잘못되었다, 혹은 회당에 간 것은 유대인들이 아닌 그곳에 온 이방인들에게 전도하기 위함이라고 주장하는 학자들이 있습니다. 이것은 바울을 잘못 이해한 것입니다. 바울은 "유대인들에게 내가 유대인과 같이 된 것은 유대인들을 얻고자 함이요 율법 아래에 있는 자들에게는 내가 율법 아래에 있지 아니하나 율법 아래에 있는 자같이 된 것은 율법 아래에 있는 자들을 얻고자 함"이라고 말했습니다(고전 9:20). 바울은 유대인들에게도 열심히 전도했습니다. 단지 유대인이 전부나 다수를 이루는 교회에 편지를 쓰지 않았거나, 썼다면 남아 있지 않을 뿐입니다.

이고니온의 회당에는 유대 종교에 관심을 갖고 하나님을 경외하는 헬라인들도 함께 예배하고 있었습니다. 이들은 이미 유일신 하나님과 성경과 성경에 기록된 예언을 믿는 상태였으므로, 준비된 이방인이었습니다. 여기서도 비시디아 안디옥 회당에서 전했던 내용과 거의 비슷하게 복음을 전했을 것입니다. 감사하게도 '허다한 무리'의 유대인과 헬라인이 예수님을 믿었습니다.

하지만 믿지 않는 유대인들은 마음이 완악해져서 이방인들을 선동하여 바울과 바나바에게 악감정을 품게 했습니다. 십자가에 못 박혀 처형당한 예수가 메시아일 리가 없다고 확신했기 때문입니다. 사도들은 이고니온을 곧바로 떠나지 않고 오래 머물면서 계속 복음을 전했습니다. '오래 있었다'는 표현으로 보아 적어도 서너 달은 머물렀던 것 같습니다. 그동안 하나님이 친히 표적과 기사를 행하며 은혜의 말씀을 증언하셨습니다. 진정한 전도자는 주님이었고, 바울과 바나바는 성령의 도구였음을 알 수 있습니다.

그럼에도 불구하고 유대인들의 비방과 핍박은 계속되었습니다. 시민들은 두 패로 나뉘고 말았습니다. 유대인과 헬라인 할 것 없이 불신자들은 두 선교사를 모욕하고 돌로 치려 했습니다. 심지어 관리들까지 나서서 핍박했습니다. 도시에서 문제를 일으키는 사람은 성 밖으로 쫓아내고 마는 것이 일반 관습인데, 이곳 관리들은 선교사들이 성 밖으로 나갔는데도 돌로 쳐 죽이려고 할 만큼 적대적이었습니다.

자라는 복음의 씨앗

그럼에도 불구하고 비문에 새겨진 기록들을 보면 복음은 왕성하게 퍼져 갔고, 이고니온은 훗날 소아시아에서 기독교의 중심지가 되어 훌륭한 일꾼들을 배출했습니다. 대표적으로 로마에서 저스틴(Justin Martyr)과 같이 순교한 히에락스(Hierax) 감독과 여성 지도자 테클라(Thecla)입니다. 테클라는 주후 150년경에 기록된 《바울 행전》(Acts of Paul)의 첫 부분에 나오는 〈바울과 테클라 행전〉(The Acts of Paul and Thecla)으로 알려지게 되었습니다.

귀족의 딸이었던 테클라는 바울의 전도로 예수님을 믿은 후 약혼을 파기하고 바울을 따라다니는 동역자가 되었습니다. 격분한 어머니의 사주로 붙잡혀 화형을 당하지만 기적적으로 폭우가 내려 불이 꺼져 살아남았고, 다시 사자들에게 뜯기는 형벌에서도 살아남았습니다. 그 후 글라우디오 황제의 사촌인 트리페나 여왕이 테클라를 살려 주었습니다. 그녀는 남장을 한 채 무라(Myra)에 있는 바울을 찾아갔고, 테클라를 보고 감격한 바울은 그녀와 함께하는 하나님의 은혜를 보고 전도자로 임명했습니다. 나중에는 실루기아에 돌아와 동굴에 살면서 오래도록 제자를 기르다가 결국 실루기아의 실리프케(Silifke)에서 순교했다고 합니다. 그렇게 전해지는 곳에 그녀의 동굴 무덤이 있습니다. 그런가 하면 다메섹에서 북동쪽으로 58킬로미터 떨어진 말룰라(Maaloula) 마을에서 살다가 자신을 체포하러 오는 군대를 기적적으로 피했다는 곳에도 무덤이 있고, 로마에 있는 바울 무덤 옆에 묻혔다는 전승도 내려옵니다. 과장과 추측이 많은 것 같은데도 이런 곳을 찾는 순례객은 많습니다.

바울의 외모

테클라가 이고니온 출신이기 때문에 이 시점에서 바울의 외모에 대해 이야기하는 것이 좋을 것 같습니다. 현재 전해져 오는 사도 바울의 외모는 〈바울과 테클라 행전〉이라는 외경이 토대가 되기 때문입니다. 오네시포루스(Onesiphorus)는 바울의 모습을 이렇게 묘사하고 있습니다.

"바울은 키가 작고 눈썹은 맞붙었고 코는 컸다. 거의 대머리에 안짱다리였으나 몸집은 단단했다. 그는 은혜가 충만하여 어떤 때는 사람인 것 같

고 어떤 때는 천사의 얼굴을 가진 것 같았다"('The Acts of Paul and Thecla', see MR James, *The Apocryphal New Testament*, OUP [1924], 273).

이것이 바울의 진정한 모습인지 확인할 길은 없지만, 가장 오래된 2세기 자료인데다 그의 모습을 떠올리기에 나름 충분한 묘사이다 보니 바울의 이콘이 대부분

▲ 베뢰아의 바울 광장에 조성된 바울의 모자이크 이콘
©DC

이런 모습으로 그려져 있습니다. 에베소에 있는 '바울의 동굴'(the Cave of St. Paul) 안에 이런 모습의 바울과 테클라가 같이 그려진 이콘이 있는데, 현존하는 바울의 성화 중 가장 오래된 것으로 알려져 있습니다.

9 ─ 죽은 줄 알 때까지
돌에 맞고도

"내가 달려갈 길과 주 예수께 받은 사명 곧 하나님의 은혜의 복음을 증언하는 일을 마치려 함에는 나의 생명조차 조금도 귀한 것으로 여기지 아니하노라"(행 20:24).

선교사들은 이고니온에서 루스드라로 피신했습니다. 핍박을 받으면 다른 곳으로 피신하는 것은 당연한 일이었습니다(마 10:23; 요 15:20). 루스드라도 로마인 집단 거주 지역(colony)이어서 이곳 사람들은 대부분 로마 시민권을 가지고 있었습니다. 로마의 게미나 군단(Legio Gemina)에서 퇴역한 천여 명이 루스드라에 정착했다는 라틴어 비문이 발견되어 지금 콘야에 있는 메블라나 박물관(Mevlana Tekke)에 소장되어 있습니다. 아우구스투스 황제가 건설한 세바스테 가도가 이곳을 지나가게 되어, 루스드라는 제국 남쪽의 5대 도시 중 하나로 급성장했습니다.

하지만 이 거대한 고대 도시는 아직 그 모습을 드러내지 않고 있습니다. 루스드라의 현재 위치는 정확히 파악되지 못한 채 여러 주장만 제기되고 있습니다. 1885년, 지리학자 스테렛(J. R. Sterrett)은 '루스드라'라는 글자가 새겨진 비문을 발견하고, 루스드라는 이고니온에서 약 29킬로미터

▲ 오랫동안 루스드라로 알려진 언덕 ©CGN

떨어진 하툰사라이(Hatunsaray) 지역 중에서도 괵유르트(Gökyurt) 마을의 커다란 언덕이라고 주장했습니다. 그 영향인지 구글 지도에는 이 언덕이 옛 루스드라로 나옵니다. 지금은 흙더미 언덕이 되어 고대 도시의 흔적이나 안내판조차 없습니다. 하툰사라이 지역에서 2킬로미터 정도 떨어진 휘위귀 마을에 교회 터가 남아 있는데, 어떤 학자들은 이곳을 루스드라로 보고 있습니다.

튀르키예 콘야 남서쪽으로 49킬로미터 정도에 위치한 킬리스트라 (Kilistra) 지역이라는 주장도 있습니다. 괵유르트 마을 언덕에서는 14킬로미터 정도 떨어진 곳입니다. 현지 답사 중 확인한 부분은 킬리스트라가 제우스 신당의 자리 같다는 것입니다. 콘야의 성 헬레나 기념 교회 옆에서 만난 이 지역 문화 박물관장도 90퍼센트 정도 확신한다고 말해 주었습니다. 킬리스트라를 중심으로 양쪽에 2-3킬로미터 정도 병풍같이 둘러선 바위산의 모습은 장관입니다. 화산 폭발로 형성된 응회암 절벽 바위가

135

▲ 넓게 펼쳐진 응회암 바위들 ©CGN

병풍같이 넓은 지역에 펼쳐져 있습니다. 특히 킬리스트라 중심부는 헬라 신화의 우두머리인 제우스의 이름에 걸맞은 신전이 있을 곳으로 손색이 없습니다. 바위산을 오르면 평평한 바위 들판이 드러납니다. 신전 자리가 있고, 바위를 깎아 파내어 물을 저장했던 두 개의 커다란 바위 독이 있습니다. 왕이나 제사장의 무덤으로 추정되는 석관 자리도 몇 개 있습니다.

킬리스트라가 신전이 있었던 곳이라면, 이제 중요한 문제는 이 신전이 루스드라에서 얼마나 떨어져 있었는가 하는 것입니다. 개역개정 성경은 "시외 제우스 신당의 제사장이 소와 화환들을 가지고 [루스드라] 대문 앞에 와서 무리와 함께 제사하고자" 했다고 번역했습니다(행 14:13). '시외'(市外)라는 표현은 신전과 루스드라 도시가 어느 정도 떨어져 있는 느낌을 줍니다. 다른 한글 성경들은 '성 밖'으로 번역했습니다. 대부분의 영어 성경은 신당이 도시 성문 바로 앞에 있었다고 번역합니다. 헬라어 원문 (protēs poleōs)을 보면 영어 번역들이 더 적합합니다. 그렇다면 성경의 루스드라는 이 제우스 신당과 아주 근접해 있었으므로 킬리스트라가 루스드라의 일부였음을 보여 줍니다. 유적지 발굴 작업이 좀 더 진척되어야겠지만, '킬리스트라'(Kilistra)가 튀르키예 말로 교회를 가리키는 '킬리세'(kilise)와 '루스드라'(Lystra)의 어떤 관련성 때문에 조합된 복합어라면, 이곳 킬리스트라가 바울이 세 번 지나간 곳이라고 추정할 수 있습니다. 사실 튀르키예 문화관광부의 온라인 자료들을 보면 킬리스트라를 루스드라로 지정한 경우가 많습니다. 그렇다면 이곳은 바울이 돌에 맞아 피 흘리며 쓰러져 죽어 가던 곳으로부터 멀지 않을 수 있습니다.

앞에서 소개한 문화 박물관장은 사람들이 이 응회암 바위들을 깎아 내어 살기 시작한 역사가 6천 년 정도 된다고 했습니다. 나중에는 바울에게 전도받은 성도와 그 후의 그리스도인들이 이교도들의 핍박과 약탈자들

▲ 신당 자리의 모습 ©DC

▲ 가까이서 본 킬리스트라의 은신처들. 위의 넓고 평평한 바위에 신당 자리의 모습이 있다. ©DC

의 공격을 피하여 은신하기 적합한 장소를 찾다가 이곳에 정착한 것으로 보입니다. 밖에서 보면 자연석이지만 그 안은 비밀 정착지였습니다. 그 전부터 은신처로 쓰였을 가능성도 있습니다. 위장 무늬로 된 구멍들을 통해 외부의 공기와 빛은 받을 수 있으나 내부의 조명은 밖으로 새어 나가지 못하도록 정교하게 만들어진 비밀 공간이었습니다. 비밀, 은폐, 방어가 가능한 공간이었습니다. 기독교가 공인된 후에는 바위를 더 파서 공개적으로 교회당과 수도원을 지었습니다. 킬리스트라 중심부 정면의 우뚝 솟은 암석 안에는 '바울 교회'(Paulöuü)가 지금까지도 바울의 이름을 간직하고 있습니다. 암석을 깎아 예배 처소를 만든 산다까야 교회는 하늘에서 보면 교회 지붕이 십자가가 누운 형태로 되어 있습니다.

하늘에서 내려온 신?

이고니온에서 루스드라 사이는 대부분 광활한 평원이어서 이동하는 데

138

하루 정도 걸렸을 것으로 보입니다. 바울이 처음 루스드라에 왔을 때는 유대인 회당이 없었기 때문인지 길거리에서 복음을 전했습니다. 모여든 청중 사이에 날 때부터 걸어 보지 못한 사람이 있었습니다. 바울은 복음을 열심히 듣는 그의 모습을 지켜보다가 그에게 구원받을 만한 믿음이 있음을 보았습니다. 그래서 그에게 "네 발로 바로 일어서라" 하니 그가 벌떡 일어나 걷기 시작했습니다. 무리가 이것을 보자 "신들이 사람의 형상으로 우리 가운데 내려오셨다"고 루가오니아 현지 방언으로 소리 지르며 흥분하기 시작했습니다.

　브리기아 지역에 내려오는 전설이 있었습니다. 제우스와 헤르메스가

▲ 파올로 프리올로, <황소로 제사드리려는 루스드라
　사람들>(1866)

브리기아에 왔는데 한 부부만 신들을 잘 영접했고, 나머지 주민들은 그러지 않아 모두 홍수에 쓸려가 버리고 말았다는 전설입니다. 그 후부터 브리기아 지역 사람들이 헤르메스와 제우스를 숭배했다는 비문들이 발견되기도 했습니다. 두 번 다시 그런 일이 생기지 않기를 바랐던 현지인들은 바울과 바나바가 다시 찾아온 신이라고 믿었습니다. 말하지 않고 있던 바나바는 위엄을 지키는 제우스로, 말 잘하는 바울은 제우스의 대변인인 헤르메스로 받아늘였습니다.

시민들은 현장에 없었던 제우스 신당의 제사장에게 연락했고, 그는 소와 화환들을 가지고 와서 두 선교사에게 제사를 드리려 했습니다. 성문 앞에서 제사를 드리려고 한 것은, 평생 걸어 보지 못한 사람이 구걸하다가 고침을 받은 바로 그 현장을 신들이 내려온 곳이라 여겼기 때문일 것입니다.

바울과 바나바는 자기들을 신으로 생각하고 제사를 드리려는 무리에게 뛰어들어 갔습니다. 옷을 찢고 소리를 지르며 말렸습니다. 유대인들이 옷을 찢는 것은 신성 모독에 항의한다는 표현입니다(막 14:61-65 참조). 바울과 바나바는 무리의 행동을 거부하면서 자기들도 같은 성정을 가진 사람이라고 밝힙니다. 그러고는 복음을 전합니다. 사도행전 14장에 이방인들에게 전한 그 메시지가 요약되어 있는데, 이방인들에게 복음을 전할 때 사용했던 접근 방법과 내용을 알려 주는 귀한 자료입니다.

"여러분에게 복음을 전하는 것은 이런 헛된 일을 버리고 천지와 바다와 그 가운데 만물을 지으시고 살아 계신 하나님께로 돌아오게 함이라 하나님이 지나간 세대에는 모든 민족으로 자기들의 길들을 가게 방임하셨으나 그러나 자기를 증언하지 아니하신 것이 아니니 곧 여러분에게 하늘로부터 비를 내리시며 결실기를 주시는 선한 일을 하사 음식과 기쁨으로 여러분의 마음에 만족하게 하셨느니라"(행 14:15-17).

하나님은 천지와 바다와 만물을 지은 창조주로서 그 만든 것으로 당신의 존재를 증언해 오셨고, 비와 곡식과 음식과 기쁨을 주는 좋으신 분이라고 소개합니다. 이처럼 바울은 자연 계시를 시작으로 복음을 전했습니다. 그러면서 그 하나님이 이런 우상 숭배 같은 헛된 일을 버리고 살아 계신 조물주 하나님께 돌아오기를 기다리고 계신다고, 그것을 알리려 자신들이 이곳에 왔다고 선포했습니다.

바울과 바나바는 겨우 무리를 말려 제사를 드리지 못하게 했습니다. 누가는 여기까지만 기록하고, 예수님을 믿은 사람들이 생겼는지는 기록하지 않습니다. 하지만 더베까지 갔다가 다시 돌아오는 길에 루스드라에도 들러 제자들의 마음을 굳게 하고 장로들까지 임명한 것을 보면 디모데를 비롯하여 예수님을 믿은 사람들이 생겼음이 분명합니다. 따라서 무리를 진정시킨 후 바울은 그 창조주 하나님이 예수님을 보내셨고, 그가 모든 인생의 죄를 대신 감당하고 십자가에 못 박혀 죽은 후에 사흘 만에 다시 살아나셨다고 증거했을 것입니다. 그 부활의 능력으로 이 사람이 처음으로 걷게 되었다고 설파했을 때, 무리 중에 믿는 자가 많이 생겼을 것입니다. "신들이 사람의 형상으로 우리 가운데 내려오셨다"며 바울과 바나바를 환영하고 숭배했던 사람들이 이제는 이들을 "하나님의 천사와 같이 … 영접하였"습니다(행 14:11; 갈 4:14).

죽도록 돌을 맞고도

루스드라에 믿는 자가 많다는 소식이 비시디아 안디옥과 이고니온에 전해지자 그곳에서 유대인 무리가 루스드라까지 달려왔습니다. 하지만 남의 도시인 루스드라에서 바울을 체포하거나 체벌할 법적 권리가 없었기 때문에 루스드라 사람들을 충동하기 시작했습니다. 대중은 예나 지금이나 쉽게 선동되기도 합니다. 사도들에게 제사를 드리려고 호들갑을 떨던 무리 중에 복음을 믿지 않는 사람들이 바울에게 돌을 던지기 시작했습니다. 예수님께 '호산나'를 외치던 예루살렘의 군중이 선동을 받자 순간 돌변하여 십자가에 못 박으라고 소리 높여 빌라도를 몰아붙인 상황과 같습니다(눅 23:13-25). 종교적 흥분이 얼마나 변하기 쉬운지 보여 주는 장면입니다. 돌을 던진 것으로 보아 원정 온 유대인들이 선동하면서 먼저 던지기 시작한 것 같습니다. 얼마나 격분했는지 성 밖으로 끌어낼 여유도 없었습니다. 루스드라 사람들도 자기들의 제사를 거부하고 우상들을 섬기는 열심을 '헛된 일'이라고 지적한 바울이 미웠는지, 유대인들에 동조하여 돌을 심하게 퍼부었습니다.

바울은 날아드는 돌을 맞으며 자기가 주도하여 돌로 쳐 죽인 스데반이 생각나 다시금 회개했을 것입니다. 스데반같이 "주 예수여, 내 영혼을 받으시옵소서. 이 죄를 그들에게 돌리지 마옵소서" 하고 기도했을 것입니다. 십자가에 못 박히는 고통을 당하신 주님을 생각하며 스데반처럼 죽으면 죽으리라 각오했을 것입니다. 그렇게 죽으신 예수님이 영광 중에 부활하셨으니 "현재의 고난은 장차 우리에게 나타날 영광과 비교할 수 없"다고 생각했을 것입니다(롬 8:18). 그러면서 스데반처럼 하늘을 우러러 주목하여 하나님의 영광과 및 예수께서 하나님 우편에 서신 것을 보았을 것입니다(행 7:55-60). 주님도 바울을 안타까운 마음으로 내려다보셨을 것입니다. 그러는 중에 바울은 의식을 잃고 쓰러졌습니다. 하지만 스데반의 경우와는 달리 주님은 그날 바울을 데려가지 않으셨습니다. 바울을 향한 계획이 아직 많이 남아 있었기 때문입니다.

흥분하여 돌을 던지던 사람들도 바울이 죽은 줄 알고 더 이상 돌을 던지지 않았습니다. 분이 삭지 않았는지 바울을 성문 밖으로 끌어내 팽개쳤습니다. 무리가 떠나 버린 후 바나바와 루스드라에서 바울의 전도로 예수님을 믿은 제자들이 바울을 둘러선 채 슬픔에 싸여 간절히 기도했습니다. 감사하게도 얼마 후 바울은 의식을 되찾았고, 급기야 털고 일어났습니다. 그러고는 무거운 걸음으로 성으로 다시 들어갔으니 그 자체가 기적이었습니다. 제자들은 밤새도록 정성껏 바울을 씻기고 먹이면서 치료했을 것입니다.

이튿날 바울과 바나바는 복음을 전해야 한다며 형제들과 작별하고 더베로 떠났습니다. 놀랍지 않습니까? 살았다는 안도감보다는 자신을 살려 두신 주님의 뜻을 이루어야겠다는 생각이 앞섰던 것입니다. 여기서 복음을 전하려는 바울의 뜨거운 열정을 엿볼 수 있습니다. "핍박을 받아도 버림을 당하지 않으며 맞아서 쓰러져도 죽지 않습니다"(고후 4:9, 현대인의성경). 그는 핍박을 당연한 것으로 받아들였습니다(행 14:22; 딤후 3:12). 히브리서 기자의 말을 빌리면, 바울은 '세상이 감당할 수 없는 사람'이었습니다(히 11:38). 나중에 바울 자신이 간증한 대로, "내가 달려갈 길과 주 예수께 받은 사명 곧 하나님의 은혜의 복음을 증언하는 일을 마치려 함에는 나의 생명조차 조금도 귀한 것으로 여기지 아니하"는 사람이었습니다(행 20:24).

나중에 바울은 이 루스드라를 포함한 갈라디아 교회들에게 이렇게 편지를 썼습니다. "내가 그리스도와 함께 십자가에 못 박혔나니 그런즉 이제는 내가 사는 것이 아니요 오직 내 안에 그리스도께서 사시는 것이라 이제 내가 육체 가운데 사는 것은 나를 사랑하사 나를 위하여 자기 자신을 버리신 하나님의 아들을 믿는 믿음 안에서 사는 것이라"(갈 2:20).

이 내용을 읽으며 루스드라교회 성도들은 모두 이 사건을 기억했을 것입니다. 죽은 것처럼 보일 만큼 심하게 돌을 맞고 간신히 일어났는데, 며칠 쉬면서 회복하지도 않고 바로 다음 날 다시 전도의 길을 떠났던 바울을 생각했을 것입니다. 바울도 루스드라에서 돌에 맞은 일을 잊을 수 없었습니다. 고린도교회에 보내는 편지에서 세 번에 걸친 선교 여정 중 겪은 스물네 가지의 고난을 열거합니다. 그중 "한 번 돌로 맞고"라는 대목이 나오는데, 바로 루스드라에서 당한 고난을 회상한 것이었습니다. 바울이 가지고 있다던 '내 몸에 예수의 흔적'이 이때의 상처일 것 같습니다 (갈 6:17).

루스드라에서 바울의 모습을 지켜보던 청년이 있었습니다. 평생 걸어본 적이 없던 사람을 걷게 하고, 쏟아지는 찬사와 제사를 거부하고, 복음을 전하다 돌에 맞아 죽은 것같이 버려졌으나 다시 털고 일어나 복음을 전하러 다음 도시로 향하는 바울을 지켜본 사람, 바로 디모데였습니다. 그는 이때 예수님을 믿는 신앙을 갖게 되었습니다. 어렸을 때부터 외조모 로이스와 모친 유니게로부터 성경을 배우면서 메시아를 기다려 왔는데, 바울의 전도를 받고 예수님을 믿은 것입니다(딤후 1:5, 3:14-15). 디모데는 바울의 2차 선교 여행 때부터 동행하며 동역하다가 그의 참 아들과 후계자가 된 일꾼입니다. 디모데같이 장래가 촉망되는 청년을 구원으로 인도한 것은 죽음의 고난이 맺은 큰 열매였습니다. 바울이 돌에 맞은 후에 제자들이 둘러선 것을 보아도 전도의 열매를 맺음은 물론, 그들을 제자로 세우며 양육하는 시간도 상당히 보낸 것으로 보입니다.

핍박 없고 열매 많았던 더베

더베는 루스드라에서 남동쪽으로 100킬로미터 정도 떨어진 도시였는데, 돌에 맞은 바울로서는 이동 시간이 보통 때보다 두세 배는 더 걸렸을 것입니다. 다행히 평지여서 그나마 도움이 되었겠지만, 비바람을 동반한 폭풍이 불었거나 뜨거운 햇볕이 내리쬐었다면 평지라도 쉽지 않았을 것입니다. 어쩌면 루스드라의 형제들이 말이나 나귀를 구했거나 마차에 태웠을 것 같기도 합니다. 두 선교사의 짐을 지고 동행해 주었을지도 모릅니다.

바울 당시 더베는 동부의 길리기아에서 서쪽으로 가는 첫 관문으로서, 교역물의 관세를 받는 부유한 상업 도시였습니다. 하지만 더베의 위치에 대해서는 논란이 있어 왔습니다. 1888년부터 1956년 사이에 발굴된 규델리신(Güdelisin)이 더베라는 주장이 있었습니다. 그러나 1956년, 케르티 회육(Kerti Hüyük)에서 글라우디오 황제의 이름과 더베라는 명칭(Claudio derbe)이 한 단어로 새겨진 비문이 발견되었습니다. 곧이어 1958년에는 더베의 감독을 지낸 미카엘 발란스(Michael Ballance)에 대한 비문이 발견되었습니다. 그리하여 8세기 실크로드의 중심지였던 카라만(Karaman)에서 북동쪽으로 24킬로미터 떨어진 에키노즈(Ekinözü)라는 작은 마을 근처에 솟은 언덕(450×250미터)이 더베로 확인되었습니다. 얼마 전부터 언덕 꼭대기 부분을 발굴하기 시작했지만 비전과 상업성이 약해서인지, <바울로부터> 다큐멘터리 제작 팀과 함께 방문했을 때는 거의 방치된 상태로 있었습니다. 하지만 더베는 413년 에베소 공회, 451년 칼케돈 공회, 692년 콘스탄티노플 공회에 감독을 대표로 파송했을 만큼 초대 교회사에 중요한 역할을 한 도시였습니다. 4-9세기에 더베와 루스드라에서 교회가 수백 개로 늘어났음을 보면, 바울이 뿌렸던 복음의 씨앗이 나중에 얼마나

▲ 더베 표지판. 그 뒤로 더베 유적지 언덕이 보인다. ©DC

큰 열매를 맺었는지 짐작할 수 있습니다.

바울의 더베 사역을 언급하는 내용은 "이튿날 바나바와 함께 더베로 가서 복음을 그 성에서 전하여 많은 사람을 제자로 삼고"(행 14:20-21)라고만 간단히 기록되어 있습니다. 두 선교사가 많은 사람을 제자로 삼았다는 사실로 보아, 더베에 상당 기간 머물면서 훌륭한 사역을 감당했음이 분명합니다. 3차 선교 여행 때 예루살렘으로 헌금을 들고 가는 이방 교회의 일곱 대표 가운데 한 사람이었던 가이오가 바로 더베 출신이었습니다 (행 20:4). 더베는 갈라디아의 도시 중 핍박 때문에 부득이 다른 도시로 피신하지 않아도 되었던 유일한 곳입니다. 바울도 갈라디아에서 핍박받은 도시들을 나열하면서 더베를 언급하지 않는 것을 보면 누가의 기록이 정확함을 알 수 있습니다(딤후 3:11).

돌아가는 길에 교회들을 다시 살피다

더베에서 사역을 마친 바울과 바나바는 다음에 어디로 전도하러 갈지 상의하며 기도했습니다. 그 결과, 이번 선교 여행은 여기서 마무리하고 수리아 안디옥으로 돌아가기로 했습니다. 상식적으로 택할 수 있는 가장 가깝고 쉬운 경로는 더베에서 동쪽으로 조금 더 가서 길리기아 관문(Cilician Gates)을 통과하여 바울의 고향 다소를 거쳐 수리아 안디옥으로 돌아가는 것이었습니다. 하지만 사역했던 도시들을 다시 방문하는 경로를 택했습니다. 돌에 맞아 죽을 뻔했던 루스드라로, 심한 핍박과 반대에 부딪혀 피신하지 않을 수 없었던 이고니온과 비시디아 안디옥으로 돌아간다는 것은 쉽지 않은 선택이었을 것입니다. 이들이 다시 돌아간 것을 보면, 핍박을 피해 이 도시들로부터 도망쳤다기보다 전략적으로 후퇴한 것임을 알 수 있습니다.

누가는 바울의 고난을 대단하지 않게 언급하거나 아예 언급하지 않고 넘어가는 경우가 많습니다. 핍박자들이 던진 돌에 맞아 죽은 것처럼 보여 버려질 정도로 바울은 심한 고난을 당했는데도 누가는 이 사건을 그저 한 절로만 기록하는 데 그칩니다(행 14:19). 오히려 바울이 디모데에게 보낸 편지에서 심각했던 당시 상황을 더 알려 주었습니다. "나의 … 박해를 받음과 고난과 또한 [비시디아] 안디옥과 이고니온과 루스드라에서 당한 일과 어떠한 박해를 받은 것을 네가 과연 보고 알았거니와 주께서 이 모든 것 가운데서 나를 건지셨느니라"(딤후 3:10-11).

바울은 3차 선교 여행 후반까지 이미 세 번 태장으로 맞았습니다(고후 11:25). 태장은 이방 집정관의 명을 받은 관리가 때리는 형벌로서, 바울은 비시디아 안디옥, 루스드라, 빌립보에서 이 형을 받은 것으로 보입니다.

유대인들로부터는 사십에 하나 감한 매를 다섯 번이나 맞았습니다. 1차 선교 여행 때 회당을 방문한 지역에서 유독 핍박이 많았던 것으로 보아 갈라디아 지역에서 맞은 것으로 보입니다. 이처럼 복음 전파에는 대가가 따릅니다. 그럼에도 불구하고 복음은 전할 가치가 높다는 방증이기도 합니다. 바울은 그렇게 극심하게 핍박을 받았던 지역으로 다시 돌아가기로 했습니다. 자신들의 안전보다 갈라디아의 새 신자들을 더 우선으로 생각했기 때문입니다.

이 성도들은 이미 핍박을 받고 있었고, 앞으로도 그럴 것은 불을 보듯 뻔한 일이었습니다. 이들은 선교사들을 만나기 전까지만 하더라도 신앙 때문에 사회적 차별과 육체적 환난을 겪지 않았습니다. 평범하게 살던 사람들이었습니다. 그런데 선교사들을 만나 예수님을 믿는다는 이유로 어려움을 겪게 되었습니다. 바울과 바나바는 이들의 앞날을 생각하며 책임감마저 느꼈을 것입니다. 예수 안에 있는 영생의 선물보다 더 가치 있는 것은 없지만, 어린 성도들은 흔들릴 수도 있을 것입니다. 갓 생긴 교회 공동체들을 강건하게 해야 한다는 목회적 사명감을 느꼈을 것입니다. 그랬기에 어려움을 무릅쓰고 교회를 개척한 지역을 다시 방문하는 경로를 택했습니다.

다시 돌아온 선교사들을 성도들은 정성으로 반겼을 것입니다. 누가는 선교사들이 교회들을 다시 방문하면서 수행한 세 가지 사역을 요약했습니다. 첫째, 예수님을 믿은 새 신자들에게 믿음에 굳게 머물라고 다시 한 번 권면했습니다. "우리가 하나님의 나라에 들어가려면 많은 환난을 겪어야 할 것이라"면서 핍박을 감당할 수 있도록 단단히 마음의 준비를 시켰습니다(행 14:22). 둘째, 늘 핍박 때문에 충분히 가르치지 못하고 떠났기에 중요한 교훈들을 더 가르쳤습니다. 셋째, 각 교회마다 장로를 세웠습니다. 장로라 해도 모두 같은 초신자이지만, 그래도 믿음과 헌신이 뛰어난 사람들을 지도자로 세우는 것이 복음의 진리와 핍박받는 교회들을 지키는 길이라 생각했기 때문입니다. 재방문하는 기간에 복음을 전하다 핍박을 받았다는 기록이 없는 것으로 보아, 재방문 기간에는 새 신자를 얻기 위한 전도보다 기존 신자들을 가르치고 강건하게 하는 제자 훈련에 집중했던 것 같습니다. 아기를 낳으면 길러야 하는 것처럼, 전도와 양육은 결코 분리될 수 없는 하나입니다.

이렇게 더베, 루스드라, 이고니온, 비시디아 안디옥에 세워진 각 교회를 다시 방문하면서 선교사들은 계획한 일들을 모두 마쳤습니다. 아쉬움을 뒤로하고 각 교회를 떠나면서 세움 받은 장로들과 고난의 길을 가게 될 새 신자들을 능하신 주님께 기도로 의탁했습니다. 마지막으로 비시디아 안디옥을 출발하여 광활한 평원과 험한 타우로스산맥을 거꾸로 넘어 버가로 다시 돌아왔습니다.

하나님께서 함께 행하신 모든 일을 보고하다

구브로에서 처음 버가에 왔을 때는 복음을 전하지 않고 비시디아 안디옥으로 직행했지만, 이번에는 버가에서 복음을 전했습니다. 앞에서 말한 대로, 버가는 웅장한 성문들과 아고라, 도로 옆으로 세워진 대리석 기둥들이 가득 들어선 어마어마한 도시였습니다. 234미터나 되는 타원형 경주장과 1만 4천 명을 수용하던 연극장, 아데미 신전도 보았을 것입니다. 그러나 바울에게는 높은 기둥과 웅장한 건물보다는 예수님의 복음을 들어야 할 영혼들이 먼저 눈에 들어왔을 것입니다. 누가는 '말씀을 버가에서 전했다'는 사실 외에는 아무 상황도 전해 주지 않습니다. 버가에 얼마나 머물며 전도했는지는 모르지만, 버가가 크고 중요한 도시였기에 상당 기간 사역했을 것으로 보입니다. 또한 이 지역에 살던 기존 성도들과 좋은 교제를 나누며 동역하기도 했을 것입니다.

선교사들은 앗달리아로 내려가 배를 탔습니다. 배를 타기 위해 며칠 기다렸을 수도 있습니다. 실루기아에 도착한 후 육로로 수리아 안디옥에 있는 파송 교회로 돌아왔습니다. 양육에 신경을 많이 쓰는 바울이지만, 위쪽을 항해하면서도 구브로에는 들르지 않았습니다. 이렇게 바울과 바나바는 2년 정도에 걸친 1차 선교 여행을 마치게 됩니다. 몸은 많이 지쳤겠지만, 심령은 기쁨과 감사로 충만했을 것입니다. 하나님이 함께해 주셨고 하나님이 기뻐하시는 일을 했음을 피부로 느꼈기 때문입니다.

오늘날 추산해 보면 2,370킬로미터 정도 되는 거리 중 1천 킬로미터 정도는 배를 타고 오간 셈입니다. 바울이 선교하는 중 배를 타고 다니다가 로마로 호송되는 중에 당한 것까지 네 번이나 파선을 당했는데(고후 11:25), 어쩌면 1차 선교 여행 중에 그런 사고를 만났을 가능성도 있습니다. 또 당시 구불거리고 좁은 도로 상태와 열악한 교통수단, 또 안전에 대한 위험 부담을 감안한다면 육로로 다니는 것도 쉽지 않았습니다. 오직 예수님이 하나님의 아들이요, 약속하신 그리스도이시고, 하나님이 그 예수님의 십자가 죽음과 부활로 완성하신 이 복음을 온 세상 사람들에게 전해야 한다는 사명감과 주님이 동행하여 보호해 주시리라는 믿음으로 모든 역경을 이겨 냈을 것입니다.

요즘은 구글어스를 통해 보고 싶은 지점이나 지역을 자세히 볼 수 있는데, 하나님은 2천 년 전 이미 구글어스보다 더 정확한 당신의 눈과 소프

트웨어로 바울의 여정과 부르튼 발을 내려다보며 그 발길을 앞서 인도해 가셨습니다. 복음을 전하러 다니는 아름다운 발을 보셨고, 전심으로 주를 갈망하며 복음을 전하는 심령을 여호와의 눈으로 감찰하고 그들에게 능력을 베푸셨습니다(사 52:7; 대하 16:9).

자신들을 파송했던 안디옥교회로 무사히 돌아온 바울과 바나바는 주님 앞에서 감사와 감격이 넘쳤을 것입니다. 성도들은 얼마나 그들을 반겼겠습니까? 요즘같이 편지나 전화, SNS를 주고받을 여건이 아니었으니 돌아올 때까지는 소식을 한 번도 듣지 못했을 수도 있습니다. 그저 선교사들을 지켜 달라고, 전도의 문을 열어 달라고 기도만 하고 있었을 것입니다.

안디옥교회로 돌아온 바울과 바나바는 성도들을 모아 선교 보고를 했습니다. 그 보고는 두 가지로 요약되는데, 오늘날 선교 보고의 모델이 됩니다. 첫째, '하나님이 함께 행하신 모든 일'을 간증했습니다. 선교 보고는 주님께서 하신 일을 나누는 것이어야 합니다. 사역의 주체가 하나님이십니다. 선교사는 하나님께서 하시는 일을 수종 드는 도구로서, 보조자입니다. 선교는 하나님께서 선교사와 함께하여 이루시는 일이기에 하나님의 일로 보고되어야 하고, 하나님께만 영광을 돌려야 합니다.

둘째, '이방인들에게 믿음의 문을 여신 것'을 보고해야 합니다. 바울은 가는 곳마다 회당부터 찾아가 복음을 전했고 그중 유대인들도 믿었지만, 선교사들이 보고하는 핵심 내용은 이방인들의 개종이었습니다. 전도 이야기가 선교 보고의 핵심이라는 것입니다. 선교사가 고생한 이야기, 구제 사역, 여러 활동 내용을 보고하는 것도 필요할 수 있습니다. 하지만 누가가 사도행전에서 바울의 고생을 상술하지 않고, 바울 자신도 고린도후서 11장에서 자신이 고생한 내용을 스물네 가지 항목으로 나열하기는 하지만 자세히 기록하지 않는다는 점을 주목할 필요가 있습니다.

선교사는 복음을 전하라고 보냄을 받은 사람입니다. 그러니 전도한 이야기가 선교 보고의 초점이어야 합니다. 하나님께서 성도들의 기도를 듣고 어떻게 전도의 문을 열어 주셨는지, 선교사는 어떻게 복음을 전했는지, 어려움 중에도 성령이 함께하심으로 어떻게 불신자들이 예수님의 제자가 되었는지를 생생히 간증해야 합니다.

바울과 바나바의 간증을 들은 안디옥교회는 모두 하나님께 영광을 돌리며 감사했습니다. 이방인이 주축이 된 안디옥교회가 다른 먼 지역에까지 나가 이방 선교에 쓰임 받은 것을 듣고 감사했을 것입니다. 바울과 바나바는 안디옥에 오래 머무르며 함께 하나님의 말씀을 가르치고 복음을 전했습니다(행 14:28, 15:35). 성도들과 개인적으로 교제하고 간증하며, 자신들이 개척한 갈라디아 지방의 교회들이 신앙이 자라 가고, 핍박을 이기고, 믿음을 지킬 수 있도록 기도했을 것입니다.

10 — 복음의 진리를 수호하라

"그들에게 우리가 한시도 복종하지 아니하였으니 이는 복음의 진리가 항상 너희 가운데 있게 하려 함이라"(갈 2:5).

바울과 바나바가 1차 선교 여행을 마치고 안디옥으로 돌아오기 얼마 전부터 어떤 사람들이 예루살렘에서 내려와 안디옥 성도들에게 모세의 법대로 할례를 받지 않으면 능히 구원을 받지 못하리라고 주장하며 가르치고 있었습니다. 이렇게 주장하는 사람들을 유대주의자(Judaizers)라고 부릅니다. 이방 성도들도 유대인처럼 율법을 지켜야 한다고 강요했음을 감안하면 '유대화(化)주의자'로 불러도 되겠습니다. 이들은 예수님을 믿는 예루살렘교회의 일부 유대인 성도였습니다. 지금까지 이런 문제가 신학적으로 대두된 적이 없었기에 이 가르침이 미친 파장은 심각했습니다. 베드로가 로마 백부장 고넬료를 전도하여 세례를 주었을 때에도, 안디옥에 이방인들이 중심이 된 교회가 세워져 15년 이상 지날 때까지도 이방 성도들이 할례를 받아야 된다는 주장은 제기된 적이 없었습니다. 바울과 바나바도 갈라디아 지역에서 선교하면서 믿는 자들에게 세례를 주었고, 교회를 개척할 때에도 할례를 행하지 않았습니다.

예루살렘에서 온 몇 사람이 언제부터 이렇게 가르치기 시작했는지는 알 수 없습니다. 하지만 '가르쳤다'는 동사가 헬라어 문법상 미완료 시제로 쓰인 것으로 보아 바울과 바나바가 1차 선교 여행을 마치고 돌아오기 전부터 얼마 동안 가르치고 있었던 것으로 보입니다. 바울과 바나바가 있었다면 애당초 그런 것을 가르치도록 결코 허락하지 않았을 것입니다.

예루살렘 공회가 모이다

바울과 바나바는 이들의 주장을 즉시 반대했습니다. 안디옥교회가 세워져 15여 년이 지나는 동안 구원은 십자가에서 이루신 예수님의 대속(代贖)을 믿음으로 얻는다고 가르쳐 왔습니다. 그동안 그 구원의 은혜가 충만히 넘쳤는데, 이제 와서 느닷없이 그런 주장을 하는 사람들이 나타났으니 상당히 황당했을 것입니다. 이 주장은 이방 형제들이 얻은 구원을 평가 절하하는 차원을 넘어, 오직 예수의 십자가와 부활을 믿음으로 얻게 되는 구원의 진리를 무색하게 한다는 것을 바울과 바나바는 간파했습니다. 이를 주장하는 사람들과 신학적 논쟁을 벌이다 큰 다툼으로 번졌습니다. 논란이 쉽게 가라앉지 않자, 안디옥교회는 바울과 바나바 및 몇 사람을 예루살렘에 있는 사도와 장로들에게 보내 이 문제에 대한 판단을 받자고 결의했습니다. 사도들을 교회의 지도부로 생각했기 때문입니다.

예루살렘에 도착한 바울 일행은 사도와 장로들의 영접을 받았고, 1차 선교 여행 중 하나님이 함께 행하사 이방인들이 예수님을 믿게 된 역사를 상세하게 간증했습니다. 듣고 있던 "바리새파 중에 어떤 믿는 사람들이 일어나 … 이방인에게 할례를 행하고 모세의 율법을 지키라 명하는 것이

▲ 종교와 신학의 각축장이 되어온 예루살렘 ©DC

마땅하다"는 주장을 계속했습니다. 이것을 보면 예루살렘교회의 지도급 인사들과 안디옥에 가서 이방인들이 할례를 받아야 된다고 주장한 사람들은 서로 공통된 신학을 가졌음을 알 수 있습니다. 그들은 주장을 굽히지 않고 오히려 더 강하게 밀어붙였습니다. 안디옥에 와서는 할례를 행할 것만 주장했는데, 이제는 모세의 율법 전체를 이방인 성도들도 지켜야 한다고 주장한 것입니다(행 15:1, 5).

이들이 제기하는 신학적 문제를 직접 듣고 확인한 사도와 장로들은 이 일을 의논하는 공식 절차에 들어갔습니다. 이것은 교회 역사상 다수 교회의 대표들이 모여 주요 의제를 공식적으로 다룬 첫 회의였습니다. 이 역사적 모임을 예루살렘 공회라고 부르는데, 주후 48년경에 열린 것으로 추정합니다.

서로 다른 두 개의 신학적 노선이 대립했습니다. '바리새파 중에 어떤 믿는 사람들'과 바울과 바나바 사이의 논쟁이었습니다. 바리새파 중에 믿는 사람들은 예수님을 믿었던 허다한 제사장의 무리에 속했던 사람들 같습니다(행 6:7). 그들은 예수님을 믿지만, 율법도 잘 지켜야 한다고 확신했습니다. 유대인 성도들은 이미 할례를 받았고, 희생 제사를 제외하고는 성전에도 늘 다녔습니다. 하지만 문제는 이방인 성도들도 그렇게 해야 한다고 생각하기 시작했고, 따라서 오랫동안 이방 성도들에게 할례를 행하지 않던 안디옥교회에 와서 이를 주장하기 시작한 것입니다. 이들은 예루살렘 공회에서도 자신들의 신학적 견해를 굽히지 않았습니다. 사도행전의 기자는 양측의 논지를 상세히 기술하지 않고 다만 '많은 변론이 있었다'고만 요약합니다. 하지만 치열한 신학적 논쟁이 있었음이 분명합니다.

어떤 논쟁이 오갔을지 상상해 볼 수는 있습니다. 할례를 주장하는 쪽에서는 두 가지 논지를 개진했을 것 같습니다. 첫째, "유대교로 개종하는 이방인들이 할례와 세례를 받으니, 예수님을 믿는 이방인들도 마찬가지로 두 가지 예식을 거치는 것이 좋겠다." 둘째, "아브라함이 할례를 받을 때 아브라함의 권속뿐 아니라 이방 하인들까지 다 할례를 받았는데(창 17:12-13), 이제 이방 성도들도 예수님을 통해 아브라함의 가족이 되었으니 아브라함 식솔들같이 할례를 받아야 한다."

이에 바울과 바나바는 이런 논지로 반박했을 것 같습니다. "첫 이방인 개종자 고넬료부터 시작하여 안디옥에서도 지금까지 15여 년 동안 수많은 이방 성도가 할례를 받거나 율법을 지키지 않고도 예수님을 잘 믿고, 그 믿음이 성령 충만함으로 풍성히 나타나고 있다. 그런데 이미 믿음으로 구원받은 이방 성도들이 유대인에게도 구원을 주지 못하는 율법을 지켜야 할 이유가 어디 있겠는가? 그렇다면 하나님의 은혜와 성도들의 믿음으로 주어지는 구원이 무색해지지 않겠는가?"

예루살렘의 사도와 장로들은 양측의 변론을 다 들었습니다. 그 후 베드

▲ 엘 그레코, <베드로와 바울>(1592). 예루살렘 공회에서
베드로는 바울의 입장을 전적으로 지지했다.

로가 발언을 시작했습니다. 구원받은 고넬료를 지켜본 자신의 경험을 떠
올리며, "하나님이 우리에게와 같이 그들[이방인들]에게도 성령을 주어 증
언하시고 믿음으로 그들의 마음을 깨끗이 하사 그들이나 우리나 차별하
지 아니하셨느니라 그런데 지금 너희가 어찌하여 하나님을 시험하여 우
리 조상과 우리도 능히 메지 못하던 [율법의] 멍에를 [이방] 제자들의 목에 두
려느냐"라고 말하고는 이렇게 마무리했습니다. "우리는 그들이 우리와
동일하게 주 예수의 은혜로 구원받는 줄을 믿노라"(행 15:7-11).

　베드로는 유대주의자들의 주장에 동의하지 않고 바울과 바나바에게
힘을 실어 주었습니다. 그 후 바울과 바나바는 "하나님께서 자기들로 말
미암아 이방인 중에서 행하신 표적과 기사에 관하여" 간증하며 보고했습
니다(행 15:12).

이 모든 것을 주의 깊게 들은 야고보가 마무리 발언을 했습니다. 야고보는 당시 예루살렘교회의 최고 지도자였습니다. 그는 "하나님이 베드로를 통해 이방인도 구원하여 당신의 백성으로 삼는 것을 기뻐함을 보여 주셨다. 이것은 하나님께서 선지자 아모스를 통하여 예언하신 것이 성취된 것이다(암 9:11-12). 그러므로 이방인 중에서 하나님께로 돌아오는 자들을 [율법의 멍에로] 괴롭게 하지 말자"고 결론 내렸습니다(행 15:13-21). 그러면서 유대인과 이방인 성도들의 원만한 교제를 위해 이방 성도들이 지켜야 할 네 가지 조항, 즉 우상의 더러운 것과 음행과 목매어 죽인 것과 피를 멀리하라는 조항을 결정문에 명기했습니다. 이 네 가지 사항 외에는 아무 짐도 이방 성도들에게 지우지 않기로 결정했습니다. 할례와 율법 준수의 짐을 지우지 않겠다는 결정이 함축되어 있었습니다. 공회의 결정문에서 야고보는, 안디옥에 가서 할례를 받아야 한다고 주장했던 사람들은 "우리의 지시도 없이 나가서 말로 너희를 괴롭게 하고 마음을 혼란하게" 했다면서 바울과 바나바의 신학적 입장을 지지한다는 견해를 분명하게 밝혔습니다. 공회의 결정은 편지 형식으로 문서화하여 예루살렘교회의 대표로 지명된 유다와 실라의 손에 들려 안디옥으로 보냈습니다. 바울과 바나바도 같이 돌아왔습니다(행 15:23-29).

예루살렘교회 대표들이 보낸 두 사람은 안디옥교회를 모아 공회의 결정이 담긴 편지를 읽고 설명까지 덧붙여 주었습니다. 문제가 확실히 정리되었음을 들은 안디옥 성도들은 기뻐했습니다. 예루살렘 공회를 소집시켰던 쟁점이 진정된 후 두 사람은 예루살렘으로 돌아갔고, 바울과 바나바는 안디옥에 오래 머물면서 허다한 사람에게 하나님의 말씀을 가르치며 시간을 보냈습니다. 이렇듯 바울은 초대 교회에서 제기된 최초의 신학적 문제를 해결하는 데 결정적 역할을 했습니다.

하지만 앞으로 계속 살펴보겠지만, 이 문제는 완전히 해결되지 않았습니다. 유대주의자들에 대한 경고와 이방 성도들은 율법을 지킬 필요가 없음을 명문화하지 않았기 때문입니다. 어쩌면 할례와 율법을 지키고 있던 예루살렘교회로서는 더 강하게 대처하지 못할 상황이었는지도 모르겠습니다. 그래서인지 '괴롭게 하지 말자'는 권고 수준에 그쳤습니다.

유대주의자들은 이번 공회의 결정에도 불구하고 자신들의 주장을 굽히지 않았고, 끝까지 바울의 마음을 아프게 했습니다. 바울은 교회 밖의 불신자들로부터는 육신의 핍박을 받았고, 교회 안의 거짓 선생들로부터는 영적 고통과 정신적 압박을 당했습니다. 육신의 핍박과 고생은 그 어떤 것도 견디고 이겨 냈습니다(고전 4:11-13; 고후 6:4-5, 11:23-27). 더 감당하기 어려운 고통은 교회를 어지럽히는 거짓 선생들의 공격이었습니다. 이들과 직접 논쟁할 기회는 두번 다시 없었지만, 그들이 훼방한 교회를 지키려고 쓴 편지들 속에 주옥 같은 바울의 정신과 삶, 신학이 담겨 있습니다. 그래서 오늘 우리가 알고 흠모하는 바울의 모습을 볼 수 있게 되었습니다.

▲ 고대 고린도의 아폴로 신전 ©CGN

3부

제2차
선교 여행

안디옥에서 여러 날 시간을 보내던 바울은 갈라디아 지역에 세운 예수 공동체의 성도들이 어떻게 지내는지 궁금하고 보고 싶었습니다. 그는 전도하는 것 못지않게 신앙을 유지하고 그리스도의 성품을 닮으며 성장하여 아름다운 예수 공동체를 세우는 것이 중요함을 확신했습니다. 핍박을 잘 견디고 있는지 긱징도 되었습니다. 자기가 전한 복음으로 인해 핍박받게 된 형제들에 대해 책임감마저 느꼈을 것입니다.

바울은 바나바에게 이들을 다시 방문하러 가자고 제안했습니다. 바나바도 흔쾌히 동의해 주었습니다. 그러나 마가의 동행 문제로 심히 다투어 결국 바나바는 구브로로, 바울은 갈라디아로 향했습니다.

고생하고 핍박받았던 곳으로 다시 가는 바울의 발걸음에 주님은 무척 흐뭇하셨을 것입니다. 출발한 후부터는 걸음을 막기도 하고 열어 주기도 하며 인도해 주셨습니다. 지경을 넓혀 유럽에 복음을 전하라고 마게도냐인의 환상도 보여 주셨습니다.

그래도 고생과 핍박은 끊이지 않았습니다. 고난이 더 심해질수록 예수님의 복음은 꼭 전할 가치가 있음을 확신하며 높은 산을 넘고 땡볕의 평원을 걸었습니다. 이런 순종과 수고로 흑암에 살던 빌립보, 데살로니가, 아덴, 고린도 같은 대도시 사람들이 복음의 빛을 보게 되었습니다.

▲ 바울의 제2차 선교 여행

11 ─ 그리운 새 신자 방문

"디모데를 보내노니 이는 너희를 굳건하게 하고 너희 믿음에 대하여 위로함으로 아무도 이 여러 환난 중에 흔들리지 않게 하려 함이라"(살전 3:2-3).

공회를 마치고 돌아온 후 바울과 바나바가 얼마나 오랫동안 안디옥에 머물렀는지는 명확히 알 수 없습니다. 누가는 '며칠 후' 바울이 바나바에게 2차 선교 여행을 제안했다고 기록합니다. 이 '며칠 후'는 유다와 실라가 예루살렘으로 돌아간 지 며칠 후라기보다는, 유다와 실라가 돌아간 후 "바울과 바나바는 안디옥에서 유하며[dietribon] 수다한 다른 사람들과 함께 주의 말씀을 가르치"고 그 얼마 후에(행 15:35)라는 뜻입니다. '유하였다'는 말은 거주했다는 뜻으로 단기간이 아니며, 1차 선교 여행에서 돌아온 후 제자들과 함께 '오래 있었다'(dietribon)는 말과도 일치합니다(행 14:28). 안디옥교회에서 유대주의자들의 주장으로 빚어진 혼선이 완전히 가라앉았다고 판단하지 않았다면 2차 선교 여행을 계획하지 않았을 것입니다. 적어도 6-9개월은 안디옥에 머물렀던 것 같습니다. 이 기간에 율법 문제를 포함하여 여러 가지를 충분히 가르쳤다고 생각하고 어느 날 바나바에게 제안했습니다.

바울의 목회적 사랑

우리가 "주의 말씀을 전한 각 성으로 다시 가서 형제들이 어떠한가 방문하자"(행 15:36). 바나바도 기꺼이 동의하면서 마가도 데리고 가자고 요청했습니다. 그러나 바울은 밤빌리아에서 "자기들을 떠나 함께 일하러 가지 아니한 자를 데리고 가는 것이 옳지 않다"고 반대했습니다(행 15:38). 바나바는 한 번 더 기회를 주자며 물러서지 않았습니다.

마가가 버가에서 왜 선교 팀을 이탈했는지 몇 가지 가능성을 앞에서 이야기했습니다. 어려운 여정에 젊고 건장한 마가가 힘을 보태기는커녕 오히려 "자기들을 떠나 함께 일하러 가지 아니"하였기에 바울은 마가를 헌신이 부족한 사람으로 여긴 것 같습니다. 이때까지도 마가를 못마땅하게 여긴 점을 보아, 마가의 회군이 바울로서는 도저히 납득할 수 없었음이 분명합니다. 당시 바나바도 마가의 이탈을 막지 못한 것을 보면 마가의 성품과 헌신에 문제가 있었던 것으로 보입니다.

훗날 바울이 마가를 받아들인 것을 보고(골 4:10; 딤후 4:11), 바울이 밤빌리아에서 마가와 헤어지고 2차 선교 여행 때 동행하지 않은 이유로 바울이 포용성이 부족하고, 사람보다 일 중심으로 사역했다가 결국 나중에 후회했다고 해석하는 학자들이 있습니다. 하지만 누가는 그렇게 암시하지 않습니다. 마가가 밤빌리아에서 선교사들을 '버리고 떠났다'(apostanta)고 두 번이나 기록함으로써 문제가 마가에게 있었음을 암시합니다(행 13:13, 15:38).

결국 바울과 바나바는 합의하지 못했습니다. 어떻게 보면 사소한 일 같은데, 이에 대한 의견 차이로 성숙한 두 동역자가 심히 다투다 갈라서고 말았습니다. 결국 바나바는 마가를 데리고 구브로로 갔고, 바울은 실라를 데리고 2차 선교 여행의 장정에 올랐습니다. 이후 누가는 사도행전을 마칠 때까지 바나바의 사역은 더 이상 언급하지 않고 바울의 선교 여정만 기술합니다. 따라서 바나바의 사역에 대해서는 알려진 바가 거의 없습니다. 그럼에도 불구하고 바나바는 자기의 사역이 알려지는 여부를 떠나 최선을 다해 복음을 전했을 것입니다. 바울을 의식하지도, 자신과 비교하지도 않고, 맡겨진 사명을 묵묵히 수행했을 것입니다. 만일 바나바가 바울을 사도들에게 잘 소개하지 않았거나 안디옥교회로 초청하지 않았다면, 또 함께 1차 선교 여행에서 동행하며 동역하지 않았다면 바울의 사역은 달라졌을지도 모릅니다. 그런 면에서 주님은 동일하게 바나바를 칭찬해 주셨을 것입니다. 인간적으로 성숙하지 못했던 부분이 있었는지 모르지만, 하나님은 바울과 바나바를 각각 다른 계획으로 인도해 주셨습니다. 이후 바울이 베드로를 꾸짖은 '안디옥 사건'(갈 2:11-14) 때 바나바와 바울이 안디옥교회에 같이 있었던 것을 보면, 마가의 일로 다시 보지 않을 정도로 갈라서지는 않았음을 알 수 있습니다. 오히려 바울은 아내 없이 전도 사역에 매진하는 바나바를 귀하게 인정해 주었습니다(고전 9:4-6).

나중에 바울이 골로새교회에 쓴 편지에 의하면, 마가가 자기와 함께 있는데 그가 골로새에 가거든 잘 영접하라고 부탁합니다(골 4:10). 죽음이 가까워진 때에는 디모데에게 편지를 쓰면서 "마가를 데리고 오라 그가 나의 일에 유익하니라"(딤후 4:11)라고 부탁하기도 했습니다. 이것을 보면 나중에 바울이 자신의 태도가 과했다고 후회하여 화해의 손길을 내밀었거나, 마가가 가이사랴 감옥에 있던 바울을 찾아가 1차 선교 여행 때의 회군을 진정으로 사과한 것으로 보입니다. 아무튼 두 사람의 관계가 회복되어 다시 동역하게 된 것은 감사한 일입니다. 어긋난 관계가 회복되고 서로에게 필요한 사람이 되어 주님의 사역에 협력하는 것은 아름다운 일입니다. 우리도 본받고 실천하면 좋겠습니다.

갈라디아 교회들을 찾아가다

1차 선교 여행은 성령의 강권적 개입으로 시작되었는데, 2차 선교 여행은 1차 선교 때 개척한 교회의 성도들을 살피고 돕고자 하는 바울의 목회적 관심에서 시작되었습니다. 물론 바울은 기도하며 주님의 뜻을 구했을 것이고, 그런 목회적 마음을 주신 것도 성령이셨습니다.

바나바와 동행하지 못하게 되자 바울은 예루살렘으로 돌아간 실라를 생각했습니다. 실라는 예루살렘교회의 선지자였고, 공회 결정문을 전달하는 사람으로 선발되었을 만큼 사도들의 신망을 두루 받던 지도자였습니다. 게다가 나중에 베드로전·후서를 대필할 만큼 헬라어에 능통했고, 실루아노라는 라틴어 이름을 가진 로마 시민권자이기도 했습니다(행 15:32, 16:37; 벧전 5:12). 바울은 사도들에게 실라를 동역자로 보내 주기를 부탁했을 것입니다. 실라를 바울과 같이 가도록 허락해 주었다는 것은 사도들이 바울의 이방 사역을 지원했다는 뜻입니다.

실라는 2차 선교 여행 중에만 바울과 동행했습니다. 2차 선교 여행 중에 데살로니가교회에 보낸 편지에 실라가 송신자에 포함된 내용을 보아도 누가의 기록이 정확했음을 알 수 있습니다(살전 1:1; 살후 1:1).

다시 한 번 안디옥교회의 파송을 받은 바울은 실라와 함께 육로를 통해 갈라디아 교회들을 방문하기 위해 북쪽으로 출발했습니다. 주후 48-49년경으로 추정됩니다. 가는 길에 북쪽과 서쪽의 수리아와 길리기아의 교회들도 자연스럽게 방문했습니다(행 15:41). 이 지역은 바울이 바나바의 초청을 받아 안디옥으로 가기 전까지 거의 10년 동안 복음을 전하며 교회들을 개척했던 곳입니다. 이곳의 성도들도 어떻게 지내는지 무척 궁금했을 것입니다.

당시 수리아 안디옥에서 길리기아의 다소까지는 400킬로미터 정도 되는 먼 길이었습니다. 먼저 아마누스(Amanus)산맥을 넘어가는 수리아 관문을 지나 길리기아에 도착했습니다. 그 첫 도시가 알렉산드로스가 주전 333년에 페르시아의 다리우스(Darius Ⅲ) 3세와의 이소스 전투에서 승리하여 세운 알렉산드리아입니다. 안디옥이라는 이름을 가진 도시가 많았듯이, 알렉산드리아라는 이름을 가진 도시도 많았습니다. 드로아도 알렉산드리아 드로아로 불렸습니다. 물론 가장 유명한 곳은 이집트의 알렉산드리아였습니다. 수리아 관문에서 다소로 가려면 지중해를 끼고 가기 때문에 전체적으로 평지였으며 비옥한 평원이었습니다. 역사를 바꾼 열강들의 전투가 있었던 현장을 칼이 아닌 복음을 들고 걸으며 바울은 깊은 생각에 잠겼을 것입니다. 그 평원 서쪽에 자리 잡은 아다나(Adana)라는 큰

▲ 바울이 걸었을 이소스평야 ⓒDC

도시도 지났습니다.

그리고 고향 다소에 도착했습니다. 이곳을 중심으로 10여 년 동안 수리아와 길리기아 지방에서 전도했던 성도들을 만났습니다. 어려움 중에도 신앙을 지켜 온 성도들을 보며 반갑다 못해 눈물겹게 감사했을 것입니다. 성도들의 전도를 받은 새 신자들을 보고 더욱 감사했을 것입니다. 가는 곳마다 성도들을 모아 하나님께서 자신의 삶과 사역을 인도하며 이루신 역사를 간증했습니다. 특히 1차 선교 여행 중에 길리기아의 서쪽으로 인접한 갈라디아 지방 여러 도시에도 예수 제자들의 공동체가 세워졌다고 알렸습니다. 그러면서 예루살렘 공회 결정문의 수신인에 포함된 수리아와 길리기아의 이방 교회들에게 공회의 결정 사항을 전달하고 설명해 주었습니다. 어떤 핍박이 오더라도 믿음에 굳게 서라고 격려하고, 그럴 수 있도록 가르침과 기도로 신앙의 준비를 시켰습니다. 재방문의 주요 목표 지역은 갈라디아였기에, 바울과 실라는 다소에 오래 머무르지 않고 아쉬움을 뒤로한 채 발길을 재촉했습니다.

해발 3,400미터가 넘는 타우로스산맥을 통과하는 길리기아 관문을 지나 240킬로미터 떨어진 더베로 향했습니다. 길리기아 관문은 사람이 세운 어떤 조형물이 아니라, 동쪽의 길리기아 평원과 서쪽의 아나톨리아 평원 사이에 자리한 높은 타우로스산맥을 통과할 수 있

▲ 남쪽에서 바라본 길리기아 관문(Ramsay, W. M. "Cilicia, Tarsus, and the Great Taurus Pass.", 1903, p. 379.)

도록 해발 1,050미터 지점의 암벽을 깎아 내어 뚫은 길을 말합니다. 지금은 6차선 고속도로가 지나가지만, 바울 시대에는 마차 두 대가 겨우 지나갈 정도였습니다.

더베로 향하는 길에 펼쳐지는 비옥한 평야에는 넉넉한 일조량 덕분에 각종 채소와 과일, 곡식이 자라고, 끝없이 펼쳐진 척박한 땅에서는 올리브나무가 열매를 맺고 있었을 것입니다. 그 길의 절반 정도는 양쪽으로 높은 타우로스산맥이 눌러져신 세곡의 길을 따라 걸었고, 그 후에는 끝없이 펼쳐진 평야를 지나야 했으니 얼마나 힘들었겠습니까? 그러나 형제들을 다시 만난다는 기대에 가슴은 부풀고 발걸음은 가벼웠을 것입니다.

죽도록 돌 맞던 곳에서 '참 아들'을 얻다

바울 일행은 얼마 후 루스드라에 도착했습니다. 세 번째 방문입니다. 죽도록 돌에 맞았던 곳이요, 지난번 떠나오면서 그곳 제자들에게 많은 환난을 겪어야 할 테니 잘 견디라고 간곡히 당부하던 곳입니다. 감사하게도 더베와 루스드라의 성도들은 믿음을 잘 지키고 있었습니다. 그중에는 디모데라는 청년이 있었습니다.

디모데는 바울이 "[비시디아] 안디옥과 이고니온과 루스드라에서 당한 일과 어떠한 박해를 받은 것을 … 보고 알았"습니다(딤후 3:11). 복음을 전하다가 죽을 정도로 돌에 맞는 바울을 보면서 디모데는 무슨 생각을 했을까요? 죽은 것같이 쓰러진 바울을 둘러싸고 그를 살려 달라고 얼마나 간절히 기도했을까요? 감사하게도 살아 일어나는 바울을 보고 디모데는 어떤 하나님을 생각했을까요? 일어선 바울이 핏자국을 닦고 먼지를 털면서 바로 다음 날 복음을 전하겠다며 더베로 출발하는 모습을 보고 어떤 생각을 했을까요?

　이런 바울의 모습을 지켜보며 디모데도 각오를 다졌을 것입니다. "하나님이 불러 주시면 나도 이 길을 가리라. 사도님이 목숨을 걸고 전하는 복음을 나도 전하리라. 돌에 맞아 죽는 한이 있더라도 다시 일으키시는 하나님을 의지하고 복음을 전하리라." 그래서 디모데는 사도가 언제 돌아올지 기약이 없지만 열심히 복음을 전하며 주님을 위해 살았을 것입니다. 감사하게도 2년이 못 되어 바울이 루스드라로 돌아왔습니다. 루스드라와 이고니온에 있는 형제들은 디모데에 대한 칭찬을 아끼지 않았습니다.

　디모데의 어머니 유니게와 외할머니 로이스는 독실한 유대인이었고 (딤후 1:5) 아버지는 헬라인이었는데, 모계(母系)를 따르는 유대 관습으로 볼 때 디모데는 사실상 유대인이었습니다. 바울은 디모데를 선교 팀에 합류시키고 싶었습니다. 그래서 그가 할례를 받지 않았음을 알고 할례를 행했습니다. '그 지역에 있는 유대인으로 말미암아' 할례를 행했다고 누가는 이유를 설명합니다. 그 지역 유대인들은 디모데가 할례를 받지 않았으므로 온전한 유대인으로 여기지 않았습니다. 바울은 앞으로 디모데가 선교적 목적으로 유대인 회당에도 들어가야 하므로 할례를 베풀었습니다. 선교 팀에 합류하는 것이 주님의 부름인 줄 믿고 디모데는 할례를 받았습니다.

　갈라디아서에서 할례를 적극 반대하는 바울이 디모데에게 할례를 주었을 리가 없다는 주장도 있습니다. 그러나 갈라디아서에서 반대하는 할례의 대상은 이방인 성도입니다. 디모데는 사실상 유대인이었습니다. 이미 할례를 받았어야 할 유대인이 할례를 받지 않고 있었으니 선교적 목적으로 시행한 것입니다. 또 바울은 갈라디아서에서조차 할례나 무할례가 아무것도 아니라고 했습니다(갈 5:6, 6:15; 고전 7:19). 성경의 기록에서 문자적

일관성만 기대할 것이 아니라, 바울이 할례를 반대하는 각 상황의 문맥과 이유를 먼저 이해하는 것이 필요합니다.

죽도록 돌 맞은 곳에서 장래가 촉망되는 일꾼이 세워졌습니다. 디모데의 어머니와 외할머니도 디모데가 가는 길이 어려운 길임을 알았지만, 믿음으로 주님의 손에 의탁하며 바울을 따라 떠나는 디모데를 축복했을 것입니다. 장로들도 기도하고 예언하여 보내 주었는데, 오랜 후에 바울은 디모데에게 그 예언을 기억하라고 권면하며 힘을 주었습니다(딤전 4:14). 바울을 따라나선 후부터 디모데는 평생 사도를 보필하며 복음을 위해 살았습니다. 함께 전도하는 것은 물론 바울의 편지를 전달하기도 했고, 바울을 대신하여 교회들을 방문하기도 했습니다. 나이가 어리고 내성적인 데다 건강도 약했지만, 바울로부터 가장 신뢰받는 동역자요, '참 아들'이 되었습니다. 바울이 순교할 때까지 충성스럽게 그의 곁을 지켰습니다 (고전 4:17; 빌 2:19-22; 딤전 1:2, 18, 4:12; 딤후 1:2, 2:1, 4:9).

마게도냐로 확장되는 선교 비전

1차 선교 여행 때 개척했던 교회들을 둘러보고 강건하게 하려는 것이 바울의 2차 선교 여행의 주요 목적이었습니다. 하지만 여기까지 왔으니 다른 곳에서도 전도하려는 마음을 품고 어디로 가야 할지 주님의 인도를 바라며 기도했습니다. 나름대로 다음 선교지를 구상해 보면서 서쪽의 아시아 지방으로 가는 것이 좋겠다 생각했습니다. 아시아에는 수도였던 에베소를 비롯하여 라오디게아, 골로새, 사데, 서머나 같은 크고 중요한 도시들이 있어서, 그곳을 속히 선교해야 할 전략적 지역으로 판단한 것 같습니다. 하지만 성령께서 "말씀을 전하지 못하게 하시"는 것을 느꼈습니다(행 16:6). 마치 계엄령이 선포된 지역에 군인들이 길을 막고 있는 느낌을 받았습니다.

먼 서쪽 아시아로 가는 문이 열리지 않으니, 이번에는 좀 더 가까운 브루기아와 북쪽 갈라디아 지역으로 갔습니다. 여기서 갈라디아 땅은, 1차 선교 여행 때 복음을 전했던 남(南)갈라디아가 아니라 브루기아 옆에 붙은 북(北)갈라디아를 가리킵니다. 브루기아와 북갈라디아 지역을 다니는 동안 바울 일행은 도리라이온(Dorylaion)까지 올라갔을 것으로 보입니다. 무시아 앞에 이르렀는데 거기서도 문이 열리지 않으니, 더 북쪽 비두니아로 가고자 계획했습니다. 맨 북쪽에 위치한 비두니아에는 니케아(Nicea), 니코메디아(Nicomedia), 칼케돈(Chalcedon), 비잔티움(Byzantium) 같은 큰 도시들이 있었습니다. 하지만 그리로 가는 것도 예수의 영이 허락하지 않는 것을 느꼈습니다. 할 수 없이 무시아에서 드로아 쪽으로 내려갔습니다(행 16:6-8). 사도행전의 자료로는 선교 팀의 경로를 정확히 재구성하기가 쉽지 않습니다. 하지만 이 먼 길을 다 걸어 다녔을 테니 아마 4-6주는 걸렸을 것입니다. 이번 2차 선교 여행은 왜 이렇게 풀리지 않는지 자문했을 것도 같습니다. 난감한 마음에 동료들에게 더욱 기도를 부탁했을 것입니다.

여기서 한 가지 교훈을 얻을 수 있습니다. 우리가 주님을 열심히 섬길 때에도 하나님께서 허락하시지 않는 일이 있을 수 있다는 것입니다. 그래도 바울은 언젠가, 어디선가 열리리라는 믿음으로 계속 열린 문을 찾아 움직였습니다. 다시 밑으로 내려와 무시아를 지나 남쪽으로 조금 떨어진 드로아로 내려갔습니다. 드로아는 호메로스(Homeros)의 서사시 《일리아드》(Iliad)에 나오는 트로이 목마로 유명한 트로이에서 남쪽으로 16킬로미터 정도 떨어진 항구 도시였습니다.

수리아 안디옥에서 드로아까지는 약 1,450킬로미터 이상이나 되었는

데, 수리아와 길리기아, 갈라디아 지역의 교회들을 방문하고 또 여기저기
돌아다녔을 것이므로 4-5개월은 걸렸을 것으로 추산됩니다. 그렇다면 주
후 49년 가을에 드로아에 도착했을 것입니다. 흑해 입구에 자리한 드로
아는 아시아에서 마게도냐, 더 멀리는 로마까지 이어지는 교통의 요충지
였습니다. 한때 콘스탄티누스 황제는 드로아를 로마 제국의 수도로 건설
하고자 했지만, 이미 큰 도시였던 드로아를 더 확장하기보다는 아주 작은
곳을 크게 건설하여 자신의 이름을 각인하고자 했습니다. 그래서 유로와
해상으로 유럽과 아시아를 잇는 작은 어촌 항구를 전략적 요충지로 건설
하여 콘스탄티노플이라 이름 짓고 제국의 수도로 삼았습니다. 지금의 이
스탄불입니다.

　로마 시대에 소아시아에서 에베소 다음으로 컸다는 드로아지만, 지금
은 다 묻히고 작은 어촌이 되었습니다. 〈바울로부터〉 다큐멘터리를 만
들면서 드로아를 답사하는 동안 열심히 발굴 작업을 하는 앙카라대학교
고고학 발굴단을 만났습니다. 지난 4년 동안 로마 대로 일부와 신전, 목
욕탕, 수로, 물 저장 탱크, 1만 5천 명을 수용했던 연극장도 발굴하고 있
다고 했습니다. 'SAINT PAUL'이라고 크고 선명하게 쓰인 영어 안내판들
이 곳곳에 세워져 있어 감격스러웠습니다.

　자신을 고고학자라고 소개한 발굴 책임자가 바울과 관련된 소중한 정
보를 주었습니다. 바울이 배를 타고 유럽으로 출발했던 항구가 지금은 작
은 호수가 되어 있다는 것이었습니다. 고대 항구 자리에 무너진 유적들이
있기에 보통 거기를 드로아 항구로 아는 사람이 많지만, 그렇지 않다고
했습니다. 흥분을 가라앉히고 찾아가 보니 작은 호수인 카팔르 골(Kalpli
Göl)이 있었습니다. '닫힌 호수'라는 뜻입니다. 원래는 바다의 일부였으나

▲ 공중에서 본 드로아 유적지. 가운데 붉은색을 띤 닫힌 호수가 보인다. ©CGN

바다 쪽이 막혀 작은 호수가 된 것입니다. 가까이 가니 호수가 적홍색을 띠고 있었습니다. 거기서 만난 한 마을 주민은 육안으로 보면 붉은색인데 사진을 찍으면 푸른색으로 나와서 자기들은 신비한 호수로 부른다고 설명해 주었습니다.

모래까지 말라 있는 농도 높은 염분 상태를 보니 여기까지 바닷물이 들어왔다는 것을 쉽게 알 수 있었습니다. 상당한 규모의 항구였음을 알려 주는 높이 11미터, 지름 1.4미터 정도의 거대한 원형 돌기둥들이 있었습니다. 두 개의 기둥은 70미터 간격을 두고 쓰러져 있었는데, 칼로 자른 듯 하나는 두 개로, 다른 하나는 세 개로 토막 나 있는 것으로 보아 지진 같은 심한 충격으로 단숨에 절단된 것 같았습니다.

호수를 지나 바닷가 쪽으로 석조 시멘트 유적이 약 30미터 간격으로 양쪽에 서 있습니다. 항구 입구의 방파제였습니다. 지금 호수가 된 그 안쪽이 항구였음이 분명합니다.

바울이 기독 복음, 기독 문명이라는 특수 화물을 싣고 유럽으로 향하는 것을 지켜보았을 거대한 돌기둥과 작은 돌들이 다 소중해 보였습니다. 튀

▲ 호수 안쪽에 세 개로 잘려서 무너진 대형 돌기둥 ©DC

르키에 문화재 관리국에서 이 호수 옆에 설치한 안내판에는 "알렉산드리아 드로아는 사도 바울의 2차 선교 여행 중(50-52년) 유럽으로 향하는 출발지가 된 중요한 도시"라고 설명되어 있었습니다. 바울과 복음을 유럽으로 보내는 사명을 다하고 무너진 이 항구가 고맙기까지 했습니다.

드로아에 도착한 바울 일행은 너무도 피곤하여 숙소를 찾은 후 깊이 잠들었습니다. 저희 부부가 1982년 5월, 인도 북서부의 바브나가항에서 버스를 타고 밤낮으로 20시간 정도를 달려 봄베이, 현 뭄바이 공항에 도착한 적이 있었습니다. 대만정병훈련이라는 전도 훈련을 준비하기 위해 대만으로 가는 길이었습니다. 공항 내부는 수많은 사람으로 붐비고 시끄러웠으며 무덥고 더러웠습니다. 하지만 얼마나 피곤했는지, 아내가 견디다 못해 결국 먼지 가득한 대합실 바닥에 수건을 펴고 그 위에 쪼그린 채 누워 잠을 청했던 모습이 떠오릅니다. 바울 일행도 그렇게 눈을 붙였을 것 같습니다.

12 —— 환상을 따라 찾아간 선교지

"마게도냐로 건너와서 우리를 도우라 하거늘 바울이 그 환상을 보았을 때 우리가 곧 마게도냐로 떠나기를 힘쓰니"(행 16:9-10).

깊이 잠든 바울에게 놀라운 일이 생겼습니다. 환상이 보였습니다. 마게도냐 사람 하나가 나타나 손짓하며, "건너와서 우리를 도우라!" 하는 것이었습니다. '청하여'라는 표현이 있긴 하지만 한글로 된 번역은 이것이 명령인지 부탁인지 분명하지 않습니다. 원어의 뜻은 굶주린 거지가 조그만 음식이라도 얻으려고 두 손을 모으고 절박하게 간청한다는 의미입니다. 거기에다 긴박성까지 담겨 있습니다. 그래서 더욱 정확하게 번역하자면 "제발 빨리 건너와서 우리를 도와주십시오"가 됩니다.

어떻게 마게도냐 사람인 줄 알았을까요? 그 환상 속의 사람이 마게도냐 전통 의상을 입었기 때문이라거나, 혹은 마게도냐인 중에서 가장 잘 알려진 알렉산드로스 대왕의 모습을 보았기 때문이라고 추측하는 학자들이 있습니다. 신문이나 사진 같은 자료가 유통되지 못했던 시대에 그래도 알려진 마게도냐 사람은 알렉산드로스밖에 없었을 것이기 때문입니다. 그래서인지 카발라(Kavala)에 있는 바울 도착 기념 교회 밖 외벽과 베뢰아의 바울 광장에 새겨진 마게도냐 환상을 담은 모자이크 그림과 루디아 기념 교회 안에 그려진 벽화에는 수염이 없고 군복을 입은 사람의 모습이 그려져 있습니다. 알렉산드로스가 환상 중에 나타난 마게도냐 사람이라고 암시한 것입니다. 알렉산드로스는 아버지 필리포스 2세와(Philippos II)의 힘들었던 관계 때문에 수염을 기르지 않은 것으로 유명합니다. 그래서 알렉산드로스가 새겨진 주

◀ 이소스 전투를 묘사한 모자이크 그림 일부에 나오는 알렉산드로스(나폴리 국립 고고학 박물관 소장)
▶ 알렉산드로스 금화(펠라의 필리포스2세 무덤 박물관 소장) ©DC

화 동전과 모자이크 그림, 대리석 흉상 속 인물에는 수염이 없습니다.

만일 환상 속의 마게도냐 사람이 알렉산드로스였다면 그는 왜 바울을 자기 땅으로 초청했을까요? 이런 의미를 담지 않았을까 상상해 봅니다. "내가 칼을 가지고 세계를 정복해 보았지만 아무 소용이 없었소. 당신이 가지고 있는 사랑의 복음으로 우리 백성과 세계를 축복해 주시오."

알렉산드로스 대왕 때 전성기를 맞은 마게도냐 제국은, 유럽은 물론 다

리우스 3세가 다스리던 페르시아 제국을 주전 331년에 멸망시키고, 계속 동진하여 인도까지 차지했습니다. 전성기 때에는 후에 나타난 로마 제국의 최대 영토보다 큰 지역을 다스렸습니다. 그러나 주전 197년, 키노스케팔라이(Cynoscephalae) 전투와 다음 해에 벌어진 피드나(Pydna) 전투에서 마게도냐 제국은 로마군에게 참패하고 말았습니다. 그리하여 주전 399년부터 200년 넘게 이어 온 영광을 잃고 로마의 종속국으로 전락하고 말았습니다.

잠에서 깨어난 바울은 일행에게 환상으로 보고 들은 내용을 말했습니다. 그들은 '하나님께서 마게도냐 사람들에게 복음을 전하라고 우리를 부르셨다'고 결론을 내렸습니다. 이런 확신이 들자 지체하지 않고 서둘러 마게도냐로 떠날 준비를 했습니다. 지금까지 제일 좋다고 여기던 선교 전략을 내려놓고 즉시 순종했습니다. 그동안 하나님의 인도를 간절히 구해왔기 때문에 이 환상을 기도 응답으로 확신했을 것입니다.

대명사 '우리'가 처음 등장하는 드로아부터 누가가 동행했고, 사도행전에서 '우리'가 사용된 때에만(행 16:10-17, 20:5-21:18, 27:1-28:16) 누가가 함께 있었다고 대부분의 학자는 주장합니다. 그러나 이것은 너무 단순한 해석입니다. 기록자가 주인공과 같이 다닌다 해서 항상 '우리'라는 표현을 쓰지는 않습니다. 영국 여왕과 아프리카 순방을 다녀온 기자라도 "여왕과 관리들과 우리가 순방을 마치고 귀국했다"고 쓰지는 않습니다. "여왕, 아프리카 순방 후 귀국"이라는 제목을 잡고 기사에도 '우리'라는 대명사를 사용하지 않습니다. 마찬가지로 대명사 '우리'가 없는 일정에는 누가가 동행하지 않았다고 단정하는 것은 무리입니다. 오히려 이 대명사가 없어도 어떤 경우에는 누가가 동행했을 가능성이 높습니다.

유럽에 첫발을 디딘 선교사들

바울 일행은 드로아에서 배를 타고 해발 1,700미터나 되는 높은 산으로 형성된 사모드라게섬으로 직행한 후 다음 날 약 120킬로미터 떨어진 네압볼리에 도착합니다. 오늘날에는 카발라라고 불립니다. 비잔틴 시대에는 그리스도의 도시라는 의미로 크리스투폴리스(Christoupolis)라고 불렀습니다. 여기에 바울이 유럽에 첫 상륙한 것을 기념하는 교회가 1928년에 세워졌고, 교회 바깥에 네압볼리에 도차하는 바울의 모습이 담긴 모자이크 벽화와 그것을 설명한 성경 구절이 새겨져 있습니다. 네압볼리는 유럽 대륙에 선교의 첫발을 내디뎠다는 점에서 의미 있는 곳입니다. 이곳에 바울 도착 기념 교회가 세워진 것은 당연합니다.

이 성령의 환상과 바울의 순종은 인류 역사를 바꾸어 놓았습니다. 그때

▲ 바울 도착 기념 교회 밖에 조성된 모자이크 벽화에는 환상을 보고 마게도냐에 도착하는 바울의 모습이 담겨 있다. ©DC

바울은 자신이 인류 역사의 가장 결정적인 한 순간에 있음을 몰랐을 것입니다. 단지 그동안 복음을 전할 곳으로 인도해 달라고 기도해 왔는데 응답받은 것만으로도 행복해하며 네압볼리로 갔을 것입니다. 이 도착을 기점으로 새로운 믿음, 새로운 소망, 새로운 자유가 지금의 유럽에 전파되기 시작했습니다. 그 결과 지난 2천 년 동안 유럽에서 교회와 기독교 문화와 전통, 역사와 문명이 형성되었고, 유럽은 세계에 복음을 전하는 선교 대륙이 되었습니다. 근래에는 유럽의 교세가 급격히 감소하고 있습니다. 바울 시대 이후 처음으로 유럽이 아시아를 향하여 간청하고 있습니다. "제발 다시 건너와 우리를 도와주십시오."

네압볼리항에 도착한 바울은 곧바로 에그나티아 가도를 따라 북서쪽으로 16킬로미터 떨어진 빌립보로 발길을 재촉했습니다. 빌립보는 알렉산드로스 대왕의 아버지 필리포스 2세가 주전 356년에 정복하여 세운 도시였는데, 주전 168년에 로마에 정복당했습니다. 바울 당시의 빌립보는 마게도냐 지방의 첫 성이요, 로마의 식민지(colony)였습니다. 이 '식민지'라는 말은 요즈음 우리가 이해하는 것같이 다른 나라의 지배 아래 있는 속국을 의미하지 않습니다. 오히려 점령지에 세워진 전승국 국민의 집단 거주지를 말합니다. 로마는 점령한 지역에 퇴역 로마 군인을 포함하여 로마 시민을 위한 집단 거주지를 세웠습니다. 빌립보에는 로마 내전의 패전 군인들도 정착했습니다. 율리우스 카이사르의 암살을 주동한 브루투스(Marcus Junius Brutus)와 카시아스(Gaius Cassius Longinus) 연합군과 친(親)카이사르 파였던 옥타비아누스와 안토니우스 연합군이 주전 42년 빌립보에서 격돌했는데, 승리한 옥타비아누스와 안토니우스는 패전한 군인들을 퇴역시켜 빌립보에 정착시키고 콜로니(colony)로 지정했습니다.

빌립보는 완벽한 도시 계획으로 건설되어 '작은 로마'라고 불렸습니다. 신전들은 높은 지역에 자리 잡고 있고, 아래 지역에는 법정, 관청, 아고라와 공회 광장(Forum), 목욕탕이 있었습니다. 바울은 아우구스투스 황제 신전, 도서관, 아고라 시장터를 보았을 것입니다. 로마인들의 정착지였지만 애굽인, 유대인 등 여러 민족도 살았습니다. 주로 로마 시민들은 도시 안에 살고, 로마 시민이 아닌 사람들은 성 밖에 살았습니다.

발굴된 빌립보의 옛 터를 보면 비울이 도착했을 때 빌립보가 얼마나 큰 도시였을지 상상할 수 있습니다. 도시 한가운데로 에그나티아 가도가 지

▲ 빌립보 유적지 ©CGN

나갑니다. 발굴된 유적지만도 가로세로 각각 1킬로미터 이상입니다. 석조 건물과 기둥들은 다 무너졌지만 그 터는 아주 잘 보존되어 있습니다. 전쟁과 지진으로 폐허가 되어 가고 전염병마저 돌자 시민들은 이 도시를 포기하고 다른 곳으로 옮겨 갔습니다. 그 후 도시를 재건하지 않았기 때문에 역설적으로 유적지가 잘 남아 있습니다.

▲ 빌립보 유적지의 광장 ⒸDC

　이곳은 1914년부터 발굴이 시작되어 지금도 진행 중입니다. 헬라 시대, 로마 시대, 초기 기독교 시대, 비잔틴 시대를 지나온 빌립보의 모습이 박물관에 전시되어 있습니다. 이스탄불에 있는 성 소피아 교회와 비슷한 시기에 세워진 바실리카는 건축 중에 원형 돔이 무너져 결국 준공을 하지 못했다고 합니다. 남아 있는 모습만 보아도 이 교회가 얼마나 화려하고 웅장했을지 짐작이 갑니다. 빌립보 유적지에는 늘 많은 관광객이 몰려오지만, 〈바울로부터〉 다큐멘터리 제작 팀이 촬영 허가를 받은 2023년 4월 12일은 마침 그리스 정교회의 고난 주간 기간이어서 일반 관광객을 받지 않았습니다. 덕분에 전체 유적지를 세트장으로 무료로 전세낸 듯 촬영할 수 있어 감사했습니다.

루디아와 가족의 회심

바울은 빌립보서에서 빌립보교회를 어떻게 개척했는지 쓰지 않습니다.

성도들이 다 알고 있는 사실이어서 기록할 필요가 없었을 것입니다. 누가의 기록을 따라 바울이 빌립보에서 어떻게 사역하며 교회를 개척했는지 알아보겠습니다. 바울도 빌립보에서 데살로니가로 갔다고 기록하는 것을 보면(빌 4:15-16) 사도행전의 기록이 정확함을 알 수 있습니다.

빌립보에는 회당이 없었습니다. 회당을 구성할 만한 최소한의 유대인 성인 남자 열 명이 충족되지 않았기 때문일 것입니다. 바울의 빌립보 사역에서 유내인이 전혀 인급되지 않는 것을 보아도 그렇습니다. 회당이 없을 때에 유대인들은 안식일에 강가에 모여 예배를 드리곤 했습니다. 회당이 없던 바벨론 포로 시대에 그발강(Kebar River)과 여러 강가에서 기도 드리던 전통을 따른 것입니다(시 137:1-2; 겔 1:1). 바울은 빌립보에 도착한 첫 안식일에 기도처가 있을까 하여 성 밖의 강기테스강(Gangites River)을 따라 걸었습니다. 당시 이 강은 빌립보에 필요한 물을 공급하는 젖줄이었습니다. 빌립보에 물을 공급하는 교각 수로(水路)가 없는 것을 보아도 알 수 있습니다.

마침 강가에서 몇몇 여인을 만났습니다. 전도하기 시작했는데 그중에 루디아라는 여인이 말씀을 잘 들었습니다. 하나님이 그 마음을 열어 바울의 메시지를 듣게 하셨습니다. 루디아는 이미 하나님을 경외하는 사람으로서, 본래 아시아의 두아디라(Thyatira) 출신이었는데 그곳은 루디아라는 지명으로도 불리고 있었습니다. 그러니 루디아 출신 여인이 그 출신 지방의 이름대로 루디아라 불린 것입니다. 우리도 순천에서 시집온 여인을 이름 대신 '순천댁'이라고 부르던 때가 있었습니다.

두아디라는 원래 염색업이 발달했습니다. 당시 옷은 주로 넓고 긴 원단을 몸에 둘러 착용했는데, 루디아는 두아디라에서 생산한 고급 자주색

▲ 루디아 기념 교회에 그려진 루디아의 초상화
©DC

옷감을 빌립보에 가져다 판매하는 성공한 사업가였습니다. 자주 옷감은 염색 공정이 까다로워 가격이 높았고, 권력을 상징하여 황제를 비롯한 최상류층만 입을 수 있었습니다. 그러다 보니 루디아는 상류층과 깊이 교류했을 것이고, 도시 중심의 아고라에 상점을 가지고 있었을 것입니다. 고향 두아디라에서부터 유대인들과 교류했고, 유대인들의 경건한 삶과 관습을 좋아하여 그들이 믿는 하나님을 경외하기 시작했던 것 같습니다. 빌립보에 와서도 가족과 사업 동료들에게 그 하나님을 소개하여 안식일이면 같이 기도하러 강가에 모였던 것 같습니다.

▲ 루디아 기념 교회 ©DC

전도를 받은 루디아는 예수님을 믿고 가족과 그 집의 식솔들도 모두 함께 강기테스강에서 세례를 받았습니다. 루디아는 선교사들을 집으로 초대하여 정성껏 대접하며 며칠간 머물게 했습니다(행 16:13-15). 루디아의 남편에 대한 언급이 없고 루디아만 지칭하여 "그와 그 집이", "내 집에 들어와" 같은 표현이 쓰인 것을 보면 루디아는 과부였던 것 같습니다. 바울 일행이 몇 번이나 강권을 받은 후에야 루디아의 집에 들어간 정황을 보면, 선교사들이 여인이 가장(家長)인 집에서 숙식하기를 주저했기 때문인 것으로 보입니다.

지금은 지가크티스(Zygaktis)로 부르는 이 강의 폭은 상당히 좁고, 물은 차고, 유속이 빠릅니다. 여기에 세례처가 마련되어 있어서 인근의 성도와 관광객들이 강가에서 예배를 드리거나 세례를 받으러 오기도 합니다. 바로 옆에는 1974년에 세워진 팔각형의 '루디아 기념 교회'(Holy Baptistery of Saint Lydia of Philippi)가 있습니다. 이 예배당에서 주일 예배는 드리지 않지만, 가끔 유아 세례식은 거행한다고 합니다. 예배당 내부에는 성경의 세례 장면들이 그려져 있는데, 최근 예수님의 생애와 바울의 생애를 여러 장의 훌륭한 벽화로 표현해 놓았습니다.

빌립보에서 받은 고난

어느 안식일에 바울 일행이 기도처로 가는 중에 귀신 들린 여종을 만났습니다. 이 아이는 귀신의 힘으로 장래의 일을 알아맞히는 신통력을 가지고 있었습니다. 원어 성경에 의하면 '피톤의 영'(the spirit of Python)에 사로잡힌 아이라고 합니다. 피톤은 원래 델포이(Delphi) 신전을 수호하는 뱀을 뜻합니다. 이 귀신이 들어와 아이는 입술을 움직이지 않고 말하며 점을 쳤습니다.

　그 아이가 선교사들을 향해 큰 소리로 "이 사람들은 지극히 높은 하나님의 종으로서 구원의 길을 너희에게 전하는 자"라며 여러 날을 따라다니며 소리를 쳤습니다. 사실 이 소녀가 말하는 '지극히 높은 하나님'은 바울이 전하는 창조주 하나님이 아니라, 당시 이교도들이 믿던 최고의 신을 지칭하는 것이었습니다. 그러니 바울이 침묵하면 청중은 그들의 문화적 배경에서 하나님을 이해하게 되어 오히려 바울이 전하려는 메시지에 혼선만 빚어질 뿐이었습니다. 바울은 이런 훼방을 탐탁지 않게 생각했습니다.

　어느 날, 아고라에서 여종이 또다시 훼방을 놓자 바울이 심히 불쾌히 여겨 "예수 그리스도의 이름으로 내가 네게 명하노니 그에게서 나오라"고 명했습니다. 귀신은 즉시 나가 버렸습니다. 그 아이는 더 이상 이상한 목소리로 점을 칠 수 없게 되었습니다. 자연히 이 점쟁이를 찾아오는 사람들의 발길도 끊기고 말았습니다. 여종의 신통력으로 수입의 재미를 보

▲ 바울과 실라가 갇혔던 곳으로 알려진 빌립보 감옥의 외부 모습 ©DC

던 주인들은 이제 수입이 끊기자 바울과 실라를 관리들에게 끌고 가 고소했습니다. "로마 사람인 우리가 받지도 못하고 행하지도 못할 풍습을 전한다"는 주장으로 무리를 선동했습니다.

무리가 일제히 달려들어 바울 일행을 고발하자, 관리들은 옷을 찢어 벗기고 심히 매를 쳤습니다. 이때 맞은 매가 나중에 바울이 세 번 태장으로 맞았다던 고난 중의 하나였습니다(고후 11:25). 그리고는 곧바로 깊은 감옥에 가두고 발에는 차꼬를 채웠습니다. 사건의 시시비비를 점검하는 절차 없이 인민재판이 벌어진 것입니다. 바울과 실라는 로마 시민임을 밝히지 않고 묵묵히 이 부당한 대우를 감당했습니다(행 16:16-24). 사태가 너무 무질서하고 법적 절차가 제대로 지켜지지 않았으므로 로마 시민권자라고 했어도 소용이 없을 것 같아 그냥 있었는지도 모르겠습니다. 아니면 다른 깊은 생각 때문에 참았을 수도 있습니다.

간수와 가족의 회심

바울과 실라가 갇혔던 감옥은 지금도 그 형태가 남아 있습니다. 빌립보가 유네스코 세계문화유산이 된 이유 중 하나가 사도 바울 유적 때문인데, 그중 가장 중요한 것이 바로 바울이 갇혔던 감옥입니다. 얼른 보면 이 감옥이 너무 작다는 데 놀라게 됩니다. 감옥은 원래 물 저장 창고로 쓰던 곳이었는데, 다른 곳에 더 큰 저장소를 만들게 되자 이 저장소를 말려 감옥으로 사용했다고 합니다. 물 저장소 중간 높이에 마루를 만들어 두 층으로 분리하고 죄수들을 아래층에 가두었습니다. 위로 올라올 수 있는 구멍은 하나였기에 간수 한 명이 지켜도 충분했다고 합니다. 바로 앞 광장의 법정에서 재판받은 죄수가 갇히거나 재판받을 사람이 대기하는 곳이어

▲ 빌립보 감옥의 내부 모습 ©CGN

서, 요즘 감옥처럼 많은 죄수를 장기 구금하는 시설은 아니었습니다.

한밤중 그 감옥에서 바울과 실라는 기도하며 하나님을 찬양했습니다. 옆에 있던 다른 죄수들은 처음에는 이상하게 생각했지만 그들의 진지함과 영감에 끌려 점점 기도와 찬양에 귀를 기울였습니다(행 16:25). 깊은 감동을 받았을 것입니다. 바울은 고난의 기회도 하나님을 향한 경배와 복음의 진보를 위해 사용했습니다. 그러다 얼마 후, 갑자기 생긴 지진으로 옥터가 움직이더니 옥문이 다 열리고 모든 죄수의 손발에 채워진 차꼬가 다 풀렸습니다.

갑자기 발생한 상황을 인지한 간수가 죄수들이 다 도망간 줄 알고 자결하려 했습니다. 죄수들이 도망가면 모든 책임을 지고 결국 자신이 죽음으로 값을 치러야 함을 잘 알고 있었기에 스스로 명예로운 죽음을 택하려 한 것입니다. 이때 바울이 서둘러 큰 소리로 말립니다. 우리가 다 여기 있으니 자결하지 말라고 말입니다. 탈출할 수 있는 절호의 기회에 죄수들은 왜 도망가지 않았을까요? 칼을 든 간수가 무서웠기 때문이라는 설명도 있지만, 죄수들은 바울과 실라의 기도와 찬양, 또 그들이 전하는 말을 듣고 깊은 감동을 받았을 것입니다. 나중에 "주 안에서 항상 기뻐하라 내가 다시 말하노니 기뻐하라"(빌 4:4)는 바울의 편지를 받고 빌립보 성도들은 감옥에서 찬양하며 기뻐하던 바울의 모습을 떠올렸을 것입니다.

간수도 이들의 기도와 찬양과 말씀을 들었습니다. 차꼬가 풀리고 옥문이 열렸는데도 도망가지 않은 바울과 죄수들을 보면서 간수는 그에게 범상치 않은 능력이 있음을 직감했습니다. 갑자기 일어난 지진을 이 하나님의 종들이 불러온 초자연적 현상으로 이해했을 것입니다. 간수는 바울과 실라 앞에 무릎을 꿇고, "선생들이여, 내가 어떻게 하여야 구원을 받겠습니까?" 하고 물었습니다. 이 질문으로 볼 때, 바울이 감옥에서 외치는 구원의 메시지를 간수도 죄수들과 같이 들었음을 알 수 있습니다. 영적인 감동을 받았기 때문에 이런 질문을 하게 되었을 것입니다. "주 예수를 믿으라 그리하면 너와 네 집이 구원을 받으리라"는 유명한 말씀을 이때 선포했습니다. 이어서 복음을 설명했고, 죄수들도 같이 들었을 것입니다.

바울의 전도를 받고 예수님을 믿은 간수는 바울과 실라를 자기 집으로 데려갔습니다. 바울은 "주의 말씀을 그 사람과 그 집에 있는 모든 사람에게 전"했습니다. 감사하게도 온 가족이 예수님을 믿었습니다. 바울과 실라는 얼마나 감사했을까요? 억울하게 매를 맞고 투옥되는 고난을 당했지만, 한 가족이 모두 예수님을 믿게 되었으니 하나님이 일하시는 섭리에 감격했을 것입니다. 간수는 그제야 정신이 들었는지, 바울과 실라의 상처를 정성스럽게 닦아 주었습니다. 그 후 온 식구들과 함께 강에 나가 세례를 받고, 다시 집으로 돌아와 선교사들에게 음식을 차려 주었습니다. 간수와 온 집안은 예수님을 믿게 된 것에 크게 기뻐했습니다. 그러고는 감옥으로 돌아갔습니다.

날이 밝자 간수는 상관들에게 지난 밤 지진에도 불구하고 도망가지 않은 유대인들을 석방해야 한다고 건의했습니다. 관리들은 그럼 내보내라고 말했습니다. 석방되었다는 말을 들은 바울은 그냥 지나치지 않았습니다. 로마 시민임을 밝히면서 정식 재판도 거치지 않고 공중 앞에서 심하게 매로 치고 옥에 가두었다가, 이제 사과 한마디 없이 슬그머니 내보내며 없었던 일로 하는 것은 용납하지 못하겠다고 버텼습니다.

로마 시민들에게는 합법적으로 재판받을 권리, 고문받지 않을 권리, 유죄 판결을 받아도 체면을 손상당하지 않을 권리, 잔인한 형벌을 받지 않을 권리가 있었습니다. 이 권리를 침해하면 높은 관리라도 문책을 면할 수 없었습니다. 온전한 재판도 없이 태장을 맞고 투옥된 사람들이 로마 시민이라는 사실을 듣고 관리들이 두려워하며 바울을 찾아왔습니다. 변명과 해명을 늘어놓으며 제발 빌립보를 떠나 달라고 부탁했습니다.

왜 처음부터 로마 시민임을 밝혀 태장과 투옥을 피하지 않았을까 생각해 봅니다. 아마 그랬다면 간수의 가족과 죄수들이 구원받지 못했을 것이요, 빌립보교회도 더 든든히 세워지지 못했을 것입니다. 옥에서 풀려난 바울과 일행은 빌립보를 떠나기 전에 루디아의 집을 찾아갔습니다. 간수의 가족도 함께 갔을 것입니다. 바울이 간수에게 전하는 복음을 옆에서 들으며 예수님을 믿은 죄수 몇 명도 동행했을 것입니다.

예수님과 바울 시대의 중동의 생활상과 문화에 대한 권위자인 케네스 베일리(Kenneth Bailey) 박사는 바울이 관리들을 데리고 함께 루디아의 집에 갔으리라 추론합니다. 그러면서 이 그리스도인들에게 어떤 불이익이라도 주면, 로마 시민들을 재판도 없이 태장을 치고 투옥한 잘못을 상부에 보고하겠다는 무언의 압박을 주었다고 해석합니다. 이런 상황을 미리 내다보고 빌립보교회의 안위를 생각하여 로마 시민임을 밝히지 않고 참았으리라는 것입니다. 복음의 진보를 위해서라면 자신의 고생은 개의치 않았던 바울의 귀한 모습입니다. 바울이 이런 것까지 미리 내다보고 태형을 견뎠다면 대단한 전략가일 것입니다. 하지만 하나님의 인도와 예비하심으로 보는 것이 오히려 너 설득력이 있겠습니다.

빌립보를 떠나기 전, 바울은 루디아의 집에 작은 무리와 함께 모여 짧게라도 예배를 드리며 주님께 감사와 기도를 올렸을 것입니다. 루디아의 가족과 간수의 가족과 몇 명의 죄수가 빌립보교회의 창립 멤버였습니다. 빌립보교회는 이렇게 시작되었습니다. 이 빌립보교회를 필두로 하나님은 유럽 복음화의 일을 시작하셨습니다. 이후로 루디아의 집은 빌립보 사역의 교두보가 되었습니다. 유오디아, 순두게, 글레멘드, 에바브로디도같이 헌신한 동역자들이 있었습니다. 바울은 떠난 후에도 계속 성도들과 긴밀한 관계를 유지하면서 하나님께서 빌립보 성도들에게 선한 일을 시작하셨고, 그러기에 끝까지 당신의 뜻을 이루실 것을 믿으며 감사했습니다. 또 "너희가 첫날부터 이제까지 복음을 위한 일에 참여하고 있"다며 감사를 표했습니다(빌 1:5-6).

큰 그림을 가지고 인도하시는 하나님

사실 하나님은 바울이 생각한 것보다 훨씬 큰 그림을 그리고 계셨습니다. 이 빌립보로부터 유럽의 복음화가 시작되었고, 유럽은 2천 년 동안 세계 기독교의 중심지가 되었습니다. 그 유럽에서 종교 개혁과 부흥 운동, 경건 운동, 청교도 운동, 신학 연구 운동, 현대 선교 운동이 일어났습니다. 유럽의 영향으로 전 세계가 복음을 듣게 되었습니다.

하나님의 일하시는 모습은 놀랍습니다. 바울과 일행은 그제야 성령께서 왜 아시아나 비두니아로 가지 못하게 하셨는지 이해할 수 있었습니다. 아시아에서 복음을 전하지 말라는 '노'(No)는 앞으로 보여 주실 더 큰 '예스'(Yes)의 일부분이었습니다. 성령님은 미래의 '예스'를 보면서도 지금은 '노'라고 하실 때가 있습니다. 지금은 '노'여도 나중에 '예스'라고 하시기도 합니다. 한때 아시아에서 복음 전하는 길을 막으셨지만, 3차 선교 여행 때는 에베소에서 3년이나 사역하게 하셨습니다.

매사에 하나님의 때가 있고, 일의 순서가 있습니다. 중요한 것은, 하나님은 결국 당신의 때에 우리를 인도해 주신다는 것입니다. 오늘 우리가 어디에 있든지, 어디에서 길이 막혀 고민하고 있든지, 우리가 하나님과 동행하는 한, 온전한 마음으로 기도하며 계속 주님의 뜻을 구하는 한, 성령께서 우리도 우리의 드로아로 인도해 주실 것입니다. 거기서 주님께서 우리가 나아가야 할 길을 보여 주실 것입니다. 자동문은 닫힌 줄 알면서도 그 닫힌 문을 향해 걸어가는 사람에게만 열립니다. 지금 앞에 닫힌 문이 있다면, 그 문을 향해 믿음으로 걸어가십시오. 천국 센서가 감지하는 지점에 다다르면, 닫힌 문은 열릴 것입니다.

링컨(Abraham Lincoln) 대통령은 아홉 번 낙선하고 대통령 선거에서만 당선된 특이한 이력을 갖고 있습니다. 실패를 거듭할 때마다 하나님께서는 그 실패의 경험으로 더 큰일에 도전하게 하셨다고 그는 자서전에 기록했습니다. 인생의 실패와 장해물을 하나님이 바라시는 더 큰일을 이룰 징검다리로 생각했다고 합니다. 막힌 담이 가로막고 있습니까? 이것이 새로운 기회로 연결할 징검다리인 것을 믿기 바랍니다.

암비볼리와 아볼로니아를 지나

바울은 형제들을 위로하고 빌립보를 떠나 데살로니가로 향했습니다. 빌립보 형제들은 음식과 헌금을 바울 일행에게 챙겨 주었고, 이런 지원은 그 후에도 계속되었습니다(빌 1:5, 2:25-30, 4:15-18). 사업가 루디아가 큰 몫을 담당했을 것 같습니다. 바울 일행은 에그나티아 가도를 따라 암비볼리를 향하여 남쪽으로 53킬로미터 이동했습니다.

태장을 맞은 몸이 미처 회복되지 않았겠지만, 새로운 도시에 복음을 전한다는 기대로 발걸음을 재촉했습니다. 암비볼리로 들어오면서 이곳의 상징인 사자상을 보았을 것입니다. 주전 4세기에 알렉산드로스의 장군이었던 라오메돈(Laomedon of Mytilene)을 기념하여 세웠다고 합니다. 제1차 발칸전쟁과 제1차 세계대전 당시 이곳에 다리와 요새를 건설하면서 사자상의 기단과 몸체의 일부가 발견되었는데, 이후 1937년에 케르키니 호수의 배수 공사를 하던 중 대리석 사자상의 다리 부분이 발견되어 완벽한 복원이 이루어졌고, 이후 고증을 거쳐 현재의 자리에 다시 세워졌습니다.

암비볼리는 불가리아에서부터 발원한 스트리모나스강(Strymonas River)을 끼고 있었습니다. 알렉산드로스의 최고 장수 세 명이 암비볼리에 거주했고, 주전 335년에 아시아와 페르시아 원정을 위한 출발지로 삼았을 만큼 암비볼리는 전략적이고 활력이 있는 곳이었습니다. 그런가 하면 알렉산드로스의 아내 록사네(Roxana)와 아들 알렉산드로스 4세가 알렉산드로스의 네 후계자 중 마게도냐를 다스리던 카산드로스(Kassandros)에게 구금되고 살해당한 곳이기도 합니다.

▲ 바울이 설교한 곳으로 전해지고 있는 아볼로니아 바위 언덕 ©DC
▼ 바울 설교 표지판 ©CGN

바울은 이곳을 지나며 깊은 생각에 잠겼을 것 같습니다. 가장 넓은 영토를 점령하여 다스리던 용맹스러운 알렉산드로스도 독살이나 작은 바이러스에 감염되어 33세의 젊은 나이에 죽었습니다. 그의 가족은 부하로부터 비참하게 배신을 당했으며, 그의 왕국은 여러 조각으로 나뉘었다가 모두 로마에게 정복당했습니다. 이렇게 이곳의 역사를 통해 인생의 한계와 권력의 무상함을 생각하며 영원에 투자하는 인생으로 불러 주신 하나님께 감사를 드렸을 것 같습니다.

바울 일행은 에그나티아 가도를 따라 43킬로미터를 더 남쪽으로 걸어 아볼로니아에 이르렀고, 56킬로미터를 더 진행하여 데살로니가에 도착했습니다. 누가는 바울 일행이 암비볼리와 아볼로니아를 그냥 지나간 것으로 기록하고 있습니다(행 17:1). 유대인 회당이 없어서 전도하지 않았거나, 하루라도 빨리 데살로니가에 도착하기 위해 걸음을 재촉했을지도 모릅니다. 하지만 이 도시들을 지나는 동안 숙식하면서 만나는 사람들에게 전도했을 가능성은 얼마든지 있습니다. 사실 아볼로니아에는 바울이 서서 복음을 선포했다고 전해지는 큰 바위에 표지판이 붙어 있는데, 거기에는 사도행전 17장 1절 구절이 그리스어와 영어로 새겨져 있습니다. 지금도 이 작은 언덕의 바위 아래에는 빨래터가 있는 작은 물줄기가 흐르는데, 그때도 그랬다면, 바울이 빨래하는 여인들과 아이들에게 복음을 전했을 것 같기도 합니다. 3차 선교 여행 때에도 빌립보와 고린도를 오가며 이 지역을 두 번 더 지나갔는데, 그때에도 설교를 하여 교회 공동체가 세워졌다고 합니다. 그런 전승을 따라 여기서 4킬로미터 떨어진 곳에 바울의 도착과 선교를 기념하는 비잔틴 양식의 작은 교회가 있습니다.

13 — "이 예수가 곧 그리스도라"

> "이는 우리 복음이 너희에게 말로만 이른 것이 아니라 또한 능력과 성령과
> 큰 확신으로 된 것임이라"(살전 1:5).

빌립보를 떠나 암비볼리와 아볼로니아를 지난 바울 일행
은 데살로니가에 도착했습니다. 180킬로미터나 되는 먼 길이어서 마
차나 말을 타고 갔을 수도 있지만, 걸어갔다면 일주일 정도 걸렸으리라
추산됩니다. 테살로니키
(Thessaloniki)는 현재 그리스
제2의 도시입니다. 아리스
토텔레스와 그의 제자 알렉
산드로스 대왕을 배출한 역
사적 도시입니다. 항구에는
말을 탄 알렉산드로스의 청
동상이 세워져 있습니다.
아리스토텔레스 동상도,

▲ 테살로니키 항구에 세워진 알렉산드로스 동상 ©DC

◀ 아리스토텔레스 광장 ©CGN
▶ 아리스토텔레스 광장에 세워진 아리스토텔레스의 동상 ©CGN

아리스토텔레스 국립대학도 있습니다.

알렉산드로스 대왕이 죽은 후 마게도냐 지역을 다스린 카산드로스가 해안가에 새로운 수도를 건설하고 아내 테살로니케(Thessalonike)의 이름을 따라 이 도시를 데살로니가라 명명했습니다. 그는 필리포스 2세의 딸이며 알렉산드로스의 이복동생이었습니다.

로마는 마게도냐를 정복한 후 서쪽의 디라키움(Dyrrachium)에서 동쪽의 비잔티움까지 잇는 장장 1,120킬로미터의 에그나티아 가도를 건설했습니다. 지금으로 말하면 알바니아의 서쪽 항구 도시 두러스(Durrës)에서 이스탄불을 잇는 대로(大路)였습니다. 이 가도가 데살로니가의 북서쪽에서 남동쪽으로 관통하여 건설되면서 에게해에 맞닿은 이곳은 해상과 육로의 요지가 되었습니다. 사람들의 왕래가 많다 보니 자연스럽게 정치, 경제, 문화, 산업, 교육, 철학, 종교의 도시로 발전했습니다.

알렉산드로스의 도시에 복음을

바울이 도착했을 당시인 주후 49-50년, 데살로니가에는 5만여 명의 많은 인구가 거주하고 있었습니다. 로마인이 많이 모여 사는 콜로니로서, 세금을 면제받고 선거 자치권을 가진 자유 도시(civitas libera)였습니다. 유대인 공동체도 크게 형성되어 있었습니다. 바울 일행은 습관을 따라 유대인 회당을 찾아가 복음을 전했습니다(행 17:2). 누가는 바울이 이때 전한 설교의 내용을 자세히 기록하지 않습니다. 이미 상세히 기록한 비시디아 안디옥의 회당 설교와 내용이 거의 같기 때문입니다. 대신 그 설교의 핵심을 요약해 주어서 오히려 감사합니다. "세 안식일에 성경을 가지고 강론하며 뜻을 풀어 그리스도가 해를 받고 죽은 자 가운데서 다시 살아나야 할 것을 증언하고 이르되 내가 너희에게 전하는 이 예수가 곧 그리스도라"라고 요약했습니다(행 17:2-3).

누가가 이렇게 짧게 요약한 바울의 선교 메시지는 바울이 서신에서 요약한 자신의 선교 메시지와 매우 일치합니다(고전 1:23, 2:2, 15:3-5. 눅 24:27, 32, 44-47 참조). 바울은 복음을 거부하는 유대인들에게 '이방인들에게 가겠다'고 선언하고도 다음 도시에서는 또 회당부터 찾아가곤 했습니다. 유대인들은 몇 백 년 동안 메시아가 오기를 기도해 왔기에, 예수가 그리스도이심을 믿으면 구원을 얻을 수 있기 때문입니다. 그래서 바울은 예수님이 그리스도이시고, 우리를 위해 십자가에 못 박혀 돌아가셨으나 다시 살아나셨다는 내용을 핵심 메시지로 전했습니다. 특히 유대인들에게는 예수님이 구약에 예언된 그리스도이심을 구약의 뜻을 풀어 증언하며 믿음의 결단을 촉구했습니다.

마게도냐로 건너와 도와 달라는 환상을 보고 마침내 마게도냐의 수도에 도착했습니다. 만일 환상 속의 인물이 알렉산드로스였다면, 알렉산드로스의 도시에서 복음을 전하는 바울의 심정은 간절했을 것입니다. 바울을 핍박한 사람들의 고소 내용에서 알 수 있듯이, 로마 황제 이외에 "다른 임금 곧 예수라 하는 이가 있다"고 선포하기도 했습니다(행 17:7). 그때마다 복음이 말로만 이른 것이 아니라, 능력과 성령과 큰 확신으로 임했습니다. 뿐만 아니라 바울은 삶으로 자신의 메시지를 보여 주었습니다. 사도의 권위를 내세우지 않으며, 폐를 끼치지 않으려고 수고하고 애썼습니다. 탐심의 탈을 쓰지 않았고, 사람들과 하나님 앞에서 거룩하고 흠 없이 행했습니다(살전 2:5-12). 감사하게도 많은 이방인이 예수님을 믿고 주님의 재림을 기다리는 귀한 신앙을 가졌습니다. 바울은 이 모든 것이 "하나님이 처음부터 너희를 택하사 성령의 거룩하게 하심과 진리를 믿음으로 구원을 받게 하"셨기 때문이라며 하나님께 영광을 돌렸습니다(살후 2:13).

이렇듯 데살로니가에서의 선교 사역은 상당히 고무적이었습니다. "경건한 헬라인의 큰 무리와 적지 않은 귀부인"이 예수님을 믿었습니다(행 17:4). 바울도 나중에 데살로니가교회에 쓴 편지에서 복음이 능력과 성령의 확신으로 그들에게 임했고, 그들이 많은 환난 가운데서 성령의 기쁨으로 말씀을 받았고, 또한 우상을 버리고 하나님께로 돌아와 살아 계시고 참되신 하나님을 섬겼다고 회상했습니다(살전 1:5-6, 9-10). 예수님의 재림과 종말에 대해서도 가르쳤습니다(살후 2:1-5). 더 나아가 그들은 바울이 전한 말씀을 사람의 말로 받지 않고 하나님의 말씀으로 받아들였습니다(살전 2:13). 나중에 디모데가 데살로니가교회를 다시 방문하고 돌아와, 성도들이 바울을 그리워하여 다시 보기를 기다리면서 믿음에 굳건하게 서 있다고 보고했습니다(살전 3:6-8). 바울 자신도 데살로니가에서의 사역이 '헛되

▲ 테살로니키의 바울 기념 교회 ©CGN

지 않았다'고 긍정적 평가를 내렸습니다(살전 2:1).

누가는 바울이 데살로니가에 3주 동안 머문 듯한 인상을 주지만, 초기 선교 사역 당시 바울이 가르친 내용을 보면 그보다 훨씬 오래 머물렀으리라 추측할 수 있습니다(행 17:2; 살전 1:5, 4:1-12; 살후 2:1-5, 3:8-9). 뿐만 아니라 빌립보교회에 보낸 편지에서도 "[우리가] 데살로니가에 있을 때에도 너희가 한 번뿐 아니라 두 번이나 나의 쓸 것을 보내었도다"(빌 4:16)라고 언급하는 것으로 보아 3주보다 더 체류했을 것으로 보입니다. 바울 자신도 데살로니가에 있는 동안 밤낮으로 일하면서 일행의 필요를 채웠고, 또 유모와 아비가 자기 자식을 돌봄같이 성도들을 돌보았다고 회상합니다(살전 2:7-11). 따라서 회당에서 세 번의 안식일 동안 강론한 후에 더 이상 유대인들이 환영하지 않자, 현지 헬라인 성도인 야손의 집에서 몇 달 동안 모인 듯합니다(행 17:5).

예외 없이 찾아온 핍박

야손의 집을 중심으로 전도하고 새 신자들을 가르치는 동안, 믿지 않는 유대인들은 점점 시기가 가득해져서 선교사들을 핍박하기 시작했습니다. 특히 자신들이 개종시키고자 공들이던 경건한 이방인들이 바울을 따라가고, 또 많은 이방인이 예수를 믿게 되자 불량배들을 동원하고 충동하여 폭동을 일으켰습니다. 이방인들에게 복음을 전하지 못하도록 심하게 훼방한 것입니다(살전 2:15-16). '천하를 어지럽게 했다'는 이유였습니다(행 17:6). 킹제임스 번역처럼 '세상을 발칵 뒤집어 놓았기 때문'입니다. 그만큼 바울의 선교는 큰 충격과 여파를 불러일으켰습니다.

결국 유대인들이 시장 거리에서 불량한 사람들을 데리고 야손의 집에 들이닥쳤는데, 마침 바울 일행이 없었습니다. 폭도들은 야손과 다른 형제들을 끌어가 읍장들 앞에 고소했습니다. 가이사 말고 다른 왕이 있다고 주장하는 사람들을 맞아들였다는 정치적 프레임을 씌웠습니다. 제일 만만한 반역죄로 고소한 것입니다. 읍장들도 놀라 일단 야손 일행을 구금했지만, 결국 보석금을 받고 풀어 주었습니다.

▲ 테살로니키의 옛 저잣거리 유적 ©DC

야손의 집 위치로 알려져 왔던 희랍신학교는 테살로니키 시내가 한 눈에 내려다보이는 언덕에 있습니다. 하지만 이곳은 소요가 일었던 아고라에서 너무 멀고 높은 곳에 있다는 점에서 신빙성이 약해 보였습니다. 그런데 요즘 새로이 아고라 부근에 야손의 집으로 추정되어 발굴 작업이 한창인 곳이 있습니다. 테살로니키에서 제일 오래된 교회가 세워진 곳으로, 기독교가 공인된 후 (전승에 따르면) 야손의 집터에 교회를 세웠으리라 보는 것입니다. 여기서 요한이라는 교회 지도자의 무덤도 발굴되어 이곳이 야손의 집터일 가능성을 더해 주지만, 더 기다려 보아야겠습니다.

누가는 바울의 데살로니가 사역을 기록하면서 행정 직위인 '읍장'(politarchēs)이라는 단어를 사용했습니다(행 17:6, 8). 사실 아우구스투스 황제가 데살로니가를 자치 도시로 명명한 후 여섯 명의 읍장이 이 도시를 다스리고 있었습니다. '바르다르 문'(the Gate of Vardar)이라고 불리는 로마식 아치형 건축물에서 읍장 직위와 이름들이 새겨진 큰 대리석이 발굴되었는데, 이 읍장은 데살로니가에서만 사용했던 직위였습니다. 누가의 기록이 역사적으로 신빙성이 있음을 증명해 주는 또 하나의 귀한 자료입니다.

읍장들까지 핍박에 가담하면서 상황이 점점 위급해졌습니다. 형제들은 밤에 서둘러 바울과 실라를 베뢰아로 피신시켰습니다. 바울은 1차 선교 여행 때부터 가는 곳마다 극심한 반대와 핍박을 받았지만, 다음 도시로 옮겨 여전히 힘을 다

▲ 바르다르 문에 새겨진 읍장들의 이름(대영박물관 소장)

해 복음을 전했습니다. 그는 자신을 제일 심하게 핍박하는 유대인들부터 먼저 찾아갔습니다. 어떤 대접을 받을지 알면서도 피하지 않았습니다. 동족에게 메시아가 오셨다고, 예수가 그분이라고 반드시 전해 주고 싶었습니다. 이 메시아가 유대인만을 위해 온 것이 아니라, 하나님 축복의 언약 밖에 있던 이방인들을 위해서도 와서 죽으시고 부활하셨다는 기쁜 소식을 알려야 한다고 확신했습니다. 바울은 핍박이 심했던 비시디아 안디옥에서 이고니온으로 향하며 발의 티끌을 털어 버렸습니다. 다른 도시에서도 그랬을 것 같습니다. 티끌뿐만 아니라 아픔, 상처, 분노, 섭섭한 마음도 같이 털어 버리고 새 도시에서는 새로운 마음으로 시작했습니다. 참으로 놀라운 열정과 사명감을 가진 일꾼이었습니다.

그는 이동하는 길에 멀리 솟은 2,917미터의 올림포스산을 보았을 것 같습니다. 그 산을 배경으로 여러 신화를 창작해 내고, 그런 신화 속의 신들을 믿는 헬라 사람들에게 얼마나 예수 복음이 필요한가를 다시 느꼈을

▲ 눈 덮힌 올림포스산 ©DC

것입니다.

데살로니가교회는 바울의 기도와 기대에 부응하여 신앙생활을 굳건히 잘했습니다. 바울은 늘 이 교회를 생각하며 기도했습니다. 편지를 두 번이나 보내 격려와 감사, 사랑의 말을 나누었고, 새로운 가르침과 따끔한 독려의 말을 쓰기도 했습니다. 자기가 갈 수 없을 때는 디모데를 대신 보내 소식과 가르침을 주고받기도 했습니다. 3차 선교 여행 때에도 데살로니가를 두어 번 더 방문합니다. 에베소에서 사역을 마치고 고린도로 갈때 그리고 고린도에서 마게도냐로 돌아 빌립보에서 예루살렘으로 가는 도중에도 들렀습니다. 성도들이 어떻게 지내는지 늘 궁금해했으며, 기회가 닿는 대로 찾아보고 도우려고 노력했습니다.

데살로니가교회는 바울이 예루살렘의 가난한 성도들을 위해 모금하자고 제안하자 극한 가난 가운데서도 힘에 겹도록 참여했습니다. 바울이 연보를 가지고 예루살렘에 갈 때 '데살로니가 사람 아리스다고와 세군도'가 교회의 대표로 동행했습니다. 이 두 사람은 바울이 데살로니가에 처음 왔을 때 예수님을 믿은 것 같습니다. 아리스다고는 3차 선교 여행 중에 에베소에서 바울을 대적하여 큰 소요가 일어났을 때 격분한 군중이 소리치는 대극장으로 대신 끌려 나갔습니다(행 19:29). 바울이 가이사랴 감옥에 있을 때는 스스로 구금되어 죄수의 신분으로(fellow-prisoner) 바울을 섬겼습니다. 로마로 이송될 때 같이 배를 타고 동행하기도 했습니다(골 4:10; 행 27:2). 주님은 이런 귀한 일꾼들을 데살로니가 선교 중에 세워 주셨습니다.

바울 후의 데살로니가

바울 당시의 유적은 현재 거의 남아 있지 않습니다. 이 큰 도시가 전쟁과 지진과 화재로 무너질 때마다 그 위에 다시 건물을 짓고 살았기 때문입니다. 그래서 빌립보와 같이 고대 유적이 많이 드러나 보이지 않습니다. 그래도 1960년대에 발굴된 아고라와 성벽이 있어 그나마 다행입니다. 바울은 분명 이 거리를 다니며 복음을 전했을 것입니다. 바울이 떠난 후 데살로니가교회는 믿음을 지키며 성장해 갔습니다. 혹독한 핍박도 거쳐 갔습니다. 기독교를 공인한 콘스탄티누스의 직전 황제였던 갈레리우스(Galerius)는 참혹하게 기독교를 핍박했습니다. 그는 로마의 판테온(Pantheon)을 본따 지름 24.5미터, 높이 30미터, 벽 두께가 6미터에 달하는 로툰다(Rotunda)라는 원형 돔과 그것을 연결하는 갈레리우스 개선문(the Arch of Galerius)을 건축했습니다. 그러나 종양으로 311년에 죽고 말았습니다. 갈레리우스가 자기 묘역으로 쓰려고 건축한 로툰다는 콘스탄티누스에 의해 교회로 전환되었습니다. 오스만 제국이 테살로니키를 다스리던 1590년부터는 모스크로 쓰이다가, 지금은 테살로니키를 대표하는 성 게오르기오스(Hagios Georgios) 교회당이 되었습니다.

이 외에도 데살로니가에는 5세기에 세워졌다가 1917년에 화재로 소실되고 1940년대에 재건된 성 디미트리오스(Agios Demitrios) 교회, 5세기 후반에 건축된 성 다윗(Hosios David) 교회, 6세기에 세워진 성 소피아(Hagia Sophia) 교회, 11세기에 세워진 파나기아 찰케온(Panagia Chalkeon) 교회당이 잘 보존되어 있습니다. 오래된 역사와 웅장하고 아름다운 건축적 가치 때문에 모두 유네스코 세계문화유산으로 등재되었습니다. 데살로니가에는 이렇듯 풍성한 신앙의 유산이 있는데, 그 시작은 바울이었습니다. 온갖 핍박을 받으며 작게 시작했지만, 뿌려진 복음의 말씀은 하나도 헛되이 돌아오지 않고 하나님의 때에 하나님의 방법으로 열매를 거두었습니다.

베뢰아에서 만난 너그러운 사람들

데살로니가를 떠난 바울 일행은 에그나티아 가도를 따라 서쪽으로 걷다가, 펠라 쪽으로 계속 가지 않고 가도에서 남쪽으로 25킬로미터 정도 밑에 있는 베뢰아에 도착했습니다. 데살로니가에서 남서쪽의 베뢰아까지는 72킬로미터인데, 처음 50킬로미터 정도는 평원입니다. 그때도 지금과 같이 복숭아, 살구, 자두 농원이 끝없이 펼쳐졌을 것입니다. 그 후에는 산으로 올라가는데, 베뢰아는 산 중턱에 있습니다. 키케로가 묘사한대로 '외진 도시'였지만, 부유하고 문화적인 도시였습니다. 오늘날은 베리아 (Veria)라 부르며, 인구는 약 66,500명 정도입니다.

지금도 베뢰아에는 아주 오래된 유대인 밀집 거주 지역과 유대인 회당이 있습니다. 주전 50년경부터 베뢰아에는 회당이 있었다고 합니다. 지금의 회당이 바울 당시의 건물은 아니겠지만 같은 장소에 다시 지어졌을 것만은 거의 확실합니다. 1920년경, 오스만 제국의 마지막 술탄이 거액

▲ 베뢰아의 유대인 회당 ©DC

을 들여 회당을 보수해 주었을 정도로 역사적으로 가치 있는 유적입니다. 세계에서 현존하는 가장 오래된 회당의 하나라 하여 유대인들도 순례를 많이 옵니다. 지금도 베뢰아에는 바울이 걸었을 로마 대로가 몇 군데 보존되어 있습니다.

시내에는 바울이 설교했다는 곳에 작은 광장이 꾸며져 있고, 성경을 들고 서 있는 바울의 전신 동상이 세워져 있습니다. 그 왼쪽에는 마게도냐 환상을 보는 바울의 모습과 그의 설교를 경청하는 베뢰이의 군인, 귀부인, 관리, 상인, 유대인들의 모습이 두 폭의 모자이크로 그려져 있습니다. 그리스 정교회에서는 매년 6월 29일에 베뢰아에 복음을 전해 준 바울을 기념하는 예배와 대축제를 엽니다. 사실 6월 한 달 내내 축제 행사들이 열립니다.

바울은 가는 곳마다 유대인들에게 핍박을 받았지만, 베뢰아에 도착한 후에도 습관대로 회당부터 찾아갔습니다. 그런데 "베뢰아에 있는 사람들

▲ 베뢰아의 바울 광장에 세워진 예수님과 바울의 모자이크 그림 ©DC

은 데살로니가에 있는 사람들보다 더 너그러워서 간절한 마음으로 말씀을 받고 이것이 그러한가 하여 날마다 성경을 상고"했습니다(행 17:11). 당시 바울은 오늘날 우리가 생각하는 것만큼 유명하지 않았습니다. 잘 알려졌다면 가려는 도시마다 소문이 미리 전해져 사람들이 긴장하고 있었을 법한데, 그런 도시가 없었습니다. 당시에는 통신 시설이 거의 없었기 때문일 것입니다. 그가 개척한 교회의 성도와 동역자들도 우리가 생각하는 것만큼 그를 유명한 사도로 생각하지 않았을 수도 있습니다. 더구나 바울은 자신을 내세우는 사람이 아니었습니다.

베뢰아 사람들이 말씀을 잘 듣고 성경을 상고했기에 바울 일행의 반응은 매우 고무적이었습니다. 바울은 이곳에서 유대인뿐만 아니라 헬라인과 로마인들에게도 복음을 전했습니다. 어떤 메시지를 전했는지 누가는 더 이상 기록하지 않지만, 비시디아 안디옥과 데살로니가 회당에서 전했던 것처럼 구약으로 메시아 예언이 성취되었음을 설명했을 것입니다. 그 결과 적지 않은 헬라 귀부인과 남자들도 예수님을 믿게 되었습니다. 베뢰아 출신인 소바더가 예루살렘에 헌금을 전달하는 대표단 명단에 들어 있는 것을 보면(행 20:4), 베뢰아교회는 그동안 잘 성장했으며 바울과도 동역을 이어 갔음을 알 수 있습니다.

일상으로 찾아오는 핍박

베뢰아 사람들은 신사적이어서 다른 지역 사람들처럼 선교사들을 적대적으로 대하지 않았습니다. 대신 데살로니가의 믿지 않는 유대인들이 베뢰아까지 달려와 무리를 선동했습니다. 이쯤 되면 핍박광(狂)들이라 할수 있습니다. 바울이 회심 전에 그랬던 것처럼 예수의 신성을 받아들일

▲ 메소니의 바울 유적지 ©DC

▲ 바울이 지나갔다는 영문 기록과 함께
사도행전 17장 13-15절을 헬라어로 적
은 표지판 ©DC

수 없었고, 또 예수 복음이 유대교를 위협한다고 확신했기 때문입니다. 상황의 심각성을 인지한 형제들이 급히 바울을 바닷가로 데려가 배에 태워 아덴으로 피신시켰습니다. 흔히 디온(Dion)항에서 피신했다고 알려져 있습니다. 디온은 로마의 큰 도시로서, 알렉산드로스가 페르시아 전쟁을 위해 스트리몬강(Strymōn River)에서 출정하기에 앞서 제사를 지냈던 곳입니다. 알렉산드로스와 바울 당시에는 큰 항구였지만, 오늘날 디온은 퇴적 작용으로 해안에서 6킬로미터 떨어진 내륙이 되었습니다.

하지만 바울이 피신한 항구는 디온이 아니라 메소니(Methoni)였을 가능성이 더 큽니다. 베뢰아에서 가깝기도 하지만, 무엇보다 메소니에는 유대인들이 없었기 때문입니다. 디온은 거리가 더 멀었고, 유대인들도 많이 살고 있었습니다. 바울을 쫓던 유대인들이 말을 타고 달려가 디온의 유대인들에게 미리 연락할 위험이 있었습니다.

현지 사정에 밝은 형제들이 그런 가능성을 내다보고 유대인들이 살지 않으면서 배도 쉽게 구할 수 있는 메소니로 데리고 가서 아덴으로 넘어갔을 가능성이 크다고 봅니다. 그래서인지 최근에 그리스 문화관광부에서는 메소니 지역에 바울이 배를 타고 아덴으로 피신한 곳이라며 사도행전 17장 13-15절 말씀을 헬라어로 기록하며 기념 공간까지 만들어 놓았습니다.

핍박도 없고 사역의 열매도 좋았기 때문에 베뢰아에 3-5개월은 머물렀을 것으로 추정됩니다. 누가는 바울이 각 지역에서 선교한 기간을 정확히 알려 주지 않습니다. 약간의 암시가 있지만, 그것으로 기간을 산정하기는 쉽지 않습니다. 베뢰아를 떠나면서 바울의 마음은 착잡했을 것입니다. 성령이 보여 주신 환상을 따라 마게도냐에 왔는데, 빌립보, 데살로니가, 베뢰아에서 계획보다 짧게 전도하고 마게도냐를 떠나기가 쉽지 않았을 것입니다. 그러나 핍박을 통해 인도받는 것이 일상이 되었기에 하나님을 의지하고 배에 몸을 실었습니다. 실라와 디모데는 잠시 더 베뢰아에 머물기로 했습니다. 바울은 아덴까지 자신을 안내하고 베뢰아로 돌아가는 형제들에게 실라와 디모데도 될 수 있는 대로 속히 아덴으로 오게 하라고 당부했습니다(행 17:14-15).

곧 실라와 디모데가 아덴에 왔지만, 바울은 실라와 아덴에 머물기로 하고 디모데는 데살로니가로 보냈습니다(살전 3:1-2). 데살로니가교회가 늘 마음에 걸렸기 때문입니다. 데살로니가에 있을 때 이미 장차 올 환난에 대해 가르쳤는데, 예상했던 대로 성도들이 심한 핍박을 받고 있다는 소식이 들려왔기 때문입니다. 자신을 대신해서 디모데가 데살로니가 성도들을 굳건하게 하여 여러 환난 중에서도 믿음이 흔들리지 않게 돕기 위함이었습니다. 원래는 직접 가려 했지만, 나중에 데살로니가에 편지하면서

"너희 얼굴 [다시] 보기를 열정으로 더욱 힘썼노라 그러므로 나 바울은 한 번 두 번 너희에게 가고자 하였으나 사탄이 우리를 막았도다" 하며 아쉬워했습니다(살전 2:17-18).

나중에는 실라도 마게도냐로 보냈습니다. 실라는 빌립보에 간 것으로 보입니다. 두 도시 모두 급히 떠났기에 목회적으로 더 돌보아야 한다고 판단한 것 같습니다. 어쩌면 마게도냐는 환상을 통해 인도함을 받은 곳이어서 상황이 괜찮다고 판단되면 마게도냐로 돌아가려는 생각으로 이들을 보냈을 수도 있습니다. 그 사이에 바울은 고린도로 옮겼는데, 나중에 실라와 디모데가 고린도로 찾아와 바울과 합류했습니다(행 18:5). 디모데가 갖고 온 좋은 소식을 듣고 바울은 감사 편지를 써서 디모데 편에 다시 보냈습니다(살전 3:6-7). 그것이 데살로니가전서입니다. 성경에 들어 있는 열세 권의 바울 서신 중에서 제일 먼저 쓴 편지입니다. 실라도 빌립보에서 좋은 소식을 듣고 왔을 것입니다. 빌립보교회는 첫날부터 늘 바울의 감사와 기쁨의 제목이었습니다(빌 1:3-8).

14 ── 알지 못하는 신을 소개합니다

"알지 못하는 신에게라고 새긴 단도 보았으니 그런즉 너희가 알지 못하고 위하는 그것을 내가 너희에게 알게 하리라"(행 17:23).

갓 회심한 베뢰아 형제들의 에스코트를 받아 바울은 배편으로 약 400킬로미터 떨어진 남쪽 아가야 지방의 아덴에 도착했습니다. 이때가 주후 50년 초였으리라 추산합니다. 바울이 오기 5세기 전부터 아덴은 민주주의의 발상지요, 헬라 철학의 본산지였습니다. 소크라테스, 플라톤, 아리스토텔레스가 이곳에서 살고 가르쳤습니다. 아덴의 철학자, 정치인, 예술인, 과학자, 의학자들이 서구 문명의 정신세계를 형성하는 기초를 놓았습니다. 한마디로 아덴은 서구 문명의 발상지였습니다.

하지만 유수한 문화적 유산과 건축물의 위용에도 불구하고 주후 1세기 초부터 아덴의 영향력은 점차 줄어들고 있었습니다. 한때는 도시 국가들을 주도하던 헬라의 중심이었으나, 바울 당시에는 그 주도권이 고린도로 넘어가 로마 제국의 변방에 불과한 처지가 되고 말았습니다. 그럼에도 불구하고 아덴을 거닐면서 바울은 지금까지 그 어디서도 보지 못한 문화재와 대학의 도시를 보고 느끼는 바가 많았을 것입니다. 헬라어를 제1언어로 썼던 바울은 헬라의 중심인 아덴에 관심과 기대가 각별했을 것입니다.

우상의 도시, 아덴

높은 바위 언덕에 자리한 아크로폴리스의 위용이 바울의 눈에 들어오지 않았을 리 없습니다. 주전 5세기부터 세워진 아크로폴리스 안에는 올림포스의 여러 신의 제단이 모여 있었습니다. 특히 아테나 여신을 숭배하기 위해 만든 파르테논 신전이 가장 중요하게 자리 잡고 있었습니다. 이 신전은 유네스코 세계문화유산 1호로 유명합니다. 그런 연유에서 유네스코는 파르테논 신전 모양을 단체의 로고로 사용합니다.

아덴 사람들에게 만연해 있던 우상 숭배의 깊이를 느껴 보기 위해 바울은 아크로폴리스에도 올라가 보고, 포세이돈 신전, 제우스 신전, 아폴론 신전에도 가 보았을 것 같습니다. "내가 두루 다니며 너희가 위하는 것들을 보"았다고 하는 것으로 보아, 일부러 여러 신전에 두루 다녀 보면서 주의 깊게 관찰한 것 같습니다. 설령 이곳들을 돌아보았다 해도 관광 목적

▼ 아레오바고 언덕에서 본 아크로폴리스 ©DC

▲ 압도하는 아크로폴리스 ©CGN

으로는 가지 않았을 것이며, 그 건축물의 웅장함에 마음을 빼앗기지도 않았을 것입니다. 우리도 그러지 말아야겠습니다.

소크라테스의 제자였던 크세노폰(Xenophon)은 아덴을 하나의 거대한 제단으로 묘사했습니다. 그리스의 신상 전체를 합한 것보다 더 많은 신상이 아덴에 있었다고 할 정도였습니다. 요세푸스도 아덴 사람들은 그리스 사람 중에서 가장 종교심이 탁월했다고 기록했습니다. 우상에게 제사 지내는 아덴 사람들을 바울은 수없이 보았을 것입니다. '철학자들이 수백 년

▼ 파르테논 신전 ©CGN

동안 가르쳐 온 세계적 학문의 중심지인 이 아덴에 어찌하여 이렇게 많은 미신과 우상이 들어서 있단 말인가!' 그러면서 사람의 상상력과 카타르시스를 동원하여 신화와 그 속의 신들과 그들의 이야기를 창작하고, 그들의 형상을 고안해 만들고 그들을 섬길 웅장한 신전들을 건축한 후 그 앞에서 두려워 떠는 사람들을 보면서 이들이 살아 계신 창조주, 참 하나님을 알아야 한다는 마음으로 가득 찼을 것입니다.

아고라에서 날마다 복음을 전하다

원래 바울은 실라와 디모데가 올 때까지 기다리려고 했습니다. 그러나 아덴을 다니면서 이 도시에 가득한 우상을 보니 격한 탄식과 거룩한 분노가 치밀어 올랐습니다. 그래서 혼자 회당으로, 또 시장 거리에 나가 전도하기 시작했습니다. 웅장한 건물들보다 예수님이 사랑하시는 영혼들이 더 먼저 눈에 들어왔기 때문입니다. 회당에서는 유대인들에게 구약성경으로 강론하고, 평일에는 날마다 아고라에 나가 만나는 헬라인들에게 전도했습니다. 다른 도시에 세운 교회의 성도들, 아덴 전도를 위해 기도하는 데에도 많은 시간을 보냈을 것입니다. 아고라는 아덴 사람들의 삶의 중심을 이루는 곳이었습니다. 상업 활동, 정치적 회집과 선거, 법정 심문, 연극 공연, 종교 행렬, 군사 경연, 운동 경기, 철학 강의가 열리던 곳입니다. 주전 5-4세기부터 이 아고라를 중심으로 민주주의의 개념이 싹트기 시작해 아덴의 아고라를 '민주주의의 출생지'라고 부릅니다.

아고라 동쪽에는 웅장한 아탈로스의 스토아(Stoa of Attalos)가 있었습니다. 이 스토아는 주전 150년에 버가모의 아탈로스 2세(Attalus II Philadelphus)가 건축한 길이 115미터, 폭 20미터의 2층 건물입니다. 바울은 원래 모습

▲ 3만 평이나 되었던 아덴의 아고라와 복원된 아탈로스의 스토아. 민주주의의 출생지로 불린다. ©CGN

의 스토아를 보았을 것입니다. 주후 267년, 초기 게르만 민족이었던 헤룰
레스(Herules)가 아덴에 쳐들어와 이 스토아에 불을 질러 파괴하고 말았습니
다. 현재 건물의 1층은 1953-1956년 사이에 록펠러 재단의 지원을 받아
미국의 한 대학에서 복원한 것입니다. 2012년에는 2층도 수리를 마치고
박물관으로 개방하고 있습니다.

이 스토아 입구에서 50미터 정도 떨어진 곳에 길이 2.5미터, 폭 1미터
가량의 검고 낡은 돌판이 거의 땅에 묻혀 있는 것을 발견했습니다. 온갖 유
물이 가득한 아덴에서 이 돌판을 유심히 보는 사람은 없을 것입니다. 그

▲ 베마 연단 ©DC

▲ 베마 연단 앞에 놓인 표지판 ©CGN

▲ 아탈루스의 스투아 내부 모습 ©DC

러나 저에게는 가장 귀한 발견이었습니다. '베마: 연설자의 연단'(BHMA: Speaker's Platform)이라는 작은 팻말 때문이었습니다. 이 돌이 늘 새로운 내용과 주장을 피력하던 단상이라는 것입니다. 런던 하이드 파크 모퉁이에 있는 '스피커스 코너'(Speakers Corner) 같은 것입니다. 민주주의와 철학의 도시, 아덴에는 자기 주장을 발언할 수 있는 연단들이 있었습니다. 바울도 이 자리에서 다른 사람의 이야기를 듣다가 기회가 오면 이 단에 올라가 예수 그리스도의 복음을 설파했을 것이라 생각하니 목이 메었습니다.

바울은 날마다 3만 평에 달하는 넓은 아고라를 다니며 성령의 인도하심으로 사람들을 만나 대화하며 복음을 나누었습니다. 아덴 사람들은 소크라테스식 대화법에 익숙했으므로, 그런 스타일로 도덕적·종교적 쟁점에 대해 이야기를 주고받다가 영적인 대화로 옮겨 복음을 전했을 것입니다.

철학자들을 향한 아레오바고 연설

아덴에서는 유대인보다 헬라인을 대상으로 집중 사역했습니다. 자연히 에피쿠로스와 스토아 철학자들을 만났고, 예수와 부활의 복음을 전했습니다. 철학자들은 이 말쟁이가 무슨 말을 하는가, 어떤 이방 신을 전하는

가 하면서 관심을 보였습니다. 개역개정 성경에 번역된 '말쟁이'는 헬라어로 '스페르몰로고스'(Spermologos)입니다. 원래는 '모이를 쪼아 먹는 작은 새'라는 뜻이었지만 시장 바닥에 떨어진 것을 주워 먹는 사람을 지칭하다가, 결국에는 '아주 하찮고 쓸모없는 인간'이라는 은어로 쓰이고 있었습니다. 바울을 이렇게 우습게 본 것입니다. 그런데도 그가 확신에 차서 전하는 예수와 부활에 대한 이야기가 재미있고 신기했는지, 아레오바고(Areopagus)에 와서 그의 새로운 가르침이 무엇인지 말해 달라고 초청했습니다.

아레오바고는 아크로폴리스 인근에 있는 높이 115미터의 큰 바위 언덕입니다. 아레오바고는 당시 최고 법정이었습니다. 지금도 그리스는 대법원을 아레이오스 파고스(Areios Pagos)라고 부릅니다. 소크라테스도 아레오바고 언덕에서 심문과 사형 언도를 받았는데, 최종 투표 결과가 361:140 이었던 것을 보면 500명이 넘는 배심원이 동시에 이 언덕에 모일 수 있었을까 하는 의구심이 들기도 합니다.

아레오바고는 철학자들이 자신이 배우고 깨달은 사상을 설파하는 열린 광장이기도 했습니다. 누가는 당시 "모든 아덴 사람과 거기서 나그네된 외국인들이 가장 새로운 것을 말하고 듣는 것 이외에는 달리 시간을

▼ 아크로폴리스에서 내려다본 아레오바고 언덕 ©DC

▲ 아레오바고 언덕의 사도행전 17장이 새겨진 동판 ©DC

쓰지 않"았다고 합니다(행 17:21). 그만큼 새로운 사상과 아이디어에 관심이 많았습니다.

아레오바고가 법정의 역할을 주로 담당했다는 면에서 바울의 연설은 설교가 아니라 변증이었다고 주장하는 학자들도 있습니다. 하지만 바울의 경우 고소하는 사람도, 고소 내용도, 배심원도, 투표도 없었습니다. 바울도 남을 반박하거나 자기를 변호하는 형태로 연설하지 않았습니다. 법정을 향해 말하는 것이 아니라 그 자리에 모인 아텐 시민을 향해 연설했고, 회심자들까지 얻은 것을 볼 때 '전도 설교'를 했다고 보는 편이 더 정확할 것입니다.

또한 "네가 말하는 이 새로운 가르침이 무엇인지 우리가 알 수 있겠느냐

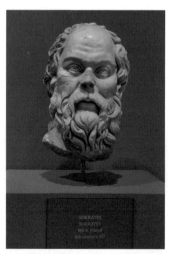

▲ 소크라테스 두상(셀추크 에페소스 박물관 소장) ©DC

네가 어떤 이상한 것을 우리 귀에 들려주니 그 무슨 뜻인지 알고자 하노라" 하며 아레오바고로 데려간 정황을 감안해, 바울이 초청받았다고 보아야 합니다(행 17:19-20). 개역개정 성경에는 '붙들어' 갔다고 번역되었지만 원어 '에필라보메노이'(epilabomenoi)가 강제성을 의미하는 것은 아닙니다. 바울은 그가 발견한 새로운 사상과 신(神)을 전하기 시작했습니다. 소크라테스의 경우와 비교해 보면

이같은 행보는 상당히 위험했습니다. 소크라테스가 사형을 받게 된 이유 중에 '거짓 신을 숭배한다, 국가 종교를 신봉하지 않는다'는 죄목이 포함되었기 때문입니다. 그럼에도 불구하고 바울은 범신론을 믿는 헬라인들에게 유일하신 하나님을 소개했습니다. 독존하시는 창조주 하나님의 아들, 예수님이 이 땅에 내려와 십자가에서 죽으시고 다시 살아나 하나님과 인간 사이를 가로막고 있던 죄와 죽음의 문제를 해결해 주셨다는 메시지였습니다.

누가는 바울이 이때 전한 연설의 도입 부분을 기록했습니다. 교육받은 헬라인들에게 바울이 어떻게 대화를 시작하여 어떤 메시지를 전했는지를 알려 주는 자료입니다. 전도할 때에도 어떻게 대화를 시작하는지가 관건입니다. "시작이 반(半)이다"라는 속담처럼, 시작하면 대화를 이어 갈 수 있습니다. 시작을 못 하고 머뭇거리다가 결국 전도하지 못하는 경우가 얼마나 많은지 모릅니다. 예수님은 "물 좀 주시겠습니까"라는 부탁으로 사마리아 여인과 대화를 시작하셨습니다(요 4:7). 빌립은 에디오피아 내시에게 접근하여 "읽는 것을 깨달으십니까" 하는 질문으로 전도를 시작했습니다(행 8:30). 여기 바울은 "아덴 사람들은 참 종교심이 많군요" 하는 칭찬으로 말문을 열었습니다(행 17:22). 우상으로 아덴을 가득 채운 사람들에게 불편함부터 드러내기보다, 그들의 좋은 면을 먼저 강조한 것입니다. 그리고는 자신이 관찰한 내용을 말합니다. "여러분이 '알지 못하는 신에게' 세운 제단을 보았습니다. 여러분이 알지 못하면서도 섬기고 있는 그 신에 대해 알려 드리겠습니다."

참으로 놀라운 접근입니다. 바울은 현장을 주의 깊게 살피다 '알지 못하는 신에게'라고 새겨진 제단을 보고 전도에 사용할 영감이 떠올랐던 것입니다. 현지 사람들의 관심사를 연구하면서 아덴 사람들은 늘 새로운 것을 듣고 싶어 한다는 사실을 알아차렸습니다. 그래서 현장감 있게 맞춤형 전도를 할 수 있었습니다. 그들이 알지 못하면서도 섬기던 신에 대해 알려 준다니, 청중은 호기심을 갖고 귀를 기울였을 것입니다.

"이 신은 우주와 그 가운데 있는 만물을 지은 창조주 하나님이십니다. 그분은 하늘과 땅의 주관자이십니다. 그분은 너무나 위엄이 커서 사람이 손으로 지은 전(殿)에 계시지 않으십니다. 세상 모든 것을 기지고 계시기에 사람의 손으로 섬김을 받지도 않으십니다. 그분은 모든 사람에게 생명과 호흡을 주십니다. 인류의 모든 족속을 한 혈통으로 만들어 온 땅에 흩어져 살게 하시고, 그들의 연대와 거주의 한계를 정하는 분이십니다.

이렇게 하심은 사람들이 그 하나님을 더듬어 찾아 발견하게 하려 함인데, 정작 사람들은 그분을 찾지도 않고, 알지도 못합니다. 그럼에도 불구하고 그분은 우리 각 사람에게서 멀리 계시지 않고, 오히려 우리가 당신을 찾아 만나기를 원하십니다. 사실 우리는 그분을 힘입어 움직이며 존재합니다. 다소 출신 시인 아라투스(Arátus)가 '우리는 그분의 소생'이라고 말한 것이 맞습니다. 하나님의 소생이 되었다면 어떻게 그 하나님을 금이나 은, 돌에다 사람의 기술과 고안으로 새긴 우상들과 비교할 수 있겠습니까?

지금까지는 그 하나님이 '알지 못하는 신'으로 계셔서 여러분이 당신을 몰랐던 것을 허물하지 않으셨지만, 이제 이 하나님에 대해 알게 된 사람들은 다 회개하라 하셨습니다. 하나님이 예수님을 천하 모든 사람을 공의로 심판하실 재판장으로 세우셨고, 그들을 심판하실 날을 정하셨기 때문입니다. 그 증거가 바로 하나님이 예수님을 죽은 자 가운데서 다시 살리신 것입니다. 예수님의 부활이 바로 하나님이 세상 모든 사람에게 주신,

그분을 믿어야 할 증거입니다(행 17:24-31).

참으로 놀라운 도입과 창조주 하나님에 대한 완벽한 소개가 아닐 수 없습니다. 특히 스토아 철학자들에게 꼭 맞는 도입이었습니다. 스토아 학파는 모든 만물을 신으로 이해하고 있고, 신을 기쁘게 해야 하므로 엄격한 금욕, 절제, 공동선을 추구하는 윤리와 노력, 이성적 이해를 강조했습니다. 그래서 경건주의를 따랐습니다. 반면 에피쿠로스 철학을 따르는 사람들은 쾌락주의를 추구했습니다. 신의 존재는 인정하지만, 신들은 자기들만의 행복을 추구할 뿐 인간에게 관심이 없다고 믿었습니다. 신들은 인간 때문에 기뻐하거나 노여워하지 않으므로, 신들의 노여움을 풀기 위해 제사를 드리거나 신을 의식해 경건하게 살아야 할 필요가 없다고 생각했습니다. 둘 다 기독교의 복음과는 매우 거리가 멀었습니다.

특히 두 학파는 물론 헬라인들은 신이 인간을 사랑하여 인간의 몸을 입고 내려온다는 생각이나 사후 세계로 이어질 육체적 부활이 있다는 사상을 믿지 않았습니다. 아이스킬로스(Aeschylus)의 희극 〈에우메니데스〉(Eumenides)에 아폴론 신이 "지구가 사람의 피를 다 마셔 버린 때에/ 그가 죽은 다음에/ 부활은 없다네"라고 말하는 대목이 있습니다. 그렇게 배운 헬라인들에게 육체로 부활하신 예수가 심판주라고 선포하니 부담스러웠을 것입니다.

누가는 바울이 '죽은 자의 부활'을 전했다(행 17:32)고 간단히 기록하지만, 바울은 죽은 자가 예수이며 그분이 죄 많은 인간을 위해 대신 죽으셨는데, 하나님이 그를 사흘 만에 다시 살리셨다고 설파했을 것입니다. 아레오바고로 초청받기 전에도 이미 '예수와 부활'에 대한 이야기를 전했고, 그 메시지 때문에 아레오바고 광장에 초청을 받았기에 더욱 열심히 전했을 것입니다. "만물을 지으신 하나님께서는 천지의 주재시니 손으로 지은 전에 계시지 아니하"신다(행 17:24)고 설파하면서 맞은편 아크로폴리스 언덕에 우뚝 솟은 파르테논 신전을 가리켰을 것 같은데, 그랬다면 압권이었을 것입니다. 지혜와 용기를 담은 복음 선포였습니다.

죽은 예수의 부활 이야기를 듣고 어떤 사람은 조롱하기도 하고, 어떤 사람은 다음 기회에 듣겠다며 자리를 뜨기도 했습니다. 처음에는 재미있게 들었으나 다가올 심판에 대해 이야기하자 부담스러웠는지 헛소리로 치부해 버렸습니다. 바울이 말했듯이, 헬리인들에게 이 십자가와 부활의 복음은 어리석게 보였을 것입니다(고전 1:22-24). 게다가 우상 숭배를 질책하고 회개를 촉구하니 불편하거나 불쾌했을 것입니다. 이렇게 분위기가

▲ 파올로 프리올로, <아덴에서 설교하는 바울>(1866)

어수선해지는 바람에 바울은 이 설교를 제대로 마치지 못했습니다.

그럼에도 불구하고 어떤 사람들은 계속 남아 바울을 가까이했습니다. 바울은 그들에게 개별적으로 복음을 더 설명했을 것입니다. 그 결과 아레오바고 관리 디오누시오와 다마리라는 여자와 또 다른 사람들도 예수님을 믿었습니다(행 17:34). 어떤 사람들은 이 주제에 대해 다시 듣고 싶다고 했기 때문에 그 후에도 복음을 더 전할 기회를 가졌을 것입니다. 그날 예수님을 믿은 아레오바고의 관리 디오누시오는 나중에 아테네 감독이 되어 순교했다고 합니다. 그리스 정교회는 디오누시오를 아테네의 수호성인으로 추앙하여 매년 10월 3일에 축제를 엽니다.

바울이 설교했던 아레오바고 언덕에서 해마다 6월 29일이면, 그리스 정교회 대주교와 수백 명의 주교, 사제들이 모여 바울이 아레오바고에서 선포했던 말씀을 봉독하고 사도를 기념하는 예배를 엄숙하게 거행합니다. 바울이 뿌린 복음의 씨앗이 자라 나중에 아테네에 복음이 충만해졌음을 감사하고 기념하는 예배이며, 행사입니다.

실패한 사역?

아덴 사역 전체를 실패로 보는 학자가 많습니다. 디모데와 실라를 기다리지 않고 혼자서 전도를 시작했고, 도시에 가득한 우상을 보고 평정을 잃어 격분한 상태였다는 것입니다. 또한 곧바로 복음을 전하지 않고 자기 지혜를 가지고 인류학적으로 접근했으며, 그 결과 전도 열매가 거의 없었다는 사실을 이유로 듭니다. 하지만 저는 전도하는 선교사로서 이런 주장은 동의하기 어렵습니다. 혼자 전도하는 것을 좋지 않다고 이해하는 것은 적절하지 않습니다. 실라와 디모데가 오기 전에 전도했지만, 그들이 온 후에 거의 바로 두 동역자를 다시 마게도냐로 보낸 것은 혼자서도 얼마든지 전도할 수 있었기 때문입니다. 또한 우상을 보고 격분한 것은 사실이지만, 전도할 때 분을 쏟아 내지 않았습니다. 무엇보다 아레오바고 설교는 자기 지혜로 했다기보다, 이방인들의 관심을 끌 수 있는 대화로 시작하여 도입 부분에서 가장 완벽하게 창조주 유일신을 소개한 것이었습니다. 고린도에서 복음을 전할 때 말과 지혜의 아름다운 것으로 아니하였다는 것은(고전 2:1) 그의 일반적인 선교 철학을 가리키는 표현이지, 아덴에서 그렇게 했다거나 그것을 후회한다는 암시로는 볼 수 없습니다.

아레오바고 설교 때 방해를 받아 설교가 중단되었지만 몇 명의 유력자가 예수님을 믿은 것은, 이미 아고라에서 전도할 때 예수와 부활을 전했기 때문입니다(행 17:18). 누가가 기록하지 않았다고 해서 회당 전도와 매일의 아고라 전도에서 열매가 없었다는 말은 아닙니다. 전도 열매가 다른 도시보다 적었을지 모르지만, 그렇다 해서 전도가 실패했다고 보는 시각은 위험합니다. 한 영혼이 천하보다 귀합니다. 수적 결과로 성공 여부를 가늠할 수는 없습니다. 이날 설교를 들은 많은 철학자와 시민에게 복음의 씨가 뿌려졌는데, 그날에는 결신하지 않았다 하더라도 나중에 얼마나 많은 사람이 예수님을 믿었을지 모르는 것입니다. 전도는 영혼을 추수하는 것뿐 아니라 복음의 씨를 뿌리는 과정도 포함하기 때문입니다. 추수는 씨를 뿌림으로써 시작되며, 씨를 뿌리지 않고는 추수할 수 없기 때문입니다(요 4:36-38). 바울도 자신은 씨 뿌리는 사역자일 뿐, 자라나게 하고 거두시는 분은 하나님이라고 말했습니다(고전 3:5-10). 루스드라에서 전도한 후에도 열매가 거의 없는 것처럼 기록되었지만, 이때 바울의 평생 동역자가 된 디모데가 구원을 받았습니다. 전도에 실패는 없습니다. 그날 전한 메시지를 그날 바로 믿은 사람이 없거나 적었다고 실패로 보아서는 안 됩니다. 이날 복음을 들은 사람들이 나중에 예수님을 믿게 될 수도 있기 때문입니다. 전해진 복음은 헛되이 돌아오지 않는다는 이사야 55장 11절 말씀을 믿어야 합니다.

아덴을 떠나 고린도로

바울은 아덴에 오래 머물지 않은 것 같습니다. 하지만 바울 스스로 실패했다 생각하여 핍박이 없었는데도 아덴을 떠났다는 주장은 수긍하기 어렵습니다. 바보와 더베에서도 핍박이 없었는데 다른 사역지로 옮겼습니다. 특히 3차 선교 여행 중 드로아에서는 사역이 아주 성공적이었는데 마게도냐로 가기도 했습니다(고후 2:12).

아덴에서 바울은 대부분의 시간을 혼자 보냈습니다. 급히 아덴으로 피신할 때 베뢰아에 남겨 두었던 실라와 디모데가 얼마 후 아덴으로 왔지만, 바울은 마게도냐의 교회들을 걱정하여 디모데를 데살로니가로 보냈습니다. "우리[바울과 실라]만 아덴에 머물기를 좋게 생각하고" 디모데만 데살로니가로 보냈다는 기록과 나중에 "실라와 디모데가 마게도냐로부터 [고린도로] 내려"왔다는 기록으로 볼 때(살전 3:1; 행 18:5), 디모데가 떠나고 얼마 후 실라는 빌립보로 간 것 같습니다. 그 후 바울은 혼자 고린도로 갔고, 얼마 후 실라와 디모데가 고린도로 합류했습니다.

새로운 신을 소개하는 사람들을 처형해 왔던 아덴에서 핍박받지 않고 고린도로 옮긴 것은 하나님의 은혜였습니다. 이방 불신자들에게 연설 초청을 받은 경우도 아덴이 유일했습니다. 아덴으로 보낸 별도의 편지가 있었는지는 알 길이 없습니다. 고린도후서가 "고린도에 있는 하나님의 교회와 또 온 아가야에 있는 모든 성도에게" 보낸 편지였으니(고후 1:1) 아덴을 포함했을 수도 있습니다. 3차 선교 여행 때 고린도를 세 번째 방문하여 겨울을 보냈는데, 바울의 일반적 선교 방식으로 볼 때 그 기간에 가까운 아덴을 다시 방문했을 가능성도 배제할 수 없습니다.

바울의 아덴 전도는 시내에 가득한 우상을 보고 발생한 거룩한 격분으로 시작되었습니다. 그 격분은 하나님의 영광과 그 이름의 명예와 관계되었습니다. 오늘날도 우리 주변에 많은 우상이 높이 세워지고 있습니다. 돌로 지은 것은 아니지만 명예와 돈, 권력과 인기의 우상을 향해 달려가는 사람이 많습니다. 이들을 향하여 연민과 사랑, 거룩한 분노를 가지고 복음을 전할 수 있기를 기원합니다.

15 ― 문란한 도시에 복음의 빛을

"내가 너희 중에서 예수 그리스도와 그가 십자가에 못 박히신 것 외에는 아무것도 알지 아니하기로 작정하였음이라" (고전 2:2).

아덴을 떠난 바울은 서쪽으로 64킬로미터 떨어진 고린도에 도착했습니다. 배를 타고 왔다면 겐그레아 항구로 도착했을 것이고, 육로로 왔다면 고린도 지협(地峽)을 따라왔을 것입니다. 누가가 바울의 이동을 기록할 때 유독 배를 타고 이동했다고 스무 번이나 명기하고, 배로 갈 수 있는 곳을 배로 이동했다고 기록하지 않은 경우는 두 번뿐입니다 (행 18:1, 20:1-2). 이런 양상을 감안한다면, 아덴에서 고린도로 갈 때 육로를 이용했을 가능성이 큽니다. 지금은 고속도로가 생겨 한 시간 반 정도 걸리지만, 바울은 2-3일은 족히 걸었을 것입니다. 고대 고린도는 남동쪽으로 12킬로미터 떨어져 에게해에 붙은 겐그레아항과 북쪽으로 3킬로미터 떨어져 고린도만(灣)에 붙은 레기움(Lechaeum) 사이에 자리하고 있습니다. 이렇듯 고린도는 양쪽으로 두 항구와 두 바다가 인접해 있었고, 두 항구 도시 사이 지협의 끝에 자리 잡고 있었습니다. 지협은 두 대륙을 연결하는 잘록하고 좁다란 땅을 말합니다. 아시아와 아프리카 대륙을 연결하는 수에즈(Suez)와 남·북아메리카 사이의 파나마(Panama)가 대표적인 예가 되겠습니다.

　그리스 본토와 펠로폰네소스반도를 잇는 6.3킬로미터의 짧은 지협 때문에 펠로폰네소스반도를 돌아가려면 700킬로미터 이상 더 운항해야 했습니다. 해적의 위험과 시간과 경비를 줄이고자 디올코스(Diolkos)라는 도로를 닦아 웬만한 배는 땅으로 끌어올려 다른 쪽 바다로 옮기기도 했습니다. 그러다 보니 이 지협을 뚫어 바다를 연결하려는 노력은 오래전부터 절실했습니다. 하지만 단단한 암반과 높이 때문에 엄두를 내지 못했습니다. 네로가 주후 67년에 처음 시도했지만, 그가 죽자 중단되고 말았습니다. 몇 번의 시도 끝에 현재의 운하가 1893년 8월 6일에 개통되었습니다. 다이너마이트가 발명된 덕분인데도 11년이나 걸렸습니다. 수면 폭 24.6미터, 바닥 폭 21미터, 수심 8미터인 고린도 운하는 세계에서 세 번

▲ 고린도 운하. 세계에서 세 번째로 큰 운하이지만 사용은 빈번하지 않다. ©DC

째로 큽니다. 하지만 규모가 작아서 작은 화물선과 관광 여객선만 1년에 평균 12,500번 정도 이용하고 있습니다. 양쪽 암벽의 높이가 79미터에 이르다 보니 폭과 수심을 확장할 엄두를 내지 못하고 있습니다. 게다가 그리스 본토 서남쪽과 펠로폰네소스반도 북쪽을 잇는 2.38킬로미터의 리오-안티리오 대교(Rio-Antirrio Bridge)가 2004년 8월에 개통되었으므로 이 운하를 확장할 필요는 더 줄어들었습니다.

바울이 도착했던 당시의 고린도를 구(舊) 고린도(Archaia Korinthos)라고 부릅니다. 지금의 신(新) 고린도는 북동쪽 5킬로미터 정도 떨어진 곳에 고린도만 해안을 끼고 새로이 개발되었습니다. 고대 고린도는 주전 146년에 로마에 의해 파괴된 후 방치되어 있다가 주전 46년에 율리우스 카이사르에 의해 복구되었습니다. 주후 50년경부터는 아가야의 수도가 되어 총독이 거주했습니다. 두 항구를 양쪽에 낀 수도로서 다민족이 모여 살던 고린도는 상업과 통신의 전략적 요충지였으므로 부유한 도시였습니다.

▲ 고대 고린도에 세워진 아폴론 신전의 일곱 기둥에서 옛 위풍이 짐작된다. ©DC

늘 상인과 선원, 방문객들로 붐볐습니다. 고대 고린도에는 음악을 듣는 오데움(odeum)과 1만 8천 명을 수용할 수 있는 연극장도 있었습니다.

고린도에 살게 된 여러 민족은 자신들의 신을 모시는 신전을 지었습니다. 이집트 사람들은 이시스와 세라피스 신전을, 에베소 사람들은 아데미 신전을, 베니게 사람들은 아스타르테 신전을, 브루기아 사람들은 마그나 마테르 신전을 세웠습니다. 고린도 사람들은 제우스, 헤르메스, 아테나, 포세이돈, 아폴론, 아스클레피오스 신전을 지었습니다. 그중에서도 주전 550년에 지어진 아폴론 신전이 고린도에서 단연 으뜸이었습니다. 자연히 신전을 중심으로 한 사업도 활발했습니다. 바울도 지금 고린도에 남아 있는 많은 건축물을 보았을 것입니다.

성적 문란의 도시, 고린도

고린도를 대표하는 또 하나의 신전은 고린도가 내려다보이는 해발 575미터의 아크로고린도산 정상에 세워진 아프로디테 신전이었습니다. 철학자이며 역사 지리학자였던 스트라본(Strabon)이 주전 29년에 고린도를 방문한 후 적은 짧은 글에 의하여, 아프로디테 신전에 천여 명의 노예와 여사제가 있었고 제사의 일환으로 매춘 행위가 성행했다고 알려졌습니다 (《Geography》, 8.6.20). 하지만 아프로디테 신전과 이 매춘이 연관이 있는지는 의견의 일치를 보지 못하고 있습니다.

개인적으로 저를 안내해 준 중년 여성은 그리스에서 고고학을 공부하고 스웨덴 룬드대학에 유학 가서 신학을 공부해 5개국어로 안내를 하는 재원이었습니다. 그는 스트라본의 주장은 사실이 아니라고 단호히 말했습니다. 첫째, 신전 터의 크기가 아주 작고, 둘째, 시내에서 그 산을 오르

▲ 고대 고린도 유적지에서 바라본 아크로고린도산 ©CGN

려면 세 시간은 걸어야 했기에 일반인들이 쉽게 갈 수 없었다는 것입니다. 또 고린도 시내에 창녀가 즐비했는데 굳이 그 높은 산까지 올라가 매춘을 했을 이유가 없다는 것이었습니다. 하지만 그 신전에서 제사의 일환으로 다른 성격의 성행위가 있었음을 알려 주었습니다. 부유하거나 가난하거나 종교심이 강한 부모라면 신에게 가장 귀한 것을 바치려는 열심이 있었는데, 그중 하나가 딸의 처녀성을 신에게 바치는 것이었다고 합니다. 그런 신앙적 목적으로 신전에 온 처녀들이 있었고, 신전에 많은 돈을 내고 그들과 관계를 갖는 남자들이 있었다고 합니다.

그녀의 말을 어느 정도라도 확인하기 위해 〈바울로부터〉 다큐멘터리 제작 팀과 함께 아크로고린도산 정상으로 올라갔습니다. 정상을 거의 올라 성벽 입구까지 차를 타고 갔는데도 거기서부터 더 정상으로 걸어 올라가기가 쉽지 않았습니다. 안내판에 신전 위치가 표시되어 있었지만 쉽게 찾을 수 없었습니다. 몇 군데 엉뚱한 곳에도 가 보고 만나는 사람마다 물

▲ 아크로고린도산 정상에 있던 아프로디테 신전 터에서 내려다본 고린도와 바다 ©CGN

어보다가 드디어 찾았습니다. 고린도가 한 눈에 내려다보이는 정상에 분명 신전으로 보이는 터와 유적들이 있었습니다. 기록에는 10×16미터라고 나오지만 그보다 더 좁아 보였습니다. 여사제 1천 명은 고사하고 서른 명이 지낼 공간도 없는데다, 주변에는 다른 건물을 지은 흔적이라고는 전혀 없는 자연석 바위로 정상이 덮여 있었습니다. 대리석이 깔린 바닥이 미끄럽고 가팔라 가을에도 걷기 힘든데, 겨울이면 거의 다닐 수 없을 것 같았습니다. 현장을 보고 이 신전에서 제사의 일환으로 수많은 사람과 여사제들의 매춘 행위가 성행했다는 사실은 납득하기 어려웠습니다. 오히려 당시 사람들의 종교심 때문에 신전에서 나름 신성한 의미를 부여한 성 행위만 있었다는 현지 안내자의 말이 더 신빙성 있게 들렸습니다.

그렇다고 고대 고린도가 성적으로 문란하지 않았다는 뜻은 아닙니다. 우상 숭배와 성적 문란은 고린도 사람들의 생활 방식이기도 했습니다. 헬라어로 코린티아조마이(korinthiazomai: '고린도식으로 놀다')는 '무절제하게 간음

하다'라는 뜻으로, 얼마나 문란했는지 고린도를 붙인 단어가 만들어졌을
정도입니다. 해마다 술의 신 디오니소스 축제가 열릴 때는 광란의 혼음을
했다고 합니다. 이렇게 우상 숭배와 음란이 일상으로 만연한 어둡고 음란
한 도시에 바울이 복음의 빛을 들고 도착했습니다.

누가는 고린도에 온 바울의 일정을 로마의 한 역사적 사건과 연결했습
니다. 첫째, 갈리오(Lucius Junius Gallio)가 로마 총독으로 고린도에 왔을 때
유대인들이 바울을 그에게 고발했다고 기록합니다(행 18:12-17). 갈리오는
유명한 변증가인 대(大) 세네카(Lucius Annaeus Seneca)의 아들이요, 스토아
철학자 소(小) 세네카(Lucius Annaeus Seneca)의 형이었는데, 소 세네카는 네
로 황제가 젊었을 때 그의 가정 교사였습니다. 갈리오로 성(姓)이 바뀐 것
은 아버지의 친구인 갈리오의 양자로 입양되었기 때문입니다. 그리스 델
포이(Delphi) 박물관에 소장되어 있는 비문에 의하면, 갈리오는 주후 51년
7월부터 52년 6월까지 고린도 총독으로 봉직했습니다. 따라서 바울은 주
후 50년 초반에서 51년 후반까지 18개월 동안 고린도에서 사역했을 것입
니다. 로버트 제웨트(Robert Jewett) 박사는 이 연도를 바울의 연대기 전체를
재구성하는 데 가장 중요한 기준점으로 삼았습니다.

예비된 동역자, 아굴라와 브리스길라

누가는 또 하나의 역사적 자료를 기술했습니다. "글라우디오가 모든 유
대인을 명하여 로마에서 떠나라 한 고로" 로마를 떠나 고린도에 왔던 아
굴라와 브리스길라 부부를 바울이 만났다고 기록합니다(행 18:2-3). 이것은
로마의 역사가 수에토니우스(Gaius Suetonius Tranquillus)의 기록과도 일치합
니다. 로마에 사는 유대인들이 크레스투스(Chrestus)라는 사람 때문에 두

패로 나뉘어 사회적으로 큰 문제를 일으켰을 때, 황제는 어느 진영 할 것 없이 아예 모든 유대인을 로마에서 다 추방하라는 칙령을 발표했다고 기록합니다. 이 칙령이 글라우디오 9년에 발표되었다는 오로시우스(Paulus Orosius)의 기록을 따라, 학계에서는 이때가 주후 49년이었다고 동의하고 있습니다.

이 크레스투스는 그리스도를 가리키는 라틴어 '크리스투스'(Christus)와 철사 하나만 다르기에, 학자들은 이 폭동이 그리스도에 관한 의견 차이로 발생했으리라는 데 이견이 없습니다. 로마의 유대인 사회는 크리스투스, 즉 메시아가 이미 오셨는지 여부를 놓고 심각하게 나뉘어 있었습니다. 그리스도가 오셨다고 주장하는 사람들은 예루살렘에서 베드로의 오순절 설교를 듣고 회심한 사람과 그들의 전도를 받은 사람들일 것입니다. 다른 사람들은 나무에 달려 죽은 예수가 어떻게 메시아일 수 있겠느냐며 물러서지 않았을 것입니다.

그렇다면 아굴라와 브리스길라는 주후 49년 말이나 50년 초에 고린도에 온 것으로 보이고, 바울은 그보다 몇 개월 후에 도착한 것으로 보입니다. 아굴라는 본도 출신으로 로마에서 살았던 유대인이었습니다. "유대인 한 사람을 만나니"(행 18:2)라는 표현으로 볼 때, 아내 브리스길라는 유대인이 아니라 로마인인 것 같습니다. 고대 로마의 브리스가(gens Prisca) 가문의 일원일지도 모릅니다. 이들에 대한 수많은 언급에도 불구하고 바울이 이들을 전도했다는 기록이 없는 것으로 보아, 이 부부는 이미 로마에서부터 예수님을 믿은 것 같습니다. 이들은 바울을 모시고 살면서 자신들의 가게에서 일도 하게 했습니다. 기회가 있을 때마다 회당에서 설교하고 아고라와 가게에서 전도하는 바울과 그의 일상의 모습을 보고 많은 영향

▲ 파올로 프리올로, <아굴라와 같이 일하는 바울>(1866)

을 받았습니다. 이 부부는 바울이 고린도를 떠날 때 동행하여 에베소, 일루리곤, 로마까지 이르는 동안에 바울의 신실한 동역자로 살았습니다.

아굴라와 브리스길라가 고린도에 온 지 얼마 되지 않아 가게를 마련하고 천막 제조 및 수리 사업을 시작한 것을 보면 제법 부유하고 능력도 특출했을 것 같습니다. 바울은 사도로서 물질로 섬김을 받을 권리가 있었음에도 불구하고 성도들에게 누를 끼치지 않으려고 이 부부의 일터에서 두 손으로 열심히 일하여 경비를 마련했습니다(고전 4:12, 9:4-15; 고후 11:9). 고린도에서 동역할 사람과 숙소, 자비량할 일거리를 예비해 주신 하나님을 찬양했습니다.

천막을 제조하고 수리하는 일은 고린도에서 아주 요긴한 사업이었습니다. 고대 그리스 4대 제전 중 올림피아 제전 다음으로 크고 중요했던 이스트미아 제전이 2년마다 고린도에서 열렸습니다. 가까운 네메아에서는 네메아 제전이 2년마다 열렸고, 4년마다 열리는 피티아 제전도 고린도에서 멀지 않은 델포이에서 열렸습니다. 그러다 보니 고린도 인근에서 해마다 경기가 있었습니다. 로마 전역에서 참가하는 이 경기들은 단순한 체육 대회가 아니라, 신에게 드리는 제사의 일환으로 갖는 대제전(大祭典)이었습니다. 그때마다 수많은 선수가 사용할 탈의장과 휴식 공간, 임시 숙소는 물론, 몰려든 관람객들을 수용할 임시 숙박 시설도 대대적으로 필요했습니다.

바울과 아굴라 부부는 천막을 수리하거나 제조하느라 1년 내내 바빴을 것입니다. 데살로니가교회가 디모데를 통해 보낸 헌금이 일시적으로 도움이 되었지만(살전 3:6-7), 바울이 고린도 체류 기간 내내 일하여 경비를 마련할 수 있었던 것은 이런 환경 때문이었습니다(고전 9:1-15).

최근 이스트미아 제전 경기장과 성벽 복원 작업이 한창입니다. 바울은 여기서 일하며, 장사하는 일상 속에서 전도도 했을 것입니다. 펼쳐지는 경기도 재미있게 관람했을 것입니다. 나중에 그런 경기와 행사에 익숙한 고린도교회에 이런 편지를 써 보냈습니다.

"운동장에서 달음질하는 자들이 다 달릴지라도 오직 상을 받는 사람은 한 사람인 줄을 너희가 알지 못하느냐 너희도 상을 받도록 이와 같이 달음질하라 이기기를 다투는 자마다 모든 일에 절제하나니 그들은 썩을 승리자의 관을 얻고자 하되 우리는 썩지 아니할 것을 얻고자 하노라"(고전 9:24-25).

회당장들의 잇따른 회심

그리스도께서 오직 복음을 전하게 하려고 자신을 고린도로 보내셨음을 철저히 인식한 바울은 예수님이 그리스도이신 것과 그의 십자가 외에는 아무것도 알지 않기로 작정했습니다. 그래서 안식일마다 회당에서 유대인과 경건한 헬라인들에게 구약의 예언과 예수님의 대속의 죽음과 부활을 강론하며 예수님이 그리스도이심을 선포하고 믿음으로 응답할 것을 촉구했습니다(고전 1:17, 2:1-2, 15:1-4). 그 결과 여러 사람이 예수님을 믿었습니다. 바울은 "그리스도 예수 안에서 내가 복음으로써 너희를 낳았"다고 표현했습니다. 그리하여 그들은 "하나님의 교회 곧 그리스도 예수 안에서 거룩하여지고 성도라 부르심을 받은 자들"이 되었고 하나님의 성전이 되었다면서, 바울은 그런 은혜를 주신 하나님께 항상 감사드렸습니다(고전 1:2, 4, 3:16, 4:15).

아덴에서 데살로니가로 갔던 디모데와 빌립보로 갔던 실라가 마게도냐 성도들이 믿음에 굳건하게 서 있다는 '믿음과 사랑의 기쁜' 소식을 가지고 고린도로 와서 바울과 합류했습니다(행 18:1, 5; 살전 3:6). 마게도냐 교회들이 보낸 선교비와 전도 인력의 보강으로 바울은 더욱 전도에 매진했습니다(행 18:5).

바울이 회당에서 예수가 그리스도라고 설파하자 불신 유대인들의 거센 반발과 무례한 저항이 시작 되었습니다. 그러자 바울은 비시디아 안디옥에서 그랬던 것처럼 "이후에는 이방인에게로 가리라" 하고 선포했습니다(행 18:6. 행 13:46, 28:28 참조). 이렇게 단호한 바울의 모습이 너무도 재미있고 익살스럽기까지 한 것은, 그렇게 대단하게 선포해 놓고 그 회당 바로 옆집에 들어가 전도한 것입니다. 디도 유스도라는 사람의 집인데, 하나님을 경외하는 헬라인이었으니 이미 회당에 참석하던 사람이었습니다.

더 놀라운 것은, 이렇게 회당을 박차고 나왔는데 결국 회당장 그리스보가 예수님을 믿었다는 것입니다. 후임 회당장 소스데네도 예수님을 믿고 바울을 따랐습니다. 유대인들은 복음을 배척했지만 두 회당장이 예수님을 믿게 되었으니, 당시 고린도의 유대인 사회에 일었을 파장은 짐작하고도 남음이 있습니다. 그만큼 핍박도 대단했을 것입니다. 소스데네는 바울의 선교 여행에 동행하는 선교사가 되었고, 나중에 바울이 에베소에서 고린도전서를 쓸 때에는 바울과 같이 편지의 공동 송신인으로 이름을 올리기도 했습니다(행 18:8, 17; 고전 1:1, 14).

이것은 바울이 얼마나 유대인들에게 복음을 전하기 바랐는지를 보여주는 장면입니다. 몇 년 후 로마서를 쓰면서도 자기가 얼마나 유대인들에게 복음을 전하기 원하는지, 유대인들의 구원에 얼마나 관심이 많은지를 반복적으로 피력했습니다.

"나에게 큰 근심이 있는 것과 마음에 그치지 않는 고통이 있는 것을 내 양심이 성령 안에서 나와 더불어 증언하노니 나의 형제 곧 골육의 친척을 위하여 내 자신이 저주를 받아 그리스도에게서 끊어질지라도 원하는 바로라 그들은 이스라엘 사람이라"(롬 9:1-4).

고린도에서 사역하는 동안 바울은 수많은 사람을 신앙으로 인도했습니다. 그중에서도 디도 유스도, 스데바나와 그의 가족 그리고 바울에게 숙소와 식사를 제공했던 가이오는 바울의 중요한 동역자가 되었습니다(행 18:7-8. 고전 1:14-17, 16:15; 롬 16:23 참조). 관청에서 재무관(oikonomos)을 지내던 에라스도(Erastus)도 그중 한 사람입니다. 그는 후에 바울과 같이 에베소에서 사역하다가 마게도냐로 보냄을 받았고(행 19:22), 바울이 고린도에서 로마서를 쓸 때는 고린도에 돌아와 있었습니다. 4차 선교 여행 때에도 바울과 동행했습니다(딤후 4:20). 에라스도가 도로 건설 경비를 제공했다는 내용이 새겨진 석문(石文)이 1924년에 포장된 도로 한가운데서 발굴되었는데, 고고학자들은 이 사람을 나중에 바울의 동역자가 된 에라스도로 추정합니다. 바울은 고린도에서 환난을 많이 겪었지만, 이전 사역지들에 비하여 가장 오래 머물렀고, 사역의 열매도 많이 맺었습니다.

데살로니가교회에 편지를 보내다

바울의 고린도 사역을 생각하면서 놓치지 말아야 할 요소가 있습니다. 데살로니가교회에 편지를 보낸 사실입니다. 베드로전서의 경우처럼 실라가 데살로니가에 보내는 편지를 대필했을 것 같습니다(벧전 5:12). 눈이 좋지 않았던 바울은 늘 구술을 받아 적게 하고, 편지 끝에 몇 문장을 큰 글자로 직접 적기도 했습니다(갈 6:11). 역사적으로 볼 때 바울이 남긴 선교 사역의 열매는 엄청납니다. 하지만 그보다 더 크고 오늘까지도 지속되는 공헌은 여러 교회에 서신을 써 보내면서 그의 정신과 신학을 남긴 것인데, 그 첫 편지를 쓴 곳이 바로 고린도였습니다. 필기도구가 형편없고 우편 업무가 전혀 없었던 시대에 편지를 쓴 것은, 그만큼 꼭 써야 하는 중요한 이유가 있었기 때문입니다. 편지가 아무리 짧고 대필을 시켰다 할지라도 고도의 헌신과 집중이 필요했습니다.

　바울은 데살로니가의 성도들이 극한 핍박 중에서 어떻게 지내는지 무척 궁금했습니다. 직접 데살로니가에 가려고 한두 번 애를 썼지만 길이 막혔습니다(살전 2:18). 애타게 기도하다가 자신은 실라와 아덴에 남고 디모데를 데살로니가로 보냈습니다. 그러면서 보낸 이유를 훗날 편지를 통해 이렇게 설명했습니다. "우리가 … 디모데를 보내노니 이는 너희를 굳건하게 하고 너희 믿음에 대하여 위로함으로 아무도 이 여러 환난 중에 흔들리지 않게 하려 함이라"(살전 3:1-3).

그런데 디모데가 사명을 잘 감당하고 반가운 소식을 가지고 돌아왔습니다. 성도들이 믿음에 굳건히 서 있고, 서로 사랑하고 있으며, 사도를 간절히 보고 싶어 한다는 것이었습니다. 뿐만 아니라 "우리가 모든 궁핍과 환난 가운데서 위로를 … 받았"다고 쓴 것으로 보아 헌금도 모아 보냈습니다(살전 3:6-7). 이렇게 반갑고 감사한 소식과 헌금을 받고 데살로니가전서를 써서 디모데 편에 보냈습니다. 데살로니가교회는 극심한 핍박에도 불구하고 이미 삶으로 하나님을 기쁘시게 하고 있었습니다. 형제 사랑도 잘 실천하고 있었습니다. 바울은 더욱 그렇게 하라는 격려의 말을 썼습니다(살전 4:1, 10). 이 편지는 칭찬과 격려, 성도들을 향한 사랑으로 가득 차 있습니다. "항상 기뻐하라 쉬지 말고 기도하라 범사에 감사하라"(살전 5:16-18)는 유명한 권면도 이때 적어 보냈습니다.

죽은 성도들이 부활할 것인가에 대해 혼동이 있다는 이야기를 디모데로부터 전해 듣고 주의 재림과 죽은 자들의 부활에 대해서도 설명하며 위로해 주었습니다(살전 4:13-18). 그리고 몇 달 후에 고린도에서 두 번째 편지를 보냈습니다. 어떤 성도들이 예수님이 속히 재림하실 것이라는 바울의 말을 오해하여 일은 하지 않고 예수님만 기다리고 있다는 소식이 들렸기 때문입니다. 바울은 다시 편지를 써서 재림에 대해 더 설명하면서 예수님이 오실 때까지 열심히 일하고 시간을 현명하게 사용하라고 촉구했습니다(살후 3:6-15).

열세 권의 바울 서신 중에서 어느 편지를 제일 먼저 썼을까에 대한 논의가 많았습니다. 한때는 갈라디아서를 제일 먼저 썼다는 학설이 우세했지만, 지금은 데살로니가전서라고 보는 학설이 대세를 이루고 저도 동의합니다. 데살로니가전서와 후서의 공동 기자는 '바울과 실루아노(실라)와 디모데'입니다(살전 1:1; 살후 1:1). 실라가 바울과 함께 선교 사역에 참여한 것은 2차 선교 여행 때뿐이었습니다. 또한 다른 바울 서신의 중요한 주제인 율법, 할례, 의롭게 됨에 대한 논쟁 같은 내용이 데살로니가전·후서에는 전혀 들어 있지 않습니다. 이런 주제가 아직 논쟁거리로 부상하기 전에 데살로니가에 편지를 보냈다는 주장이 힘을 얻는 이유입니다.

갈리오 총독 앞에 서다

바울이 고린도에서 보낸 마지막 때의 시간과 고린도를 떠나게 된 배경을 살펴보겠습니다. 고린도에 있던 회당에 들어가 예수가 메시아라고 설교하는 것도 못마땅한데, 회당장 그리스보가 개종하자 유대인들의 핍박은

▲ 고린도의 베마 재판석 뒤로 아크로고린도산이 보인다. ©DC

더 심해졌습니다. 바울이 많이 힘들어하던 어느 날 밤, 주께서 환상 가운데 나타나 위로와 힘을 주셨습니다. "두려워하지 말며 침묵하지 말고 말하라 내가 너와 함께 있으매 어떤 사람도 너를 대적하여 해롭게 할 자가 없을 것이니 이는 이 성중에 내 백성이 많음이라"(행 18:9-10). 환상으로 인도함을 받아 갔던 마게도냐를 꼭 떠나야 했던가 하는 마음도 없지 않았을 텐데, 이번 환상으로 그런 의문은 사라졌습니다. 오히려 더욱 확신을 가지고 고난과 핍박을 이겨 내면서 고린도에서 복음을 전하고 목회 사역에 매진할 수 있었습니다.

바울이 고린도에 온 지 1년 반쯤 되어 가는 시점에 유대인들은 더욱 집중적으로 바울을 공격하기 시작했습니다. 그리스보 회당장에 이어 그 후임 소스데네까지 개종시키는 바울을 더 이상 두고 볼 수 없었을 것입니다. 때마침 신임 총독 갈리오가 부임하자 유대인들은 기선을 잡으려고 했습니다. "갈리오가 아가야 총독 되었을 때에 유대인이 일제히 일어나 바울을 대적"했다는 기록을 보면, 전임 총독은 유대인들에게 크게 우호적이지 않았던 것 같습니다. 신임 총독이 유대인의 환심을 사고자 유리한 판결을 내려 줄 것으로 기대하고 일제히 바울을 끌고 가 총독에게 고소했습니다.

지금 고대 고린도에 베마(Bema)라는 돌로 만든 총독의 재판석이 발굴되어 당시의 재판 모습을 상상해 볼 수 있습니다. 격분한 유대인들이 바울을 붙잡아 왔고, 많은 구경꾼이 모여들어 웅성거렸을 것입니다. 갈리오 총독이 위엄 있게 등장하여 자리에 앉자 유대인들이 바울을 고소했습니다. "이 사람이 율법을 어기면서 하나님을 경외하라고 사람들을 권한다"(행 18:13)는 것이었습니다. 바울이 자신의 입장을 변호하려고 입을 열려 했지만, 총독은 들으려 하지 않았습니다. 대신 유대인들에게 '이 사람의 죄목이 율법에 관한 것이면 너희가 알아서 처리하라'며 법정을 해산시켜 버렸습니다(행 18:14-15). 아마 그 2년 전인 주후 49년, 유대인들이 로마에서 그들의 종교 문제로 소요를 일으키자 글라우디오 황제가 잘잘못을 가리려 하지 않고 모든 유대인을 로마에서 추방해 버린 사건을 감안하여 갈리오도 그러한 기조를 유지하려 한 것 같습니다.

총독의 반응을 본 유대인들은 폭력을 가해도 좋다는 뜻으로 이해하고 아직 갈리오가 재판석에서 나가지도 않았는데 일치단결하여 폭력을 휘두르기 시작했습니다. 특별히 회당장 출신 소스데네에게 달려들어 구타하기 시작했습니다. 회당장이라는 사람이 개종하여 예수를 믿고 바울을 따르고 있으니, 바울보다 소스데네에게 악감정이 더 많았던 것입니다. 갈리오는 이것을 보고도 내버려 두었습니다. 총독이 이런 태도를 취하자 유대인들은 더욱 마음 놓고 선교사와 성도들을 핍박하기 시작했습니다. 앞으로의 고난은 지금까지와는 비교가 되지 않을 만큼 심하리라 예상되었습니다.

바울은 갈리오 총독 앞에서 담대히 예수 그리스도에 대해 증언할 기회를 얻지 못해 아쉬웠을 것입니다. 하지만 총독이 재판을 거절한 것은 바울에게 좋은 결과를 가져오기도 했습니다. 적어도 바울과 그리스도인들이 로마의 법을 위반하고 있다는 의심에서 벗어나게 되었기 때문입니다. 이것이 선례가 되었는지, 나중에 유대의 벨릭스나 베스도 총독도 율법이나 유대인 신앙에 대한 문제에는 관여하지 않았으며, 바울에게 유죄 판결을 내리지도 않았습니다.

그래서인지 바울은 고린도를 즉시 떠나지 않고 '더 여러 날' 머물렀습니다. 그리고 얼마 후, 바울은 고린도교회가 스스로 설 수 있다고 판단했는지 고린도를 떠나기로 결정했습니다. 그는 고린도에 1년 반을 머물렀습니다. 그때까지 한곳에 그렇게 오래 머물며 사역한 적은 없었습니다. 이 기간에 아가야의 다른 지역에도 교회를 개척했습니다. 고린도후서의 수신자를 "고린도에 있는 하나님의 교회와 또 온 아가야에 있는 모든 성도"로 기록하는 것이나 겐그레아교회가 세워졌던 사실을 보면 알 수 있습니다(고후 1:1; 롬 16:1).

고린도를 뒤로하고

바울은 이제 고린도를 떠날 뿐만 아니라 2차 선교 여행을 마무리하고 수리아 안디옥으로 돌아가기로 했습니다. 누가는 '형제들과 작별했다'라고 간단히 기록하고 있지만, 바울과 일행은 발이 떨어지지 않았을 것입니다. 고린도교회의 일꾼이던 아굴라 부부도 함께 떠났습니다. 마음은 슬펐겠지만, 교회의 주인이신 예수님께 성도들을 의탁했을 것입니다. 성도들에게는 고난을 잘 이기고 믿음을 잘 유지하면서 주님의 영광을 위해 살라고

▲ 겐그레아 옛 항구 모습. 요즘 발굴이 한창이다. ©CGN

당부하며 기도했을 것입니다. 눈물로 성찬을 나누고 헤어졌을 것입니다. 바울은 고린도에 세워진 교회를 잊지 못했습니다. 3차 선교 여행 중에 두 번 더 찾아오고, 네 번이나 편지를 보낼 정도였습니다.

고린도를 떠나 남동쪽으로 10킬로미터 정도 떨어진 항구 도시, 겐그레아에 들렀습니다. 겐그레아에도 교회가 개척되어 있었습니다(롬 16:1). 겐그레아의 현재 이름은 케크리스(Kechris)입니다. 옛 도시와 항구는 없어지고 바울이 출발했으리라 추정되는 부두의 잔해만 맑은 바닷물 속에 남아 있습니다. 최근에 발굴이 시작되었고, 주차 시설도 확장하고 있었습니다.

겐그레아를 출발하기 전, 바울은 전에 드렸던 서원 때문에 머리를 깎았습니다. 머리를 깎은 것으로 보아 나실인의 서원을 드렸던 것 같습니다(행 18:18; 민 6:1-21). 나실인은 '구별된 자'라는 뜻입니다. 나실인 서원을 하는 자는 일평생 혹은 최소한 30일 이상 한시적으로 세상과 단절하고 자신을 하나님께 봉헌하기를 서원하며, 서원 기간이 끝나면 머리를 깎아 제물과 함께 예루살렘 성전에서 예물을 드리는 예식을 올렸습니다. 바울은 고린도 사역을 앞두고 하나님의 보호를 소원하며 이 서원을 드렸을 것 같습니다. 아니면 예수님의 환상으로 먼저 격려를 받은 후, 고린도를 떠날 때까지 약속대로 지켜 주시기를 간절히 기도하며 나실인 서원을 한 것 같습니다. 고린도에서 여러 가지 어려움이 많았지만, 하나님의 사역을 잘 감당하고 무사히 떠나게 되자 감사한 마음으로 머리를 깎고 예루살렘으로 향했습니다.

잠시 에베소에 들르다

겐그레아에서 배에 오른 바울과 일행은 에게해를 가로질러 먼저 아시아의 수도인 에베소에 들렀습니다. 사실 2차 선교 여행을 시작하면서 바울은 아시아에서 복음을 전하고 싶어 했습니다. 그러나 성령께서 그 길을 막으시고, 대신 마게도냐로 인도하셨습니다. 그 후 아덴과 고린도를 거쳐 그제야 꿈에도 그리던 에베소로 오게 되었습니다. 평소 습관대로 회당에 들어가 복음을 전했습니다. 유대인들과 변론했다는 것으로 보아 비시디아 안디옥과 데살로니가에서처럼 구약의 예언들을 상기시키며 예수가 하나님이 약속하셨던 그리스도임을 증명했을 것입니다. 이때 '아시아에서 그리스도께 처음 맺은 열매'인 에배네도가 예수님을 믿었을 것입니다 (롬 16:5). 한편 예루살렘에서 베드로의 오순절 설교를 들은 사람들 중에 아시아에서 온 유대인들도 있었기에, 바울이 방문했을 당시에는 이미 예수님을 믿는 성도들이 조금 자생해 있었을 것입니다(행 2:9).

여러 사람이 더 오래 있기를 바랐지만, 이미 수리아 안디옥으로 돌아갈 계획을 세웠기에 그 결심을 굽히지 않았습니다. 대신 "만일 하나님의 뜻이면 너희에게 돌아오리라" 약속했습니다. 바울은 같이 왔던 브리스길라와 아굴라 부부를 에베소에 남겨 놓고 다시 배에 올랐습니다. 이 부부는 에베소에서 자기 집을 열어 전도하고 예배를 인도했습니다(고전 16:19).

바울은 에베소를 떠나 가이사랴에 도착했습니다. 그 당시 선박은 장거리 항해를 단번에 할 만한 시설을 갖추지 못했기에 적어도 밀레도, 로데, 바보를 거쳤을 것입니다. 어쩌면 파선을 당해 깊은 바다에서 며칠을 보냈는지도 모릅니다. 하지만 누가는 그 세부 사항을 모두 생략했습니다. 에베소를 떠난 후 가이사랴에 도착하여 육로로 먼저 예루살렘교회에 올라가 안부를 묻고 안디옥으로 내려갔다고만 간략하게 기록합니다(행 18:21-22).

에베소에서 실루기아로 가는 배를 타고 안디옥으로 바로 가지 않고 가이사랴로 가는 배를 타고 먼저 예루살렘부터 간 데에는 두 가지 목적이 있었던 것 같습니다. 먼저, 성전에 가서 겐그레아에서 깎은 머리카락을 태우고 예물을 드려 온전하게 서원을 마무리하려는 것입니다. 두 번째로는, 예루살렘교회에 선교 사역을 알리기 위해서였습니다. 2차 선교 여행 동안 바울과 동행했던 실라가 예루살렘교회의 선지자 중 한 사람이었기에 예루살렘교회도 선교 팀의 사역에 관심이 많았을 것입니다. 무엇보다 성령의 강권적 역사로 복음이 유럽까지 전해져 마게도냐와 아가야에 교회가 세워진 것은 결코 작은 일이 아니었기에 이 사실을 사도들에게 알리고 싶었을 것입니다. 하나님이 그들과 함께 행하신 일들, 특히 이방인들의 구원의 역사에 대해 감격적인 보고를 했을 것입니다. 실라가 큰 역할을 했다고 사도들에게 보고하며 그를 보내 주어 감사하다는 말도 잊지 않았을 것입니다. 실라와도 뜨거운 포옹으로 작별을 고했습니다.

며칠 후, 바울은 육로를 통해 400킬로미터 떨어진 안디옥으로 향했는데, 가는 길에 베니게와 사마리아를 들러 하나님이 하신 일을 알렸을 것입니다. 실라는 예루살렘에 남아 있으면서 하나님이 하신 일들을 계속 간증했을 것입니다. 안디옥에 도착한 바울은 1차 선교 여행에서 돌아왔을 때와 마찬가지로 교회를 모아 하나님께서 이방인들에게 복음의 문을 여신 것을 보고했을 것입니다.

하지만 누가나 바울은 2차 선교 여행을 보고한 내용을 전혀 기록하지 않습니다. 그래도 누가는 바울의 선교 여정에서 2차 선교 여행의 끝과 3차 선교 여행의 시작을 알려 주는 아주 귀한 자료를 기록해 두었습니다. "배를 타고 에베소를 떠나 가이사랴에 상륙하여 올라가 [예루살렘] 교회의 안부를 물은 후에 안디옥으로 내려가서 얼마 있다가 떠나 갈라디아와 브루기아 땅을 차례로 다니며 모든 제자를 굳건하게 하니라"(행 18:21-23). 이렇게 2차 선교 여행 마무리와 3차 선교 여행 출발 그리고 1차 선교 여행 때 개척한 교회들을 세 번째 재방문한 일들을 한 문장으로 압축했습니다.

베드로를 꾸짖은 안디옥 사건

하지만 우리는 그렇게 빨리 움직이면 안 될 것 같습니다. "얼마 있다가"로 표현된 2차 선교 여행에서 돌아오고 3차 선교 여행을 떠나기 전, 그 사이에 어떤 일이 있었을까 궁금합니다. 바울은 갈라디아서 2장 11-14절에 자기가 안디옥에서 베드로를 공개적으로 심히 꾸짖었다고 기록하는데, 이 엄청난 사건이 이 기간에 일어났으리라 추정합니다. 교회를 심하게 핍박하다가 회심한 바울이 예수님의 수제자였던 베드로를 공개적으로 꾸짖는 일이 발생했으니 예사롭지 않습니다. 이 심각한 사태를 학자들은 '안디옥 사건'(the Antioch Incident)이라고 부릅니다.

안디옥 사건의 배경과 이유, 내용은 짧은 기록으로도 충분히 파악할 수 있습니다. 바울과 바나바가 안디옥에 있을 때 베드로가 방문했습니다. 이 세 지도자와 유대 성도들은 늘 하던 대로 이방 형제들과 함께 식사를 하고 있었습니다. 그때 마침 예루살렘의 몇몇 유대인 형제가 안디옥에 왔습니다. 그들을 보자 베드로는 어찌된 일인지 식탁에서 일어나면서 마치 이방 형제들과 함께 식사하지 않은 듯 행동했습니다. 바울은 베드로가 "야고보에게서 온 어떤 이들"을 "두려워하여 [식탁을] 떠나 물러"갔다고 합니다. '야고보에게서 온 사람들'이라는 말은 예루살렘에서 왔다는 뜻이요, 더 나아가서는 예루살렘교회의 지도자인 야고보의 지시나 승인, 묵인 하에 안디옥을 방문했다는 뜻입니다.

베드로가 이런 태도를 취하자 안디옥교회의 남은 유대인 성도들도 이방인과 같이 식사하지 않은 듯 행동했습니다. '남은 유대인들'이라는 말의 헬라어 원문은 '나머지 모든 유대인'이라는 뜻입니다. 그러자 안디옥교회의 담임목회자요, 바울과 같이 갈라디아 지방을 다니며 이방인들 가운데 교회들을 개척한 바나바까지 '그들의 외식에 유혹'되었습니다. 베드로의 위선된 행동에 미혹받아 나머지 유대인 성도들과 심지어 바나바까지 이방 성도들과 식사하지 않은 듯이 표리부동한 행동을 한 것입니다. 이를 본 바울은 '모든 자 앞에서' 공개적으로 베드로를 책망했습니다.

"당신은 유대 사람인데도 유대 사람처럼 살지 않고 [외식하는] 이방 사람처럼 살면서, 어찌하여 이방 사람더러 유대 사람이 되라고 [외식적으로] 강요합니까"(갈 2:14, 새번역)?

자신이 베드로를 책망했다고 기록하지만, 사실 베드로를 책망하기란 쉽지 않았을 것입니다. 베드로가 더 이상 예루살렘교회의 최고 지도자가 아니라 하더라도 초대 교회에서 그의 위상은 대단했습니다. 더구나 교회를 심하게 핍박하던 바울의 이런 행동에 모두 당황했을 것입니다. 하지만 바울은 상황이 그만큼 급박하다고 판단했을 것입니다. 베드로의 이런 위선적 행동이 유대주의자들 같이 "이방 사람더러 유대 사람이 되라고 강요"하는 것이라 확신했고, 그의 위선이 다른 성도들에게 악영향을 미쳐 복음과 복음의 진보에 해를 끼치리라는 우려 때문이었습니다.

베드로의 이번 행동은 얼른 이해가 되지 않습니다. 고넬료의 집에서 며칠 유숙하며 이방인들과 식사도 하고 잠도 잤습니다. 율법에 어긋난 행동을 했다고 자신을 비난하던 예루살렘교회의 할례파 성도들을 성공적으로 설득하기도 했습니다(행 11:1-18). 또 예루살렘 공회에서는 고넬료의 사례

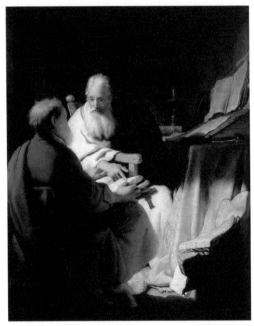

▲ 렘브란트 판 레인, <바울과 베드로>(1628, 빅토리아 국립
미술관 소장). 바울이 베드로를 책망했으나 두 사도는 평생
서로를 귀히 여겼다.

를 바탕으로 이방인들에게 유대 율법을 강요하지 말아야 한다고 주장하
기도 했습니다(행 15:6-11). 그랬던 그가 왜 이제는 할례파 형제들을 두려워
하게 되었을까요? 바나바는 15년 정도 안디옥교회에서 담임목회자로 섬
기면서 이방인 성도들과 지금까지 아무런 문제없이 식탁 교제를 나누며 공
동체로 살아왔는데, 왜 이제 와서 이방 형제들과 같이 식사하는 것을 꺼리
게 되었을까요? 이렇게 흔들리게 된 데에는 분명 이유가 있었을 것입니다.

초대 교회는 이방 성도들의 율법 준수 문제로 혼돈을 겪고 있었습니다.
초대 교회에서 이방 선교는 어떻게 시작되었으며, 그에 따라 이방인의 율
법 준수 여부 논쟁이 어떤 변화를 거쳐 왔는가에 대해서는 23장에서 다

룬 설명을 참조해 주십시오. 초대 교회에서 복음의 진리를 바로 알고 그 진리 위에 굳게 서서 이방 교회가 유대 율법을 지키지 않아도 된다는 신학 노선을 확고히 지킨 사람은 바울이었습니다. 같은 신앙과 신학으로 가장 가까이서 동역하던 바나바까지 흔들리는 것을 본 바울은 그냥 있을 수 없었습니다. 베드로를 책망한 것은 바울이 교만해서도 아니요, 힘겨루기에서 이기고자 함도 아니었습니다. 그는 '사도 중에 가장 작은 자'라고 스스로 생각하고 있었습니다(고전 15:9-10). 다만 복음의 진리를 이방 교회들 가운데 굳건히 세우기 위해 외로운 전투를 하며 버텨 준 것입니다. 우리 이방 교회들은 오늘도 그날의 바울의 통찰력과 용기의 혜택을 보고 있습니다. 이 날의 사건이 두 사도를 결별하게 하지는 않았습니다. 베드로는 나중에 "우리가 사랑하는 형제 바울"이라고 귀히 여겼습니다(벧후 3:15).

▲ 고대 고린도의 아폴론 신전 앞에서 바라본 아크로고린도산 ©CGN

4부

제3차
선교 여행

바울이 다시 선교지로 나가는 것이 이제는 당연하게 받아들여집니다. 2차 선교 여행 때부터 전도하기 원했던 에베소에 드디어 도착합니다. 2차 선교 여행 때는 성령께서 막으셔서 그곳에 가지 못했지만, 이번에는 주께서 "광대하고 유효한 문"을 열어 주셨습니다(고전 16:9). 매사에 때와 순서가 있습니다. 한 번 '노'(No) 하신 것이 영원한 '노'는 아닙니다. 이번에는 에베소에 3년이나 머물렀습니다.

두란노 서원에서 훈련받은 사람들은 전도자가 되어, 아시아 사방에 흩어져 복음을 전했습니다(행 19:10, 26). 그 결과 골로새, 라오디게아를 포함하여 아시아의 일곱 교회 중 대부분을 개척했을 것입니다. 놀라운 일이었습니다.

에베소를 떠난 후 나머지 3차 선교 여행 기간은 바울이 가장 마음고생을 많이 한 시간이었습니다. 거짓 선생들이 고린도와 갈라디아의 교회들을 찾아다니며 바울의 사도성을 부인하고, 이방 성도들에게 율법을 지키며 할례를 받아야 한다고 집요하게 가르치기 시작했습니다. 바울은 불신자들에게 받는 육체적 고통이나 핍박은 이길 수 있었지만, 믿는 유대인들이 이렇게 다른 복음으로 이방 성도들을 혼동시키는 것은 견디기 힘들었습니다. 그는 이 기간에 고린도후서, 갈라디아서, 로마서 같은 진지하고 중요한 편지를 썼으며, 믿음으로 얻은 이방 성도들의 구원이 충분하고 합법적임을 논증하여 소기의 목적을 달성했습니다. 하지만 목숨을 걸고 예루살렘으로 간 바울은 불신 유대인들에게 붙잡힌 후부터 가이사랴 감옥에서 2년을 보냈고, 결국 로마로 송치되었습니다.

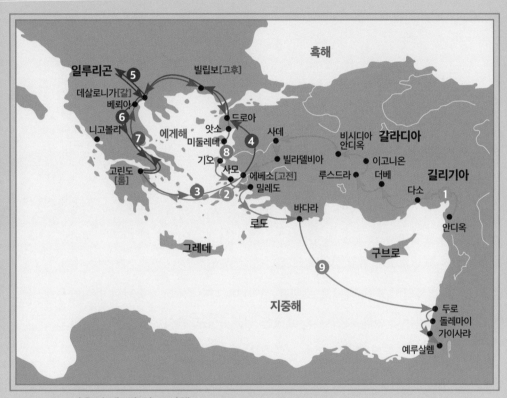

흑해

일루리곤 ⑤

빌립보[고후]

데살로니가[갈]
베뢰아 ⑥
니고볼라 ⑦

에게해
앗소
드로아 ④
사데
비시디아
안디옥
갈라디아

미둘레네
기오 ⑧
빌라델비아
이고니온

사모
루스드라
더베
길리기아

고린도
[롬]
③ ②
에베소[고전]
밀레도
다소 ①

로도
바다라
안디옥

그레데
구브로

⑨

지중해
두로
돌레마이
가이사랴
예루살렘

▲ 바울의 제3차 선교 여행

16 ── 선교 전진 기지, 에베소

"제자들을 따로 세우고 두란노 서원에서 날마다 강론하니라 두 해 동안 이 같이 하니 아시아에 사는 자는 유대인이나 헬라인이나 다 주의 말씀을 듣더라"(행 19:9-10).

안디옥에서 얼마간 시간을 보낸 후 바울은 3차 선교 여행길에 올랐습니다. 주후 52년 봄으로 추정합니다. 안디옥에 머무는 동안에도 바울은 기도하고 가르치며 전도하고, 안디옥 사건 같은 신학적 논쟁도 해결하면서 힘든 나날을 보냈을 것입니다. 현대 선교사들처럼 안식년을 보내지는 않았을 것입니다. 요즈음 선교사들도 안식년을 '안쉴년'이라고 하는데, 바울의 경우는 더욱 그랬을 것 같습니다.

안디옥의 형제들은 3차 선교 여행을 떠나는 바울을 따뜻이 전송했습니다. 하지만 이때 바울은 자신을 선교사로 파송하고 기도로 함께했던 이 귀한 교회로 다시 돌아오지 못할 줄은 알지 못했습니다. 이번 선교 여행에 얼마나 험난한 일들이 기다리고 있는지도 충분히 예상하지 못했습니다. 자기가 개척한 교회들을 찾아와 훼방하는 거짓 선생들의 신학적, 윤리적 잘못을 지적하며 복음과 바른 신학을 지켜야 하는 중요한 임무가 기다리고 있었습니다. 특히 갈라디아의 교회들과 고린도교회를 잘못된 신학 사조로 어지럽히는 유대주의자로부터 교회들을 보호하는 일이 시급했습니다.

이런 면에서 선교사요, 사도로서 바울은 가장 치열한 나날을 보냈습니다. 지금까지 육체적으로 많은 고생을 해 왔다면, 이제는 "모든 교회를 위하여 염려"하느라 마음이 더 눌렸습니다(고후 11:23-28). 동시에 바울의 신학적 능력과 은사가 유감없이 드러나기도 했습니다. 거짓 선생들의 가르침을 용납한 교회들을 바로잡거나 준비시키는 과정에서 바울의 목회적 열정, 복음을 향한 확신과 헌신, 신학적 명쾌함이 편지 형태의 글로 남아 당시의 교회들은 물론 후대에까지 가르침과 감동을 주고 있습니다. 고린도에 보낸 서너 편의 편지, 갈라디아서, 로마서가 이런 과정에서 3차 선교 여행 때 쓰인 것들입니다.

세 번째 선교 여행의 장도(壯途)에 오르다

안디옥을 떠난 바울은 육로로 수리아와 길리기아를 거쳐 "갈라디아와 브루기아 땅을 차례로 다니며 모든 제자를 굳건하게" 했습니다(행 18:23). 2차 출발 때와 마찬가지로 형제들이 어떠한가 살피고, 더 가르쳐 주고 싶은 마음에서 출발했습니다. 1차와 2차 선교 때 개척한 교회들을 순차로 방문했습니다. 이곳 성도들이 온갖 핍박에도 불구하고 믿음으로 주 예수를 따르고 섬기며 살아가도록 말씀과 기도로 힘을 주었습니다. 새 교회를 세우는 것도 중요하지만, 세워진 교회가 신앙과 삶에 제대로 굳건히 서야 한다고 확신했습니다. 심한 핍박을 받는 성도들을 생각할 때마다 걱정이 많았기에 기회가 닿는 대로 교회들을 방문하고자 했습니다. 이때 갈라디아를 지나가면서 예루살렘교회를 위해 헌금을 모으라고 권면하기도 했습니다(고전 16:1; 갈 2:10). 하지만 바울 자신도 이때가 갈라디아를 방문하는 마지막 기회일 줄은 몰랐습니다.

눈여겨볼 것은, 갈라디아뿐 아니라 '브루기아 땅을 차례로 다니며 모든 제자를 굳건하게' 했다는 대목입니다(행 18:23). 브루기아에서 언제 전도하여 교회를 세웠을까요? 바울은 2차 선교 여행 중 성령이 아시아에서 말씀을 전하지 못하게 마으시자 비두니아로 향하는 길에 브루기아와 북갈라디아 땅을 다녀간 적이 있습니다(행 16:6). 그때 전도의 열매가 있었음이 분명합니다. 성령께서 앞으로 선교하러 가는 길에 아시아와 비두니아로 가지 못하도록 앞길을 막으신 것이지, 그 지역으로 향하다 들른 북갈라디아와 브루기아에서 전도의 열매가 없었다는 말은 아니었음을 알 수 있습니다.

꿈에도 그리던 에베소

에베소를 비롯한 아시아 지방에 복음을 전하려는 기대도 부풀어 올랐을 것입니다. 에베소는 2차 선교 여행을 마치고 안디옥으로 돌아오는 길에 잠시 들른 적이 있습니다. 그 짧은 기간에도 전도하여 제자들을 얻은 바울은 성도들에게 "하나님의 뜻이면 너희에게 돌아오리라"라고 말했습니다(행 18:21). 안디옥에서 기도하며 주님의 뜻을 묻는 중에, 개척한 교회들을 모두 방문한 후 에베소에서 복음을 전하는 것이 주님의 뜻임을 확인하고 장도에 올랐을 것입니다.

바울은 "윗지방으로 다녀 에베소에" 왔습니다. 헬라어로 '위 지방'은 북쪽 지방이 아니라, 지형적으로 높은 지방을 가리킵니다. 비시디아 안디옥까지 재방문하고 서북쪽의 브리기아 속주 몇 지방을 차례로 다녔으므

▲ 사데 신전 유적지 ©DC

로 지금의 아피온(Afyon)을 거쳐 서진하여 우샤크(Uşak)를 지나는 길이 가
장 좋은 경로였습니다. 거기서 지금의 살리힐리(Salihli)인 사데를 방문하
고 보즈(Boz)산맥을 넘어 남쪽으로 내려와 현재의 알라셰히르(Alaşehir)인
빌라델비아와 지금의 키라즈(Kiraz) 부근으로 서진하여 에베소에 왔을 것
입니다. 에바브라가 골로새교회를 개척한 것을 보면, 바울이 골로새를 통
과하는 남쪽 경로보다는 북쪽의 사데와 빌라델비아를 거쳐 에베소에 도
착했으리라는 해석에 힘이 실립니다(골 1:7-9). 이 여정 중에도 전도를 했습
니다. 바울은 먼저 사데로 갔을 것입니다. 사데는 외부의 침입을 막아 주
는 자연 지형을 가지고 있습니다. 세계에서 처음으로 금화를 만든 곳으로
도 유명합니다. 어마어마한 신전이 세워져 있던 사데에서 바울은 복음을
전하고 교회를 개척했을 것입니다.

에베소에서 본격적으로 사역하기 전에 아시아의 일곱 교회에 속한 사

데와 빌라델비아 지역에서 복음을 전했을 가능성도 높습니다. '다녀갔다'(dielthonta)는 헬라어는 그냥 지나간 것이 아니라, 전도 계획을 가지고 다녀갔다는 의미가 있기 때문입니다. 누가는 예수님의 여정을 묘사할 때도 이 단어를 그런 의미로 사용했습니다(눅 4:14, 31, 44, 5:12, EDNT: 1, 323).

아볼로가 고린도로 떠나고 얼마 후에 바울이 에베소에 도착했습니다(행 19:1). 2차 선교 여행 때와는 달리 이번에는 가능한 장기적인 사역 계획을 가지고 왔습니다. 가슴에 오래 품고 기도했던 에베소로 돌아왔기에 무척 설레었을 것입니다. 당시 아시아의 수도였던 에베소는 20만 명이 살고 있는 대도시였습니다. 큰 항구 도시였지만 역사의 흐름 속에 산에서 내려오는 토사와 지진으로 묻혀 지금은 항구가 없어졌습니다. 대신 고대 에베소에서 20킬로미터 남쪽으로 떨어진 쿠샤다스(Kuşadası)가 큰 항구 도시로 발전했습니다. 고대 에베소 옆에는 셀추크(Selçuk)라는 작은 도시가 형성되어 있습니다. 빌립보와 같이 고대 에베소도 무너진 후에 사람들이

▼ 옛 빌라델비아 지역에 세워진 성 요한 교회당의 남은 대형 기둥 ©DC

살아오지 않았기 때문에 유적의 잔해들은 비교적 잘 보존되어 있습니다.

요한계시록에 나오는 아시아의 일곱 교회 중 하나인 빌라델비아교회는 믿음을 지켜 칭찬 받은 교회였습니다. 나중에 600년경 비잔틴 시대에 이곳에 여섯 개의 대형 기둥이 받치는 '성 요한 교회'(St. Jean Church)가 세워졌는데, 1700년대에 일어난 지진으로 무너지고 지금은 기둥 세 개만 남아 있습니다.

다시 만난 브리스길라와 아굴라

에베소에는 브리스길라와 아굴라 부부가 자기 집에서 가택 교회를 이끌며 사역하고 있었습니다. 이 부부는 원래 로마에서 주님을 믿다가 글라우디오 황제의 칙령에 의해 추방을 당하여 고린도에 왔습니다. 그곳에서 바울을 만나 동역하다가, 바울이 고린도를 떠나 수리아 안디옥으로 향할 때 같이 배를 타고 에베소에 왔다가 이곳에 머물게 된 것입니다. 고린도에서 생활했던 것처럼 천막 수리와 제조 사업을 하면서 바울에게 배운 대로 자비량 선교 사역자의 삶을 산 것으로 보입니다.

브리스길라와 아굴라는 훌륭한 사역자였습니다. 아굴라가 남편이고 브리스길라가 아내입니다. 2천 년 전 유대 관습으로는 부인의 이름을 먼저 부르는 경우가 아주 드문데, 이 부부의 경우가 그렇습니다. 누가뿐 아니라 바울도 브리스길라의 이름을 먼저 언급하곤 했습니다(롬 16:3; 행 18:18, 26). 아내 브리스길라가 더 헌신되고 은사가 많은 주님의 일꾼이었음이 분명합니다.

바울은 브리스길라와 아굴라 부부가 자신을 위해 목숨까지 아끼지 않았고, 이방인의 모든 교회에도 도움을 주었다고 칭찬했습니다(롬 16:4). 이 부부는 에베소의 회당에서 아볼로를 만났습니다. 그는 구약성경에 능통하고 예수의 복음도 확실히 전하고 있었습니다. 다만 요한의 세례밖에 모르는 것을 보고 이 부부는 하나님의 진리를 더 온전히 가르쳐 주었습니다. 아볼로가 고린도로 갈 때 자기들이 있었던 고린도교회에 그를 천거하는 편지를 써 주기도 했습니다. 고린도에서 바울의 전도 사역을 이어간 아볼로는 교회에 많은 유익을 주었기에 고린도교회의 지도자로 부상했습니다(행 18:27-28; 고전 1:12, 3:4-6). 나중에는 에베소로 돌아와 바울과 함께 일했고, 바울은 그를 자신이 심은 사역에 물을 준 사람으로 높이 평가했습니다(고전 3:5-6, 16:12; 딛 3:13). 고린도의 성 바울 성당 바깥 벽에는 역대 목회자들의 명단이 있는데, 1대는 사도 바울, 2대는 아볼로, 3대는 실라, 4대는 소스데네로, 89대 감독이 2006년부터 재임하는 것으로 기록되어 있습니다.

▲ 고린도에 있는 성 바울 성당 외벽에 설치된 역대 목회자 명단. 1대 바울, 2대 아볼로, 3대 실라, 4대 소스데네로 적혀 있다. ©CGN

흔히 바울을 여성의 지도력을 인정하지 않는 남성 우월주의자이며, 심지어 여성 혐오자로 생각하는 사람들이 있는데, 그렇지 않습니다. 브리스길라의 경우뿐만 아니라 유니아를 사도로 칭한 것은 놀랍습니다. 우리말로 된 성경은 "안드로니고와 유니아에게 문안하라 그들은 사도들에게 존중히 여겨지고"(롬 16:7)로 번역되어 있지만, 바울이 쓴 헬라어 원문은 '사도들 중에서(en tois apostolois) 존중히 여겨지고'입니다. 부인 유니아도 사도의 반열에 들어 있다는 파격적 발언입니다. 거의 모든 영어 성경이 이 원문의 의미를 살려 번역했습니다.

현대 민주주의 체제의 효시가 된 영국의 경우 1918년에 처음으로 30세 이상의 여성에게 투표권이 주어졌는데, 집을 소유하거나 소유자의 아내여야 한다는 조건이 붙었습니다. 남성은 21세라는 나이 조항만 있을 때였습니다. 1928년에야 21세 남녀에게 동등하게 투표권이 주어졌습니다. 바울은 2천 년 전에 벌써 유대인이나 헬라인이나 종이나 자유인이 차별이 없는 것같이 남자나 여자도 차별이 없다고 선언했습니다(롬 10:12; 갈 3:28; 골 3:11). 그래서 브리스길라는 물론 뵈뵈, 유오디아, 순두게, 루디아, 마리아, 루포의 어머니, 율리아 등 많은 여성 동역자와 함께 사역했습니다. 테클라를 전도자로 세우기도 했습니다. 누구든지 주의 이름을 부르는 자는 구원을 얻는다는 복음에서 바울은 모든 인간이 동등함을 인지했습니다. 그리하여 모든 사람이 예수 안에서 동등한 사회가 되도록 변혁을 이끄는 사상적 혁명가이기도 했습니다. 바울은 예수 그리스도의 복음으로 그런 사회가 가능하다고 확신했습니다.

바울 당시의 에베소

아시아는 로마 제국의 동부에서 가장 부유하며, 크고 중요한 속주였습니다. 주전 27년, 옥타비아누스가 로마의 초대 황제가 되어 버가모에 있던 수도를 에베소로 옮긴 후 에베소는 번영을 누리기 시작했습니다. 주후 23년에 지진의 피해를 보기는 했지만 이내 복구했습니다. 지금은 4킬로미터 정도의 바다가 매립되어 육지가 되었지만, 당시 에베소는 좁은 해

▲ 고대 에베소의 중심 도로 ©CGN

로로 바다에 인접한 항구 도시였습니다. 항구에서 곧바로 들어오면 2만 5천 명을 수용할 수 있는 연극장이 있었습니다. 수많은 건물과 두 개의 대형 아고라, 김나지움, 공중 목욕탕, 공중 화장실 등이 이 도시의 위상을 드러내고 있었습니다. 이렇듯 무역, 상업, 학문, 문화, 과학, 종교가 고도로 발달되어 있었습니다.

고대 에베소에서 위용을 자랑하는 셀수스 도서관은 알렉산드리아 도서관, 버가모 도서관과 함께 고대 세계 3대 도서관이었습니다. 이 도서관은 아시아 총독 가이우스 아퀼라(Gaius Julius Aquila)가 주후 114년부터 짓기 시작해 135년에 완공했습니다. 헬라인으로서 주후 92년에 처음 로마의 원로원 의원이 되었다가 아시아 총독을 지낸 자신의 아버지 티베리우스 셀수스 폴레마에아누스(Tiberius Julius Celsus Polemaeanus)를 기념한 건축물이었습니다. 3세기 중반에 지진으로 무너졌는데, 1970년 대에 오스트리아 고고학자들에 의해 현재의 모습으로 복원되었습니다. 바울이 에베소에서 머문 시기는 이 건물이 지어지기 전이었습니다. 이 도서관이 두란노 서원 자리라는 주장도 있습니다. 이 도서관을 책이라는 공통점을 가정하

▲ 셀수스 도서관 ©DC

여 두란노 서원과 연결시킨 것 같습니다. 이 도서관이 기독교가 공인되기 전에 지어졌음을 감안하면 두란노 서원 자리에 셀수스 도서관을 지었을 것이라는 추측은 빗나간 것으로 보입니다.

압권은 에베소 중심에서 2킬로미터 정도 떨어진 곳에 세워진 아데미 신전이었습니다. 아덴에 있던 파르테논 신전보다 네 배나 큰 고대 세계 7대 불가사의 중 하나입니다. 이 신전은 주전 6세기에 세워졌는데, 주전 356년에 불탄 후 더 크게 재건되었습니다. 바울이 보았을 이 신전은 헬라 세계에 세워진 가장 큰 규모로 길이 137미터, 폭 69미터, 높이 18미터, 직경 1.2미터짜리 기둥 127개로 세워진 엄청난 건축물이었습니다. 이 신전을 보려고 로마 제국 곳곳에서 수많은 순례자와 관광객이 몰려들었습니다.

▲ 하나 남은 아데미 신전의 기둥. 이 신전에는 높이 18미터의 이런 기둥이 127개나 있었다. ©CGN

▲ 사람 크기의 아데미 여신상(주후 1세기, 셀추크 에페소스 박물관 소장) ©DC

하지만 이 신전은 주후 262년경 로마 제국을 침략한 고트족(the Goths)에 의해 파괴되었고, 기독교가 공인된 후에는 재건되지 못했습니다. 무너진 대형 돌과 기둥들은 다른 건물을 짓는 데 쓰이기도 했다고 합니다. 콘스탄티노플에 소피아 성당을 지으려고 기둥들을 옮겨 갔다고 하지만 확실한 근거는 없습니다. 지금은 홀로 우뚝 솟아 있는 18미터짜리 기둥 하나가 당시의 위용을 짐작하게 해 줍니다. 여러 개의 젖가슴을 가진 다산(多産)의 여신 아데미는 그리스 신화에 나오는 제우스의 딸이며 아폴론의 쌍둥이 여동생으로, 에베소의 수호신이었습니다. 로마 신화에서는 다이애나(Diana)라고 부릅니다. 1세기에 만들어졌으리라 추정되는 전신 크기의 아데미 여신상이 1956년에 발굴되어 셀추크에 있는 에페소스 박물관에 전시되어 있습니다.

바울이 에베소에서 사역하던 3년 동안 이 신전에 가끔 와서 그 안에 세워진 아데미 여신상을 보았을 것 같습니다. 아데미를 공개적으로 비방하지는 않았지만 속으로 생각했을 것입니다. '사람이 만든 신상과 신전이 아무리 웅장해 보여도 어디까지나 사람이 만든 조각품일 뿐, 참 신이 아니다. 창조주 하나님은 사람이 만든 전(殿)에 계시지 않는다. 우리 하나님은 성도들의 심령 속에 거하며 성도들로 보이지 않는 성전을 지어 가신다! 살아 계시고, 거룩하시고, 영원하신 하나님께서 나 외에 다른 신을 네게

두지 말라 하셨다(출 20:3).'

에베소에서 본격적으로 사역을 시작하다

바울이 에베소에 돌아와 처음 실시했던 사역은 열두 명쯤 되는 성도에게 예수의 이름으로 세례를 베푼 일이었습니다. 이들이 요한의 세례만 알고 있었던 것으로 보아 아볼로의 사역으로 예수님을 믿은 것으로 보입니다. 바울이 예수의 이름으로 세례를 베풀고 안수하자, 이들은 성령의 충만함을 받아 방언과 예언을 하기 시작했습니다(행 18:25; 19:1-7). 이들은 바울에게서 계속 배웠고, 아시아 전역에 복음을 전하고 교회를 세우는 일에 요긴한 동역자들이 되었을 것입니다.

누가는 에베소에서 펼친 처음 석 달의 사역을 한 줄로 요약합니다. "바울이 회당에 들어가 석 달 동안 담대히 하나님 나라에 관하여 강론하며 권면하되"(행 19:8). 1차, 2차 선교 때 찾아갔던 다른 지역에 비해 훨씬 길게 회당에서 가르칠 수 있었기에 감사했을 것입니다. 로마에서도 바울이 강론한 주제는 '하나님 나라'였습니다(행 28:31). 예수님이 선포하시던 말씀의 주제도 '하나님 나라'였습니다. 예수님의 첫 설교는 "하나님의 나라가 가까이 왔으니 회개하고 복음을 믿으라"였고, 수많은 천국 비유로 하나님 나라를 설명하셨으며, 부활한 후 40일 동안 제자들에게 나타나 전하신 말씀의 주제도 하나님 나라였습니다(막 1:15; 행 1:3).

바울은 회당에서 복음을 선포했을 뿐만 아니라 헬라인들도 만나 전도했는데, 그때는 2차 선교 여행 중에 아덴의 아고라와 아레오바고에서 설파했던 내용을 개인적으로 혹은 공개적으로 전했을 것입니다. 당시는 황제 숭배를 포함하여 범신론이 왕성했습니다. 정치와 종교가 어우러져 문화로 형성되었던 시기였습니다. 바울은 이런 시기에 예수 복음으로 당시의 정신문화에 도전했습니다. 아시아 중에서도 정치적·경제적 중심지며 우상 숭배가 가장 심했던 에베소부터 복음을 전하기를 원했고, 결국 승리의 기틀을 마련했습니다.

바울이 밀레도에서 에베소 장로들에게 연설한 내용을 보면 개척 당시 바울의 모습을 알 수 있습니다. 유대인이나 헬라인을 가리지 않고 대중 진도를 하거니, 집집마다 방문하여 전도를 했습니다. 이 과정에서 3년 내내 밤낮으로 쉬지 않고 겸손으로 눈물을 삼켜야 할 때가 많았고, 유대인의 간계를 견뎌야 했습니다. 성도의 재물을 탐하지 않고 오히려 자기 손으로 일하여 일행들의 경비를 충당하는 등 범사에 모본을 보이며 복음을 전했습니다(행 20:18-35). 헬라와 로마 제국 사람들은 수백 년 동안 그리스·로마 신화로 만들어진 우상 숭배에 동화되어 살았습니다. 그 결과 하나님의 그들은 약속의 언약 밖에 있었고, 세상에서 소망이 없는 사람들이었습니다. 이들에게 바울이 새로운 신앙과 종교를 대안으로 제시한 것입니다. 바울의 전도를 받고 그리스도를 믿어 그들도 유대인 성도들과 동일한 시민과 권속이 되었습니다(엡 2:12-19).

바울이 시골에서 자란 사람이었다면 대리석으로 지어진 웅장한 건물과 신전들이 가득한 이 대도시에 주눅이 들었을 수도 있습니다. 그러나 바울은 위대한 도시 다소에서 적어도 20년을 보냈고, 예루살렘에서 최고의 학문을 닦았으며, 수리아 안디옥과 아덴, 고린도 같은 대도시에서 지냈던 경험이 있었습니다. 어디를 가도 복음에 대한 확신을 가지고 헌신적으로 전도했고, 성도들을 그리스도의 일꾼과 군사로 양성했으며, 교회 공동체를 형성하여 그리스도인의 삶의 모습을 불신자들에게 보여 주었습니다. 무엇보다 하나님이 친히 당신이 구원의 은총과 삶의 변화를 주는 참 신이라는 것을 바울을 통해 기적과 능력으로 나타내 주셨습니다. 에베소 사역은 바울의 생각보다 조금 늦게 시작되었지만, 하나님의 때에 효율적으로 진행되었습니다.

두란노 서원 사역

회당에서 설교한 지 석 달 정도 지나자 대적하는 유대인들이 생기기 시작했습니다. 이들은 마음이 굳어 복음의 말씀에 순종하지 않고 무리 앞에서 바울이 전하는 복음을 비방했습니다. 누가는 그 고난의 강도를 언급하지 않지만, 큰 무리를 선동하여 에베소에서 쫓아낼 정도는 아니었습니다. 그래도 '유대인의 간계'가 심하여 바울은 더 이상 회당에서 강론하지 않기로 했습니다(행 19:9, 20:19). 대신 예수님을 믿는 제자들을 두란노 서원으로 모아 매일 가르쳤습니다. 노예들을 포함하여 사람들이 일하지 않는 오침(午寢, siesta) 시간에, 두란노라는 이름을 가진 사람의 학교(scholē)에서 큰 방을 빌려 강론했습니다. 크기나 수용 인원의 규모는 알 길이 없습니다.

이렇게 2년 동안 심도 깊은 제자 훈련을 실시한 결과를 누가는 이렇게 종합합니다. "두 해 동안 이같이 하니 아시아에 사는 자는 유대인이나 헬라인이나 다 주의 말씀을 듣더라"(행 19:10). 아시아 사람들이 다 두란노 서원에 와서 말씀을 들었다기보다, 두란노 서원에서 제자 훈련과 전도 훈련을 받은 성도들이 아시아 전역으로 나아가 왕성하게 복음을 전했음을 알려 줍니다. 두란노 서원에서 같은 사람들에게 2년 동안 성경 공부 위주로 제자 훈련을 진행하기보다는 복음의 내용과 전도 방법을 충실히 숙지시키고 파송하여 그들이 전도한 후 교회를 개척하도록 훈련시켰습니다. 이렇게 훈련된 사역자들이 아시아 전역으로 흩어져 동시다발적으로 복음을 전했기에 '아시아에 사는 자는 유대인이나 헬라인이나 다 주의 말씀을 들었던 것'입니다. 오늘도 이런 제자 훈련, 전도 훈련, 개척 훈련과 전도 활동이 절실합니다.

이 보고가 좀 과장되었다 하더라도, 에베소뿐만 아니라 아시아의 일곱 교회가 속한 아시아 지역 전체에서도 대대적으로 복음의 진보가 있었을 것이 분명합니다. 바울 자신도 에베소에서 일어나는 복음의 진보를 같은 맥락에서 기록하기 때문입니다. "내가 오순절까지 에베소에 머물려 함은 [아시아에서] 내게 광대하고 유효한 문이 열렸"다고 서술한 것과 고린도교회에 "아시아의 교회들"의 안부를 전하는 것을 보면 바울 선교 팀이 아시아에 여러 교회를 개척했음을 알 수 있습니다(고전 16:8-9, 19).

누가도 바울의 에베소 사역은 놀라웠다고 보고하면서 몇 가지 기적을 기록합니다(행 19:12-19). 바울이 쓰던 손수건이나 가죽 작업을 할 때 입는 앞치마를 가져다가 병든 사람에게 얹기만 해도 낫는 역사가 일어났습니다. 그런가 하면 에베소에 사는 유대인 마술사들은 시험 삼아 악귀 들린 자들에게 귀신을 쫓아내려 "내가 바울이 전파하는 예수를 의지하여 너희에게 명하노라" 하며 선포했습니다. 그만큼 바울이 유명해진 것입니다.

한 번은 유대인 제사장 스게와의 일곱 아들도 그런 말을 했습니다. 그랬더니 악귀 들린 사람이 도리어 달려들어 "내가 예수도 알고 바울도 알거니와 너희는 누구냐" 하며 뛰어올라 눌러 이겨 버렸습니다. 제사장 아들들은 상하고 벗은 몸으로 기겁하여 달아나 버렸습니다. 이 소문은 순식간에 에베소에 퍼졌습니다. 다른 지역으로도 흘러갔을 것입니다. 이런 일로 에베소 사람들은 바울을 두려워하게 되어, 회개하며 바울이 전하는

▲ 구스타브 도레, <에베소의 성 바울>(1870). 개종한 에베소의 마술사들이 수억 원어치의 마술책을 자진해서 불에 태웠다.

예수의 이름을 높이고 믿게 되었습니다.

에베소는 우상의 도시일 뿐 아니라 마술의 도시여서 마술사들과 마술 서적이 많았습니다. 마술의 주문(呪文)을 적은 책과 그것을 설명하는 책이 얼마나 많았는지 '에베소 문서'라는 도서 분류가 별도로 있었을 정도라고 합니다. 바울이 베푸는 능력과 표적을 보고, 또 그가 전하는 복음을 듣고 회심한 마술사들은 우상과 마술 서적들을 사람들 앞에서 불살랐습니다. 그 책값이 은 5만 드라크마나 되었다고 합니다. 요즘의 가치로는 수억 원이 될 것입니다. 이렇게 "주의 말씀이 힘이 있어 흥왕하여 세력을 얻"었습니다(행 19:20). 하나님의 놀라운 능력의 기적이 말씀 사역과 함께 나타났기 때문입니다. 바울은 누구도 함부로 건들 수 없는 신비로운 능력의 사람으로 보였을 것입니다.

아시아 전역으로 퍼진 교회 개척

광대하고 유효한 문이 열렸다는 바울의 표현은 이런 모든 경우를 종합한 것입니다. 복음의 이런 흐름은 에베소를 넘어 아시아의 다른 도시들로도 번져 나갔습니다. 은혜와 능력을 받은 바울의 제자들이 아시아 전역에 흩어져 복음을 전했습니다. 에바브라는 루커스 계곡(Lycus Valley)에 세워진 골로새, 라오디게아, 히에라볼리 같은 도시에 교회를 개척했고, 눔바의 집도 교회로 사용되었습니다. 바울도 제자들이 개척한 교회들에 편지를 보내 격려하고 가르쳤습니다(골 1:7, 2:1, 4:12-16).

이렇게 보면 바울의 제자들이 아시아의 일곱 교회를 포함하여 아시아 전역으로 흩어져 복음을 전하고 교회를 개척하여 목회를 감당했다고 충분히 가정해 볼 수 있고, 사실에 가까울 것입니다. 두아디라교회를 개척하는 일에도 두아디라 출신으로 빌립보에서 사업하던 루디아가 어떤 역할을 했을 수 있습니다. 아시아 지방에 일곱 교회를 세울 수 있는 인물 중 바울과 그의 동역자들 말고는 다른 사도나 전도자를 추측할 수 없습니다. 물론 오순절에 예루살렘에서 베드로의 설교를 들은 아시아 사람들을 배제할 수는 없습니다(행 2:9). 하지만 일곱 교회가 대부분 골로새보다 가깝거나 비슷한 거리에 있고, 바울에게는 디모데, 디도, 에라스도, 에바브라, 브리스길라와 아굴라 등 든든하고 헌신적인 동역자와 두란노 서원에서 훈련받은 많은 제자가 있었으므로, 이들을 인근 지역에 단기 선교로 파송하기도 했을 것입니다.

로마 제국의 모든 길이 로마로 통했듯, 소아시아의 모든 길은 에베소로 통했습니다. 에베소는 다른 도시로 항시 사람들과 물품이 오가는 곳이었으므로, 바울도 이곳에서 아시아 전체에 대한 전도 전략을 추진했을 것입니다. 그동안 무르익은 선교 경험으로 에베소에 베이스캠프를 차리고 아시아의 여러 지역에 순회 사역을 하거나 동역자들을 파송하여 교회들을 개척했을 가능성이 매우 높습니다. 그렇게 아시아에 개척한 여러 교회 중 몇몇은 요한계시록 2-3장에 언급된 것으로 보입니다. 데메드리오가 "이 바울이 에베소뿐 아니라 거의 전 아시아를 통하여 수많은 사람을 권유하여 말하되 사람의 손으로 만든 것들은 신이 아니라"(행 19:26) 한다고 고소했는데, 근거 없는 발언은 아니었습니다.

고린도 교회를 향한 사역

바울은 에베소에서 사역하는 동안에도 여러 교회의 형편을 전해 듣고 그들을 위해 늘 기도하면서 목회적 역할을 지속했습니다. 특히 에베소 서쪽의 에게해를 건너면 고린도인데, 거기서 들려오는 소식이 부담이 되었습니다. 그래서 바울은 에베소에 있는 동안 편지를 보냈습니다. 고린도전서를 쓰면서 "내가 너희에게 쓴 편지"라고 언급한 것으로 보아(고전 5:9) 고린도전서보다 먼저 쓴 편지가 있었음을 알 수 있습니다. 이 편지는 분실되어 성경에 포함되지 않았습니다.

바울은 고린도교회 안에서 발생한 심각한 근친상간의 죄를 전해 들었습니다. 형제들이 세상 법정으로 분쟁거리를 들고 갔다는 것, 교회가 바울파·게바파·아볼로파·그리스도파로 나뉘고 있다는 보고도 들었습니다. 그 외에 죽은 성도의 부활 여부에 대한 신학적 혼선도 듣고 자세하게 설명해 주었습니다(고전 15:12). 더 나아가서는 주님 오실 날이 가까운 상황에서 결혼의 필요성과 우상에 제물로 바쳐졌던 고기를 먹는 여부에 대한 문의가 오기도 했습니다. 바울은 "너희가 쓴 문제에 대하여", "처녀에 대하여는", "우상의 제물에 대하여는" 하면서 고린도 교인들이 제기한 질문에 하나씩 답해 주었습니다(고전 7:1, 25, 8:1).

은사 문제로 교회가 무질서하다는 이야기도 전해 들었습니다(고전 12-14장). 교회는 그리스도의 몸으로, 한 몸에 여러 지체가 있는 것같이 각 성도가 교회의 지체를 이루고 있으니, 열등하게도 우월하게도 생각하지 말고 서로 인정하고 상호 의존하며 살아가라고 가르쳤습니다. 방언과 예언을 질서 있게 하라고 권면하기도 했습니다. 유명한 고린도전서 13장에서는 사랑스럽지 않은 대상, 사랑할 수 없는 상황 등 어떤 경우에도 조건과 계산 없이 사랑하는 태도가 주님과 교회를 섬기는 데 가장 필요하다고 역설했습니다. 가장 숭고한 바울의 가르침입니다.

이런 소식들은 글로에의 집 사람들과 스데바나와 브드나도와 아가이고 같은 고린도 성도들이 바울을 도우려고 에베소를 방문했을 때 전해 들었습니다(고전 1:11, 16:17). 질문은 없었지만 꼭 알아야 된다고 생각한 내용들은 "너희가 알지 못하기를 원하지 아니하노니"라는 형식으로 추가하여 가르쳐 주었습니다(고전 10:1, 11:3, 12:1). 이런 내용들을 주후 53-54년경 에베소에서 두 번째 편지에 담아 디모데 편에 들려 보냈고(고전 4:17, 16:10), 그것이 성경에 고린도전서로 보존되어 있습니다.

고린도전서에서 강력히 촉구한 것은 근친상간을 범한 형제를 교회에서 내쫓으라는 요구였습니다(고전 5장, 특히 5:2, 11-13). 그러나 고린도전서를 전달하고 돌아온 디모데는 그 형제가 회개하지도 않았고, 교회의 지도자들은 편지를 읽고도 형제를 내쫓지 않았다고 보고했습니다. 이에 격분한 바울은 직접 문제를 해결하려고 고린도로 갔습니다(고후 2:1). 두 번째 고린도 방문이었습니다. 고린도교회의 지도자들을 직접 만나 격한 어조로 호통을 쳤습니다(고후 13:2). 그런데도 사도의 말을 들을 기색을 보이지 않자 바울은 큰 상처를 입고 급히 에베소로 돌아왔습니다. 이것을 '고통의 방문'(painful visit)이라고 부릅니다(고후 2:1-11, 7:8, 12). 이 방문 경로도 3차 선교 여행 지도에 그려 넣어야 할 것입니다.

에베소로 돌아온 바울은 다시 고린도에 가서 모든 것을 바로잡고 싶었습니다. 하지만 그러면 서로 더 힘들 뿐이라고 생각했습니다. 대신 마음을 가라앉히고 고린도 성도들을 생각하며 다시 편지를 썼습니다. 두 번째 방문했을 때 호통친 것, 격해진 감정에 고린도를 급히 떠난 것을 마음 아파하며 눈물로 쓴 편지입니다. 그런가 하면 끝까지 회개하지 않던 범죄자와 지도부를 향해 단호한 내용도 담아 디도 편에 고린도로 보냈습니다(고후 2:1-4, 7:5-9, 12:18). 눌리고 걱정스러운 마음으로 많은 눈물을 흘리며 쓴 이 세 번째 편지를 '눈물의 편지'(tearful letter), 혹은 '엄중한 편지'(severe letter)라고 부릅니다. 이것도 분실되어 성경에 들어 있지 않습니다.

바울은 눈물의 편지를 받은 고린도 성도들의 반응이 몹시 궁금했습니다. 사실 그 편지를 보낸 후에 다소 후회하기도 했습니다(고후 7:8). 그래서 몸은 에베소에 있으면서 마음 한편은 고린도에 가 있었습니다. 고린도교회에 '모든 교회를 위하여 염려하는 것'이 가장 큰 고통이었음을 나중에 고백했는데, 이때도 포함되어 있는 것 같습니다(고후 11:28).

에베소 사역은 잘 진행되었습니다. 3년 가까이 머물렀기에 주후 55년 오순절까지만 에베소에 머물고 그 후에는 마게도냐, 아가야를 방문한 후 예루살렘에 돌아갔다가 로마로 가려는 계획을 세웠습니다(고전 16:5-10; 행 19:21). 마음의 여유가 좀 있었는지, 같이 있던 디모데와 에라스도를 마게 도냐로 보내기도 했습니다(행 19:21-22). 그러면서 눈물의 편지를 들고 고린 도에 간 디도가 돌아오기만 기다리고 있었습니다.

에베소에서 일어난 핍박

바울은 에베소에서 복음을 전할 때 광대한 문이 열렸다고 고린도교회 에 알리면서도 '맹수와 더불어 싸웠다', '대적하는 자가 많다'는 말로 어 려움이 많았음을 시사했습니다(고전 15:32, 16:9). 에베소에 3년을 머물면서 수많은 사람을 회심시키고 아시아 전역에 전도로 교회를 개척하며 성공적 으로 사역을 수행했지만, 바울 때문에 경제적, 정치적, 종교적으로 불이익 을 당한다고 생각하는 사람도 늘어나고 있었습니다. 예수 신앙으로 돌아서 는 수많은 아시아 사람을 보며 아데미 신전을 포함한 여러 신전의 제사장 과 종사자들이 기득권을 훼방하는 이 불청객을 곱지 않은 눈초리로 보고 있 었습니다. 훼방과 핍박이 일어나는 것은 당연했습니다. '동족의 위험과 이

▼ 2만 5천 명을 수용하던 에베소의 대연극장 ⓒCGN

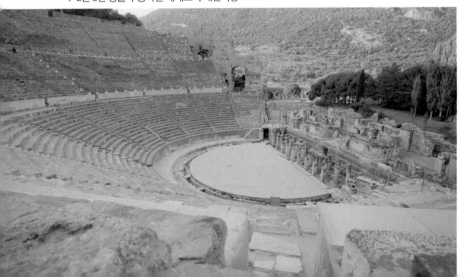

방인의 위험'이 이곳에서도 끊이지 않았습니다(고후 11:26). 에베소를 떠난 후 바울은 아시아에서 처음부터 대적하는 자가 많아 "힘에 겹도록 심한 고난을 당하여 살 소망까지 끊어지고 … 사형 선고를 받은 줄 알았"을 만큼 감당하기 힘든 시간을 보냈다고 회상했습니다(고전 16:9; 고후 1:8-9).

어떤 에베소 사람들은 나중에 예루살렘에서도 바울을 괴롭혔습니다(행 21:27-31). 에베소에서 3년이나 사역한 것은 핍박이 없었기 때문이 아니었습니다. 아시아 사역의 중요성을 절감했기에 온갖 어려움을 감수했던 것입니다. 무엇보다 죽은 자를 살리시는 하나님이 도와주셨기 때문에 버틸 수 있었고, 그때마다 더욱 담력이 생겨 큰 사망에서 건져 주신 하나님이 앞으로 어떤 핍박이 닥쳐도 또 건지시리라는 믿음을 가졌습니다(고후 1:9-10).

바울을 눈엣가시같이 생각하여 결정타를 날릴 기회를 호시탐탐 엿보는 사람들이 있었습니다. 대표적으로 데메드리오가 바울을 몰아낼 대대적인 음모를 계획하고 추진하기 시작했습니다. 그는 아데미 신상의 모형을 판매하는 사업가였습니다. 그와 사업적으로 연결된 많은 하급 업체와 직공들도 작은 아데미 신상을 만들어 큰 돈벌이를 하고 있었습니다. 당시 사람들은 먼 길을 떠나거나 전쟁이나 운동 경기를 치를 때 아데미 조각상을 부적처럼 지녔습니다. 그 조각상을 마게도냐와 아가야로 수출까지 하고 있었는데, 바울의 영향으로 수출량과 순례객이 줄어들었습니다. 이제는 아시아에서도 우상을 버리고 살아 계신 하나님을 섬겨야 된다고 설교하고 또 많은 사람이 믿으니 자연히 신상 판매가 급감할 수밖에 없었습니다. 신상 판매상과 제작공들은 수입을 걱정하지 않을 수 없었습니다.

그때 데메드리오가 이들을 대연극장으로 불러 모아 충동하기 시작했습니다. "우리가 풍족한 생업을 유지해 오지 않았습니까? 그런데 이 바울

▲ 파올로 프리올로, <에베소 대연극장에 들어가려는 바울>
(1866)

이라는 유대인이 에베소뿐 아니라 거의 아시아 전역에서 사람의 손으로 만든 것들은 신이 아니라 하니 우리의 사업이 다 망하게 생겼습니다"라며 신상 제조업자들의 피해 의식을 부추겼습니다. 그것만 가지고는 충분히 명분이 서지 않으니 종교심까지 동원했습니다. 바울의 주장 때문에 아데미의 신전도 무시당하고 아데미 여신의 위엄도 떨어질까 걱정된다고 목소리 높여 선동했습니다.

선동에 넘어간 신상 판매상과 제작공, 여신 숭배자들이 분노가 가득한 채 소리를 지르기 시작했습니다. "위대한 에베소의 여신 아데미여!" 있는 대로 목청을 높였습니다. 연극장뿐 아니라 온 시내가 요란해질 수밖에 없었습니다. 시민들은 무슨 일인지도 모르고 일제히 연극장으로 달려 들어 갔습니다(행 19:29). 헬라 시대에 만들어진 이 연극장은 주후 44년경에 대폭 증수된, 수용 인원이 2만 5천 명에 달하는 다목적 대형 노천극장이었습니다. 아주 견고하게 만들었지만 오랜 세월이 흐르며 많이 훼손되었는데, 근래에 원형을 거의 복구했습니다. 수천 명이 목청을 높여 소리를 질러 대니 나중에는 서로 구호도 맞지 않고 혼란만 가득했습니다. 모인 무리의 태반은 모인 목적도 모른 채 다른 사람들을 따라 소리만 지를 뿐이었습니다.

흥분한 군중이 바울과 같이 다니는 마게도냐 사람 가이오와 아리스다고를 붙들어 일제히 연극장으로 끌고 가 성난 군중 앞에 세웠습니다. 형제들이 무고히 끌려 들어가는 것을 보고 바울도 연극장 안으로 들어가려 했지만 제자들이 말렸습니다. 관리 중에 바울의 친구들도 간곡히 만류했습니다.

유대인들은 이 사태로 엄청난 불똥이 자기들에게 미칠까 두려워했습니다. 자기들의 입장을 설명하라고 알렉산더를 앞으로 밀어내자 그가 조용히 하라고 손짓하며 설명하려 했습니다. 군중은 그가 유대인임을 알고는 말을 들을 생각도 하지 않은 채 계속 "에베소 사람의 위대한 여신 아데미여, 에베소 사람의 위대한 여신 아데미여!" 하고 외쳐 댔습니다. 장장 두 시간이나 목청 높여 외쳤습니다. 맹목적으로 흥분하는 군중은 옛날부터 있었습니다. 바울은 이 원형 극장 안에 들어가지는 않았지만 그 소리를 다 들었을 것입니다. 그러면서 속으로 계속 기도했을 것입니다. '주 예수님, 당신만이 진정 위대한 창조주이며 참 신이십니다. 자기들 손으로 만든 우상을 섬기는 저 우매한 사람들을 불쌍히 여겨 주십시오. 저들도 속히 참 구주이신 주님께 돌아오도록 도와주십시오. 이 위기를 넘기게 해 주십시오.'

소요의 소식을 듣고 관리들이 달려왔습니다. 서기장이 사태를 파악하고는 진정시키려 했습니다. "에베소 시민 여러분, 이 사람들이 신전의 물건을 도둑질한 것도 아니고 우리 여신을 비방하지도 않았는데, 이 사람들을 붙잡아 이렇게 경솔하게 일을 벌이면 안 됩니다. 만일 고발할 것이 있으면 총독에게 고소하여 재판 절차를 밟아야 할 것입니다. 그 외에 원하는 것이 있다면 정식으로 민회에서 결정해야 합니다. 이런 절차를 무시한 오늘의 소요는 불법 집회입니다. 우리 관리들도 이로 인해 책망받을 위험이 있고, 또 이 불법 집회에 관하여 보고할 자료가 없으니 해산하시오"(행 19:35-41).

그 말을 들은 군중은 소요를 그치고 흩어졌습니다. 이 관리가 선교사 일행을 일부러 도와주려 한 것은 아니었겠지만, 바울은 위험한 고비를 넘기게 해 주신 하나님께 감사를 드렸을 것입니다. 바울이 에베소에 오래 있을 수 있었던 것은 아시아 관리 중 바울의 친구가 된 자들이 있었고, 관리들이 바울의 가르침에 거부 반응이 거의 없었기 때문인 것 같습니다(행 19:31).

이 관리가 "바울 일행이 우리 여신을 비방하지도 않았는데 붙잡아 폭행을 가하면 어떡하냐"고 말한 것을 보면 오늘날 전도할 때에도 다른 종교의 신을 비방하지 않는 태도가 현명하고, 다른 종교를 비난하지 않고도 얼마든지 복음을 전할 수 있음을 알아야 할 것입니다.

에베소를 떠나다

소요가 끝난 후 바울은 에베소를 떠나기로 결심했습니다(행 20:1). 3년 동안 고생이 많았던 만큼 열매도 많았습니다. 바울의 믿음은 더욱 강건해졌을 것입니다. 원래는 주후 55년 오순절까지 에베소에 머물 계획이었습니다(고전 16:8). 또 디도가 고린도에서 좋은 소식을 가지고 돌아오기를 기다리고 있었습니다. 하지만 이 소요로 일찍 떠날 수밖에 없게 되었습니다. 디도에게는 드로아로 오라고 전갈을 보냈습니다. 누가는 바울이 제자들을 은밀한 곳으로 불러 모아 믿음에 굳게 서 있으라고 권면한 후에 마게도냐로 떠나갔고, 고린도에서 석 달을 보낸 후 수리아 안디옥으로 가려 했다고 압축하여 기록합니다(행 20:1-3).

하지만 이 기간에 엄청난 일이 있었습니다. 드로아에 가서 전도하고 마게도냐에서 디도를 만난 후 고린도후서를 기록합니다. 또한 일루리곤을 방문하고, 갈라디아 교회들의 소식을 듣고 갈라디아서를 기록한 후 고린도교회를 세 번째로 방문하고 로마서를 기록합니다. 이 중대한 일들이 이 기간에 일어났습니다. 감사하게도 바울 서신들 안에 요긴한 정보들이 있어서 그 사이에 일어난 일들을 재구성하는 데 상당한 도움을 얻을 수 있습니다.

바울은 에베소를 떠난 후 마게도냐로 가기로 하고 먼저 북쪽 드로아를 향하여 출발했습니다(고전 16:5, 8; 고후 2:12; 행 20:1). 아굴라와 브리스길라 부부와 누가가 함께했을 것입니다. 고린도후서 1장 1절에 디모데가 공동 송신인인 것을 보면 디모데도 같이 출발한 것을 알 수 있습니다. 가는 길에 교회들을 방문하려고 육로로 갔을 가능성이 높습니다. 바울은 로마 가택 연금에서 풀려난 후 4차 선교 여행을 하던 중 다시 에베소에 들렀습니다(딤전 1:3).

바울 이후의 에베소

그 후에도 바울의 신앙 유산은 계속 이어졌습니다. 먼저 디모데가 바울이 순교하기 전부터 에베소에서 목회했습니다. 빌레몬서에 나오는 오네시모가 나중에 에베소의 감독이 되었다고 합니다. 사도 요한도 밧모섬 유배 중 요한계시록을 쓰고 난 후 에베소에 돌아와 예수님의 모친 마리아를 모시고 살면서 복음을 전하다가 순교했다는 전승이 있습니다. 그래서 에베소 유적지 부근에 사도 요한의 묘와 사도 요한 교회당이 있습니다. 이 예배당은 이스탄불의 소피아 성당이 세워진 직후 건축되었는데, 당시 세계에서 세 번째로 큰 규모였다고 합니다. 사도 요한의 제자 폴리갑(Polycarp)이 서머나의 감독으로 교회를 섬겼고, 그의 제자 이레나이우스(Irenaeus)는 바른 기독론으로 이단을 반박하는 데 큰 역할을 했습니다. 에베소 고대 도시 입구 왼쪽에는 누가복음과 사도행전을 쓴 누가의 묘로 알려진 곳도 있습니다. 1860년, 영국의 고고학자 우드(T. J. Wood)는 돌에 십자가와 황소상이 새겨진 작은 유적 터를 발견했는데, 통상 황소가 누가복음을 상징한다고 알려져 있었기에 그곳이 누가의 묘라고 주장했습니다.

에베소는 신약성경이 집대성되는 데 중요한 역할을 한 곳으로 알려져 있습니다. 바울이 순교한 후 그가 개척한 교회들이 성장하고 흥왕하면서 바울의 가르침을 배우려는 수요가 늘어났습니다. 사도행전이 큰 영향을 미쳤을 것입니다. 자연히 필사본이 여러 지역으로 배포되기 시작했습니다. 그러다가 2세기 초부터 바울 서신들이 모이기 시작했습니다. 바울이 이곳에서 고린도교회로 세 편의 편지를 보냈고, 에베소서가 이곳으로 전달되었습니다. 또한 에베소로 돌아와 목회하던 디모데에게 두 편의 편지를 보냈습니다. 바울의 영향을 받은 마가와 누가는 예수님의 행적을 담아 복음서를 썼습니다. 누가가 말년을 에베소에서 보냈다는 전승이 사실이라면, 누가복음과 사도행전도 이곳과 연관되어 있을 것입니다. 누가가 다른 복음서를 참조했다면 마태복음과 마가복음도 에베소에 있었을 가능성이 있습니다. 바울이 가장 오랜 시간을 보내며 사역한 에베소는 기독교 진리의 보존과 세계화에 중요한 역할을 감당했습니다.

17 ― 가장 마음이 눌렸던 시절

"이 [육체적으로 고생한 스물네 가지] 외의 일은 고사하고 아직도 날마다 내 속에 눌리는 일이 있으니 곧 모든 교회를 위하여 염려하는 것이라"(고후 11:28).

에베소를 떠난 바울 일행은 미리 계획했던 대로 마게도냐로 향했습니다(고전 16:5; 행 19:21, 20:1). 육로로 가는 길에 서머나와 버가모 지역을 지나며 형제들을 만났을 것입니다. 더 북쪽으로 올라가 드로아에 도착해 복음을 전했는데, 반응이 아주 좋았습니다. 이때 교회가 생겼습니다. 2차 선교 여행 때는 마게도냐로 건너가기 전 하룻밤만 머물렀던 곳인데, 이제 이곳에서 전도하게 되어 감사했을 것입니다. 이렇게 복음의 문이 열렸지만, 디도가 가지고 올 고린도교회의 소식이 무척 궁금했습니다. 바울은 디도를 기다리다 못해 부흥하는 드로아 사역을 중단하고 마게도냐로 발길을 재촉했습니다(고후 1:8-9, 2:12-13).

다시 돌아온 마게도냐

마게도냐로 왔는데도 디도는 속히 도착하지 않았습니다. 바울은 심신이 편하지 못했습니다. 사방으로 환난을 당했고, 속으로는 두려움에 휩싸였습니다(고후 7:5). 그러던 중 드디어 디도가 도착했습니다. 디도는 고린도교회에서 성범죄를 저지른 형제는 물론 리더들도 결국 회개하여 사도의 마음을 아프게 한 것을 후회했고, 속히 사도를 보기 원한다는 반가운 소식을 전했습니다(고후 7:5-16). 그제야 바울은 마음을 놓고 감사하며 다시 한 번 고린도교회를 향한 애정을 담은 편지를 씁니다. 이것이 고린도에 보낸 네 번째 편지요, 신약성경에 고린도후서로 보존되어 있습니다. 고린도후서를 쓴 장소는 마게도냐의 빌립보였을 것으로 보입니다. 바울은 디도로부터 고린도교회에 거짓 선생들이 활약하기 시작했다는 이야기를 듣고, 편지 후반부에 자신을 험담하는 거짓 선생들의 잘못을 지적하며 자신을 변호하는 내용과 경고의 메시지도 함께 담았습니다. 성도들을 향한 따뜻한 마음을 전하면서 다시 고린도를 방문하고 싶다는 계획도 피력합니다(고후 11:4, 20, 12:21, 13:1).

이 편지를 다시 디도 편에 들려 보내고, 고린도로 가겠다고 약속했기에 남쪽으로 향하여 가까운 데살로니가로 갑니다. 데살로니가교회에 보낸 편지에서 다시 만나고 싶다는 애틋한 애정을 비추었는데, 몇 년 만에 다시 데살로니가 성도들을 만나게 되니 무척 반가웠을 것입니다. 데살로니가를 방문한 후 무슨 일을 했는지는 바울도, 누가도 언급하지 않습니다. 다른 곳을 재방문했을 때와 마찬가지로 성도들을 말씀으로 가르치며 권면하고, 함께 전도도 했을 것입니다. 한 가지 분명한 것은, 예루살렘교회를 위해 정성껏 헌금하도록 독려한 것입니다. 고린도교회에 보낸 편지에 그 모습이 담겨 있습니다.

"하나님께서 마게도냐 교회들에게 주신 은혜를 우리가 너희에게 알리노니 환난의 많은 시련 가운데서 그들의 넘치는 기쁨과 극심한 가난이 그들의 풍성한 연보를 넘치도록 하게 하였느니라 내가 증언하노니 그들이 힘대로 할 뿐 아니라 힘에 지나도록 자원하여 이 은혜와 성도 섬기는 일에 참여함에 대하여 우리에게 간절히 구하니"(고후 8:1-4).

'내가 증언하노니'라는 표현으로 보아 바울이 3차 선교 여행 때 고린도로 가는 도중 마게도냐에 들렀던 기간에 교회들이 헌금을 모았음을 알 수 있습니다. 마게도냐에서 모인 헌금은 소바더와 아리스다고와 세군도가 대표로 전달했습니다(행 20:4).

일루리곤 방문 사역

바울은 로마 성도들에게 자기가 "예루살렘으로부터 두루 행하여 일루리곤까지 그리스도의 복음을 편만하게 전하였"다고 알렸습니다(롬 15:19). 하지만 누가는 바울이 일루리곤에 갔다는 사실을 언급하지 않습니다. 모든 전기 작가는 주인공의 삶에서 기록할 부분을 취사선택하고 집중적으로 삶의 여정을 서술해 가기 때문에, 일루리곤이나 아라비아에 대해 언급하지 않는다 해도 누가를 비난할 수는 없겠습니다.

일루리곤은 달마디아 속주에 속한 넓은 지역인데 그중 어느 도시였는지, 언제 가서 얼마나 머물렀는지는 언급되지 않습니다. 하지만 바울이 언제, 어디서 일루리곤에 다녀왔을지 재구성해 볼 필요가 있습니다. 일루리곤에 갈 수 있는 가장 이상적인 경로는 데살로니가를 출발하여 에그나티아 가도를 따라 서쪽으로 가는 것입니다. 2차 선교 여행 중에는 데살로니가에서 일루리곤에 갔다 올 수 없었습니다. 데살로니가에서 유대인들의 공격을 받아 급히 베뢰아로 피신했고, 베뢰아에서도 배를 타고 아덴으로 급히 피신했기 때문입니다. 로마서를 쓰기 전에 이미 일루리곤을 다녀

왔으므로, 3차 선교 여행 시 에베소를 떠나 고린도로 가는 길에 마게도냐를 방문했을 때 거기서 일루리곤에 갔다 왔을 가능성밖에 없습니다.

바울은 주후 55년 오순절까지 에베소에 머물다가 마게도냐와 아가야를 방문한 후 예루살렘과 로마를 간다는 계획을 피력한 바 있습니다(고전 16:5-10; 행 19:1). 이때는 일루리곤 방문 계획이 없었습니다. 하지만 데메드리오가 주동한 소요 때문에 계획보다 일찍 에베소를 떠나게 되자 시간적 여유가 생겨 일루리곤을 방문한 것 같습니다.

바울이나 누가는 고린도로 가기 전에 마게도냐에 얼마나 머물렀는지 언급하지 않습니다. 어떤 학자들은 6-8개월 정도 체류했으리라 추산합니다. 그랬다면 마게도냐에서 시간을 보내는 동안 가까운 일루리곤을 방문하여 사역했을 가능성이 큽니다. 로마서에서 일루리곤을 이야기하면서 "주의 소식을 받지 못한 자들이 볼 것이요 듣지 못한 자들이 깨달으리라 함과 같으니라"라는 이사야 52장 15절 말씀을 곧바로 인용한 것으로 보아, 이미 말씀을 몇 번 들은 마게도냐에 오래 있기보다는 아직 복음을 듣지 못한 일루리곤으로 갔을 가능성이 높습니다(롬 15:19-21).

그렇다면 에그나티아 가도를 따라 서쪽으로 갔을 것입니다. 에그나티아는 일루리곤의 서쪽 해안 도시인 디라키움(지금 알바니아의 두러스)에서 시작하여 마게도냐 지역 동쪽으로 데살로니가를 관통하여 트라키아 속주의 비잔틴(지금의 이스탄불)까지 연결되는 도로였습니다. 이는 큰 강과 험준한 산맥을 넘는 도로였으며, 1,120킬로미터에 달했습니다. 데살로니가에서 디라키움까지는 약 473킬로미터였고, 일루리곤 접경 지역까지는 그 거리의 절반 정도였습니다. 걸어서 열흘 정도 걸리는 거리였습니다.

일루리곤에서 얼마나 오래 사역했는지는 알 수 없지만, 바울 일행의 전도

▲ 포장된 로마 대로 ©DC

로 적어도 한두 교회가 세워졌을 것입니다. 시기는 주후 56년 여름으로 보입니다. 일루리곤에서 더 북쪽으로 올라가면서 해안선과 인접한 지역이 달마디아 속주입니다. 나중에 디도가 달마디아로 간 것을 보면(딤후 4:10), 바울과 동역자들이 마게도냐와 달마디아 사이에 낀 일루리곤에도 복음을 전했을 것은 당연합니다.

한 가지 더 추측해 볼 부분은, 바울이 일루리곤으로 갔을 때 아굴라와 브리스길라가 동행했을 가능성입니다. 이 부부는 2차 선교 여행 끝에 바울이 고린도를 떠나 에베소에 올 때 같이 왔고, 바울이 수리아 안디옥으로 떠나고 다시 돌아올 때까지 에베소에 남아 가택 교회를 인도하고 있었습니다(고전 16:19; 딤후 4:19; 행 18:19, 26). 그러다가 바울이 에베소를 떠날 때 동행하여 마게도냐까지 왔다가 일루리곤과 디라키움을 거쳐 로마로 돌아간 것으로 보입니다. 글라우디오를 이어 황제가 된 네로가 추방당한 유대인들에게 돌아와도 좋다는 칙령을 주후 54년에 발표했기에 이 부부가 로마로 돌아갈 환경이 조성되었던 것입니다.

바울이 일루리곤에서 복음을 전하고 데살로니가로 돌아올 때 브리스길라와 아굴라 부부는 일루리곤에서 좀 더 머물며 전도했든지, 아니면 계속 서행하여 디라키움까지 가서 배를 타고 이탈리아 반도의 동쪽 브린디시(Brindisi)에 도착한 후 아피아 가도(Via Appia)를 따라 북쪽으로 약 580킬로미터를 이동하여 로마까지 갔을 것입니다. 로마에 도착한 후에는 가택 교회를 인도한 것으로 보입니다(롬 16:3). 로마 사역 후에는 에베소로 돌아와 디모데를 도왔습니다(딤후 4:19).

위기에 처한 갈라디아 교회들

아굴라 부부와 헤어진 바울은 다시 마게도냐로 돌아왔습니다. 얼마간 시간을 보내던 어느 날, 너무나 충격적인 소식이 들려왔습니다. 유대주의자들이 갈라디아 교회들을 방문하여 이방인 성도들에게 할례를 받고 유대 율법을 지켜야 한다고 가르친다는 것이었습니다. 더 나아가 바울에게는 예수님이 주신 사도의 권위가 없으므로 그의 말을 듣지 말아야 한다고 선동하고 있었습니다. 그래서 교회가 동요하고 어지러워졌습니다. 더 치명적인 것은, 갈라디아 성도들이 너무 쉽게 설득을 당하여 이미 날과 달, 절기와 해를 지키는가 하면, 형제들이 할례를 받고 있다는 소식이었습니다(갈 4:10, 5:3, 10, 12, 6:2). 바울이 전해 준 복음을 믿고 신앙생활을 잘하던 성도들을 유대주의자들이 미혹하여 진리에 순종하지 못하게 한 것입니다(갈 3:1-5, 5:7).

바울은 사태의 심각성을 본능적으로 직감했습니다. 생각 같아서는 당장 달려가 담판을 내고 싶었을 것입니다. 하지만 고린도교회에 3차 방문을 약속했고, 고린도에서 겨울을 넘기기 전에는 항해하는 배가 없을 것이기에 우선 편지로 상황을 진정시키려고 했습니다. 이에 바울은 갈라디아 교회들에게 부활하신 예수님이 직접 나타나 자신을 사도로 불러 주셨다고 강변합니다. 또 복음 진리의 핵심과 복음과 율법의 상관관계를 신학적으로 설명합니다. 믿음으로 말미암아 얻은 구원의 은혜가 충분하기에, 할례나 절기를 비롯한 유대 율법을 지킬 필요가 전혀 없음을 선포합니다. 또 그리스도인들은 사랑의 법으로 사는 사람들이지, 모세의 법으로 사는 사람들이 아니라고 설득합니다. 믿음은 사랑으로 나타나야 하고, 성도는 성령으로 말미암아 살아야 한다고 강조합니다. 이런 내용이 담겨 탄생한 문서가 유명한 갈라디아서입니다. 바울은 이 편지로 갈라디아 교회들의 상황이 바로잡히기를 기대했습니다(갈 5:10).

거짓 선생들이 고린도교회를 찾아와 잘못된 가르침을 준다는 소식을 디도로부터 듣고 가슴이 미어졌는데(고후 11:4, 20), 이제는 갈라디아 교회들까지 찾아가 훼방하는 사태를 용납할 수 없었습니다. 단단히 대처하지 않으면 에베소교회, 빌립보교회, 로마교회까지 어려움을 겪으리라 간파했습니다. 그래서 바울은 거짓 선생들과 그들의 가르침에 대해 단호하게 대적했습니다. 꼬임에 빠진 갈라디아 성도들에게도 실망을 감추지 않았습니다. "너희를 부르신 이를 이같이 속히 떠나 다른 복음을 따르는 것을 내가 이상하게 여기노라", "어리석도다 갈라디아 사람들아 … 누가 너희를 꾀더냐"(갈 1:6, 3:1).

바울은 거짓 선생들이 그가 개척한 교회에서 자생적으로 생겨난 것이 아니라 외부로부터 왔음을 알았습니다. 그것도 예루살렘, 예루살렘교회 내에서도 이방 성도들 역시 유대 율법을 지켜야 한다고 주장해 왔던 할례파 사람들이었습니다(갈 2:4, 12; 고후 11:22-23; 행 15:1, 5). 사도들의 허락도 없이 안디옥에 와서 이방인 형제들에게 할례를 받아야 구원을 얻는다고 주장했던 사람들이었습니다(행 15:1-5, 24). 바울이 2차 선교 여행을 마치고 안디옥에 돌아왔을 때 안디옥교회에 와서 베드로까지 위선적으로 행동하도록 위협했으며, 추천서까지 받아 들고 고린도교회에 나타났던 형제들이었습니다(갈 2:11; 고후 3:1).

이들은 이번에도 어떤 추천서나 자격을 부여받아 갈라디아에 왔을 수도 있습니다. 이들이 모두 동일 인물이나 그룹이 아니라 할지라도, 같은 신학적 노선을 따르던 자들인 것은 분명합니다. 이들우 바울의 사도직에 의문을 제기하며 그가 가르친 신학적 입장을 비난하거나 바로잡으려 했습니다(갈 1:1-12; 고전 9:1-3; 고후 11:8-23). 바울은 자신의 사도 직분의 정통성을 변호하면서, 유대 율법은 교회 개척 당시 전했던 복음과의 상관관계로

▲ 렘브란트 판 레인, <고뇌하며 편지를 쓰는 바울>(1657, 미국 내셔널 겔러리 오브 아트 소장).

볼 때 지키지 않아도 되는 정도가 아니라, 아예 지키지 말아야 한다고 강변하는 편지를 보냈습니다. 바울은 갈라디아서 초두부터 원색적인 분노를 표출합니다. 그 분노는 성도를 향한 것이 아니라 그들을 꼬드긴 거짓 선생들을 향한 것이었습니다. 그러면서 율법을 구원의 조건으로 요구하고 할례를 받게 한 것은 십자가 은혜를 무용지물로 만드는 무서운 죄라고 지적합니다. 그런 죄를 짓게 만든 유대주의자들을 향해 엄청난 분노와 비난을 쏟았습니다. 다른 복음을 전한 사람들에게 저주를 선포할 정도였습니다(갈 1:7-9).

크게 볼 때 바울은 갈라디아 교회들의 개척 당시나 몇 차례의 재방문 때 편지의 내용과 같은 메시지를 전했습니다. 믿음으로 구원받는다는 '이신칭의'(justification by faith)의 가르침입니다. 그럼에도 불구하고 말로 전한 메시지와 편지에 쓰인 메시지 사이에는 그 강조점에서 현격한 차이가 있습니다. 대면하여 가르쳤을 때에는 예수님의 죽음과 부활을 믿으면 의롭게 된다면서 '예수님의 죽음과 부활'(justification by faith in the death and resurrection of Jesus)에 강조점을 두었습니다. 그러나 편지에서는 율법 없이 믿음으로 의롭게 된다면서 '율법 없이'(justification by faith apart from the law)를 강조합니다. 그러면서 의롭게 하는 복음과 율법의 관계를 명확하게 설명했는데, 이것이 갈라디아서의 핵심입니다.

"사람이 의롭게 되는 것은 율법의 행위로 말미암음이 아니요 오직 예수 그리스도를 믿음으로 말미암는 줄 알므로 우리도 그리스도 예수를 믿나니 이는 우리가 율법의 행위로써가 아니고 그리스도를 믿음으로써 의롭다 함을 얻으려 함이라 율법의 행위로써는 의롭다 함을 얻을 육체가 없느니라"(갈 2:16). 의롭게 되려면 믿음과 율법 중 어느 것을 따라야 하는지 아주 명확하게 정리해 주었습니다.

갈라디아서 3-4장에서는 아브라함, 종, 아들, 하갈 등의 비유로 율법이 의롭게 되는 데 아무 쓸모가 없음을 추가로 설명합니다. 갈라디아서 5-6장에서는 믿음으로 의롭게 하는 복음을 이미 믿은 자로서 어떤 삶을 살아야 하는가를 가르칩니다. 성경으로 살고 성령의 열매를 맺으며 살아야 한다고 강권하며 갈라디아 교회들을 지키려고 혼신의 노력을 다합니다.

바울은 이방인들이 온전히 구원받으려면 율법도 지켜야 한다는 주장을 안디옥과 고린도 그리고 이제는 갈라디아에까지 퍼뜨리는 유대주의자들의 술책에 대한 격한 분노를 더 이상 감추지 못하고 원색적으로 그들을 비난합니다. 자신의 사도성과 인격을 부정하는 것은 어느 정도 참았는데, 자기가 전한 복음의 진리와 동기까지 부정하는 것은 용납할 수 없었습니다.

갈라디아서의 늦은 저술 시기

저는 바울이 일루리곤에서 마게도냐로 돌아온 후 베뢰아보다는 데살로니가에서 갈라디아서를 썼다고 생각합니다. 에그나티아 가도가 베뢰아가 아닌 펠라(Pella)를 통과했기에 일루리곤에서 데살로니가로 돌아왔을 가능성이 큽니다. 또한 바울이 유대주의자들을 조심하라는 내용의 편지를 데살로니가교회에만 보내지 않았는데, 바울이 데살로니가 성도들에게 얼굴을 맞대고 갈라디아서와 같은 내용을 가르쳤기 때문이라고 봅니다. 갈라디아 교회들에 벌어진 상황을 전해 듣고 혼자 골방에 들어가 편지를 써서 비밀스럽게 갈라디아에 보내지는 않았을 것입니다. 오히려 머물고 있던 교회의 성도들에게 상황을 설명하고 기도를 부탁했을 것입니다. 편지를 보낸 후에는 그들도 가르치고 경고하여 준비시켰을 것입니다.

갈라디아 교회들이 그토록 쉽게 거짓 선생들의 가르침에 넘어간 것은, 구원을 받는 데 있어 율법은 아무 역할을 못 하며, 이방인들은 율법을 지키지 않아도 된다는 사실을 미리 상세히 설명하지 않았기 때문입니다. 미리 가르쳤다면 그렇게 '속히' 넘어가지 않았을 것입니다. 그렇다고 바울을 비난할 수도 없습니다. 지키지 않아도 될 율법 이야기를 갓 예수님을 믿은 성도들에게 해 줄 필요는 없었기 때문입니다. 그러나 이제는 문제가 생겼기에 편지로나마 자세히 설명하는 것입니다.

이것은 선교사의 상식입니다. 둘로스 선교선 전도 부장 시절이던 1988년 1월, 인도에 교회를 하나 개척했는데 주님의 은혜와 인도 사역자들의 헌신으로 그 교회가 든든히 섰을 뿐 아니라 2024년 초까지 70여 교회를 개척했습니다. 우리는 첫 개척 때 율법의 'ㅇ'자도 이야기하지 않았습니다. 알 필요도, 지킬 필요도 없는 것을 왜 가르치겠습니까? 그러나 인도 형제들이 이상한 교리에 빠져 율법을 지킨다는 소식을 듣게 된다면 달려가든지, 전화를 하든지, 편지를 써서 율법을 지키지 말아야 되는 이유를 자세히 설명할 것입니다.

바울은 유대주의자들이 잘못된 신학으로 고린도교회와 갈라디아 교회들의 성도들을 혼란에 빠뜨리는 것을 보고 앞으로는 다른 교회들을 철저히 준비시키리라 생각했을 것입니다. 데살로니가를 떠나 고린도로 가는 길에 베뢰아 성도들을 대면하여 이 내용을 가르쳤을 것이 분명합니다. 고린도에 도착한 후에는 이미 유대주의자들의 영향을 받은 고린도 성도들을 더 확실하게 바로잡아 주었을 것입니다. 고린도에 머무는 동안 로마교회에도 편지를 써서 이 가르침을 분명히 전달하여 나중에 유대주의자들이 로마교회를 훼방하려 할 때 쉽게 넘어가지 않도록 준비시켰습니다. 로마서에 쓴 내용을 고린도 성도들에게도 가르쳤을 것입니다. 유대주의자들이 고린도교회와 갈라디아 교회들을 흔든 상황 때문에 로마로 가려던 오랜 소원마저 포기 혹은 연기하고 예루살렘부터 가기로 결심했습니다.

갈라디아서는 그 교회들에서 일어난 사건을 다루었을 뿐만 아니라, 지금까지 예루살렘 공회와 안디옥 사건에서 유대주의자들과 벌인 논쟁과 깊은 연관이 있습니다. 이 역사적 사건들을 염두에 두고 쓴 것입니다. 예루살렘 공회와 안디옥 사건, 갈라디아서가 어떻게 연대기적으로 연관되는지는 24장에 비교적 상세히 설명하였습니다.

바울은 하루속히 에베소, 빌립보, 골로새에 있는 교회들에게도 유대주의자들을 주의하라고 전할 필요를 절감했을 것입니다. 3차 선교 여행을 마치고 예루살렘으로 귀환하는 길에 바로 가지 못하고 마게도냐로 돌아가게 되었을 때, 바울은 빌립보 성도들을 대면하여 이 내용을 가르쳤을 것입니다. 에베소에는 들를 시간적 여유가 없어 장로들을 밀레도로 불러 경고해 줍니다. 에베소 장로들은 바울의 간곡한 마음과 가르침을 아시아에 있는 다른 교회들에게도 전달했을 것입니다. 그랬음에도 불구하고 성도들이 유대주의자들의 잘못된 가르침에 넘어가지 않고 진리를 따르며 바르게 신앙생활을 하도록 한 번 더 독려하기 위해 가이사랴 감옥에 있을 때 에베소, 빌립보, 골로새교회로 편지를 보냈습니다(엡 4:14, 5:6-7; 빌 3:1-3, 18-19; 골 2:4-20, 3:6).

고린도 3차 방문

일루리곤을 다녀오고 갈라디아 교회들에게 편지를 보내며 데살로니가 성도들에게 복음과 율법의 관계를 가르친 바울은 데살로니가를 출발하여 베뢰아를 거쳐 예고한 대로 고린도에 도착했습니다(고후 12:21, 13:1). 오는 길에 도시들도 들러 가며 성도들을 격려하고, 전에 전한 복음이 율법과 어떤 상관관계를 갖는지 설명하면서 율법을 지키지 않아도 될 뿐 아니라 지키지 말아야 한다고 분명하게 강조했을 것입니다. 누가는 바울이 "그 [마게도냐] 지방으로 다녀가며 여러 말로 제자들에게 권하고 헬라에 이르"렀으며 이후 고린도에 석 달 동안 머문 후에 수리아 안디옥으로 돌아가려 했다고 기록합니다(행 20:2-3).

고린도로 향하던 바울에게는 몇 가지 마음이 교차되었을 것 같습니다. 먼저 디도가 고린도교회의 죄지은 형제가 회개했고 성도들이 사도를 보기 원한다는 좋은 소식을 전해 주었기에, '고통의 방문'으로 표현된 2차 방문 때와는 달리 마음이 한층 가벼웠을 것입니다. 그러면서도 마음 한편에는 고린도 성도들이 거짓 선생들로부터 자신의 사도성을 부정하는 말을 들었고, 또 성도들이 거짓 선생들이 전한 다른 예수, 다른 복음을 잘 용납했기에(고후 11:4, 20) 이들을 바로잡을 생각과, 더구나 갈라디아 교회들이 겪은 상황에 마음이 무거웠을 것입니다. 한편으로는 고린도교회에 예루살렘으로 보낼 풍성한 연보를 준비하라고 당부했는데(고후 8-9장), 그 진행 상황이 궁금했을 것입니다.

예루살렘교회를 위한 연보 모금

바울은 이방 교회들이 예루살렘 성도들을 위해 연보를 모으는 것을 중요하게 생각했습니다. 3차 선교 여행 초기에 갈라디아 교회들을 재방문하면서 이를 이미 지시했고, 고린도교회도 갈라디아 교회들같이 매주 첫날에 각자 수입을 따라 헌금을 모아 두는 방식으로 모금하라고 권면했습니다(고전 16:1-2). 이렇듯 고린도후서를 쓰기 1년 전에 이미 예루살렘교회를 위해 연보를 준비하라고 부탁했습니다(고후 9:2). 게다가 고린도후서 8장과 9장을 길게 할애하여 마게도냐 교회들같이 희생적으로 헌금을 준비하라고 다시금 종용했습니다. 모금을 위해 디도와 다른 두 형제도 특별히 보냈습니다(고후 8:2-9:15). 바울이 이 연보 모금을 얼마나 중요하게 생각했는지를 보여 주는 대목입니다.

누가는 바울이 충실히 연보를 모금한 과정을 기록하지 않지만, 헌금을 들고 바울과 함께 예루살렘으로 가는 이방 교회 대표들의 출신 지역과 이름을 나타냄으로써 바울이 여러 이방 교회로부터 모금했음을 알려 줍니다. "아시아까지 함께 가는 자는 베뢰아 사람 부로의 아들 소바더와 데살로니가 사람 아리스다고와 세군도와 더베 사람 가이오와 및 디모데와 아시아 사람 두기고와 드로비모라"(행 20:4). 그러면서 "내가 내 민족을 구제할 것과 제물을 가지고" 왔다고 기록합니다(행 24:17).

이 명단을 보면 마게도냐 교회들의 대표는 물론, 갈라디아 교회들을 대표한 가이오와 에베소를 비롯한 아시아 교회의 대표들도 있었음을 알 수 있습니다. 이 교회들은 언제 연보에 참여했을까요? 바울이 3차 선교 여행을 가면서 갈라디아와 에베소에 들렀을 때에 이미 모금을 했든지, 아니면 그때는 부탁만 했고 나중에 교회 대표들이 모은 헌금을 가지고 고린도로 바울을 찾아왔든지 둘 중의 하나일 것입니다. 누가의 명단에 아가야 대표의 이름이 빠져 있지만, 바울은 아가야 사람들이 모은 헌금도 가져간다고 밝혔습니다(롬 15:26). 바울은 갈라디아, 마게도냐, 아가야, 아시아 이 네 지역에 교회를 개척했는데, 이 네 지역의 교회가 모두 예루살렘교회를 위해 헌금을 모았다는 사실이 중요합니다. 바울은 예루살렘 공회 때 그가 이방 지역에서 무할례의 복음을 진하는 것을 사도들이 승인하면서 예루살렘의 가난한 자들을 기억해 달라고 부탁한 것을 실행하려고 최선을 다했습니다(갈 2:10).

바울이 이방 교회들에게 예루살렘에 헌금을 보내야 한다고 독려한 것은 가난한 성도들을 도와야 하는 윤리적 차원을 넘어 신학적으로도 분명한 이유와 명분을 가지고 있었습니다. "저희는 그들에게 빚진 자니 만일 이방인들이 그들의 영적인 것을 나눠 가졌으면 육적인 것으로 그들을 섬기는 것이 마땅하"다며 연보의 의미를 먼저 설명했습니다(롬 15:25-27). 모금 방법과 전달 시기도 자세히 알려 주었습니다(고전 16:1-4; 고후 8-9장). 이방 교회들이 모금한 이 헌금은 이방 사역의 열매이며 자신의 이방인 사도권을 증명하는 것이요, 이방 성도들이 "[유대] 성도들과 동일한 시민이요 하나님의 권속이라"는 표현이기에 이 헌금이 잘 받아들여지도록 기도하라고 로마교회에 부탁했습니다(롬 15:31; 엡 2:19).

유언 같은 로마서를 쓰다

고린도에 머무는 동안 했던 또 하나의 중요한 일은 로마교회에 편지를 보낸 것입니다. 원래는 로마에 가서 얼굴과 얼굴을 맞대고 '나의 복음'을 전한 후 서바나(스페인)까지 가고자 했습니다(롬 1:8-15, 15:22-24, 28, 16:25). 3차 선교 여행 중 에베소 사역이 마무리되어 갈 때까지만 해도 예루살렘에 갔다가 나중에 로마도 가겠다고 단순하게 생각했습니다(행 19:21). 제국의 수도에 있는 로마교회가 갖는 중요성 때문에 로마 성도들을 방문하여 가르치기도 하고, 교제도 하고 싶었습니다. 어쩌면 아굴라와 브리스길라 부부가 바울에게 로마와 로마교회의 상황을 설명하며 꼭 가야 한다고 종용했을 것 같기도 합니다.

바울은 로마 성도들에게 '복음'을 전하기 원한다고 했지만, 이것은 그들의 구원을 위해 복음을 전하겠다는 의미가 아니었습니다. 로마 성도들이 이미 구원받았음을 기정사실로 받아들였기 때문입니다. 전하고 싶었던 복음은 바로 '나의 복음'이었습니다(롬 2:16, 16:25). 하지만 로마에 가려던 여러 번의 시도가 번번이 막혔습니다(롬 1:13, 15:22). 아마 주후 49-54년까지는 로마에서 모든 유대인을 추방하라는 글라우디오의 칙령이 시행 중이어서 로마에 가기가 쉽지 않았을 것입니다. 하지만 54년에 네로가 그 칙령을 해제했으므로 로마서를 쓰던 56년에는 갈 수도 있었습니다.

하지만 이제는 예루살렘부터 먼저 가야 하는 상황이 벌어졌습니다 (롬 15:25). 유대주의자들을 직간접으로 지원하는 예루살렘교회의 지도자들을 만나 상황을 설명하고 유대주의자들의 행태를 저지해 줄 것에 대해 담판을 지어야 한다고 판단한 것입니다. 갈라디아에서 발생한 상황이 예루살렘부터 먼저 가야겠다는 결심을 하게 만들었습니다. 하지만 예루살렘에 가면 장기 투옥 되거나 순교를 당할지도 모른다는 것을 직감하고 있었습니다. 그럴 경우 로마로 가지 못할 가능성이 아주 높았습니다. 게다가 유대주의자들이 로마교회도 어지럽힐 것이 자명하기 때문에 어떻게든 로마교회도 준비를 시켜야 했습니다. 직접 가지 못하니 편지로라도 로마 성도들이 유대주의자들의 잘못된 교훈에 넘어가지 않도록 율법 없이 믿음으로 얻은 구원의 충족성과 합법성을 가르치고자 마음을 굳혔습니다.

갈라디아서를 쓰고 고린도에 온 직후에 로마서를 썼을 것입니다. 느긋하게 지낼 형편이 아니었습니다. 아주 정교한 논지로 로마서를 썼습니다. 정말 로마에 가지 못할 상황이 생긴다 해도, 적어도 이 편지가 로마교회를 '나의 복음'으로 지켜 주리라 기대했습니다. 율법 없이 믿음으로 말미암는 복음의 내용을 설명하는 동시에 유대인과 이방인은 죄성과 칭의, 신분과 하나님의 계획 안에서 모두 동등하다는 내용을 기록했습니다.

이런 면에서 로마서는 바울의 유언이라 해도 과언이 아닙니다. 복음의 정수를 이 편지에 담았고, 이 편지에 담은 '나의 복음'이 로마교회와 이방 교회들을 지켜 주기를 기대했습니다. 다른 서신들에 비해 로마서가 우리에게 특히 보배로운 이유는, 이 속에 복음의 내용이 많이 담겨 있기 때문입니다. 다른 서신들은 얼굴을 맞대고 복음을 전했던 곳에 보냈기에 복음의 내용은 거의 들어 있지 않습니다. 성도들이 이미 다 알 뿐 아니라 믿고 있음을 전제하고 썼기 때문입니다. 그러나 로마 성도들은 직접 가르칠 기회가 없었기에, 로마서에는 모든 교회에서 대면하여 가르친 핵심 내용까지 포함되어 있습니다. 신학적으로 가장 첨예하게 경계했던 유대주의자들의 주장을 어떻게 극복할 수 있는지 잘 설명되어 있습니다. 덕분에 바울을 대면하여 배우지 못한 후대 성도들도 이 로마서에서 가장 많은 유익을 얻게 되었습니다.

로마서를 쓴 목적과 로마서의 핵심 주제는 본서 25장에 보다 자세히 설명되어 있습니다. 이 소중한 편지를 겐그레아교회의 뵈뵈 자매에게 맡겼습니다. 편지의 부피가 상당했을 것이고, 멀고 위험한 여행이었을 텐데 이 중요한 편지를 맡긴 것을 보면 뵈뵈는 영특하고 당당한 여인이었던 것 같습니다. 뵈뵈가 출발할 때 바울과 몇몇 성도가 고린도에서 북쪽으로 3킬로미터 정도 떨어진 레기움 항구까지 동행하여 기도하고 전송했을 것 같습니다. 그 후 고린도 성도들을 모아 갈라디아서와 로마서에 담은 내용을 간절한 심정으로 가르쳤을 것입니다.

18 ── 죽음을 각오하고 예루살렘으로

"나는 주 예수의 이름을 위하여 결박당할 뿐 아니라 예루살렘에서 죽을 것도 각오하였노라"(행 21:13).

석 달 후에 바울은 고린도 성도들과 아쉬운 작별을 나누었습니다. 에베소에서 고린도전서를 쓸 때에도 예루살렘에 가고 싶다는 마음을 피력한 바 있습니다(고전 16:3-4; 행 19:21). 그때는 이방 교회들이 모은 헌금을 예루살렘에 전달하려는 것이 주목적이었지만, 이제는 방문 목적이 완연히 달라졌습니다. 유대주의자들이 고린도교회와 갈라디아 교회들을 공격한 사안과 관련해 사도들을 만나 유대주의자들의 문제를 해결하기 위함입니다.

초대 교회에는 반드시 설명해야 할 네 가지 신학적 쟁점이 있었습니다.

1. 십자가에 달려 죽은 예수가 어떻게 메시아일 수 있는가?
2. 유대인들은 그토록 기다리던 메시아가 오셨는데 왜 믿지 않는가?
3. 하나님의 언약 밖에 있던 이방인들이 예수를 믿고 구원의 은총을

누리는 것은 어떻게 된 일인가?

4. 이방 성도들도 유대 율법을 지켜야 하는가?

하나님은 이런 신학적 질문을 명쾌하게 설명하도록 성경에 능통한 바울을 세우셨습니다. 학문이 얕았던 베드로나 야고보로서는 감당할 수 없는 일이었습니다. 물론 바울도 더 많은 계시를 받아 성경 속에 감추어진 하나님의 비밀과 경륜을 전체적으로 이해해야 했습니다(롬 16:25-26; 엡 3:1-13; 골 1:25-27).

복음의 진리 수호를 위한 담대한 여정

바울은 세 번째, 네 번째 쟁점을 설명하고 논증하기 위해 예루살렘으로 가려 합니다. 더구나 유대주의자들의 만행을 원천 봉쇄해야 하는 상황이기에 단호한 각오로 임할 수밖에 없었습니다. 예루살렘에서 죽을 것도 각오했기에 고린도 성도들을 다시 보지 못하리라 예견하고 결연한 이별을 했을 것입니다. 성도들을 가르치고 당부한 후 기도하고 성찬을 나누면서 천국에서 만나기를 소망했을 것입니다.

고린도는 에베소 다음으로 바울이 가장 오래 머문 선교지였습니다. 에베소에 있을 때에도 고린도를 잊지 못했습니다. 직접 세 번이나 방문했고 디모데와 디도를 따로 보내기도 했습니다. 편지는 네 번이나 보냈습니다. 고린도전·후서만 해도 스물아홉 장에 달하는 긴 내용인 만큼, 바울은 고린도교회를 견고히 세우려고 정성을 쏟았습니다. 우상 숭배와 음란에 빠져 있던 사람들이 복음을 받아 온전히 변화된 삶을 산다면 그것이 복음의 위력을 증거하는 데 가장 효율적이라고 생각했기 때문입니다.

바울이 첫 편지를 써서 데살로니가교회에 보낸 장소도, 가장 무게 있는 로마서를 쓴 곳도 고린도입니다. 이 고린도에서 평생의 동지요, '이방인의 모든 교회도 감사하는' 브리스길라와 아굴라를 만났습니다(행 18:2-3; 롬 16:3-4). 그만큼 고린도는 바울에게 특별했습니다.

바울은 고린도 성도들의 배웅을 받으며 마게도냐로 향했습니다. 원래는 배를 타고 곧바로 수리아 안디옥을 거쳐 예루살렘으로 가고자 했기에 겨울 바다외 항해가 허락되는 3월 5일경이었을 것입니다. 주후 57년의 유월절은 3월 22일이었고, 오순절은 5월 10일이었습니다. 오순절 전에 수리아 안디옥을 거쳐 예루살렘에 도착하려 했으므로 서둘러 배를 타고 싶어 했습니다.

하지만 에베소까지 가는 항해 중에 유대인들이 자기를 죽이려는 음모를 꾸민다는 정보를 입수하고 육로로 마게도냐를 거쳐 돌아가기로 계획을 바꾸었습니다(행 20:3). 예루살렘 성도들을 위해 모은 헌금을 가져가는 이방 교회 대표들도 함께 고린도를 출발했습니다(행 20:4). 누가와 디도도 함께했을 것입니다. 디도는 고린도교회의 모금에 처음부터 적극 참여했기 때문입니다(고후 8:6, 16-19).

이들이 모두 육로로 빌립보까지 이동한 후 일곱 형제는 먼저 드로아에 가서 대기했고, 바울과 누가는 무교절이 지날 때까지 빌립보에 머물렀습니다. 바울은 빌립보 성도들을 모아 놓고 고린도와 갈라디아에 거짓 선생들이 들어와 성도들을 교묘히 미혹했음을 전해 주며, '십자가의 원수'가 된 사람들을 조심하라고 또다시 강력히 경고했습니다(빌 3:18-19). 자기가 죽음을 무릅쓰고 예루살렘으로 가는 이유를 설명하고, 어느 누가 어떤 말을 해도 이전에 자기가 전한 복음 이외에 다른 복음을 전하면 저주를 받으리라고 선언했습니다. 그러면서 다른 복음은 결코 받아들이지 말라고 당부하고 그 이유를 설명했습니다. 성도들은 함께 빌립보의 관문항인 네압볼리까지 내려가 아쉽고 슬픈 작별을 고했을 것입니다. 다시 보지 못할지도 모르니, 모두 천국 소망을 확인하고 복음의 진보를 위해 주 예수님께 충성하자고 다짐했을 것입니다.

드로아에서 밀레도까지

바울은 네압볼리에서 배를 타고 드로아에 갔습니다. 2차 선교 여행 중 마게도냐 환상을 보고 드로아에서 네압볼리로 갈 때는 이틀 걸렸던 바닷길이 이번에는 닷새나 걸렸습니다. 역풍이 불고 해로까지 험했던 것 같습니다. 드로아는 3차 선교 여행 때 에베소를 떠나 마게도냐로 가기 전에 활발하게 전도했던 곳으로, 그곳에 교회가 세워져 있었습니다. 바울은 형제들을 보고 무척 반가웠을 것입니다. 미리 드로아에 와서 바울을 기다리던 이방 형제들도 만났습니다. 이곳은 마게도냐 환상을 보고 주님의 인도를 받아 마게도냐와 아가야 지방까지 선교하러 출발한 곳이어서 감개무량했을 것입니다.

일주일을 머물렀는데, 이곳 또한 앞으로 다시 올 수 없을 것 같다고 생각하니 가르치고 당부할 말이 많았을 것입니다. 매일 가르쳤겠지만 특히 떠나기 전날 밤, 바울의 강론은 끝날 줄을 몰랐습니다. 강의가 끝난 것은 3층 창가에 걸터앉아 말씀을 듣던 유두고가 깊은 졸음을 이기지 못하다가 바깥으로 떨어진 순간이었습니다. 바울이 설교해도 조는 사람이 있었다니 재미있지 않습니까?

갑작스러운 사고에 모두 놀라 서둘러 마당으로 내려왔습니다. 먼저 온 사람들이 유두고를 일으켜 보니 죽어 있었습니다. 뒤따라 내려온 바울이 엘리야가 했던 것같이 유두고 위에 엎드려 간절히 기도하며 그 몸을 안아 살려 냈습니다. 드로아의 성도들은 살아난 유두고 때문에 큰 위로를 받았습니다. 모두 다시 올라가 떡을 떼며 성찬을 나누고 날이 새기까지 바울의 강론을 들었습니다(행 20:7-12).

드로아를 떠나 앗소(Assos)로 향했는데, 형제들은 배를 타고 가게 하고 바울은 남쪽으로 32킬로미터 떨어진 그곳까지 혼자 걸어서 가기로 했습니다. 누가가 "이는 바울이 걸어서 가고자 하여 그렇게 정하여 준 것이라"라고 설명하는 것을 보면(행 20:13), 어떤 특별한 이유에서 의도적으로 혼자 걸어서 가고자 했던 것으로 보입니다. 깊은 생각에 잠겨 기도하는 마음으로 걸음걸음을 옮겼을 것입니다. 모든 교회를 위한 염려가 핍박으로 인한 육체적 고통보다 더 힘들게 느꼈기에(고후 11:28) 핍박 중에서도 믿음을 지키며 전도하는 교회, 다른 복음에 노출되어 혼란스러워할 성도들을 위해 기도하는 시간을 가졌을 것입니다. 에베소 장로들을 만나게 해 달라

▲ CGN 스토리 다큐 <바울로부터>의 한 장면. 앗소로 홀로 걸어가는 바울 ©CGN

고, 또 권면이 잘 받아들여지게 해 달라고 간절히 기도했을 것 같습니다. 또 죽음을 각오하고 예루살렘으로 가면서, 예수님의 겟세마네 기도처럼 하나님과 깊이 대화하며 은혜를 간구했을 것입니다.

"바울이 앗소에서 우리를 만나니"라는 표현으로 볼 때 해안선을 멀리 돌아온 배보다 바울이 먼저 앗소에 도착한 것으로 보입니다. 배에 올라 같이 미둘레네로 갔습니다. 기오와 사모에 하루 간격으로 들렀다가 밀레도에 도착했습니다. 누가는 바울이 거쳐 간 작은 항구들의 이름과 머문 기간까지 포함하여 그 경로를 상세히 알려 줍니다.

밀레도에서 에베소 장로들을 만나다

밀레도는 15만 명이 살던 거대한 항구 도시였습니다. 하지만 지금은 폐허가 되었고, 고대 도시 부근에 디딤(Didim)이라는 작은 마을이 남아 있을 뿐입니다. 잦은 홍수가 고대 도시를 덮쳤고, 오랜 세월 이어진 퇴적 작

▼ 항구였으나 농경지로 변한 밀레도 가운데 대연극장 뒤로 밀레도 고대 도시가 넓게 보인다. ©CGN

용으로 매안데르강 어귀에 커다란 삼각주(Maeander delta)가 형성되기 시작했습니다. 결국 바다였던 넓은 지역도 메워져 평원의 농경지가 되었습니다. 그러다 보니 밀레도 항구는 내륙으로 8킬로미터 안으로 밀려나 한때 항구였으리라고는 전혀 생각할 수 없게 되었습니다.

밀레도 유적지에 도착하면 곧바로 시선을 압도하는 것이 웅장한 연극장입니다. 1만 5천 명을 수용하던 원형 극장은 지금도 상당히 잘 보존되어 있습니다. 다른 지역의 연극장과 다른 점은, 산을 배경으로 하지 않고 두 개의 항구 사이에 작은 언덕을 끼고 바다를 마주 보고 자리하고 있었다는 것입니다. 바울이 탄 배가 밀레도로 진입할 수 있는 항구는 당시 세 개가 있었는데, 바다에서 제일 우측 항구로 들어왔다면 배에서 이 연극장을 보았을 것입니다. 하지만 밀레도의 중심부와 연결되던 중간의 라이언스 항구(Lions Harbour)로 들어왔을 가능성이 가장 큽니다.

밀레도를 답사하면서 라이언스 항구를 확인하고 싶었습니다. 관광 안내 표지판에 있는 약도를 따라 사방을 헤매고 있는데, 여러 마리의 소를 몰고 가던 중년의 목동을 만났습니다. 연극장 뒤편 작은 나무들이 자란 평지에서 여기가 라이언스 항구냐고 물었더니 그렇다면서, 그 증거를 보여 주겠다고 따라오라 했습니다. 안내를 받아 도착한 곳에는 허리가 잘려 두 동강 난 대리석 사자상이 있었습니다. 머리는 바다 쪽을, 앉은 엉덩이와 뒷다리는 항구 왼쪽을 향해 있었습니다. 머리를 치켜든 당당한 사자상의 얼굴은 많이 훼손되었지만, 앉은 모습의 엉덩이와 뒷다리는 형상이 확실했습니다. 목동은 겨우 대화가 가능한 영어로 열심히 설명하며 그 옆에 있는 작은 성벽 같은 잔해들도 보여 주었습니다. 유심히 보니 항구의 방파제 같았습니다. 방파제는 항구 입구 양쪽에 있었을 것이고 그 위에 사

▲ 라이언스 항구의 상징이었던 사자상 ©DC

자상이 마주 보게 세워져 있었을 텐데, 한쪽 방파제와 다른 하나의 사자상은 완전히 없어졌습니다. 남은 방파제 옆으로 크고 많은 기둥과 돌들이 모래와 숲에 가려져 있었습니다. 인증 사진까지 찍어 주는 이분에게 적게나마 감사 표시를 하고 나니 바울의 모습이 떠올랐습니다.

사자상을 통과한 배는 500미터 정도 항구 안으로 들어가 정박했을 것입니다. 누가는 바울이 에베소에 들르지 않고 밀레도로 바로 온 이유를 설명했습니다. "바울이 아시아에서 지체하지 않기 위하여 에베소를 지나 배 타고 가기로 작정하였으니 이는 될 수 있는 대로 오순절 안에 예루살렘에 이르려고 급히 감이러라"(행 20:16). 바울의 마음을 아는 듯 그가 탄 비정기 화물선도 에베소에는 들르지 않고 기오에서 사모를 거쳐 바로 밀레도에 도착했습니다. 여기서 며칠 머문다는 일정을 확인하자마자 인편으로 에베소 장로들을 밀레도로 불렀습니다. 에베소로 직접 가는 것도 생각했겠지만, 잘못하다가는 배가 출발하기 전에 돌아오지 못할지도 모른다는 생각에 장로들을 부른 것 같습니다.

예루살렘에 가는 길이 아무리 급해도 에베소교회 장로들에게 갈라디아 교회들과 고린도교회에 생긴 일들을 알려 주고 에베소교회는 미혹되지 말라는 경고를 해야만 했습니다. 이 교회는 아시아에 여러 교회를 세울 때 교두보로 삼았던 곳이요, 아시아의 중심 교회였기 때문입니다. 장로들이 아시아에 개척된 다른 교회들에게 바울의 절박한 마음과 당부를 전달해 주리라 기대했을 것입니다.

장로들은 남쪽으로 42킬로미터 떨어진 밀레도에 도착하여 바울의 따뜻한 환영을 받았습니다. 감사 기도가 끝난 후 바울은 이번이 마지막 만남일 것이라고 말해 주었습니다.

"이제 나는 성령에 매여 예루살렘으로 가는데 거기서 무슨 일을 당할는지 알지 못하노라 오직 성령이 각 성에서 내게 증언하여 결박과 환난이 나를 기다린다 하시[니] … 이제는 여러분이 다 내 얼굴을 다시 보지 못할 줄 아노라"(행 20:22-23, 25).

그만큼 바울은 심각하고 진지했습니다. 그와 동행한 누가는 당시 바울의 마음이 담긴 말을 요약해 줍니다. 먼저 바울은 자신의 과거의 삶을 상기시켜 주었습니다. "내가 … 어떻게 행하였는지를 여러분도 아는 바니"(행 20:18). 그는 삶으로 사역과 가르침을 증명하는 목회자였습니다. "모든 겸손과 눈물이며 유대인의 간계로 말미암아 당한 시험을 참고 주를 섬긴 것"을 그들이 보았다고 자신 있게 말합니다. 또 자신의 사역도 상기시켜 줍니다. "유익한 것은 무엇이든지 공중 앞에서나 각 집에서나 거리낌이 없이 여러분에게 전하여 가르치고 유대인과 헬라인들에게 하나님께 대한 회개와 우리 주 예수 그리스도께 대한 믿음을 증언한 것이라"(행 20:20-21). 바울의 사역은 전도였습니다. 공중을 대상으로 한 대중 전도와 집집마다 찾아가 개인적으로 복음을 나누었다고 회상했습니다. 바울이 얼마나 전도를 열심히 했는지는 에베소 장로들이 다 보아 왔습니다. 그 복음을 위하여 헌신적으로 살아왔기에 "내가 꺼리지 않고 하나님의 뜻을 다 여러분에게 전하였다"고 말했습니다(행 20:27).

"내가 달려갈 길과 주 예수께 받은 사명 곧 하나님의 은혜의 복음을 증언하는 일을 마치려 함에는 나의 생명조차 조금도 귀한 것으로 여기지 아니하노라"(행 20:24).

어쩌면 지금까지 어디서 한 설교보다 더 결연하게 혼과 마음과 사랑을 쏟아 한마디, 한마디 말했을 것입니다. 너무나 감동적인 고별사입니다. 장로들은 사도의 말씀을 한마디도 놓치지 않으려고 숨을 죽였을 것입니다.

양 떼를 지키라

여기까지 회상한 후 바울은 아주 중요한 말을 시작합니다. 장로들을 보고자 한 목적을 설명합니다. 자신의 옛 사역 이야기나 수고를 자랑하려고 보자고 했던 것이 아니었기 때문입니다.

"여러분은 자기를 위하여 또는 온 양 떼를 위하여 삼가라 성령이 그들 가운데 여러분을 감독자로 삼고 하나님이 자기 피로 사신 교회를 보살피게 하셨느니라 내가 떠난 후에 사나운 이리가 여러분에게 들어와서 그 양 떼를 아끼지 아니하며 또한 여러분 중에서도 제자들을 끌어 자기를 따르게 하려고 어그러진 말을 하는 사람들이 일어날 줄을 내가 아노라"(행 20:28-30).

머지않아 외부에서는 사나운 이리 같은 거짓 선생들이 들어와 성도들에게 잘못된 가르침으로 혼란과 학살을 일삼을 것이고, 내부에서는 동조하는 사람들이 일어날 터인데, 그때 하나님이 그들을 교회의 감독자로 세우신 사명을 인식하고 양 떼를 보호하여 교회를 지키라고 당부한 것입니다. 이런 바울의 당부 때문인지, 에베소교회는 나중에 자칭 사도라 하는 자들이 들어왔을 때 그들을 시험하여 거짓을 드러내어 주님의 칭찬을 받았습니다(계 2:2).

자신이 3년 동안 밤낮 쉬지 않고 눈물로 각 사람을 훈계하던 것을 기억하여, 성도들을 보살피고 복음의 진리를 지키는 일에 집중해 달라는 당부도 보냈습니다. 바울의 목회적 심정이 절절히 느껴지는 부분입니다. 최종적으로는 이 장로들과 교회들을 주 예수님과 그분의 은혜의 말씀에 부탁하며, 그 말씀이 교회를 능히 든든히 세우고 성도들의 삶에 축복의 열매가 있게 할 것을 확신한다는 믿음과 축복의 말을 전했습니다. 약한 사람들을 돕고 베풀며 수고하는 삶을 살라고도 당부했습니다. 마지막으로 남의 은이나 금, 의복을 탐하지 않고 두 손으로 열심히 일하여 자신과 동료들의 필요를 충당했음을 상기시켜 주었습니다. 가장 중요한 가르침을 가운데 두고 그 앞뒤로 자신의 삶을 모본으로 제시했습니다. 지도자들이 바른 삶을 사는 것이 잘못된 가르침으로부터 교회를 지키는 지름길이라고 일깨워 준 것입니다(행 20:31-35).

누가가 요약한 내용보다 훨씬 길게 말했겠지만, 이런 주제로 권면을 마쳤습니다. 이것은 사도행전에 기록된 바울의 설교 중 유일하게 믿는 자들을 대상으로 한 것입니다. 바울의 목회적 심정이 가장 잘 드러난 연설입니다. 고별 설교를 마친 바울은 장로들과 함께 무릎을 꿇고 기도했습니다. 장로들은 바울의 건강과 안전, 예루살렘 지도자들과 함께할 회의를 위해 기도했을 것입니다. 당부한 말씀을 받들어 교회를 잘 지키겠다는 다짐도 드렸을 것입니다. 바울은 3차에 걸친 선교 여행 중 여러 곳과 여러

▲ 율리우스 슈노르 폰 카롤스펠트, <에베소 장로들과 눈물로 작별하는 바울>(1852-60).

상황에서 성도들과 수없이 작별해 보았습니다. 어쩌면 헤어짐에 익숙해 졌을 것입니다. 그러나 이번 작별은 달랐습니다. 모두 크게 울며 한 사람 씩 바울의 목을 안고 작별의 입맞춤을 나누었습니다(행 20:36-38).

바울 일행이 밀레도를 떠날 때 장로들은 배까지 전송했습니다. 배에 오 르기 전에 다시금 번갈아 안아 주면서 작별의 입맞춤을 나눴을 것입니다. 장로들은 아시아 교회를 대표하여 예루살렘으로 가는 두기고와 드로비 모를 더 힘껏 안아 주었을 것입니다. 배가 항구에서 천천히 미끄러져 나 가자 장로들은 연극장 뒤쪽 언덕을 따라 배가 가는 방향으로 함께 달렸을 것입니다. 멀리 작아져 가는 배를 바라보며 손을 흔들고 하염없이 눈물을 흘렸을 것입니다. 바울도 보이지 않을 때까지 옷을 벗어 흔들며 작별을 아쉬워했을 것입니다. 저도 거의 12년 동안 로고스 선교선과 둘로스 선 교선을 타고 87개국의 156개 항구에서 듬뿍 정이 들었던 현지 성도들과 수없이 헤어져 보았기에 밀레도에서 헤어지는 바울의 모습이 더 현장감 있게 그려집니다. 함께 무릎을 꿇고 기도하며 목을 안고 헤어짐을 안타까워한 이때가 목회자와 전도자였던 바울이 가장 감사하고 보람을 느꼈던 순간이었을 것입니다.

오늘의 목회자들도 헤어져야 할 때가 오면 이런 모습으로 작별해야 하지 않을까 생각합니다. 이렇게 헤어질 수 있는 목회자와 선교사는 정말 행복하고 보람 있게 사역했을 것입니다. 이렇게 헤어지도록 준비하기 위해서라도 주님과 복음과 성도들을 위해 헌신적인 삶, 부끄러움 없는 삶을 살아야겠습니다. 감사하게도 바울은 로마 가택 연금에서 풀려난 후 그레데를 거쳐 다시 밀레도와 에베소를 방문할 수 있었습니다(딤전 1:3; 딤후 4:20). 다시 만났을 때는 얼마나 감사하고 반가웠을까요?

계속 예루살렘을 향하여

돌아보면 바울은 빌립보, 데살로니가, 아덴, 고린도, 에베소, 드로아같이 에게해를 둘러싼 지역의 선교에 집중했습니다. 예루살렘으로 돌아가는 길에도 에게해의 작은 항구들을 지났습니다. 밀레도를 출발한 배는 고스, 로도, 바다라에 들렀습니다. 바울 일행은 바다라에서 구브로에 들르지 않고 베니게로 직행하는 더 큰 배로 갈아탔습니다. 배는 동쪽으로 항해하면서 구브로섬 남쪽 바다를 통과하여 두로에 도착했습니다.

두로에서 적재물을 하역하는 일주일 동안 바울은 두로에 있는 성도들과 시간을 보냈습니다(행 21:4). 시돈, 두로, 돌레마이 같은 베니게 지역의 교회들은 스데반의 순교 후 흩어진 예루살렘 성도들이 개척했습니다 (행 11:19). 예수님도 다녀가신 지역이므로 복음에 호의적인 사람이 많았을 것입니다. 1차 선교 여행 후에 예루살렘 공회에 참석하러 가면서 베니게 지방을 들러 교제했던 형제들을 다시 만나니 반가웠을 것입니다(행 15:3). 두로의 형제들은 성령의 감동으로 바울에게 예루살렘에 가지 말라고 말렸습니다. 그래도 바울은 뜻을 굽히지 않았습니다. 바울이 떠나갈 때 두로의 성도들은 성문 밖까지 전송했습니다. 항구까지 따라온 사람들은 바닷가에서 무릎을 꿇고 기도하고는 아쉬움과 눈물을 삼키며 헤어졌습니다.

바울 일행은 다시 배에 올랐습니다. 64킬로미터 남쪽으로 항해하여 중요한 무역 항구인 돌레마이에 도착했습니다. 이렇게 드로아에서부터 시작된 640킬로미터나 되는 긴 항해가 끝났습니다. 형제들을 만나 하루를 묵고, 다음 날 육로로 남행하여 가이사랴에 도착했습니다. 바울 일행은 가이사랴에서 교회를 섬기던 빌립의 집에 머물렀습니다. 오순절 전에 예루살렘에 도착할 시간 여유가 좀 있어 여러 날 머물렀던 것 같습니다(행 20:16). 빌립은 바울을 보면서 절친이었던 스데반이 생각났겠지만, 바울을 변화시켜 사용하시는 예수님께 영광을 돌리며 정성껏 섬겼을 것입니다.

가이사랴에 있는 동안 아가보 선지자가 유대에서 내려왔습니다. 아가보는 바울의 허리띠로 자기 손을 잡아매고 성령의 말씀이라면서 예언했습니다. 예루살렘에 가면 유대인들이 이 허리띠의 주인을 이렇게 결박하여 이방인의 손에 넘겨주리라는 내용이었습니다. 가이사랴의 성도들은 물론 동행하던 일행까지도 예루살렘에 가지 말라고 울면서 간청했습니다(행 21:10-12). 하지만 바울은 단호했습니다. 이방 교회들을 지키는 사명을 감당하려면 반드시 예루살렘에 가야 한다고 확신했기 때문입니다.

바울은 성령으로부터 결박과 환난이 그를 기다린다는 경고를 이미 직

▲ 제2성전 시대 예루살렘의 모형 ©DC

접 들었습니다(행 20:23). 그럼에도 불구하고 "성령에 매여 예루살렘으로
가고" 있었기 때문에(행 20:22) 아가보 선지자의 예언도 바울의 뜻을 꺾지
못했습니다. 단순히 헌금을 전달할 목적이었으면 이 시점에서 형제들만
보내도 될 텐데, 헌금 전달이 주목적은 아니었습니다. 사도들을 만나 주
예수의 명예가 걸린 중대한 의논을 해야 했습니다. "나는 주 예수의 이름
을 위하여 결박당할 뿐 아니라 예루살렘에서 죽을 것도 각오"했다면서 물
러서지 않았습니다. 형제들은 주님의 뜻에 맡기며 더 이상 만류하지 않았
습니다(행 21:13-14).

며칠 후, 예루살렘으로 출발할 때 가이사랴의 몇 제자가 동행했습니다.
그중에서도 나손이 함께 갔는데, 이 유대 성도가 여러 명의 이방 형제를
자기 집에 머물라고 초대한 것이 놀랍습니다. 나손을 '오랜 제자'라고 번
역했지만 헬라어로는 '처음부터 제자 된 사람'(archaios mathētēs)이라는 뜻입
니다. 예루살렘교회의 창립 멤버로서 영향력 있는 성도였습니다. 그러니

숙소를 제공하는 정도를 넘어 바울 일행을 지원할 수 있는 위치에 있었을 것입니다(행 21:16).

가이사랴에서 예루살렘까지는 100킬로미터가 넘습니다. "여장을 꾸려"(행 21:15) 갔다는 표현은 말이나 나귀를 이용했다는 의미보다 짐을 꾸렸다는 뜻이고, 일행도 여러 명이었으므로 함께 걸었을 것 같습니다. 자신의 목숨보다 이방 교회를 잘못된 신학적 공격에서 지켜 주시기를 간절히 기도하는 마음으로 예루살렘으로 향했습니다. 예수님의 제자가 된 후 예루살렘을 다섯 번째 방문하여 마지막으로 보는 기회였는데, 많은 기억과 만감이 교차했을 것입니다.

19 ― 사슬에 매인 하나님의 대사

"복음으로 말미암아 내가 죄인과 같이 매이는 데까지 고난을 받았으나 하나님의 말씀은 매이지 아니하니라"(딤후 2:9).

결연한 의지로 예루살렘에 드디어 도착했습니다. 주후 57년, 오순절 직전이었을 것입니다. 바울은 오순절에 성전에 올라가 절기를 지킴으로써 그리스도인 유대인들과 불신 유대인들에게 자신이 유대인으로 살아가고 있음을 보여 주어야 할 필요를 느꼈을 것입니다.

이방 교회 대표들을 대동한 채 이방 교회들이 보낸 헌금을 가지고 예루살렘에 온 것으로 보아 이번 방문은 이방 교회들과 관계가 있음을 알 수 있습니다. 이방 교회들과 관련된 문제들을 해결하기 위해 목숨을 바칠 각오로 예루살렘에 온 것입니다. 만일 바울이 이 주제를 의논하러 예루살렘을 찾아오지 않았다면, 기독교는 유대교의 한 종파로 남게 되었을 가능성이 높습니다. 이것까지 미리 내다본 바울은 그렇게도 소원하던 로마와 서바나 선교를 포기하고 예루살렘부터 방문한 것입니다. 그의 결단으로 향후 기독교는 온 세계에 종교적·사회적 영향을 끼치게 되었고, 세계는 새로운 역사를 맞게 되었습니다.

바울과 일행이 예루살렘에 도착하니 몇몇 형제가 반갑게 맞이했습니다. 나손의 집에 여장을 풀고 다음 날 이방 형제들을 데리고 예루살렘교회의 최고 지도자인 야고보에게 인사를 갔습니다. 바울이 온다는 소식을 듣고 있던 예루살렘교회의 모든 장로가 모여 있었습니다. 그만큼 바울의 방문은 큰 관심사였습니다. 누가는 야고보를 비롯한 장로들이 어떻게 바울과 일행을 맞이했는지는 언급하지 않았습니다. 그 전날 "형제들이 우리를 기꺼이 영접"했다고 기록한 누가가 이 중요한 만남의 분위기를 전하지 않는 것을 보면 상당한 긴장감이 돌지 않았을까 싶습니다. 더구나 장로들은 바울에 대한 안 좋은 소문도 듣고 있었습니다.

갈라디아서 2장과 사도행전 15장이 전하는 모임이 예루살렘에서 열린 첫 공회였기에, 이번 회의는 2차 예루살렘 공회라고 불러도 좋을 것입니다. 바울은 장로들에게 문안한 후 "하나님이 자기의 사역으로 말미암아 이방 가운데서 하신 일을 낱낱이 말하"였습니다(행 21:17-19).

헌금 전달과 선교 보고

누가는 이렇게 간단히 요약하지만, 바울은 2차와 3차 선교 여행 중에 마게도냐와 아가야, 아시아에서 이루어진 복음의 진보와 교회 개척에 대해 자세히 보고했을 것입니다. 그러면서 갈라디아 지역 교회 대표인 가이오와 디모데, 마게도냐 지역 교회 대표인 소바더와 아리스다고와 세군도, 아시아 지역교회 대표인 두기고와 드로비모를 일일이 소개했을 것입니다. 이들이 대표하는 교회들은 주후 45-57년까지 12-13년의 기간에 바울이 갈라디아, 마게도냐, 아가야, 아시아에서 맺은 놀라운 사역의 열매요,

증거였습니다.

이들을 소개한 후 바울은 이방 교회들이 힘껏 모금한 연보를 전달하며 그들의 사랑과 감사와 문안을 전했을 것입니다. 이방 교회들이 어려운 중에도 감사한 마음으로 정성껏 연보를 모금한 것은, 그들이 예루살렘교회로부터 영적 축복을 받았기에 빚진 자의 심정을 가지고 육적인 것으로 유대 성도들을 섬기기 위함이라고 말했을 것입니다(롬 15:27). 이때 바울은 무척 긴장했을 것입니다. 헌금을 거절당할 수도 있었기 때문입니다. 다행히 장로들은 연보를 잘 받고 감사의 말을 전했습니다.

이 헌금이 잘 전달되도록 로마교회에 기도를 부탁했던 바울은 크게 안도하고 감사했습니다. 바울이 볼 때 이 헌금은 예루살렘의 가난한 성도들을 위한 구제 헌금이나 영적 축복의 빚을 갚는 것 이상의 의미가 있었습니다. 이방 나라들의 재물이 예루살렘으로 오리라는 예언의 성취 이상이었습니다(사 60:5). 예루살렘교회가 이 헌금을 받는다는 것은 유대 성도와 이방 성도들의 교제와 연합을 의미하는 것이요, 이방 성도들을 하나님의 새로운 가족으로 받아들인다는 의미였습니다. 장로들이 바울의 이방 선교 사역과 그 사역의 열매인 이방 교회들을 인정한다는 의미도 함축되어 있었습니다. 더 나아가 각지에 세워진 지역 교회들이 동서고금을 망라해 우주 교회를 형성하게 된 시발이었습니다. 유대인과 이방인이 한 새 사람을 이루고, 동일한 시민과 하나님의 권속이 되어 예수가 머리이신 한 몸에 속하여 상호 의존적 지체가 되었음을 처음으로 인식한 시점입니다(엡 2:15-19).

제2차 예루살렘 공회

장로들은 바울의 사역 보고를 듣고 이방 지역에도 복음이 확산되어 교회들이 세워졌음을 기뻐했습니다. 예수님이 세우겠다고 하셨던 그분의 교회가 이방인들 가운데서도 세워져 헌신적인 일꾼들이 풍성한 연보를 들고 와 예루살렘교회에 감사를 표하는 모습을 보고 하나님께 영광을 돌렸습니다.

헌금을 전달한 후 바울은 본론으로 들어갔습니다. 당시 갈라디아 지역과 아가야 지역에 어떤 유대인 형제들이 찾아가 잘못된 복음을 가르치며 교회를 어렵게 하여 심히 걱정스럽다는 상황을 알렸습니다. 1차 선교 여행 후 예루살렘에서 어떤 형제들이 수리아 안디옥을 방문하여 할례를 받지 않으면 구원을 받지 못한다고 가르치며 문제를 일으켰을 때, 예루살렘에서 공회로 모여 당시 야기된 신학적 혼란을 정리했던 것을 상기시켰을 것입니다. 예루살렘교회 지도부의 허락도 없이 안디옥에 가서 이방 성도들을 괴롭히고 혼란스럽게 한 것이 잘못되었다고 명시했던 1차 공회 때의 결정도 언급했을 것입니다.

이 시점에서 야고보는 바울에게 "형제여 그대도 보는 바에 유대인 중에 믿는 자 수만 명이 있으니 다 율법에 열성을 가진 자라"라고 말합니다 (행 21:20). 이것은 유대 형제들이 이방 교회에 와서 율법을 지키라고 요구한다는 보고에 대한 설명으로 보입니다. 예루살렘에는 예수님을 믿지만 율법도 열성으로 지키는 성도가 수만 명이나 된다는 것입니다. 다메섹의 아나니아도 율법을 따라 경건하게 살고 있었습니다(행 22:12). 사실상 예루살렘교회는 희생 제사를 제외한 율법을 지키고 있었습니다.

야고보는 또 다른 상황도 알려 주었습니다. 예루살렘에 좋지 않은 소문이 돌고 있는데, 바울이 이방에 있는 모든 유대인에게 모세를 배반하고 아들들에게 할례를 행하지 말고 또 유대 관습을 지키지 말라고 가르친다는 소문을 율법에 극진한 성도들이 들었다는 것입니다(행 21:21). 말하지는 않았지만, 예루살렘교회의 지도자들도 이런 소문을 어느 정도 사실로 받아들인 분위기였습니다. 그렇지 않았다면 이런 소문을 진작 해명하며 바울을 옹호했을 것입니다.

이런 분위기를 어느 정도 예상했던 바울은 항변했을 것입니다. "유대인들에게 율법을 지키지 말라고 가르친 적이 없습니다. 이방인에게 율법을 지킬 필요가 없다고 가르치고 그들 앞에서 율법 없는 사람처럼 사는 것은 사실이지만, 유대인들 앞에서는 저 자신도 율법 아래 있는 자같이 살고 있습니다(고전 9:20). 저는 율법과 계명은 거룩하고 의로우며 선하다고 가르치고 있습니다(롬 7:12, 14, 16). 유대인들에게 율법을 지키거나 할례를 베풀지 말라고 가르친 적은 없습니다. 할례 받지 않은 상태에서 예수님을 믿었으면 할례를 받지 말라고 가르치지만, 할례를 받은 사람에게 무할례자가 되라고 가르치지는 않았습니다(고전 7:18)."

이 해명을 듣고 야고보와 장로들은 예루살렘에 퍼진 소문이 가짜 뉴스였음을 알게 되었습니다. 바울이 전도한 지역에서 불신 유대인들이 자기

▲ 예루살렘 장로들에게 설명하는 바울(루디아 기념 교회 벽화) ©DC

들이 이해하고 오해한 대로 퍼뜨린 것이었습니다. 특히 절기에 여러 디아스포라에서 예루살렘에 온 순례자들이 더욱 그런 소문을 퍼뜨렸습니다. 예루살렘의 믿는 유대인들은 확인해 보지도 않고, 또 확인할 기회도 없이 그런 소문을 점점 믿었던 것입니다. 사도와 장로들은 바울이 그랬을 리가 없다고 생각했을 수도 있지만, 바울을 옹호하려는 노력을 한 것 같지도 않습니다. 그래서 불신 유대인들은 물론, 믿는 유대인들마저 바울에 대해 부정적 편견을 갖게 된 것입니다.

상황의 진실을 파악한 장로들은 바울이 오해에서 풀려날 방법을 모색했습니다. 율법에 열심 있는 성도들이 바울이 예루살렘에 왔다는 소식을 반드시 듣게 될 텐데, 그들의 오해를 바로잡지 않으면 큰 문제가 발생하리라고 판단했기 때문입니다. 그래서 그 소문이 근거가 없음을 행동으로 보일 구체적인 방법까지 제안했습니다. "이렇게 하십시오. 우리 중에 하나님 앞에 서약한 네 사람이 있으니 그들과 함께 가서 정결 의식을 행하고 당신이 비용을 들여 그들이 머리를 깎게 하십시오. 그러면 당신에 대한 소문이 사실이 아니고 당신도 율법을 지키며 산다는 것을 모든 사람이 알게 될 것입니다"(행 21:23-24, 현대인의성경).

예루살렘교회 지도부가 자신에 대한 오해를 없애려고 애쓰는 모습에 바울은 감사했습니다. 희생 예물을 드리고 수염을 깎아 드리는 예식에 사용되는 경비는 적은 돈이 아니었습니다. 요세푸스도 기록했듯이, 서원 결례를 위해 희생을 드리는 경비를 대신 감당해 주는 일은 흔히 있던 자선 활동의 하나였습니다. 바울은 자기도 겐그레아에서 서원을 갚기 위해 머리를 깎았던 적이 있다고 말하면서(행 18:18), 기꺼이 네 형제의 정결 의식 비용을 내겠다고 나섰습니다. 자신도 유대 관습과 율법을 지킨다는 상징적 제스처였습니다.

　이제야 바울은 유대주의자들이 이방 교회들을 찾아와 율법을 지켜야 한다고 요구한 이유가 자신이 이방인은 물론 유대인들에게도 율법을 지키지 말라고 가르친다는 오해에서 기인했음을 알게 되었습니다. 유대인을 구원하기 위해서는 율법 아래 있는 자같이 행하고, 이방인을 구원하기 위해서는 율법 없는 자같이 행하는 것이 바울의 원칙이었습니다(고전 9:19-23). 미키아벨리(Niccolò Machiavelli) 식 처신이 아니라, 전도의 열정을 갖고 성령의 인도하심을 받는 자가 갖는 일관성이었습니다. 바울은 예루살렘의 지도자들에게, 유대인들이 율법을 지킴으로 구원받는 것이 아니라 오직 믿음으로 받는 것같이, 이미 믿음으로 구원받은 이방인들은 율법을 지키지 않아도 된다고 강조했을 것입니다. 로마서와 갈라디아서에 쓴 내용이 바탕이 되었을 것입니다. 장로들은 이방인 성도들에게 줄 규범들도 상의했습니다. 자세한 기록은 없지만, 야고보가 "이방인 신자들에게는 우상의 제물과 피와 목매어 죽인 것과 음란을 피하라는 우리의 결정을 이미 편지한 바 있습니다"(행 21:25, 15:29, 현대인의성경)라고 언급한 것으로 보아, 장로들은 1차 예루살렘 공회에서 결의한 내용을 그대로 유지하기로 했음을 알 수 있습니다. 그때 공회 결의문에 "성령과 우리는 이 요긴한 [네 가지] 것들 외에는 아무 짐도 너희에게 지우지 아니하는 것이 옳은 줄 알았"다고 기록했습니다(행 15:28). 명쾌하게 적시하지는 않았지만, 할례와 율법을 지키는 짐을 이방 성도들에게 지우지 않기로 했다는 뜻이었습니다. 바울의 이런 노력 덕분에 우리를 포함한 후대의 이방인들도 율법을 지키지 않고 하나님의 은혜와 우리의 믿음으로 구원의 은총을 받는다는 진리를 혼선 없이 믿고 누리게 되었습니다.

바울은 크게 안도했습니다. 하나님께 감사드리고, 사도와 장로들에게도 고마움을 표했습니다. 목숨을 걸고 예루살렘에 왔는데 소원하며 기도했던 일이 다 순조롭게 진행되었습니다. 헌금이 받아들여졌고, 자신에 대한 오해가 풀렸으며, 이방인 성도들에게는 식사 교제를 위한 음식법 이외에 다른 율법을 준수할 짐을 지우지 않기로 재확인했기 때문입니다. 바울은 다시는 유대주의자들이 이방 교회들을 찾아다니면서 이방 성도들에게 할례를 비롯한 율법을 강요하는 것을 막아 달라고 간곡히 부탁했을 것이고, 사도들은 동의했을 것입니다. 이 다짐을 받은 때를 실질적으로 3차 선교 여행이 끝난 시점으로 보는 것이 좋을 것입니다. 예루살렘 지도부와 이 대화를 나누기 위해 로마로 향하려던 3차 선교 여행 일정을 변경하여 예루살렘으로 왔기 때문입니다.

바울은 이튿날 네 형제를 데리고 함께 정결 의식을 행하고, 일주일 후에 성전에 들어가 모든 의식이 만료되었음을 신고했습니다. 바울이 형제들의 정결 의식 비용을 냈다는 말이 예루살렘 성도 사이에서 신속히 퍼졌을 것입니다. 바울에 대한 소문은 잘못되었고, 장로들이 바울을 잘 받아들였음도 알게 되었을 것입니다. 율법에 열심인 수만의 성도 가운데 어떤 사람들이 신학적으로나 물리적으로 문제를 야기하지 않을까 우려했던 일은 다행히 생기지 않았습니다. 그러나 문제는 다른 곳에서 터졌습니다.

예루살렘에서 체포되다

바울이 네 형제의 정결 예식에 참여하고 그 기간이 끝나는 일곱째 날에 예식 비용을 지불하러 성전에 들어갔습니다. 그런데 아시아에서 온 불신 유대인들이 바울을 알아보고 사람들을 선동하기 시작했습니다. "이 사람은 각처에서 우리 백성과 율법과 이곳[성전]을 비방하여 모든 사람을 가르치는 그 자"라고 소리쳤습니다. 예루살렘교회 성도들도 거짓 소문을 듣고 의심의 눈초리를 보냈는데, 믿지 않는 유대인들이야 오죽했겠습니까?

마침 아시아 출신 드로비모를 데리고 성전에 갔는데, 에베소에서 순례 온 유대인들이 바울과 드로비모를 알아보고는 바울이 이방인을 데리고 성전에 들어가 거룩한 곳을 더럽혔다고 거짓으로 선동했습니다 (행 21:28). "이방인은 안쪽 뜰과 성소의 난간 주변으로 들어올 수 없다. 들어오다가 잡히는 모든 (이방) 사람은 죽을 것이다"라는 경고문이 라틴어와 헬라어로 붙어 있었고, 바울도 같이 있었기에 드로비모는 결코 이방인의 뜰을 넘어가지 않았을 것입니다. 여기서 이방인이라야 로마인과 헬라인일 것입니다. 그들에게 수백 년간 눌려 살던 유대인들이 유일하게

▲ 구스타브 도레, <예루살렘에서 폭도들에게 붙잡힌 바울>(1875).

그들을 제재할 수 있도록 허락된 경우였습니다. 그들의 분노는 하늘을 찌를 듯했습니다. 먼저 아시아에서 온 유대인들이 선동하기 시작했습니다. 이방인이 성전에 들어갔다는 말이 퍼지자 순식간에 수많은 유대인이 모여들었고, 극도로 흥분한 군중은 바울을 성전에서 끌어내어 닥치는 대로 때리기 시작했습니다 (행 21:28-31).

이 소요에 대해 보고를 받고 천부장 루시아(Claudius Lysias)가 군인들을 데리고 현장에 도착했습니다. 군중과 바울의 말이 서로 달라 소동의 진상을 파악할 수 없자 천부장은 바울을 군부대로 옮기라고 지시했습니다. 군중은 따라오면서 이 사람은 없애 버려야 한다고 소리를 높였습니다(행 21:31-36). 천부장이 개입하지 않았으면 폭도들의 손에 죽임을 당했을지 모릅니다. 바울은 성난 군중에게 말할 기회를 달라고 부탁했습니다. 바울을 애굽 사람으로 생각했던 천부장은 그가 헬라어를 하는 것을 보고 깜짝 놀랐습니다. 길리기아의 다소 사람이라는 말을 듣고 무리에게 말하도록 허락해 주었습니다(행 21:37-40).

웬만한 사람 같았으면 위기를 벗어나는 데 온 신경을 썼을 텐데, 바울은 유대인들에게 공개적으로 전도 설교할 기회를 포착했습니다. 예수님의 제자가 된 후 처음으로 생긴 기회를 놓치지 않은 것을 보면 바울은 타고난 전도자였습니다. 헬라어로 말하리라 기대했던 군중은 그가 히브리어로 연설하자 잠잠해졌습니다. 바울은 헬라어와 히브리어에 두루 능통했습니다.

바울은 자신이 다소 출신이며 예루살렘으로 유학 와서 당시 존경받던 율법사 가말리엘 밑에서 율법의 엄한 교육을 받아 하나님을 열심히 섬겼다고 간증했습니다. 예수를 따르는 무리를 얼마나 핍박했는지도 말했습니다. 그러면서 예수의 제자들을 붙잡아 예루살렘으로 송치하려고 다메섹으로 가는 중에 하늘에서 나타나신 예수님을 만났다고 길게 증언했습니다(행 22:1-16). 구원 간증을 통해 예수 복음을 선포한 것입니다.

예루살렘에 돌아와 성전에서 기도하는 중에 하나님께서 자기를 멀리 이방인에게 보내리라 하셨다는 말도 전했습니다(행 22:17-21). 여기까지 들던 유대인들이 이런 자는 없애 버리자고 소리 지르며 다시 달려들었습니다. 천부장은 영내로 끌고 가 채찍질하며 심문하라고 명령했습니다. 백부장이 바울을 포박하려 하자 바울은 자신이 로마 시민이므로 채찍질해서는 안 된다고 항변했고, 천부장은 두려워하여 고문을 시작하지 않았습니다(행 22:22-29). 천부장과 백부장은 바울이 로마 시민이라는 사실을 달리 확인하지 않았습니다. 당시에는 집안을 알 수 있는 이름, 직업, 옷, 사용 언어 등으로도 로마 시민권자임을 인지하는 경우가 많았다고 합니다. 하지만 로마 제국 곳곳으로 여행을 많이 하고 또 위험한 지경에 이르는 경우도 많았으므로 바울은 로마 시민임을 증명하는 '신분증'을 가지고 다녔을 것으로 보입니다. 로마군에 오래 복무하거나 노예로 있다가 자유 시민이 된 사람들은 접을 수 있는 작은 동판에 새겨진 시민권(diploma civitatis)을 받았습니다.

바울이 로마 시민임을 알고도 천부장은 풀어 주지 않았습니다. 오히려 유대인들이 고발하는 이유를 알고자 산헤드린 공회를 소집했습니다. 바울은 이제 공회 앞에서도 전도할 기회가 생겼습니다. 산헤드린은 사두개인과 바리새인들로 구성되어 있는데, 사두개인은 부활을 믿지 않고 바리새인은 믿는 것을 알기에 두 종파를 맞붙일 전략을 썼습니다. 바울은 먼저 자신은 바리새인이요, 바리새인들의 아들이라며 부친뿐 아니라 조부까지 바리새인이었음을 강조했습니다. 자신이 범사에 양심을 따라 하나님을 열심히 섬겼음에도 불구하고 이렇게 심문을 받는 것은 죽은 자의 부활과 소망을 전하기 때문이라고 밝혔습니다. 예상대로 두 종파는 부활 여부를 놓고 신학적 논쟁을 벌이기 시작했습니다. 논쟁이 격렬해지자 천부장은 바울의 신변을 보호하려 무리에게서 빼내어 영내로 옮겼습니다

(행 22:30-23:10). 이때로부터 여러 해 동안 바울은 자유의 몸으로 살지 못했습니다.

그날 밤에 주께서 나타나 바울에게 힘을 주셨습니다. "담대하라 네가 예루살렘에서 나의 일을 증언한 것같이 로마에서도 증언하여야 하리라"(행 23:11). 죽기를 각오하고 왔고, 지금까지 벌어지는 상황으로 볼 때 예루살렘에서 죽을 것 같았는데, 환상 중에 주님이 주신 말씀이 큰 위로가 되었습니다. 로마에 가게 되리라는 말씀을 듣고는 고난 중에도 가슴 가득 평안이 스며들었을 것입니다.

하지만 바울을 없애 버리겠다는 유대인들의 의지는 단호했습니다. 바울을 죽이기 전에는 먹지도, 마시지도 않겠다는 40명의 결사대가 구성되었습니다. 이들은 유대교 지도부에게 바울을 공회에 부르게 하고, 자신들은 잠복하다가 바울이 오는 길에 처단하기로 음모를 꾸몄습니다. 하지만 바울의 누이의 아들이 이 말을 듣고 바울에게 전한 후 다시 천부장에게 알렸기에 그 계략은 수포로 돌아가고 말았습니다(행 23:12-22).

천부장 글라우디오 루시아는 로마 시민인 바울을 보호하고자 그날 밤에 가이사랴로 이송하여 벨릭스 총독의 손에 맡기기로 결정했습니다. 천부장은 총독에게 편지도 함께 보내면서, 이 죄수를 죽이거나 결박할 이유를 찾지 못했지만 신변 보호 차원에서 총독에게 보낸다고 설명했습니다. 호송을 맡은 군대는 자그마치 보병 200명과 기병 70명, 창병 200명이나 되었습니다. 두 명의 백부장이 이 어마어마한 호송단을 인솔했습니다. 안전을 위해 바울을 짐승에 태웠는데, 말이나 당나귀였을 것입니다. 예루살렘에서 48킬로미터 떨어진 안디바드리에서 보병과 창병은 돌아가고 이튿날 기병들이 가이사랴까지 바울을 호송했습니다(행 23:23-32).

유대 총독부가 있던 가이사랴

가이사랴는 주전 22년에서 10-9년 사이에 헤롯 대왕이 세운 항구 도시였습니다. 원래 이 지역은 항구로 개발될 천연 조건을 갖추지 못한 평범한 해안이었습니다. 하지만 대형 토목 공사의 달인이었던 헤롯은 이 해변에 대규모 항구와 도시를 건설했습니다. 이두매 출신인 헤롯은 유대교로 개종하고 유대의 왕이 되었으나 유대인들에게 존경받지 못했습니다. 그래서 유대인의 환심을 사려고 제2성전을 지었습니다. 거대한 로마식 신도시를 건설한 후 황제의 '가이사' 칭호를 따서 가이사랴라고 이름 짓고 아우구스투스에게 바쳤습니다. 헤롯은 바다로 100미터 들어가는 곳까지 수상 궁전도 지었는데, 아그립바 1세가 벌레에 먹혀 죽은 주후 44년까지 왕궁으로 쓰였습니다. 그해 유대 총독 파두스(Cuspius Fadus)가 부임한 때부터 가이사랴는 유대 속주의 행정 수도가 되었고, 헤롯궁은 로마 총독 관저와 집무 관청이 되었습니다.

가이사랴는 군사적·행정적 요지이다 보니 역사 속에서 수많은 전쟁의

▼ 가이사랴 전경 ©CGN

▲ 총독 집무 관청과 관저 자리 ©CGN

상처를 받았습니다. 로마가 기독교를 공인한 후 기독교 문화가 발전했지만 이슬람에게 점령당했고, 십자군이 탈환했다가 이슬람 군대가 다시 정복하고 십자군이 다시 정복하는 일이 반복되면서 가이사랴의 성벽과 도시, 항구는 다 파괴되었습니다. 웅장했던 옛 도시와 항구, 부두와 방파제와 시설은 거의 사라졌고, 1800년경에는 사람이 살지 않는 폐허가 되었습니다. 그러다 1884년에 작은 어촌으로 재개발되면서 오늘에 이르렀습니다. 특히 1947년에 시작되고 1959-1964년 기간에 박차를 가한 발굴 작업으로 원형 극장, 마차 경주장, 여러 건축물 등 귀한 유적들이 대단했던 옛 모습을 드러내게 되었습니다.

바울은 적어도 세 번 가이사랴를 지나간 적이 있었습니다. 회심한 후 베드로를 만나러 처음 예루살렘을 방문한 후 헬라파 유대인들의 핍박을 피해 다소로 가는 배를 타려고 가이사랴에 들렀습니다. 2차 선교 여행을 마치고 돌아올 때도 거쳤고, 불과 얼마 전 3차 선교 여행을 마치고 예루

331

▲ 가이사랴 마차 경기장 ©CGN

살렘에 올라갈 때에도 이곳에 정착한 빌립의 집에서 일주일 정도 머문 적이 있습니다(행 9:30, 18:22, 21:8-10).

가이사랴에 투옥되다

가이사랴에 도착하자 백부장들은 바울을 벨릭스 총독 앞에 세웠습니다. 천부장의 편지를 읽은 총독은 바울을 헤롯궁에 감금하고 로마 시위대에게 감시하라 명령했습니다(행 23:35). 주후 57년 6월 초였을 것입니다. 이곳 가이사랴는 오래전 베드로가 백부장 고넬료의 초청을 받고 찾아와 전도하고 세례를 주었던 뜻깊은 곳임을 바울은 기억했을 것입니다. '그때 베드로는 고넬료에게 할례를 행하지 않았고 할례를 행해야 한다는 생각조차 하지 않았는데, 왜 지금 예루살렘의 유대주의자들은 이방 형제들이 반드시 할례를 받아야 한다고 억지 주장을 펼까? 왜 그런 신학적 주장을 가지고 자유롭게 하는 복음으로 구원받은 성도들을 다시 율법에 종노

룻하게 할까?' 감옥에서도 깊은 생각에 잠겨 기도했을 것입니다(갈 5:11-13).

며칠 후, 총독은 바울을 심문하기 위해 산헤드린 대표들을 가이사랴로 불렀습니다. 닷새 후 대제사장 아나니아와 몇몇 장로와 변호인 더둘로가 가이사랴에 내려와 총독에게 고소했습니다. 고소 항목은 세 가지로, 디아스포라 유대인들을 소요하게 하고, 성전을 더럽히려 했고, 나사렛 이단의 우두머리 괴수라는 것이었습니다(행 24:1-9). 유대 지도자들은 바울을 베드로나 야고보보다 더 위험한 유대교의 최대 적으로 인식했습니다. 율법과 전통에 밝지 않은 사람이라면 무식해서 그렇다고 치부해 버릴 수 있었겠지만, 유대교의 최고 엘리트가 예수를 믿어 유대교의 잘못된 부분을 지적하니 치명적일 수밖에 없었습니다. 그래서 그를 없애기 위해 모든 수단과 방법을 동원했습니다(행 24:5, 25:24). 자기를 나사렛 이단의 괴수라는 죄목으로 고소하는 내용을 듣고 바울은 자기가 동년배들보다 뛰어난 유대교의 괴수요, 교회를 핍박하던 죄인의 괴수였음을 생각했을 것입니다(갈 1:13-14; 딤전 1:15). 그랬음에도 불구하고 크신 은혜로 용서받아 이제는 예수님을 따르는 무리의 괴수로 인식된다는 것을 주님께 감사했을 것입니다. 총독의 허락을 받은 바울은 성전을 더럽힌 일이 없다고 변명하면서 자신은 조상의 하나님을 섬기고, 율법과 선지자들의 글에 기록된 것을 다 믿으며, 또 의인과 악인의 부활이 있으리라는 하나님을 향한 유대인들의 소망을 자신도 가졌다고 고백했습니다. 또한 유대인을 구제할 제물을 가지고 왔고, 율법을 따라 정결 예식을 후원하다가 정당하지 않은 이유로 체포되었으며, 산헤드린 공회에서도 죽은 자의 부활에 대해 말했다가 미움받게 되었다고 해명했습니다.

유대의 제4대 총독인 벨릭스는 주후 52-59년까지 7년이나 재직했습니다. 그 부인 드루실라(Drusilla)가 헤롯 아그립바 1세의 딸로서 유대인이었기에 율법과 유대 풍습, 나사렛파의 주장도 나름 이해하고 있었습니다. 총독은 천부장이 오면 판단하겠다며 결정을 미루었습니다. 비록 쇠사슬에 묶어 두라 했지만, 바울에게 자유를 주며 친구들의 방문과 돌봄을 허락했습니다(행 24:23). 총독은 그리스도 예수를 믿는 도리에도 관심이 있었지만, 동시에 뇌물을 받으려는 속셈으로 바울을 자주 불러 만나기도 했습니다. 유력지들이 바울을 지원한다거나 거금을 들고 예루살렘에 왔다는 정보를 들어서인지 바울에게서 뇌물을 기대했습니다. 사실 벨릭스는 글라우디오 황제의 재무 장관이자 로마에서 가장 부자였던 팔라스(Pallas)의 형제였는데도 죄수로부터 뇌물을 받고자 한 정황에서 당시 로마 관리들의 부패상을 엿보게 됩니다. 일부 권력자와 관리들이 뇌물을 밝히는 것은 어제오늘의 일만이 아닙니다. 물론 바울은 뇌물을 주지 않았고, 총독도 바울이 전하는 장래 심판에 대해 두려움이 있었기에 서로의 만남은 뜸해졌습니다(행 24:24-26).

옥중 서신을 쓰다

벨릭스 총독은 바울을 2년이나 구금시켜 놓고 재판을 진척시키지 않았습니다. 그를 잊은 것 같았습니다. 그러나 하나님은 그를 잊지 않으셨습니다. 바울은 감옥에서도 중요한 일들을 했습니다. 먼저 주인에게서 도망 나왔다가 투옥된 노예 출신 오네시모를 전도했습니다. 보다 중요한 일은 빌립보와 골로새에 있는 교회들에게 유대주의자들을 경고하기 위해 편지를 쓴 것입니다. 고린도를 떠나 예루살렘으로 오는 길에 빌립보에 들러 이미 여러 번 강조했지만, 같은 말을 쓰는 것이 수고롭지 않다면서 할례

▲ 화가 미상, <옥중 서신을 쓰는 바울>(1886).

파 개들을 삼가라고 다시금 강력히 경고합니다(빌 3:1-2, 18-19). 직접 개척하지 않은 골로새교회에는 예수님이 누구신가, 그분이 구원을 이루기 위해 무엇을 하셨는가, 성도로서 어떤 삶을 살아야 하는가를 비교적 상세히 기록해 전했습니다. 또한 율법과 할례에 대하여 교묘한 속임수로 그들을 사로잡으려는 거짓 선생들에 대한 경고도 빠뜨리지 않았습니다(골 2:4, 8, 11, 14, 16). 오네시모를 골로새에 있는 그의 주인 빌레몬에게 보내면서 빌레몬에게도 간단히 편지를 썼습니다. 골로새에 가는 두기고를 통해 가까이 있는 에베소교회에도 편지하여 밀레도에서 못다 한 말을 담는 등 에베소를 중심한 아시아의 다른 교회들을 위해서도 편지를 썼습니다. 옥중 서신을 로마, 가이사랴, 에베소 중 어느 감옥에서 썼는지에 관한 문제는 이후 26장에서 좀 더 자세히 다루겠습니다.

벨릭스 총독이 백부장에게 "바울을 지키되 자유를 주고 그의 친구들이 그를 돌보아 주는 것을 금하지 말라"(행 24:23)고 지시했으므로 여러 동역자가 바울을 방문하고 필요를 채웠을 것입니다. 일곱 집사 중의 하나인 빌립이 가이사랴에서 교회 공동체를 인도하고 있었는데, 바울과도 가까운 사이였으므로 자주 방문하고 도왔을 것입니다. 의사인 누가는 사도의 건강을 보살피고, 디모데를 비롯하여 연보를 들고 예루살렘으로 함께 왔던 이방 교회 대표들은 가이사랴 주변에서 바울을 보필했을 것입니다. 물론 자기 교회로 돌아간 사람도 있었을 것입니다. 빌립보 출신 에바브로디도와 골로새 출신 에바브라도 바울을 도우며 힘을 보탰습니다(빌 2:25-30; 골 4:12).

이렇게 감옥에 있던 기간에 바울은 예수님의 제자가 된 이후 육체적으로는 가장 안전하고 편안한 시간을 보냈습니다. 바울같이 활동적인 사람에게는 쉽지 않은 시간이었겠지만, 하나님이 주신 특별 휴가 덕분에 꼼짝없이 쉬게 되었습니다. 많이 쉬고 기도하며 묵상하는 시간을 가졌을 것이고, 찾아오는 사람들과 교제하며 가르치기도 했을 것입니다. 오네시모 같은 죄수에게 전도도 했습니다. 하루에 수십 킬로미터를 걷거나, 어수선한 곳에서 목소리 높여 설교하거나, 핍박과 공격을 피하여 뛰거나 숨는 일은 하지 않아도 되었습니다. 전도하다 붙잡혀 태장을 맞거나 돌을 맞는 일도 없었습니다. 온갖 수단으로 죽이려는 유대인의 간계도 피할 수 있었습니다. 하지만 모든 교회를 위한 염려가 날마다 마음을 눌렀습니다(고후 11:28). 그래서 각 교회가 직면한 어려움을 극복하도록, 그들을 통해 복음이 확장되도록, 성도들이 그리스도의 장성한 분량까지 자라도록, 서로 연합하고 사랑하여 그리스도의 향기를 드러내도록, 또 핍박을 이기고 믿음과 소망으로 승리하도록 간절히 기도하며 나날을 보냈습니다. 여러 교회의 소식을 들으면서 필요하면 곁에 있는 사역자들을 보내어 전도와 목회의 사역을 감당하게 했습니다.

아그립바 왕 앞에서 변호하다

주후 59년, 벨릭스를 이어 베스도가 총독으로 부임했습니다. 산헤드린 지도자들은 도착한 지 사흘밖에 되지 않은 총독에게 바울을 다시 고소하면서 예루살렘에 데려와 심문하라고 제안했습니다. 이번에도 예루살렘에 오는 길에 매복했다가 죽이려고 계획했던 것을 보면 이들이 얼마나 바울을 증오했는지 알 수 있습니다. 또 반대로 예수님의 위대한 일꾼 바울을 얼마나 두려워했는지 짐작할 수 있습니다(행 25:1-8).

유대인들의 환심을 사야 하는 베스도는 바울에게 예루살렘에 가서 재판받을지를 물었습니다. 바울은 유대인들에게 불의를 행한 적이 없다고 주장하면서, 이미 총독이 재판장으로 앉은 로마 법정에서 재판을 받고 있으니 오히려 로마에 가서 황제에게 재판받고 싶다고 했습니다. 전임 총독 벨릭스와 같이 새 총독도 '유대인의 마음을 얻고자 하는 것'을 보고(행 24:27, 25:9) 총독이 정치적 유익을 따라 유대 지도자들의 요구를 들어주려는 낌새를 간파한 것입니다. 그러다 보면 다른 요구도 들어주면서 결국에는 자신을 넘겨주리라고 감지했습니다. 그래서 마지막 남은 로마 시민권 카드를 활용해 황제에게 호소했습니다. 상소는 받아들여졌습니다(행 25:9-12). 산헤드린 지도자들은 바울의 얄미운 순발력에 분통을 터뜨렸을 것입니다. 상소가 승인됨으로써 "나의 일을 … 로마에서도 증언하여야 하리라"(행 23:11)는 주님의 말씀이 현실로 다가오게 되었습니다.

며칠 후, 아그립바 2세(Herod Agrippa II)가 동생이면서 부인인 버니게(Bernice)와 함께 총독에게 부임 축하 인사를 왔습니다. 이 아그립바 왕은 예수님이 심문받으실 때 조롱하고 세례 요한을 참수했던 헤롯 안디바(Herod Antipas)의 조카 손자요, 요한의 형제 사도 야고보를 처형한 아그립

▲ 파올로 프리올로, <아그립바왕 앞에서 변호하는 바울>
(1866)

바 1세의 아들입니다. 17세에 왕이 되면서 가이사랴의 헤롯궁을 총독에게 내어 주고 분봉왕으로 격하되는 수모를 겪었습니다. 그가 가이사랴에 와서 여러 날 머무는 동안 베스도는 아그립바에게 바울을 어떻게 처리할지 물어보았습니다. 유대교 지도자들이 혐의는 하나도 제시하지 않고 단지 십자가에서 죽은 예수가 다시 살아났다는 주장 때문에 고발하는 터라 판단이 쉽지 않다고 했습니다. 왕은 바울의 주장을 한번 들어보고 싶다고 했습니다(행 25:18-21).

베스도는 이틀 후에 공청회를 열었습니다. 2년 동안 미결 상태로 미뤄져 있던 사안을 새 총독은 2주 만에 진척시켰습니다. 공청회에는 아그립바 2세와 버니게와 총독뿐 아니라, 천부장들과 가이사랴의 유명 인사들이 다 모였습니다(행 25:23). 예수님이 예언하신 대로 권력자들과 임금 앞에서 예수님을 증거하게 되었습니다(막 13:9; 행 9:15). 여기서 바울은 교회를 극심히 핍박하던 자기가 어떻게 부활하신 예수님을 만나 사명을 받게 되었는지 상세히 간증했습니다(행 26:1-29). 그러면서 유대인이나 이방인이나 회개하고 하나님께 돌아와 회개에 합당한 일을 해야 한다고 전했습니다. 특히 고난 받아 죽으시고 부활하신 예수님이 바로 선지자들이 예언한 그리스도라고 변증하며 선포했습니다. 선지자를 믿는 아그립바왕을 개인적으로 지목하며 예수님을 믿으라고 담대하게 도전했습니다. 아그립바왕은 "네가 적은 말로 나를 권하여 그리스도인이 되게 하려 하는도다" 하며 즉답을 피했고, 베스도는 많은 학문이 바울을 미치게 했다면서 그의 학식을 인정했습니다. 서신의 내용과 논쟁 실력을 보면 바울의 학문의 깊이를 얼마든지 짐작할 수 있습니다.

발언을 들은 아그립바는 바울이 사형이나 구금될 죄를 범하지 않았으므로 황제에게 상고하지 않았더라면 석방될 수 있었으리라는 의견을 피력했습니다(행 26:30-32). 사실상 풀려난 것이나 다름이 없었습니다. 이날 왕과 총독의 반응을 보고 바울은 크게 기뻤을 것입니다. 황제의 법정에서도 같은 판단을 받을 것 같았습니다. 무죄로 판정된다면 자신의 자유뿐만 아니라 기독교가 새로운 종교로 인정받는 결과를 가져오리라 기대하고 기도했을 것입니다. 그래서인지 하나님은 로마에서 증언할 일을 위해 좀 더 구금해 두셨고, 총독을 통하여 당신의 사도를 로마로 안전하게 호송할 계획을 추진하셨습니다.

20 _ 꿈에 그리던 로마로

"내가 여러 번 너희에게 가고자 [하였으나] … 지금까지 길이 막혔도다 … 나는 할 수 있는 대로 로마에 있는 너희에게도 복음 전하기를 원하노라"(롬 1:13, 15).

사도행전 27장 전체와 28장 전반부에는 바울이 로마로 이송되는 상황이 상당히 자세하게 기술되어 있습니다. 백부장 율리오가 바울과 다른 죄수들을 함께 호송할 책임을 맡았습니다. 주께서 "로마에서도 증언하여야 하리라"라고 하셨는데 죄수의 신분으로 가게 될 줄은 바울도 몰랐을 것입니다. 하지만 이보다 더 안전하고 확실하게 로마에 가는 길은 없었습니다. 사도행전 27장 1절부터 '우리'라는 대명사를 사용하는 것으로 보아 누가가 동행했음을 알 수 있습니다. 몇 사람이 함께했는지는 언급하지 않지만, 적어도 아리스다고는 같이 갔습니다.

어떻게 누가와 아리스다고가 동승하여 로마까지 갈 수 있었을까요? 친구라고 해서, 돈을 내겠다고 해서 함께 갈 수 있는 것은 아니었습니다. 아리스다고는 당시 관례를 따라 바울과 '함께 갇힌 자'로 동행했을 것입니다. 여기서 '함께 갇힌 자'(synaichmalōtos)라는 헬라어의 의미는 함께 갇힌

340

'감방 동기'라는 뜻이 아닙니다. 특정 죄수의 필요를 돌보아 주기 위해 감옥에 들어간 사람을 의미합니다. 귀족이나 부자들이 하인들을 함께 간힌 자로 데리고 있는 경우가 있었지만, 아리스다고의 경우는 순전히 사도를 보필하려는 충정으로 스스로 간혔습니다. 가이사랴 감옥에서 스스로 죄수가 되어 바울을 섬겼기에(골 4:10), 로마에도 같은 목적으로 갔을 것입니다. 누가는 의사로서 이 중요한 죄수의 건강을 돌보라고 승선을 허락한 것 같습니다. 누가도 가이사랴에 2년 동안 있으면서 바울의 건강을 보살폈고, 이 기간에 예수님의 삶과 가르침에 대한 자료를 많이 수집하여 나중에 누가복음을 쓸 수 있었을 것입니다.

바울의 동역자들의 헌신은 대단했습니다. 바울은 이런 동역자들을 귀히 여기고 구체적으로 칭찬하면서, 교회들도 이런 사역자들을 잘 대접하

▼ 로마로 호송되는 항해 길

라고 당부했습니다. 성경은 바울의 동역자들에 대해 분명히 기록하고 있는데, 설교할 때나 성경을 읽을 때 바울 한 사람에게 초점을 맞추는 경우가 많아 안타깝습니다. 바울은 단독 플레이어가 아니었습니다. 늘 동역자들과 같이 사역했습니다. 이름이 기록된 동역자만도 서른여섯 명이나 됩니다. 이름이 기록되지 않았지만 중요한 역할을 담당하며 바울을 도왔던 사람도 많았습니다. 바울이 다메섹에서 성벽 창문을 타고 탈출할 때 광주리를 준비하고 줄을 잡아낳기며 바울을 내려 주었던 사람들, 베뢰아에서 메소니로 안내하여 배를 구하고 아덴까지 동행했던 형제들, 루스드라에서 죽도록 돌에 맞고 쓰러진 바울을 데려다가 정성껏 치료한 루스드라의 성도들…. 목숨을 걸고 헌신한 이들은 이름조차 알려지지 않았지만, 모두 하나님의 선교에 참여한 요긴한 일꾼이었습니다. 현대 선교에서도 보내는 자와 가는 자, 가서도 주어지는 크고 작은 일을 여러 동역자들과 함께 신실하게 감당해야겠습니다.

로마를 향한 고된 항해

가이사랴에서 아드라뭇데노에 선적을 둔 비정기 화물선을 타고 출발했습니다. 이 배는 알렉산드리아에 왔다가 드로아에서 멀지 않은 아드라뭇데노로 돌아가는 길이었던 것 같습니다. 가이사랴에서 북쪽으로 출발하여 먼저 시돈에 들렀습니다. 이곳에서 화물을 하역하고 선적하는 동안 백부장의 허락을 받아 형제들을 만나 교제하고 대접도 받았습니다. 다시 출항한 배는 맞바람을 피하려고 구브로 북쪽 근해를 따라 항해하다가 밤빌리아 앞바다를 지나 루기아 지방의 무라항에 도착했습니다. 여기서부터 험한 지중해를 가로질러 로마 쪽으로 갈 대형 선박이 필요했는데, 마침 알렉산드리아에서 밀을 싣고 로마까지 가는 배를 만나 갈아탔습니다. 곡물과 함께 276명의 승객을 태웠으니 당시로는 아주 큰 상선이었습니다(행 27:37-38).

맞바람 때문에 배는 아주 느린 속도로 가다가 간신히 니도 맞은편에서 남쪽으로 방향을 틀어 그레데 동쪽 끝의 살모네를 끼고 그레데 남쪽 해안을 바람막이로 삼아 항해했습니다. 하지만 마주쳐 불어오는 강풍과 높은 파도 때문에 배는 앞으로 나가지 못했습니다. 그레데 중남부의 해안 도시 라새아에서 가까운 미항(Fair Havens)에 간신히 정박할 수 있었던 것은 그나마 다행이었습니다.

바울은 "금식하는 절기가 지났으므로 항해하기가 위태"롭다고 판단했습니다. 금식하는 절기는 유대인의 속죄일을 말하는데, 주후 59년의 속죄일은 10월 5일이었습니다. 배를 타고 선교를 다니며 이미 세 번이나 파선당해 본 경험이 있었던 바울은 10월부터 지중해 바다가 험악해진다는 것을 알고 있었습니다. 그래서 미항에서 겨울을 나자고 제안했습니다. 하지만 선장과 선주는 "그 항구가 겨울을 지내기가 불편하므로" 미항에서 조금 떨어진 뵈닉스로 가자고 말했습니다. 지중해 항해가 금지되는 11월 초까지 시간이 있다고 생각했을 것입니다. 백부장이 죄수의 말보다 선주와 선장의 제안을 받아들인 것은 당연했습니다.

배가 출발하고 처음에는 남풍이 순하게 불어 좋았습니다. 하지만 곧 그레데섬 고산 지역에서 불어오는 북동풍이 큰 광풍으로 밀려왔습니다. 얼마나 무서운 바람인지 유라굴로(Euraquilo)라는 이름까지 가지고 있었습니다. '유로스'(Euros)는 동풍이라는 의미의 헬라어이고 '아굴로'(Aquilo)는 북풍이라는 의미의 라틴어인데, 동풍과 북풍이 함께 불면 감당하기 어려운 광풍이 일었습니다. 흔들리는 배는 파고를 따라 심하게 오르내렸고, 성난 파도는 몇 십 초 간격으로 선상 위까지 강타해 왔습니다. 바람이 부는 대로 떠밀려 다닐 수밖에 없게 된 이 큰 배는 작은 낙엽 같은 신세가 되어 '쫓겨가다가', 계획했던 북쪽의 뵈닉스에서 남쪽으로 37킬로미터 떨어진 가우다라는 엉뚱한 섬으로 밀려오고 말았습니다. 배 뒤에 달고 다니는 작은 거룻배를 거두어 올리고 배가 깨지지 않도록 배 양쪽을 굵은 밧줄로 당겨 맸습니다. 이제는 해변에 좌초될까 봐 연장을 내려 수심을 확인하며 노심초사하게 되었습니다.

이러는 과정에서 선원들은 비와 바람을 맞으며 동분서주했고, 선장과 선주, 화주와 백부장은 어떻게 대처해야 할지 머리를 맞대고 발을 굴렀습니다. 결국 배를 가볍게 하기 위해 화물과 항해에 필요한 배의 기구들까지도 바다에 버리지 않을 수 없었습니다. 그래도 바람은 잦아들지 않았고, 비는 밤낮으로 쏟아졌습니다. 사람들은 살아남을 것 같지 않다는 공포에 사로잡히고 말았습니다.

저는 거의 12년 동안 로고스 선교선과 둘로스 선교선을 타고 순회 선교하면서 대양과 근해를 항해해 보았습니다. 그중에서도 기억에 남는 것이 바로 지중해 항해입니다. 2005년 1월 21일, 이탈리아 시칠리아섬의 팔레르모항을 출발하여 키프로스의 라르나카를 거쳐 레바논의 베이루트로 갔습니다. 바울이 탔던 배의 항로를 거의 거꾸로 간 셈입니다. 겨울 바다를 가로지르는 16일간의 항해 동안 높은 파고와 비바람 때문에 얼마나 뱃멀미를 심하게 했는지, 아직도 기억이 생생합니다.

그때 묵상한 것이 있습니다. 아무리 큰 현대 선박들이라 해도 가장 위험한 사태는 바로 엔진이 꺼질 때입니다. 엔진이 켜져 있기만 하면 아무리 험한 바다여도 몇 미터라도 앞으로 뚫고 나갈 수 있습니다. 그러나 아무리 잔잔해도 엔진이 꺼지면 방향을 틀 수 없으므로 밑으로 흐르는 조류를 따라 표류할 수밖에 없고, 그러다가 어디엔가 부딪혀 파선되고 맙니다. 마찬가지로 우리 신앙생활에서도 성령의 엔진이 켜져 있으면 험한 시련이 와도 견디고 이기며 조금씩 나아갈 수 있지만, 성령의 불이 꺼져 있으면 아무리 평온한 삶이어도 표류하다가 언젠가 어디에든 부딪혀 믿음도, 인생도 파선될 수 있다는 생각이 들었습니다. 바울은 성령으로 깨어 있었기에 폭풍이 덮친 상황에서도 믿음을 붙잡고 견딜 수 있었습니다.

석양이 수평선 위에 가까이 붙고 바다는 비단결 같을 때가 있습니다. 드문 경우지만 정말 아름답습니다. 하지만 폭우가 쏟아지고 폭풍이 부는 성난 바다는 정말 무섭습니다. 서지도, 앉지도, 눕지도, 먹지도 못하고 쓴 물까지 토해 내면서 견뎌야 합니다. 마지막 기도가 절로 나옵니다. 바울도 그런 경험을 여러 번 했습니다. 지중해 자연환경은 2천 년 전이나, 둘로스 선교선이 지나갔던 2005년이나 지금이나 크게 다르지 않을 것입니

▲ 지중해에서 폭풍을 만난 둘로스 선교선(2005년 1월) ©DC

다. 바울이 탄 배는 길이 130미터의 둘로스보다 훨씬 작았을 것이고, 엔진이 아니라 바람으로 가야 했으므로 둘로스 선교사들보다 훨씬 더 고생이 심했을 것입니다. 바울은 선교하면서 네 번 파선을 당했습니다. 한 번은 파선당하여 일주야를 깊은 바다에서 지냈습니다. 밤바다는 아주 차갑습니다. 바다에서 생명을 잃는 경우 대부분은 저체온증 때문입니다. 저는 바울의 상황이 눈에 그려집니다. 바다의 위험뿐 아니라 광야의 위험도 당했습니다. 그러나 살아남았으며, 어떤 어려움이 와도 선교를 포기하지 않았습니다.

바울이 탄 배와 그 안의 사람들이 이렇게 고생하는 와중에도 하나님은 바울에게 환상을 보여 주셨습니다. 바울이 일어나 말했습니다. "내가 제안한 대로 그레데를 떠나지 않았으면 좋았을 것입니다. 하지만 여러분, 안심하십시오. 배는 손상을 입더라도 여러분은 아무도 생명을 잃지 않을 것입니다. 내가 섬기는 하나님이 함께 항해하는 모든 사람을 구해 주신다고 말씀하셨습니다. 나는 하나님이 말씀하신 대로 되리라 믿습니다. 우리가 한 섬에 걸릴 것입니다"(행 27:21-26).

하나님이 예비하신 멜리데

그 후에도 14일 동안 성난 바다를 맴돌며 간신히 서행하다가 지금의 몰타(Malta)인 멜리데섬 앞바다에서 파선하고 말았습니다. 바울로서는 네 번째 파선이었는데, 그의 예언대로 276명 모두 살아남았습니다. 당시는 항해 기술과 상세한 해도(海圖)가 부족해 웬만한 날씨에도 파선과 인명 피해가 많았음을 감안하면 이런 구조는 기적이었습니다. 멜리데에서 바울은 독사에 물리고도 아무 이상이 없자, 현지인들에게 신(神)으로 대접받기도 했습니다. 이 섬에서 가장 높은 사람인 보블리오의 부친과 다른 사람들의 병을 기도로 낫게 하여 좋은 대접을 받기도 했습니다. 멜리데섬에서 석 달을 머물며 겨울을 나는 동안 현지인들에게, 또 함께 항해했던 승객과 선원들에게 전도를 많이 했을 것입니다. 모든 일상에서 바울은 전도의 기회를 잡았습니다. 겨울이 지나고 항해가 허락되는 3월 초가 되자 큰 배들이 출입하는 발레타(Valleta)항으로 옮겨 가서 배를 수소문했습니다. 마침 멜리데에서 겨울을 난 알렉산드리아 선적(船籍)의 배를 타고 로마로 출발했습니다.

'지중해의 보석'이라 불리는 몰타는 전략적 요충지로서 십자군이 전초기지로 사용했고, 나폴레옹(Napoléon Bonaparte)도 이 섬을 점령한 적이 있습니다. 제2차 세계대전 중에 몰타를 차지하지 않고는 북아프리카 전투에서 승리하기 어려웠다고 합니다. 그래서 루스벨트(Franklin Roosevelt) 대통령이 두 번, 처칠(Winston Leonard Spencer Churchill)은 여섯 번이나 방문했다고 합니다. 이런 지리적 가치 때문에 역설적으로 몰타는 '지구상에서 가장 많이 폭격을 당한 땅'이 되었습니다.

발레타에서 8킬로미터 떨어진 세인트폴스베이(St. Paul's Bay)에 '성 바울 난파 교회'(St. Paul's Shipwreck Church)가 있습니다. 작은 몰타섬 북동쪽에는 사도바울섬(St. Paul's Island)이라 이름 붙여진 아주 작은 섬이 있습니다. 면적 0.1평방킬로미터밖에 안 되는 이 무인도에 바울의 동상과 기념비가 세워져 있습니다. 몰타 사람들은 예나 지금이나 바울의 방문을 크게 생각하나 봅니다.

몰타의 수도 발레타는 둘로스 선교선의 선적항(船籍港)이어서 감회가 새롭습니다. 발레타의 그랜드 하버는 중세의 웅장한 건물 양식과 요새의 모습을 그대로 간직하고 있습니다. 브래드 피트가 주연한 영화 〈트로이〉(Troy)를 발레타에서 찍을 때 둘로스 선교선이 그 항구에 있었는데 후보정으로

▲ 몰타의 사도바울섬에 세워진 바울 동상 ©CGN

지웠다고 들었습니다.

　자, 바울의 여정으로 돌아가겠습니다. 시칠리아섬 동남단의 수라구사에 도착하여 사흘을 머물렀습니다. 지금은 시라쿠사(Siracusa)라고 불리는 곳인데, 카타니아(Catania)에서 자동차로 한 시간 정도 떨어진 남쪽에 있습니다. 다시 출항한 배는 메시나(Messina) 해협을 통과하여 이탈리아 본토 최서남단의 레기온에 도착했습니다. 다음 날 다시 항해하여 보디올에 도착했는데, 바울은 여기서 긴 항해를 끝내고 하선했습니다. 땅에 발을 딛고 설 수 있다는 것이 위로가 되었을 것입니다. 보디올은 나폴리에서 서쪽으로 10킬로미터 정도 떨어져 있습니다. 베수비오산(Monte Vesuvio)의 화산 폭발로 주후 79년에 멸망한 폼페이(Pompeii)도 멀지 않은 곳에 있습니다. 배가 보디올에 머무는 일주일 동안 바울은 믿음의 형제들을 만났습니다. 이 방문을 기념하여 바울 기념 교회가 나중에 세워졌습니다.

　다시 제 이야기를 하자면, 1982년 로고스 선교선과 2004년 둘로스 선교선을 타고 몰타와 이탈리아 남부 지역의 항구 도시들을 다니며 현지 형제들과 전도하고 목회자들과 교제했습니다. 그래서 더욱 형제들과 만나

348

기도와 예배와 음식을 나누는 바울의 모습이 그려집니다.

환영 나온 로마 형제들

보디올에서 꿈같은 일주일을 머문 후 육로로 170킬로미터 북쪽으로 이동하여 압비오 광장(Forum Appius)에 당도했습니다. 사도가 온다는 소식을 들은 로마교회의 성도들이 남쪽으로 65킬로미터 지점에 있는 압비오 광장까지 마중을 나왔습니다. 이들과 함께 로마를 향해 16킬로미터를 이동하자 또 다른 형제들이 유명한 정류장이었던 트레이스 타베르네(Tres Tabernae, 현재 지명 치스테르나 디 라티나[Cisterna di Latina])에서 기다리고 있었습니다(행 28:11-15). 로마서 16장에 언급된 형제들일 것입니다. 이미 알고 동역하던 형제들을 멀고 먼 로마에서 다시 만났으니 얼마나 반가웠겠습니까? 밀레도에서 에베소 장로들과 헤어질 때는 목을 안고 울며 작별을 슬퍼했었는데, 여기서는 형제들을 얼싸안고 웃음과 입맞춤으로 재회의 기쁨을 나누었을 것입니다.

누가는 "바울이 그들을 보고 하나님께 감사하고 담대한 마음을 얻"었다고 기록했습니다(행 28:15). 바울은 로마교회가 로마서를 받고 어떻게 이해하고 받아들였을까 늘 궁금했을 것입니다. 성도들이 받아들이기 어려울 것 같은 내용까지 용기를 내어 써 보냈기 때문입니다(롬 15:15). 형제들이 먼 길까지 마중 나온 것을 보고 일단 로마서가 잘 받아들여졌다고 안도하며 하나님께 감사했습니다. 새로운 용기와 에너지가 솟았을 것입니다. 형제들의 환영과 백부장의 호송을 받으며 아피아 가도를 따라 로마로 발걸음을 재촉했습니다.

▲ 바울이 걸어 들어왔을 로마 외곽의 아피아 가도 ⓒDC

드디어 로마에

드디어 로마에 도착했습니다. 주후 60년 초로 추정합니다. 로마는 당시 세계에서 제일 막강한 로마 제국의 수도였습니다. 비록 죄수의 신분으로 도착했지만, 바울의 마음은 하나님의 인도하심과 예언의 성취에 대한 감사와 앞으로 펼쳐질 하나님의 일에 대한 기대로 가득 찼을 것입니다.

로마에 도착해서는 '백부장이 캠프 책임자에게 죄수들을 인계'했습니다. 이 말은 개역개정이나 NIV 성경에는 들어 있지 않지만, 어떤 헬라어 사본에는 들어 있습니다(행 28:16). 이 문장이 없다 해도 정황상 사실일 것입니다. 이 캠프에서 같이 온 죄수들 중에 검투사로 차출된 사람도 있었을 것입니다. 바울은 절차를 거쳐 가택 연금으로 처분되었습니다. 죄목도 중하지 않았고, 백부장 율리오가 도망갈 사람이 아니라고 보증했을 것 같습니다. 그 후 형제들이 셋집을 준비했다는 주장과 로마 정부가 월세를 받기 위해 죄목이 낮은 죄수들에게 셋집을 빌리게 했다는 주장이 있습니다. 아무튼 바울이 살게 된 집은 많은 사람이 모일 수 있는 큰 집이었습니다(행 28:23).

손에 쇠고랑을 찬 바울은 로마 군인 한 명의 감시를 받았습니다(행 28:16).

군인들은 몇 시간마다 일정하게 교대 근무를 했을 것입니다. 집 밖으로 나가지만 않으면, 집 안에서 친구들의 방문을 받거나 가르치고 전도하는 것은 자유롭게 할 수 있었습니다. 그 집은 유대인 집성촌에 있었을 것입니다. 가택 연금했다고 알려지는 곳에 성당이 세워져 있는데, 지금도 이 지역에 유대인들이 모여 살고 있습니다. 브리스길라와 아굴라가 여기서 살다가 추방되었고 나중에 다시 이 지역으로 돌아왔을 것입니다.

로마에는 베드로의 오순절 설교를 듣고 회심한 사람들이 돌아와 신앙생활하며 전도도 했을 것입니다. 또 로마서 16장에서 언급되었듯, 다른 곳에서 믿고 로마에 정착한 사람들도 있었습니다. 바울이 도착할 당시에는 이미 그리스도인이 많이 살고 있었습니다. 하지만 바울은 로마에 도착하고 사흘 후에 불신 유대인 지도자들부터 먼저 초청했습니다. 이렇게 민첩하게 행동할 수 있었던 것은 오랫동안 생각하고 기도해 왔기 때문이었던 것 같습니다. 유대인 대표들에게 자신이 로마에 죄수로 오게 된 경위

▲ 고대 로마의 유적지 ©DC

를 설명했습니다.

"내가 이스라엘 백성이나 우리 조상의 관습을 배척한 일이 없는데 예루살렘에서 로마인의 손에 죄수로 내준 바 되었으니 로마인은 나를 심문하여 죽일 죄목이 없으므로 석방하려 하였으나 유대인들이 반대하기로 내가 마지못하여 가이사에게 상소함이요 내 민족을 고발하려는 것이 아니니라 이러므로 너희를 보고 함께 이야기하려고 청하였으니 이스라엘의 소망으로 말미암아 내가 이 쇠사슬에 매인 바 되었노라"(행 28:17-20).

유대인 대표들도 입장을 밝힙니다.

"우리가 유대에서 네게 대한 편지도 받은 일이 없고 또 형제 중 누가 와서 네게 대하여 좋지 못한 것을 전하든지 이야기한 일도 없느니라 이에 우리가 너의 사상이 어떠한가 듣고자 하니 이 파에 대하여는 어디서든지 반대를 받는 줄 알기 때문이라"(행 28:21-22).

이런 반응으로 보아 예수 믿는 사람들에 대한 부정적 소문은 퍼져 있었지만, 아직 유대주의자들은 로마에 도착하지 않은 것 같습니다(롬 16:17-19 참조). 어쩌면 2차 예루살렘 공회에서 이방 성도들은 율법을 지키지 않아도 된다고 강변하면서 유대주의자들의 훼방을 막아 달라고 간곡히 당부했기에 그들의 활동이 주춤해진 것도 같습니다. 며칠 후, 정한 날짜에 더 많은 불신 유대인이 찾아왔습니다. 바울은 아침부터 저녁까지 강론했습니다. 핵심 내용은 하나님 나라를 증언하고 모세의 율법과 선지자의 말을 토대로 예수가 그리스도라고 증거하는 것이었습니다(행 28:23; 눅 24:44-47). 비시디아 안디옥, 고린도, 데살로니가, 베뢰아 회당에서 설교한 내용이었을 것입니다.

그동안 회당에서 설교하면 항상 믿는 사람 소수와 믿지 않는 사람 다수로 반응이 나뉘었는데, 로마에서도 마찬가지였습니다. 바울은 이사야 6장 9-10절 말씀을 인용하며 유대 백성은 마음이 우둔하고, 눈은 감았고, 귀는 둔하여 하나님의 말씀을 듣고도 받아들이지 않는다고 비난했습니

▲ 현대 로마의 거리 ©CGN

▲ 파올로 프리올로, <가택 연금 중 방문객들을 맞는 바울>
(1866)

다. 비시디아 안디옥과 고린도에서 선언한 대로, 로마에서도 유대인들이 하나님의 말씀을 받아들이지 않으므로 대신 이방인에게로 복음을 들고 가겠다고 확언했습니다(행 13:46-48, 18:6, 28:23-28).

그 후 바울은 '온 이태' 동안 가택 연금 상태로 있었습니다. 주님이 이 종에게 주신 또 한 번의 안식 시간이었습니다. 물론 그동안에도 찾아오는 방문객을 영접하고, 하나님 나라를 전파하며, 주 예수 그리스도에 관한 것을 아무런 제재를 받지 않고(akōlytōs) 담대하게 가르쳤습니다(행 28:31). 갇혀 있다고, 묶여 있다고 게으르지 않았습니다. 가이사랴 감옥에서 오네시모에게 전도한 것같이 로마에서는 같이 손 묶여 있는 군인들에게 전도했을 것입니다. 나중에 로마에서 쓴 바울의 말처럼 "복음으로 말미암아 내가 죄인과 같이 매이는 데까지 고난을 받았으나 하나님의 말씀은 매이지 아니하"였습니다(딤후 2:9).

브리스길라와 아굴라를 포함하여 로마서 16장에 언급된 믿음의 사람들도 바울을 찾아왔을 것입니다. 서른 명이 넘습니다. 이미 친분이 있던 사람들이니 서로 얼마나 반가웠을까요? 그들이 필요한 것들을 공급해 주었을 것입니다. 로마서를 써 보낼 때에는 로마에 오지 못하리라 생각하고 그때를 대비하여 얼굴을 맞대고 전하고 싶었던 '나의 복음'(롬 16:25)을 편지로 전했습니다. 이제 서로 만나게 되었으니 편지에 쓴 내용을 자세히 설명하고 질문에도 답하며 성도들을 믿음에 굳게 세웠을 것입니다.

바울의 건강을 돌보던 누가는 이 모든 것을 지켜보며 끝까지 바울 곁을 지켰습니다(딤후 4:11). 바울에게 들은 이야기도 많고 질문하여 얻은 정보도 많았을 것입니다. 이것들을 정성스럽게 기록하여 두었다가 나중에 사도행전을 쓰는 데 중요한 자료로 삼았습니다. 누가의 자료가 없었다면 사도 바울의 삶과 사역을 충실히 재구성하기란 거의 불가능했을 것입니다. 이번 〈바울로부터〉 다큐멘터리를 제작하는 데도 엄청난 어려움이 있었을 것입니다. 그런 면에서 바울 사도뿐 아니라 누가에게도 감사한 마음입니다.

▲ 아름다운 성화로 가득 찬 루디아 기념 교회 내부 천장 ©CGN

5부

제4차
선교 여행

디모데와 디도에게 보낸 목회 서신을 보면 바울이 로마의 가택 연금에서 풀려난 후에 순회 선교를 더 한 것으로 파악됩니다. 그는 어떤 기회도 놓치지 않고 복음을 전하려고 애썼습니다. 개척한 교회들을 다시 방문하여 격려하고 가르치기를 원했습니다. 서바나에 갔는지는 확인할 수 없습니다. 하지만 다시 아가야, 아시아, 마게도냐, 드로아 지역에서 사역한 것은 확실해 보입니다.

이 시기에는 동역자요, 참 아들로 생각한 디모데와 디도에게 사역의 계승을 위해 진심 어린 조언과 격려를 나눕니다. 특히 때를 얻든지 못 얻든지 말씀을 전파하며 전도인의 책무를 다하라고 엄히 명령했습니다(딤후 4:2, 5). 핍박이 심해지고 거짓 선생들의 활동이 끊이지 않으므로 교회들은 여러 도전에 직면했습니다. 바울을 떠나가는 동역자들과 아예 믿음까지 버리는 신자들도 생겼습니다.

결국 바울은 로마에 불을 지른 그리스도인들의 지도자라는 누명으로 체포되어 로마로 다시 송치되었습니다. "나는 선한 싸움을 싸우고 나의 달려갈 길을 마치고 믿음을 지켰으니 이제 후로는 나를 위하여 의의 면류관이 예비되었"다면서 바울은 담담히 죽음을 맞습니다(딤후 4:7-8).

바울은 참으로 값진 인생을 살았고, 영광스러운 죽음을 맞았습니다. 교회를 핍박한 죄인의 괴수이기에 사도라 부름 받지 못한다고 스스로 생각했지만, 하나님의 은혜를 받아 예수 복음으로 세계에 복을 주는 최선의 삶을 살았습니다.

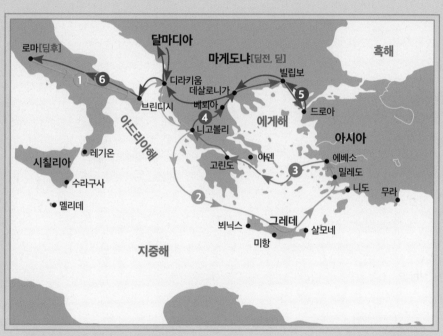

로마[딤후]

달마디아

마게도냐[딤전, 딛]

흑해

디라키움
데살로니가
빌립보

브린디시

배뢰아

드로아

아드리아해

니고볼리

에게해

아시아

시칠리아

레기온

고린도

아덴

에베소

밀레도

수라구사

니도

멜리데

무라

뵈닉스

그레데

살모네

미항

지중해

▲ 바울의 제4차 선교 여행(추정)

21 ― 순교로 승리한 예수의 일꾼

"전제와 같이 내가 벌써 부어지고 나의 떠날 시각이 가까웠도다 나는 선한
싸움을 싸우고 나의 달려갈 길을 마치고 믿음을 지켰으니 이제 후로는 나를
위하여 의의 면류관이 예비되었으므로"(딤후 4:6-8).

로마로 송치된 후 가택 연금 상태에서 '온 이태'를 보내는 동
안 바울은 찾아오는 방문객들에게 자유롭게 사역했다는 기록으로 사도
행전은 마무리됩니다. 그러나 디모데전·후서와 디도서 같은 목회 서신
을 보면 로마의 가택 연금에서 풀려나 선교 사역을 계속했던 것으로 추정
되는 부분이 많습니다. 보통 정확한 기간을 명시하지 않는 누가가 '꽉 찬
2년'이라고 분명히 알려 주는 것을 보면 2년은 고소할 수 있는 기간을 나
타내는 듯합니다. 이 기간에 산헤드린의 변호사들이 로마에 와서 정식으
로 바울을 고소하지는 않은 것 같습니다. 유대 땅에서도 총독으로부터 유
죄 판결을 이끌어 내지 못했는데 황제 앞에서 이길 것을 자신하며 먼 로
마까지 변호사를 보냈을 가능성은 희박합니다. 로마법은 고소인 없이 재
판하지 않았습니다. 베스도 구체적인 죄목을 명시하여 보내지 못했기
에 바울이 풀려났을 가능성은 더 높아집니다. 로마 당국에서 볼 때는 식

민지 유대 속주의 종교 지도자들에게 고소당한 로마 시민권자에게 혜택을 베풀고자 했을 가능성이 큽니다. 따라서 2년 후 이 사건이 폐기되고 바울은 석방되었을 것으로 보입니다(행 25:26-27). 아니면 로마의 보석 제도에 의해 보석금을 내고 정식 재판 때까지 풀려났을 수도 있습니다. 로마 당국이 바울을 구속할 이유가 없었기 때문입니다. 당국으로서는 완전히 자유의 몸이 되게 했거나, 바울을 지킬 군사 한 명을 붙이는 조건으로 자유롭게 여행까지 하도록 허용했을 수도 있습니다.

로마의 클레멘스 1서 5:5-7, 무라토리 정경 34-39, 예루살렘의 키릴로스(Cyril of Jerusalem, Catecheses, Lecture 17-26)에 의하면 바울이 가택 연금에서 풀려난 후 먼저 서바나에 가서 복음을 전했다고 합니다. 바울도 서바나에 가고자 했습니다(롬 15:23, 28). 하지만 서바나, 오늘날 스페인에서는 바울이 다녀간 흔적이 발견되거나 알려지지 않았습니다.

목회 서신에 나타난 바울의 선교 여행

디모데에게 쓴 두 편의 편지와 디도에게 쓴 편지의 특징은 실제 삶에 대한 권면과 교회 조직에 관련된 내용이 많습니다. 그래서 목회 서신이라고 부릅니다. 내용뿐 아니라 형식도 다른 바울 서신과 많이 다르고, 두 목회자에게 쓴 편지이기 때문에 주제 또한 다릅니다. 그래서 서구의 많은 학자가 이 목회 서신 세 편은 바울이 쓰지 않고 바울을 존경하는 제자가 편지의 권위를 높이기 위해 바울의 이름을 붙였다고 주장합니다. 로마서, 갈라디아서, 고린도전·후서 같은 바울의 주요 서신에 나오는 주제나 용어가 목회 서신에는 거의 나오지 않기 때문입니다.

바울이 로마의 가택 연금에서 풀려난 후 계속 선교 여행을 했으리라는 추정은 목회 서신의 자료에 근거합니다. 따라서 목회 서신이 신뢰할 수 있는 바울의 서신인지 먼저 확인해야 합니다. 구체적 상황을 다루려고 해당 교회들에게 보내는 편지와 목회자이며 '참 아들'로 생각하는 두 동역자에게 보내는 편지의 내용과 주제가 같으리라는 기대야말로 오히려 상식에 어긋납니다. 더구나 이 목회 서신들은 사역 말년에 쓴 것입니다. 그동안의 경험과 초대 교회의 변천, 여러 상황으로 인하여 그의 신학이 더 풍성하게 표현되었을 가능성을 인정해야 하며, 이 또한 자연스러운 상식입니다. 저작의 시기와 예상 독자층, 다루는 주제에 따라 글의 내용과 형식이 달라지기 때문입니다.

저의 경우를 예로 들어 보겠습니다. 저는 1997년에 로마서에 대한 책과 2019년에 사도행전에 대한 책을 영어로 영국에서 출판했고, 선교사와 신학자로서 바울을 조명한 책도 2024년에 같은 영국 출판사에서 출판될 것입니다. 둘로스 선교선 단장 사역을 하면서 경험한 하나님의 역사와 기도 응답을 책으로 냈고, 유럽 재복음화를 위한 책을 두 권 썼으며, 전도에 대한 책도 출판했습니다. 그런데 각 책마다 주제와 핵심 용어들이 완연히 다릅니다. 신학자들을 대상으로 쓴 학문 서적이 있는가 하면, 평신도들을 대상으로 쓴 경건 서적도 있습니다. 영어로 쓴 책도 있고, 우리말로 쓴 것도 있습니다. 490쪽이 넘는 두꺼운 책이 있는가 하면, 48쪽짜리 소책자도 냈습니다. 이 책들을 쓴 저자는 같은 사람, 최종상입니다. 주제와 용어가 다르다는 이유로 바울의 목회 서신 저작성을 부정하는 것은 적절하지 않습니다. 목회 서신들이 다른 바울 서신들과 내용과 용어가 다른 것은 오히려 당연합니다.

목회 서신을 바울의 저작으로 받아들인다면 로마에서 이태 동안의 가택 연금이 끝난 후 선교 활동이 있었음을 알 수 있습니다. 세 편의 목회 서신에는 사도행전과 바울 서신에 기록된 세 차례의 선교 여행에 포함시키기 어려운 내용과 지역들이 들어 있기 때문입니다. 예를 들어, 디도를 그레데에 남겨 두었다고 하는 부분이 있습니다(딛 1:5). 남겨 두었다는 말은 바울도 디도와 함께 그레데에 갔다는 의미인데, 사도행전과 바울 서신에서는 그 시기나 자료를 찾을 수 없습니다.

마찬가지로 디모데를 에베소에 두었다는 것과 드로비모가 병들어 밀레도에 두었다는 것, 에라스도를 고린도에 머물게 했다는 것도 기존 1-3차 선교 여행 내용과 맞지 않습니다(딤전 1:3; 딤후 4:20). 디도를 보내며 당부하는 것으로 보아 바울은 달마디아까지 선교했던 것 같은데, 이 부분도 마찬가지입니다(딤후 4:10). 또 아데마, 세나, 으불로, 부데, 리노, 글라우디아 같은 바울의 동역자들은 목회 서신에만 등장하는 인물입니다(딛 3:12-13; 딤후 4:21).

일찍이 바울은 감옥에서 풀려나면 아시아와 마게도냐를 다시 방문하고 싶다는 의사를 옥중 서신에서 피력한 바 있습니다(빌 2:24; 몬 1:22). 따라서 바울은 주후 62년경 가택 연금에서 풀려나 그레데, 니고볼리, 달마디아까지 선교 사역을 확장했다고 추정할 수 있습니다. 그러던 중 다시 체포되어 로마 감옥에 갇힌 것으로 보입니다. 로마에서 두 번 구금되는 사이에 사역한 내용을 정확하게 재구성하기에는 자료가 빈약한 것이 사실입니다. 주어진 자료로도 도시와 지역을 다니는 여행 경로를 달리 구성할 수 있기에 재구성 자체가 조심스러울 수밖에 없습니다. 그럼에도 불구하고 가택 연금에서 풀려난 후의 바울의 사역 경로를 연결해 보려는 노력을 시도조차 하지 않을 수는 없습니다.

로마에서 드로아까지

로마 가택 연금에서 풀려난 후 서바나에 갔다 하더라도 거기서 다시 로마로 돌아왔을 것입니다. 이제 서바나를 제외하고 바울의 4차 선교 여행을 재구성해 보겠습니다.

4차 선교 여행 때에도 바울은 여러 동역자와 함께 다녔습니다. 디도, 디모데, 드로비모, 에라스도, 아데마, 두기고를 포함하여 몇몇 형제와 함께했으니 상당히 야심찬 선교 여행을 계획한 것으로 보입니다(딛 3:15). 먼저 생각할 수 있는 것은 그레데까지 갔던 경로입니다. 그레데부터 먼저 구성하는 이유는, 그레데에 있는 디도를 니고볼리로 오라는 것으로 보아 마게도냐에서 그레데 쪽으로 내려가기보다, 그레데에 먼저 들러 디도를 머물게 하고 아시아를 거쳐 마게도냐 쪽으로 올라왔을 가능성이 더 크기 때문입니다.

로마의 인근 항구에서 배를 타고 이탈리아 반도 서쪽 해안을 따라 남향하여 시칠리아섬 동쪽 해협을 지나 그레데로 갔을 가능성입니다. 하지만 이 긴 항해로 그레데에 갔다기보다는 육로로 움직였을 가능성이 더 있어 보입니다. 로마를 떠나 아피아 가도를 따라 약 580킬로미터를 걸어 이 가도가 끝나는 남동쪽 브린디시까지 내려왔을 것입니다. 거기서 배를 타고 아드리아해를 가로질러 디라키움으로 건너간 후 북쪽으로 올라가 달마디아에서 전도했을 것으로 추정합니다. 그런 다음 얼마 후 디라키움으로 돌아와 다시 배를 타고 니고볼리로 와서 복음을 전했을 것입니다. 아니면 브린디시에서 배를 타고 바로 니고볼리로 왔을 수도 있습니다. 니고볼리는 그레데로 갈 때 피할 수 없는 전략적 경유지인 항구 도시였습니다. 지리적으로는 서쪽으로 이오니아해(Ionian Sea)와 동쪽으로 암브라키코

▲ 앞쪽에 마조마 초호와 그 뒤로 니고볼리의 항구가 보인다. ©CGN

스만(Ambracian Gulf)에 붙은 마조마(Mazoma) 초호(礁湖)가 양쪽에 자리하고 있었습니다.

　니고볼리는 율리우스 카이사르가 암살된 후 로마 제국의 최고 권력자 자리를 두고 최종적으로 옥타비아누스와 안토니우스가 악티움 해전을 치른 곳입니다. 옥타비아누스는 주전 31년에 승리했고, 27년에는 아우구스투스라는 이름으로 로마 제국의 첫 황제로 즉위하여 주후 14년까지 45년 동안 통치했습니다. 이 해전의 승리를 기념하여 주전 29년에 도시를 확대 건설하고 승리의 도시라는 뜻으로 니고볼리(Nicopolis)라는 이름을 붙였습니다. 옥타비아누스 기념탑, 김나지움, 5천 명을 수용하는 원형 극장, 운동 경기장, 목

▲ 셀추크 에페소스 박물관에 소장되어 있는 초대 로마 황제 아우구스투스 ©DC

욕탕, 성벽을 바울도 보았을 것입니다. 주후 3-5세기에 더 확장된 큰 성벽은 지금도 아주 양호하게 위용을 자랑하고 있습니다. 지금까지 드러난 유적지만 보아도 니고볼리가 아주 큰 도시였음을 알 수 있습니다.

바울은 거기서 그레데로 가서 복음을 전하여 각 성에 교회를 개척한 것으로 보입니다. 그레데에서 온 유대인들 중에 베드로의 오순절 설교를 들은 사람들이 있었으므로(행 2:11), 바울이 오기 전에 교회가 있었을 수도 있습니다. 로마로 호송되던 중 그레데의 미항에 잠시 들른 적이 있었는데 (행 27:6-12), 이번에는 자유인의 몸으로 전도하러 온 것입니다. 바울 일행의 사역으로 여러 성에 교회가 세워졌습니다. 그레데를 떠나면서 교회들을 돌보라고 디도를 남겨 두었습니다(딛 1:5). 그레데 사람들은 디도를 그레데의 수호 성인으로 받들고 있습니다. 그레데의 수도 고르틴(Gortyn) 중심가에 6세기에 건축된 '성 디도 교회'(St. Titus Church)가 있는데, 디도의 유해가 안치된 곳으로 알려져 있습니다.

바울과 일행은 그레데에서 밀레도로 옮겨 갔을 것입니다. 거기서 사역하다가 드로비모가 병들자 현지 형제들에게 부탁하고 에베소로 갔습니다. 드로비모는 원래 아시아 출신이었습니다. 마게도냐로 가고자 에베소를 떠나면서 디모데에게 더 머물러 교회를 돌보라 권했습니다(딤전 1:3). 에베소에서 마게도냐로 가는 길은 두 가지입니다. 하나는 북쪽으로 올라가 드로아를 거쳐 서쪽으로 빌립보부터 가는 길이요, 다른 하나는 에베소에서 배를 타고 고린도로 옮겨 가 니고볼리를 거쳐 동쪽으로 베뢰아, 데살로니가, 빌립보에 가는 길입니다. 에라스도가 고린도에 머물렀다는 표현을 보면(딤후 4:20), 고린도로 가서 사역하다가 에라스도를 거기 남겨 두고 북쪽으로 올라갔다고 볼 수 있습니다. 고린도에서 마게도냐로 가려면 지형상 베뢰아로 직행할 수 없어 서북 해안의 니고볼리를 지나 동쪽의 메테오라를 경유하는 경로를 택했을 가능성이 큽니다.

디도서를 니고볼리에서 썼다는 주장이 있습니다. 하지만 디도에게 "급히 니고볼리로 내게 오라 내가 거기서 겨울을 지내기로 작정하였"다고 하면서 니고볼리를 '거기'(ekei)로 표현한 것을 보면, 디도서를 쓰는 당시에는 니고볼리에 있지 않았음을 알 수 있습니다(딛 3:12). 니고볼리에 들렀다가 마게도냐의 베뢰아, 데살로니가, 빌립보를 방문하는 동안 마게도냐의 어디에선가 디모데전서를 썼을 것입니다. 이어서 드로아로 옮겨 사역했을 것입니다. 드로아에서 더 이상 동쪽이나 남쪽으로 가지 않고 니고볼리로 가서 겨울을 나려는 계획을 가졌다면 드로아에서 디도서를 썼을 것도 같습니다. 고린도에서 썼을 가능성이 없는 것은 아니지만, 아데마나 두기고 편에 디도서를 들려 보내지 않은 것을 보면 아주 가까운 기일 내에 니고볼리에서 만날 생각은 아니었던 것 같습니다.

드로아에 있을 때 구리 세공업자 알렉산더의 밀고로 체포조가 왔던 것 같고, 체포되어 급히 끌려가느라 가보의 집에 두었던 겉옷과 가죽 종이에 쓴 책을 챙기지 못한 것으로 보입니다(딤후 4:12-13). 체포된 바울은 에그나티아 가도를 따라 디라키움과 브린디시를 지나 아피아 가도를 따라 로마로 급히 호송되었을 것입니다. 결국 니고볼리에 돌아가 겨울을 보내려던 계획을 이루지 못하고 로마로 압송된 것으로 보입니다.

다시 로마 감옥에 구금되다

바울이 다시 구속된 것은 네로가 로마 화재의 희생양으로 그리스도인들을 지목하고 핍박하기 시작했기 때문입니다. 주후 64년 7월 18일, 로마

북동쪽에서 큰불이 나 5일 동안 심하게 타면서 열네 개의 구역 중 세 개가 전소되고 일곱 개가 심각한 피해를 입었습니다. 로마의 역사가 타키투스(Publius Cornelius Tacitus)에 의하면, 네로가 자기가 원하는 대로 로마를 새로 건설하기 위해 불을 질렀다는 비난이 일자 그는 그리스도인들을 로마 화재의 희생양으로 삼고 무자비한 핍박을 자행했습니다.

다시 체포된 바울은 로마의 마메르티눔(Mamertinum) 감옥에 수감되었다고 합니다. 베드로도 여기 수감되었다 하여 '사도 베드로와 사도 바울의 감옥'이라고 불립니다. 1차 가택 연금 때와는 달리 2차 구금은 훨씬 엄격하고 경비가 철저했습니다. 1차 구금 때는 유대인들이 기소했고 그 사유가 유대 율법과 종교에 대한 문제였기 때문에 로마 당국은 중요하게 다루지 않았습니다. 두 번째 구금 때는 상황이 달라졌습니다. 우선 죄목부터 달랐습니다. 로마에 불을 지른 혐의를 받는 그리스도인들의 지도자 중 하나이고, 로마의 속주들을 순회하며 위화감을 조성시키는 정치범으로 로마 당국으로부터 기소를 당한 것입니다.

바울의 "내가 처음 변명할 때에 나와 함께한 자가 하나도 없고 다 나를 버렸으나 … 내가 사자의 입에서 건짐을 받았느니라"(딤후 4:16-17)라는 기록으로 보아 2차 구금 중 두 번의 재판이 있었던 것 같습니다. 제1심의 결과는 미결이었거나, 참수형 결정은 아닌 듯합니다. 하지만 2심 때는 상황이 아주 나빠지고 참수형으로 판결이 나면서 다른 감옥으로 옮겨졌습니다. 그곳에 지금 산타마리아 하늘계단성당(Santa Maria Scala Coeli)이 세워져 있습니다. 이 조그만 성당 지하가 바울이 갇혀 있던 감옥이어서 옛 모습이 재현되어 있습니다.

"전제와 같이 내가 벌써 부어지고 나의 떠날 시각이 가까웠도다"(딤후

▲ 바울이 순교 전 갇혔던 지하 감옥 내부 모습 ©CGN

4:6)라고 쓴 것을 보면 형 확정을 기다리면서도 순교를 직감했음을 알 수 있습니다. 그래서 디모데에게 "너는 어서 내게로 속히 오라", "겨울 전에 어서 오라"고 당부하며 두 번째 편지를 보냈습니다(딤후 4:6-9, 21). 물론 목회와 목회자의 삶에 대한 권면도 빠뜨리지 않았습니다. 이 편지에서 바울은 브리스길라와 아굴라, 오네시보로에게 문안을 전합니다(딤후 4:19). 오네시보로가 아시아 사람임을 감안하면(딤후 1:15-18), 디모데는 에베소에서 디모데후서를 받았던 것으로 보입니다.

빛도 들지 않고 냉기가 도는 지하 감옥에서 많이 추웠을 것입니다. 그의 마음은 더 추웠을 것입니다. 많은 성도와 동역자가 심각한 핍박으로 인해 바울을 떠났고, 심지어 신앙을 버리고 바울을 대적하기까지 했기 때문입니다(딤후 1:15, 4:10, 16). 그래서 바울은 죽음을 앞두고도 세워진 교회 공동체들을 걱정하여 동역자들을 옆에 두기보다는 일꾼이 필요한 교회로 보냈습니다. 그레스게는 갈라디아로, 디도는 달마디아로, 두기고는 에베소로 보냈습니다(딤후 4:10-12). 그래도 누가와 로마의 새로운 형제들이 사도를 돕고 있어 다행이었습니다(딤후 4:11, 21).

순교

전승에 따르면 주후 66-67년 어느 날, 바울은 이 감옥에서 불과 100미터
정도 떨어진 곳으로 끌려가 돌기둥에 목을 댄 상태에서 참수형을 당했
습니다. 바울이 스스로 나이가 많다고 말한 것으로 보아 이때 60세는 넘
은 것 같습니다(몬 1:9). 유세비우스는 3세기 초 교회 지도자였던 가이우
스(Gaius Presbyter of Rome)의 말을 인용하여, 바울이 참수형을 당하고 오스
티안 가도 근처에 묻혔다고 적었습니다(유세비우스, 《교회사》, 2. 25). 순교 전에
디모데가 도착했는지는 알려지지 않았습니다.

　전승에 의하면 바울은 주후 67년 6월 29일에, 로마의 남쪽 아쿠애 살
비애(Aquae Salviae)에서 참수 당했는데, 그때 잘린 바울의 머리가 세 번 튀
었고, 놀랍게도 머리가 떨어진 곳마다 샘물이 솟아났다고 합니다. 그래
서 '세 개의 샘물'이라는 뜻의 트레폰타네 성당(Abbazia delle Tre Fontane)이 세

▼ 바울이 걸었던 것으로 알려진 마지막 길 100여 미터 ©DC

▲ 바울이 목을 대었던 것으로 추정해 만든 대리석 기둥 ©CGN

워졌습니다. 먼저 324년에 콘스탄티누스 황제가 사도 바울을 기념하는 작은 예배당을 세웠고, 그 후 1599년에 조금 더 크게 재건했습니다. 세계 곳곳에서 바울의 순교를 기념하고 묵상하려는 순례객이 이 작은 성당을 끊임없이 찾아오고 있습니다. 바울이 목을 내놓았던 돌기둥을 상징하는 흰색 돌기둥이 성당 내부 오른쪽 창살문 안에 소장되어 있습니다. 다큐멘터리 제작 팀이 촬영하러 방문했을 때 성당의 수녀가 특별히 그 창살문을 열어 주어 돌기둥을 더 자세히 볼 수 있었습니다.

바울은 늘 죽음을 예견하고 사역해 왔기에 영생의 확신과 천국 소망으로 담담하게 형을 받아들였을 것입니다. 순교는 그의 선택이었습니다. 예수님과 자신이 전해 온 메시지를 부인하지 않겠다는 결단 때문에 순교 당한 것입니다. 그리하여 제국의 수도를 떠나 하나님의 도성에 입성했습니다. 이 땅의 수고를 마치고 고통에서 벗어나 천국에서 면류관을 받았습니다. 하지만 그날 로마의 성도들은 위대한 사도, 최고의 전도자를 잃고 슬픔에 잠겼습니다. 로마 성도들은 바울의 시신을 순교 장소에서 3킬

▲ 바울의 순교 모습을 재연한 조각품(트레폰타네 성당 소장) ©DC

로미터 떨어진 한 농장에 비밀리에 묻었습니다.

기독교가 공인된 후 콘스탄티누스 황제는 바울의 첫 무덤 자리에 작은 성당을 세웠습니다. 그 후 395년, 후대 황제들이 그 자리에 대성당을 지었습니다. 하지만 1823년 7월 15일에 발생한 화재로 모두 소실되었습니다. 이후 다시 재건하여 1854년에 교황 피우스 9세(Pius IX)가 새 성당을 봉헌했습니다. 이것이 지금의 '성 바오로 대성당'(Basilica di San Paolo)입니다. 바울의 이름과 업적에 어울리게 화려하고 웅장한 바실리카 성당입니다. 바울의 유해가 이 예배당 지하에 묻혀 있다고 하며, 바울을 묶었던 것으로 전해지는 쇠사슬도 전시되어 있습니다. 1835년, 공사를 위해 발굴 작업을 하던 중에 바울(PAVLO), 사도 순교자(APOSTOLO MART)라고 새겨진 두 개의 대리석 돌판이 발견되었습니다. 4세기 것으로 추정되는 이 돌판에 근거하여 이곳에 바울이 묻혔다는 전승이 힘을 얻게 되었습니다.

바울은 로마 시민이었기에 십자가형을 받지 않고 참수형을 당했습니다. 바울도 예수님같이 죽음으로 승리했습니다. 바울이 "죄인과 같이 매이는 데까지 고난을 받았으나 하나님의 말씀은 매이지 아니하니라"(딤후 2:9)라고 말했듯, 그는 매였고 죽었음에도 불구하고 그가 뿌린 복음의 씨

▲ 성 바오로 대성당 내부 모습 ©DC
▼ 성 바오로 대성당 외부 모습 ©CGN

▲ 수많은 그리스도인의 순교 현장이었던 콜로세움 ⒸDC

앗은 계속 자라났습니다. 그가 세운 교회 공동체가 로마는 물론 제국 곳곳에서 점점 성장하고 확장되어 갔습니다. 한 알의 밀알이 땅에 떨어져 죽음으로써 많은 열매를 맺게 되었습니다.

베드로와 바울의 순교를 기점으로 로마에서 성도들에게 대핍박이 가해지기 시작했습니다. 그리스도인들을 콜로세움에 모아 놓고 사자 밥이 되게 하거나, 십자가에 매달아 밤에 길을 밝히는 햇불로 사용하는 화형도 시행되었습니다. 그러나 성도들은 주님이 주시는 힘으로, 베드로와 바울이 보인 모본을 따라 순교를 두려워하지 않았습니다.

누가는 바울의 순교를 먼발치에서나마 지켜보았을 것 같습니다. 분명 순교 사실을 알고 있었고 여러 해 후에 사도행전을 썼는데, 바울의 죽음을 언급하지 않았습니다. 그의 죽음으로 복음의 세계 전파가 멈춘 것이 아니라는 메시지를 주고 싶었던 것 같습니다. 우리를 향해 바울을 대신하여 사도행전 29장을 이어 가라고 당부하는 것 같습니다. 무엇보다 누가는 바울의 가르침과 영향이 계속 살아 있다고 보았습니다.

사실 바울은 그 생애에는 존경과 예우를 거의 받지 못하고 오히려 불신자들에게는 핍박을, 성도들에게는 오해를, 유대주의자들에게는 신학적 공격을 받았습니다. 그랬던 그를 지난 2천 년 동안 수많은 사람이 기억하고 감사하며 그의 모습을 따라 살고자 애쓰고 있습니다. 그는 예수님의 제자로서, 전도자와 선교사, 목회자와 신학자로서 모든 사역자와 성도의 표상이 되었습니다. 바울의 발자취와 울림은 그가 복음을 전했던 모든 지역과 동서고금의 많은 성도의 가슴속에 고이 간직되어 살아 움직이고 있습니다.

▲ 로마의 성 바오로 대성당에 설치된 바울 조각상 ©DC

6부

바울 관련
중요 주제들

저는 두 가지 큰 틀에 근거하여 사도 바울의 생애를 재구성하며 그의 신학을 이해하고 있습니다.

첫째, 바울 서신은 바울의 신학을 담은 책이라기보다 전도 사역의 후속 양육 편지라는 점입니다. 바울은 이미 대면하여 전한 수많은 말씀을 전제하고 편지를 썼습니다. 성도들의 입장에서는 대면하여 들은 내용이 편지에 적힌 것보다 훨씬 분량이 많으며, 더 중요한 내용이었음을 감안해야 합니다. 바울은 학문이 깊은 사람이었지만 도서관에서 책을 쓰지 않았습니다. 그는 상아탑에 머문 학자가 아니라 발로 뛰는 선교사였습니다. 영혼을 사랑하는 목회자였습니다. 따라서 그의 선교적 헌신과 정신을 이해하지 못하면 로마서 같이 정교한 서신도 온전히 이해할 수 없습니다.

둘째, 바울이 서신에서 다루는 신학적 논쟁은 초대 교회에서 율법관의 변화가 일어난 상황과 긴밀히 연관된다는 것입니다. 사도들은 예수님의 지상 명령을 듣고 전도는 했지만 이방 땅으로 선교하러 나가지는 않았습니다. 오히려 율법을 범할까 봐 이방인과의 접촉을 피하고 있었습니다. 성령의 강권적 개입으로 고넬료가 믿게 되고 안디옥 지역에 이방인 교회가 세워졌어도 사도들은 이방 선교를 계획하지 않았습니다. 이방 성도들의 할례와 율법 준수 문제도 바울이 1차 선교 여행에서 돌아오기까지는 제기되지 않았습니다. 그러던 중 유대주의자들이 이방 성도들의 율법 준수를 주장하기 시작했습니다. 예루살렘 공회의 결정에도 불구하고 그들은 이방 성도들이 할례를 받고 율법을 지켜야 한다는 주장을 철회하지 않았습니다. 오히려 더 적극적으로 바울이 세운 교회를 찾아다니며 성도들을 혼란에 빠뜨렸습니다. 그때부터 바울은 말과 글로 이들의 논지를 반박하며 믿음으로 얻은 이방 성도들의 구원을 결연하게 변호했습니다. 6부에서는 이 두 번째 큰 틀에 대해서 더 설명하고자 합니다.

22 ── 핍박자 사울이
   전도자 바울이 되기까지

심화 강의 2편

   예수님의 제자가 된 바울은 믿지 않던 시절에 교회를 심하게
핍박했기에 사도라는 호칭을 감당하지 못한다고 자주 고백했습니다(고전
15:8-10; 갈 1:13-14; 딤전 1:13-15). 그의 극렬한 핍박 행위는 사도행전에도 많이
기록되어 있습니다. 사울은 왜 그토록 살기등등하여 교회를 완전히 박멸
해 버리려고 했는지, 또 예수님을 믿은 후에는 어떻게 그렇게 사명감 넘
치는 전도자가 되었는지 살펴보고자 합니다. 이를 통해 복음의 핵심과
예수님을 믿는 사람을 하나님은 어떠한 과거도 묻지 않고 사용하신다는
것을 알게 될 것입니다.

사울이 교회를 핍박한 이유

학계의 일반적인 견해는 사도와 성도들이 율법을 지키지 않고 성전을 존
중하지 않았기 때문에 사울이 교회를 핍박했다는 것입니다. 그러면서 예

부살렘교회에서는 사용하는 언어와 신학적인 견해에 따라 히브리파와 헬라파 성도들로 나뉘어 있었다고 전제합니다. 유대 출신의 히브리파 성도들은 율법을 잘 지켰지만, 해외에서 온 헬라파 성도들은 율법을 지키지 않아도 된다고 주장했기에 율법에 대한 열심이 극진했던 사울이 헬라파들을 핍박했다고 학자들은 해석합니다. 하지만 이 학설은 설득력이 약합니다.

첫째, 예루살렘교회에서 히브리파와 헬라파가 언어적으로 나뉘어 있었다는 증거가 없습니다. 헬라의 식민 통치를 300여 년간 받은 결과 1세기 유대인들은 대부분 히브리어와 헬라어를 완벽하게 구사했습니다. 바울에게 달려든 예루살렘의 폭도들은 바울이 히브리어로 연설하자 의아하게 생각했습니다(행 22:2). 당연히 헬라어로 말할 거라 기대했고, 그랬어도 알아들었을 것입니다. 따라서 언어 장벽 때문에 성도들이 따로 예배를 드렸다고 보기는 어렵습니다. 일곱 '집사'의 이름이 헬라식이므로 그들이 헬라파라는 주장도 있는데, 이 또한 납득하기 힘듭니다. 베드로는 헬라식 이름뿐 아니라 히브리식 이름인 시몬, 아람어 이름인 게바로도 불렸습니다. 요한, 안드레, 야고보 같은 유대 출신 사도들도 헬라식 이름으로 알려져 있습니다.

헬라파 성도들이 성전과 율법을 거슬러 말했다는 설명도 맞지 않습니다. 사도들은 기도 시간에 성전으로 갔고(행 3:1; 눅 24:53), 헬라파 스데반은 율법을 천사가 전한 귀한 것이라고 설교했습니다(행 7:53). 스데반이 거룩한 성전과 율법을 거슬러 말했다고 증언한 사람들을 성경은 '거짓 증인들'이라고 말합니다(행 6:13). 사도행전의 기자가 이렇게 분명하게 기록하는데도 거짓 증인들의 말을 받아들여 스데반을 비롯한 초대 교회의 성도들이 율법과 성전을 존중하지 않았고, 그래서 사울이 성도들을 핍박했다고 보는 것은 논리에 맞지 않습니다. 예루살렘에는 '율법에 열성을 가진 성도'가 수만 명이나 되었고, 아나니아도 '율법을 따라 사는 경건한 사람'이었습니다(행 21:20, 22:12).

사울이 율법에 대한 열심 때문에 교회를 핍박했다는 주장에는 주로 이런 전제가 있습니다. 사도 바울이 서신에서 율법으로 구원받지 못하고 믿음으로라야 한다고 강조하므로, 회심 전에는 그 반대로 율법으로 구원을 얻는다고 확신했다고 추정합니다. 사울이 교회를 핍박한 것으로 볼 때 성도들이 율법과 성전을 등한히 했음이 틀림없다고 주장하는 것입니다. 사울이 회심 후 율법을 반대하니 성도들도 회심한 후 율법을 반대했을 것이라고 추측합니다. 이런 해석은 출발부터 잘못되었습니다. 초대 교회 성도들과 바울은 회심 후에도 유대 율법을 반대하지 않았습니다. 오히려 대부분의 율법과 절기를 신실하게 지켰습니다. 다만 바울은 사역 후기에 이방 성도들도 율법을 지켜야 온전한 구원을 받는다는 유대주의자들의 주장을 반박하는 과정에서 이방 성도는 율법을 지킬 필요가 없다고 확언한 것입니다. 아직 이방 성도들이 생기기 전에 유대 성도들이 핍박을 받았으므로 그 핍박은 연관된 것이 아니었습니다.

히브리파와 헬라파 사이에 신학적 차이가 있었다는 것도 잘못된 주장입니다. 베드로와 스데반의 설교를 비교해 보면 간단히 알 수 있습니다. 두 사람 모두 예수님을 하나님의 우편에 오르신 분(행 2:33, 5:31, 7:55), 거룩하고 의로운 분(행 3:14, 7:52), 모세 같은 선지자(행 3:22, 7:37), 주님(행 2:36, 7:59-60)과 그리스도(행 2:38)와 인자(행 7:56)로 선포했습니다.

사울이 교회를 대적한 것은 유대 지도자들이 예수님을 대적한 것과 같은 이유였습니다. 예수님도 처음 고발되었을 때 성전과 율법을 거슬러 말했다고 증언한 사람들이 있었습니다. 하지만 그 증언들이 서로 엇갈려 결정적 증거로 채택되지 못했습니다(마 26:59-62; 막 14:56-59). 심문하던 대제사장은 혹 예수님이 그랬다 해도 그것은 사형에 해당하는 결정적 혐의가 되지 못할 것을 알고 있었습니다. 그래서 대제사장이 예수님께 물었습니다. "네가 찬송 받을 이의 아들 그리스도냐?" 이에 예수께서 "내가 그니라 인자가 권능자의 우편에 앉은 것과 하늘 구름을 타고 오는 것을 너희가 보리라" 하셨을 때, 대제사장이 옷을 찢으며 "우리가 어찌 더 증인을 요구하리요 그 신성 모독하는 말을 너희가 들었도다 너희는 어떻게 생각하느냐" 하니 그들이 다 예수를 사형에 해당한다고 정죄했습니다(막 14:61-64).

예수님이 율법이나 성전에 대해 잘못된 발언을 했기 때문에 사형이 결정된 것이 아니었습니다. 바로 당신이 하나님의 아들 그리스도이신 것과 다니엘 7장 13-14절에 예언된 '하늘 구름을 타고 오며 권능자의 우편에 앉을 신적 존재'임을 선포했기에 신성 모독죄로 사형이 확정된 것입니다. 유대인들이 빌라도에게 대답한 내용에 답이 있습니다. "우리에게 법이 있으니 그 법대로 하면 그가 당연히 죽을 것은 그가 자기를 하나님의 아들이라 함이니이다"(요 19:7). 거기에다 정치적 프레임까지 씌워 십자가에 못 박았습니다(요 19:12).

예수님은 "사람들이 나를 박해하였은즉 너희도 박해할 것"이라고 미리 말씀하셨습니다(요 15:20). 예수님이 누구신가에 대해 제자들도 똑같이 주장할 것이기 때문입니다. 베드로는 "이 예수를 하나님이 주와 그리스도가 되게 하셨다", "너희가 나무에 달아 죽인 예수를 우리 조상의 하나님이 살리시고 … 그를 오른손으로 높이사 임금과 구주로 삼으셨"다고 강조했습니다(행 2:36, 5:30-31). 스데반이 "인자[그리스되]가 하나님 우편에 서신 것을 보노라"고 말했을 때 공회원들이 큰 소리를 지르고 귀를 막으며 일제히 달려들었던 것을 기억하십시오.

마찬가지로 사울도 나무에 달려 죽은 예수를 부활한 하나님의 아들이요, 그리스도와 유대인의 왕이라고 믿을 뿐 아니라 온 백성에게 선포하고 가르치는 자들을 두고 볼 수 없었습니다. 신성 모독죄를 범한 이 사람들을 핍박함으로써 하나님을 향한 자신의 열심을 보였습니다(행 22:3). 산헤드린 지도자들은 예수를 믿지 말라, 예배를 드리지 말라, 기도회를 갖지 말라고 금한 적이 없습니다. 대신 다시는 예수의 이름으로 말하지도, 가르치지도, 전하지도 말라고 반복해서 위협했습니다(행 4:17-18, 5:28, 40).

사도들은 눈으로 예수님의 부활을 확인했기에 예수님이 하나님의 아들이심을 확신했습니다. 그러기에 어떤 핍박도 이겨 내며 그분의 신성과 십자가, 부활을 전파했습니다. 믿지 않는 유대인들은 정반대였습니다. 신성 모독적 주장을 하는 사람들을 그냥 두어서는 안 된다고 확신했습니다. 사울이 교회를 핍박한 것은 율법을 향한 열심이라기보다, 하나님을 향한 열심 때문이었습니다(요 16:2-3 참조).

최고의 전도자로 변신한 바울

그 열심으로 사울이 예수 믿는 자들을 잔멸하기 위해 외국의 다메섹으로 가는 도중 전혀 예상치 못한 일이 벌어졌습니다. 어떤 신적 존재가 강한 빛과 영광 가운데 나타나 사울을 부르신 것입니다. 사울은 그분이 예수님이심을 확인하는 순간, 제자들의 주장대로 예수님이 과연 부활하셨음을 알게 되었습니다. 사도들이 선포한 내용처럼 참으로 부활, 승천하여 하나님 우편에 계시는, 하나님의 아들이고 그리스도이심을 확인하게 되었습니다. 그는 자기도 모르게 "주여, 당신을 위해 무엇을 하리이까?"라고 여쭈었습니다(행 22:10).

사울은 예수님이 예비하신 아나니아를 통해 자신의 사명을 들었습니다. "이 사람은 내 이름을 이방인과 임금들과 이스라엘 자손들에게 전하기 위하여 택한 나의 그릇이라"(행 9:15). "네가 그를 위하여 모든 사람 앞에서 네가 보고 들은 것에 증인이 되리라"(행 22:15).

사울은 예수님께서 자기에게 나타나신 이유를 알게 되었습니다. 예수의 이름을 유대인과 이방인에게 전하고, 특히 자기에게 나타나신 예수님에 대해 보고 들은 것을 증언하게 하시기 위함이었습니다. 따라서 다메섹 회당에서부터 즉시 "예수가 하나님의 아들이심을 전파"했고, "예수를 그리스도라 증언"했습니다(행 9:20, 22). 즉각적으로, 자발적으로, 적극적으로 전했습니다. 사울의 첫 증언이 예수님이 누구신가에 대한 내용임을 보아도 제자들을 핍박한 이유가 그들이 예수님을 하나님의 아들이요, 그리스도라고 주장했기 때문임을 알 수 있습니다. 교회를 핍박하던 그 이유가 바로 그의 핵심 메시지가 된 것입니다.

사울은 핍박자에서 전도자로 변신했습니다. 가장 악랄한 핍박자였던 만큼 가장 열렬한 전도자가 되었습니다. 다시는 예수의 이름으로 말하지도, 가르치지도, 전하지도 못하도록 위협했는데, 이제는 가장 앞장서서 예수의 이름을 전하게 되었습니다. 그는 하나님의 은혜의 복음을 전하는 일이 예수님이 자신에게 주신 사명임을 철저히 인식하고 있었습니다. 복음을 전하라고 부름을 받았기에, 복음을 전하지 않으면 자신에게 화가 미치리라는 불타는 사명감을 가졌습니다(행 20:24; 고전 1:17, 9:16). 전에는 복음을 전하는 자들을 격렬하게 핍박했는데, 이제는 그 복음을 전하다가 온갖 고생과 고난, 핍박을 당하게 되었습니다. 그러나 자기 목숨을 귀하게 여기지 않고, 죄인 중의 괴수인 자신을 용서하고 오히려 사도의 사명을 주신 예수님께 충성했습니다.

바울은, 예수님은 우리의 죄를 위해 죽고 부활하셨을 뿐 아니라 그분이 곧 "근본 하나님의 본체"이시며 "보이지 아니하는 하나님의 형상"이라고 선포했습니다. "신성의 모든 충만이 육체로 거하시"기에, 모든 사람으로부터 예수님은 그리스도요, 주(Kyrios: 만군의 주 여호와)라는 마음의 고백과 경배를 받기에 합당하시다고 증거했습니다(빌 2:6-11; 골 1:15, 2:9).

바울뿐 아니라 우리도 복음과 하나님의 사랑으로 부름 받았습니다. 구원받았을 뿐 아니라 우리가 경험한 예수님의 복음을 증거하는 사명을 받았습니다. 주님은 당신을 믿기 전의 과거를 묻지 않으십니다. 예수 안에 있으면 새로운 피조물이라 말씀하셨습니다. 새 삶을 주시고 다시 기회를 주십니다. 죄인의 괴수로 살던 바울을 하나님의 완벽한 타이밍에 구원하여 사용하신 것을 보면서 자신이나 남에 대해 기도로 인내하며 하나님의 손길을 기다리면 좋겠습니다. 하나님의 은혜로 구원을 선물 받았으니, 우리도 바울같이 복음에 합당하게 살면서 복음을 증거하게 되기를 축복합니다.

23 ___ 초대 교회의 이방 선교 시작과 율법관의 변화

심화 강의 3편

초대 교회는 어떻게 이방 선교를 시작했는지, 아울러 이방 성도들도 할례를 받고 율법을 지켜야 한다는 유대주의자들과 그럴 필요가 없다는 바울 간의 신학적 논쟁은 어떻게 시작되고 진행되었는지 살펴보고자 합니다. 이 주제는 바울과 바울 신학, 특히 갈라디아서와 로마서를 이해하는 데 큰 도움이 될 뿐만 아니라 초대 교회의 신학 형성과 발전에 대한 이해를 넓혀 줄 것입니다.

고넬료 구원 사건

예수님께서 모든 민족으로 제자를 삼으라는 지상 명령을 반복적으로 주셨음에도 불구하고(마 28:18-20; 막 16:15; 눅 24:44-49; 요 20:21; 행 1:8) 사도들은 이방 선교를 계획하지도, 실행하지도 않았습니다. 고넬료의 집에 도착한 베드로의 첫마디가 "유대인으로서 이방인과 교제하며 가까이하는 것이 위법인 줄은 너희도 알거니와"였습니다(행 10:28). 이때까지 베드로와 사도들은 복음을 전하기 위해 이방인에게 접근하는 것은 상상조차 못 했고, 오히려 율법을 범하지 않으려고 이방인과의 접촉을 피하고 있었다는 말입니다.

강력한 성령의 개입으로 마지못해 고넬료의 집에 도착한 베드로가 그 집에 모인 사람들에게 복음을 전하자 그들에게 성령이 임하여 방언을 하며 예수님을 믿는 역사가 일어났습니다. 이것을 본 베드로는 "내가 참으로 하나님은 사람의 외모를 보지 아니하시고 각 나라 중 하나님을 경외하며 의를 행하는 사람은 다 받으시는 줄 깨달았도다"(행 10:34-35)라고 고백했습니다. 하나님이 이방인도 구원하기를 기뻐하심을 깨달은 것입니다. 그는 세례를 베풀고 며칠을 같이 지내다가 예루살렘으로 올라왔습니다.

하지만 예루살렘교회의 일부 지도자들은 이방인을 접촉한 것은 철저한 율법 위반이라며 베드로를 비난했습니다(행 11:1-3). 이렇듯 사도들과 예루살렘교회도 이방 선교를 위한 신학적 준비가 전혀 되어 있지 않았습니다. 베드로의 긴 설명을 들은 후에야 "그러면 하나님께서 이방인에게도 생명 얻는 회개를 주셨도다"라며 수용했습니다(행 11:18). 고넬료의 구원 경험이 이방 선교가 허용된다는 신학으로 이해된 것입니다. 그럼에도 불구하고 사도들은 그 후에도 이방 선교를 계획하거나 실행하지 않았습니다. 하나님께서 이방인을 깨끗하게 하셨다는 말씀을 직접 들었고, 이방인 고넬료에게 전도도 했고, 또 예루살렘 지도자들까지 설득시켰던 베드로조차 그러지 못했습니다.

안디옥 선교와 이방인 교회 탄생

스데반의 순교 이후 예루살렘의 성도들은 핍박을 피하여 여러 곳으로 흩어졌습니다. 그곳에서도 '유대인에게만' 말씀을 전했습니다(행 11:19). 복음은 유대인만을 위한 것이라는 고정 관념이 있었기에 이방인들에게는 복음을 전할 의도가 없었음을 반영합니다. 그런데 예수를 믿은 사람들 중에 헬라인도 있음을 알게 되었습니다. 유대인인 줄 알고 복음을 전했는데 알고 보니 이방인이었던 것입니다. 이 소식을 들은 사도들은 바나바를 파송하여 예상하지 못한 이 기이한 현상을 파악하게 했습니다.

바나바로부터 그 현상이 온전한 구원 역사라는 보고를 받고서야 사도들은 이방인 구원을 수용했습니다. 이렇듯 초기 이방 선교는 신학적 계획이나 전략 없이 '거의 우연히' 진행되었습니다(F. F. 브루스). 지상 명령과 신학적 확신에 따라 이방인에게 복음을 전한 것이 아니라, 이방인들이 예수님을 믿고 구원받는 현상을 경험하면서 하나님께서 이방인도 구원하신다는 신학으로 받아들였던 것입니다. 그랬음에도 불구하고 예루살렘교회나 안디옥교회는 이방 지역으로 선교하러 나갈 계획을 세우지 않았습니다.

그러던 어느 날, 안디옥교회가 금식하며 예배할 때 "내가 불러 시키는 일을 위하여 바나바와 사울을 따로 세우라"는 성령의 말씀을 듣고서야 두 사람을 안수하여 이방 지역으로 파송했습니다(행 13:1-4). 이러한 성령의 개입과 이방인이 구원받는 사건으로 이방 선교에 대한 신학적 이해의 폭이 조금씩 넓어졌고, 점차 이방인에게 복음을 전하러 나가게 되었습니다.

이방 선교와 율법 문제 대두

바울과 유대주의자들의 가장 근본적 논쟁은 이방 성도들이 할례를 받고 율법을 지켜야 하는지의 여부였습니다. 주목해야 할 것은, 이방 선교 초기에는 이방인 성도들의 율법 준수 여부가 대두되지 않았다는 점입니다. 베드로는 고넬료에게 할례를 받아야 한다고 말하지 않았으며, 예루살렘 교회의 지도자들도 고넬료에게 할례를 주지 않았다고 베드로를 비판하지 않았습니다.

안디옥교회가 개척된 후 10여 년이 지나도록 이방인들이 할례를 받고 율법을 지켜야 한다는 주장은 제기되지 않았습니다. 안디옥교회에서 예루살렘교회에 헌금을 전달할 때 디도도 같이 갔는데, 사도들은 그가 헬라인인 줄 알았는데도 할례를 받으라고 주문하지 않았습니다(갈 2:1-3). 갈라디아 지방에서 1차 선교 사역을 했던 바울과 바나바도 이방인 성도들에게 율법 준수 여부를 가르칠 필요를 전혀 느끼지 못했습니다. 이 모든 경우를 볼 때, 초대 교회 초기에는 이방 성도들이 예수를 믿은 후 할례를 포함하여 유대 율법을 준수하지 않았고, 율법 준수 문제는 대두조차 되지 않았음을 알 수 있습니다.

그런데 바울과 바나바가 1차 선교 여행을 마치고 돌아온 주후 48년 즈음에 이방 성도들도 율법을 지켜야 한다는 주장이 처음으로 제기되었습니다. 예루살렘에서 몇몇 유대인 성도가 안디옥에 내려와 이방 성도들에게 할례를 받지 않으면 구원을 얻지 못한다는 새로운 신학적 주장을 편 것입니다(행 15:1). 바울과 바나바는 즉각 반발했습니다. 논쟁이 커지자 안디옥교회는 바울과 바나바를 예루살렘의 지도자들에게 보내 이 문제에 대한 판단을 받아 오도록 했습니다.

1. 예루살렘 공회(행 15:1-31)

예루살렘교회의 사도와 장로들은 이 문제를 심의하고자 모였습니다. 교회사에서 처음으로 교리에 대한 문제를 결정하기 위해 모인 역사적 회의였습니다. 이를 예루살렘 공회라고 부릅니다. 이 공식적인 자리에서 바리새파 성도들은 "이방인에게 할례를 행하고 모세의 율법을 지키라 명하는 것이 마땅하다"고 거듭 주장했습니다(행 15:5). 많은 변론이 오간 후, 베드로는 고넬료의 사례를 상기시킵니다. 그는 고넬료가 할례를 받지도 않고, 또 유대 율법을 지키지 않고도 분명히 구원받는 것을 경험했습니다. "우리 조상과 우리도 능히 메지 못하던 [율법의] 멍에를 [이방] 제자들의 목에 두려느냐"며 바울과 바나바의 입장을 지지했습니다(행 15:6-11).

바울과 바나바 역시 율법을 지키지 않았음에도 이방인들이 온전한 구원을 얻은 것을 본 경험을 간증하며, 이방인들은 율법을 지킬 필요가 없다고 강조했습니다(행 15:12).

최종적으로 야고보도 율법을 '괴롭게 하는 짐'으로 규정하며, 이방 성도들에게 아무 짐도 지우지 않는 것이 옳다고 판단했습니다(행 15:19, 24, 28). 결국 이방인 성도들이 할례를 받지 않아도 된다는 결론에 도달했습니다. 다만 유대인과 이방 성도들의 교제를 위해 "우상의 더러운 것과 음행과 목매어 죽인 것과 피를 멀리하라"는 조건만 붙였습니다(행 15:13-20). 이방 성도들은 할례를 포함하여 율법을 지키지 않아도 된다는 구원론이 비로소 초대 교회의 신학으로 정립되었습니다.

예루살렘 공회의 결과, 사도들은 바울이 '무할례자들에게 복음을 전하는 사명을 맡은' 것을 보게 되었고, 따라서 바울이 이방인에게로 가도록 합의했습니다(갈 2:7-9). 공회는 결정을 명문화하여 안디옥과 수리아, 길리기아에 있는 이방 교회들에게 보냈습니다. 바울도 2차 선교 여행길에 수리아와 길리기아, 또 갈라디아 지방의 교회들에게 이 결정을 전달하면서 교회들을 견고하게 세웠습니다(행 15:30-31, 41). 바울은 계속 할례를 요구하지 않는 무할례의 복음을 전했고, 그 결과 이방인들 가운데서 구원의 역사가 일어나며 교회들이 개척되고 성장했습니다.

2. 안디옥 사건(갈 2:11-14)

예루살렘 공회가 열리고 3년 정도 후에 베드로는 안디옥교회를 방문하여 유대인과 이방인 성도들과 어울려 음식을 먹었습니다. 그런데 예루살렘에서 온 형제들이 도착하자 이방인 성도들과 식사하지 않은 것처럼 슬그머니 자리를 피했습니다. 고넬료의 집에서 며칠 묵으며 같이 식사했던 베드로, 이방인과 접촉했다고 비난하던 예루살렘 지도자들을 자신 있게 설득하고 예루살렘 공회에서 바울 편을 들어 주었던 그가 왜 이렇게 행동했을까요?

베드로의 위선은 "남은 유대인들도 그와 같이 외식"하도록 영향을 미쳤습니다. 뿐만 아니라 예루살렘 공회에 참석하여 이방인 성도들은 할례받을 필요가 없다고 당당히 주장하던 바나바마저 함께 식사하지 않은 듯 위선적 태도를 취했습니다. 바나바는 안디옥교회 담임목회자로서 10년이 넘도록 이방인 성도들과 허물없이 식탁 교제를 나눠 왔는데, 왜 이제 와서 이방인 성도들과 음식을 나누지 않은 듯 행동했을까요?

바울은 베드로가 야고보에게서 온 "할례자들을 두려워하여 [이방인 성도들과 먹던 식탁에서] 떠나 물러"갔다고 회고했습니다(갈 2:12). 이것은 야고보가 지도하는 예루살렘교회에 유대주의자들의 세력이 확대되어 베드로와 바나바까지 그들의 눈치를 보는 상황으로 발전했음을 보여 줍니다. 유대주의자들은 예루살렘 공회에서 뜻을 관철시키지 못했지만, 꾸준히 세를 규합하여 이제는 베드로까지 두렵게 하는 세력으로 부상한 것입니다.

이런 상황에서 바울만이 예수 안에서 유대인과 이방인은 동등하며, 이방인들은 율법을 지킬 필요가 없다는 신학적 확신을 가졌습니다. 그는 외로운 전투를 감당해야 한다는 사명감에 공개적으로 베드로를 꾸짖었습니다. 이방인의 사도라는 자아의식과 오직 믿음으로 말미암는 복음에 대한 확신으로 바울은 이방인의 구원의 충족성과 합법성을 신학적으로 변호한 것입니다. 바울의 책망이 어떤 결과를 가져왔는지는 잘 알 수 없지만, 바울이 갈라디아서에서 언급하는 것으로 보아 나름 효과가 있었다고 본 것 같습니다.

3. 갈라디아 사건

그 후 안디옥에 얼마 있다가 바울은 3차 선교 여행을 떠났습니다. 주로 에베소를 중심으로 아시아와 마게도냐에서 사역했습니다. 그런데 유대주의자들은 자신들의 신학적 주장을 접기는커녕 바울이 개척한 고린도와 갈라디아 지역의 교회들을 찾아가 바울을 비난하고 율법 준수를 요구했습니다. 바울이 미리 준비시키지 않았기 때문인지 고린도 성도들 중에 다른 복음을 용납하는 사람들이 생겼고, 특히 갈라디아에서는 유대 절기를 지키며 할례를 받고 속히 다른 복음을 따르는 사람들이 생겨 났습니다 (고후 11:4, 20; 갈 1:6, 4:10-11).

이 소식을 들은 바울은 갈라디아서를 써서 강력히 반발했습니다. 이들은 '가만히 들어온 거짓 형제들'이고 그들의 메시지는 잘못된 '다른 복음'

이라고 항변하면서 율법 없이 믿음으로 의롭게 되는 복음을 다시 강조했습니다(갈 1:6-9, 2:4). 문제의 심각성을 파악한 바울은 서바나 선교와 로마 방문 계획을 뒤로 미루고 우선 예루살렘부터 방문하기로 계획했습니다.

가라앉지 않는 율법 준수 요구

바울은 유대주의자들이 예루살렘 지도자들로부터 직·간접적인 지원을 받는다고 간파했습니다. 로마 대신 예루살렘으로 가면서 편지로나마 로마교회를 준비시키고자 로마서를 썼습니다. 죽음을 각오하고 예루살렘에 와 보니 율법에 열심 있는 성도가 수만 명이나 되었고, 바울이 유대인에게까지 율법을 지키지 말라 가르친다는 거짓 소문도 퍼져 있었습니다(행 21:20-21). 바울은 사도와 장로들과 함께 예루살렘 공회에서 벌인 신학적 변론을 다시 한 번 펼쳐야 했습니다. 바울은 사도들의 조언을 받아들여 율법을 따라 정결 예식을 행하는 형제들의 비용을 부담하며 자신도 유대인에게는 유대인같이 살고 있음을 보여 주었습니다. 동시에 이방 성도들에게 율법을 강요하는 유대주의자들의 활동을 막아야 한다고 예루살렘 지도자들을 신학적으로 설득했습니다.

바울을 가장 힘들게 한 부류는 불신 유대인이나 이방인이 아니었습니다. 오히려 믿는 유대인 중 바울의 사도성을 인정하지 않고 그가 이방인들에게 율법 없는 은혜의 복음을 전하는 것을 견디지 못해 개척한 교회들을 찾아다니며 훼방하는 자들이었습니다. 바울 서신은 대부분 이러한 정황 속에서 이방 교회들을 보호하고, 이방 성도들이 믿음으로 얻은 구원이 충분함을 논증하기 위해 쓰였습니다. 이런 배경을 이해하는 것이 로마서와 갈라디아서를 비롯한 바울 서신, 나아가서는 신약성경 전체를 더욱 정확하게 해석하는 데 도움이 될 것입니다.

우리도 고정 관념이나 선호하는 전제에 사로잡혀 우리의 생각이 절대 진리라고 확신하는 오류를 범하지 않도록 유념해야겠습니다. 또한 늘 성령님의 인도에 민감하고, 남의 논지에 귀를 기울이며, 성경이 가르치는 진리가 무엇인지 열린 마음으로 상고할 수 있어야겠습니다.

24 _ 초대 교회의 주요 사건과 연대기 재구성

심화 강의 4편

　　　　바울의 연대기를 재구성할 때 논쟁의 쟁점은 구제 헌금 전달, 예루살렘 공회, 안디옥 사건과 갈라디아서 저술 시점을 특정하는 것입니다. 이 네 가지 중요한 사건을 바울 생애의 어느 지점에 배치하느냐에 따라 초대 교회의 상황과 신학적 발전을 달리 구성하게 됩니다. 이 네 사건의 시점에 대한 학계의 논쟁을 살펴보면 바울의 연대기 구성과 신학 발전 상황을 이해하는 데 도움이 될 것입니다.

　먼저 갈라디아서 2장 1-10절과 사도행전 15장에 기록된 내용은 같은 예루살렘 공회를 조금 달리 기록한 것인지, 아니면 서로 다른 경우였는지, 만일 같은 공회라면 이 두 기록을 어떻게 비교하여 조화롭게 이해해야 하는지가 중요합니다.

예루살렘 공회의 시기

전통적으로 학계에서는 크게 두 가지 학설이 제기되어 왔습니다.

1. 갈 2:1-10 = 행 11:27-30 : 예루살렘 공회는 안디옥 사건 이후에 모였다

먼저 이 소수 의견부터 살펴보겠습니다. 이 시대 최고의 바울 학자의 한 분인 톰 라이트 박사는 바울이 사도행전 15장에 묘사된 것 같은 회의를 결코 언급하지 않는다고 주장합니다. 흔히 예루살렘 공회를 묘사한 것으로 알려진 갈라디아서 2장 1-10절은 구제 헌금을 들고 예루살렘을 방문한 사도행전 11장 27-30절과 같다는 것입니다. 또 갈라디아서 2장 11-14절에 묘사된 안디옥 사건 후에 바울이 갈라디아 교회들에 생긴 문제를 들고 갈라디아에 편지를 보낸 후 예루살렘으로 가서 사도행전 15장에 묘사된 공회에 참석했다고 주장합니다(N. T. Wright, 《Paul: A Biography》, pp. 163-166). 시간적 순서를 구제 헌금 전달, 안디옥 사건, 갈라디아서 집필, 예루살렘 공회로 보는 것입니다.

그러나 이 주장에는 모순이 있습니다. 바울과 바나바는 안디옥에서 동역할 때에도, 1차 선교 여행 때에도, 예루살렘 공회 때에도 같은 신학적 입장을 가지고 있었습니다. 이방 성도들은 할례와 율법을 지키지 않아도 된다는 입장이었습니다. 그랬던 바나바가 안디옥 사건 때에는 야고보에게서 온 유대인 형제들을 두려워하여 이방 성도들과 식사하지 않은 듯 행동한 베드로를 따르며 바울과 다른 모습을 보였습니다. 그런데 안디옥 사건 뒤에 열린 공회에서 다시 바울과 같은 입장을 견지했다는 것은 일관성이 떨어집니다. 오히려 안디옥 사건이 예루살렘 공회보다 뒤에 발생했다고 보는 것이 더 설득력이 있습니다.

또 이 주장은 공회의 기록에 이어서 갈라디아서 2장 10절에 "우리에게 가난한 자들을 기억하도록 부탁하였"다는 말이 기록되었으므로 공회와 구제 헌금 전달은 같은 때에 일어났다고 해석했습니다. 하지만 그 뒤에 바울이 "이것은 나도 본래부터 힘써 행하여 왔노라"라고 표현하는 것을 보면 공회와 구제 헌금 전달은 별도로 일어난 일로 보입니다. '힘써 왔다'는 동사의 시제에 문법상 '과거의 과거'(pluperfect)로 번역될 수 있는 직설 부정과거형을 사용하기 때문입니다. 공회에서 부탁받기 이전에 이미 가난한 자들을 기억하고 힘썼다는 말인데, 이는 공회 전에 구제 헌금을 전달했다는 의미로 보아야 합니다.

또한 바울이 이방 성도들에게 할례와 율법을 강요하는 신학을 극렬히 반대한 것은 갈라디아 선교를 마친 후였습니다. 바울은 "그들에게 우리가 한시도 복종하지 아니하였으니 이는 복음의 진리가 항상 너희 가운데 있게 하려 함이라"(갈 2:5)라고 기록했는데, 여기서 '너희'는 갈라디아 성도들을 가리키기 때문입니다. 따라서 거짓 형제들이 예루살렘에서 내려와 할례와 율법을 준수하지 않는 이방 성도들의 자유를 엿보고 할례를 강요하기 시작한 것은 갈라디아 선교 이후였음을 알 수 있습니다. 사도행전 15장 1절과 갈라디아서 2장 4-5절은 이런 상황을 묘사하며, 따라서 예루살렘 공회가 안디옥 사건 전에 열렸다고 보아야 할 것입니다.

2. 갈 2:1-10 = 행 15장

두 번째는 다수 의견으로서, 사도행전 15장의 공회는 갈라디아서 2장 1-10절과 동일한 회의인데 사도행전 15장에 기록된 대로 1차 선교 여행 후에 공회가 소집되었다는 견해입니다. 첫 번째 견해보다는 훨씬 나은 해

식입니다. 하지만 이 견해를 견지하는 학자들은 대부분 사도행전 11장 27-30절에 기록된 기근 구제 헌금을 전달하기 위해 바울이 예루살렘에 간 적은 없었다고 부인합니다. 어떤 학자들은 누가가 공회에 참석하러 갈 때 기근 구제 헌금도 가져갔는데, 마치 예루살렘에 두 번 간 것처럼 구분해서 기록했다고 주장하기도 합니다.

3. 갈 2:1-3 = 행 11:27-30; 갈 2:4-10 = 행 15장

저는 새로운 해석을 제안한 바 있습니다(《*The Historical Paul in Acts*》, pp. 89-92). 구제 헌금을 전달하기 위한 방문을 기록한 사도행전 11장 27-30절은 갈라디아서 2장 1-3절과 같은 방문이었고 사도행전 15장의 예루살렘 공회는 갈라디아서 2장 4-10절과 같은 회의였는데, 바울과 누가가 기록 목적에 따라 약간 달리 묘사한 것으로 해석했습니다. 갈라디아서 2장 1-10절은 한 번이 아니라 두 번의 예루살렘 방문을 묘사한다는 뜻입니다.

갈라디아서 2장 1-3절과 4-10절에는 하나의 연속된 에피소드로 보기 어려운 요소가 보입니다.

a. 먼저 예루살렘을 방문한 계기가 다릅니다. 갈라디아서 2장 2절에서 바울은 계시를 따라, 즉 신적 요소를 따라 갔다고 하는데, 2장 4-5절에는 거짓 형제들의 분란 때문에, 즉 인간적 요소 때문에 예루살렘에 갔다고 밝힙니다.

b. 갈라디아서 2장 2절에서는 사도들과 개인적인 소규모 모임을 가졌다고 하는 반면, 4-10절에서는 좀 더 크고 공적인 모임으로 묘사되어 있습니다.

c. 갈라디아서 2장 1-3절에서는 바울이 사도들에게 자신이 이방인들에게 전하는 복음을 사적으로 제시하고 인증받으려 했다고 합니다. 하지만 2장 4-10절에서는 사도들이 자신에게 더하거나 인증해 준 것이 전혀 없고, 오히려 하나님이 자신에게 이방 사역을 맡기신 증표를 보고 무할례의 복음을 전하도록 동의해 주었다고 강변합니다.

따라서 2장 1-3절은 기근 구제 헌금을 가지고 예루살렘에 갔을 때 베드로와 야고보만 만나 자기가 이방인들에게 전하는 복음을 개인적으로 설명하며 의견을 물었고, 사도들은 바울도 같은 복음을 전하고 있음을 확인했습니다(고전 15:11). 반면 2장 4-10절에서는 거짓 형제들이 분란을 일으킨 후 사도들을 만나러 가서 공적으로 이방인에게 무할례의 복음을 전하도록 인정받았음을 기록합니다. 사도들이 하나님께서 바울에게 주신 은혜의 사역을 보았고, 또 바울이 이방인에게 전하는 무할례의 복음을 맡은 것을 보았기에 그것을 인정했다고 합니다.

이것은 사도행전 15장에서, 하나님께서 바울과 바나바를 통하여 이방인들에게 믿음의 문을 여신 사역 보고를 듣고 이방 사역을 인정했던 것과 같은 맥락입니다. 갈라디아 선교의 결과를 보고 무할례의 복음을 인정했으므로, 갈라디아서 2장 4-10절은 1차 선교 여행 후에 모인 사도행전 15장의 모임을 묘사하는 것입니다.

사실 바울은 갈라디아서 2장 4절을 쓰면서 주동사를 쓰지 않았습니다. 격분한 마음에 빨리 쓰다가 빠뜨린 것 같습니다. 그래서 NIV는 "This matter arose"(이 문제가 야기된 것은)라는 연결 문구를 괄호 속에 넣어 원문에는 없으나 영어로 뜻이 통하게 번역했음을 밝혔습니다.

이 모든 것을 감안할 때, 갈라디아서 2장 1-3절과 사도행전 11장 27-30절은 디도를 데리고 구제 헌금을 전달하러 예루살렘을 방문했던 같은 때를 말하는데, 바울과 누가가 각자 의도한 부분을 부각시킨 것으로 보입니다. 그때 사도들은 디도가 이방인인 줄 알면서도 할례를 받아야 한다, 안 받아도 된다는 언급 자체가 없었는데, 왜 나중에 거짓 형제들은 이방 성도들에게 할례와 율법을 강요하느냐고 바울은 항변합니다. 그래서 사도들을 방문하여 공회가 열렸고(갈 2:4-10 = 행 15장), 결국 사도들도 베드로가 할례자들에게 복음을 전하도록 보냄을 받은 것같이 바울은 이방인들에게 무할례의 복음을 전하라고 부름 받은 것을 인정했었다고 확언합니다. 그래서 갈라디아 성도들에게 그들이 듣고 믿은 무할례의 복음에는 아무 문제가 없으므로 유대주의자들의 할례 요구를 받아들이지 말라고 갈라디아서 전체를 통해 강력하게 설명하는 것입니다.

안디옥 사건의 시기

20세기 후반 바울 신학의 대가였던 F. F. 브루스 박사는 안디옥 사건과 사도행전 15장이 같은 경우인데 바울과 누가가 달리 기록했다고 추정합니다(《*Paul: Apostle of the Heart Set Free*》, pp. 175-178). 하지만 베드로가 고넬료의 경우를 언급하며 이방인은 율법을 지키지 않아도 된다고 말했던 예루살렘 공회와 율법 준수를 요구하는 유대주의자들을 두려워하여 이방인과 식사하지 않은 것처럼 외식해 바울의 질책을 받은 일을 동일 사건으로 보기는 어렵습니다. 베드로가 안디옥에 와서 이방 형제들과 식사해 온 것으로 볼 때, 유대인과 이방인의 식사 교제가 가능하도록 정한 예루살렘 공회가 안디옥 사건보다 먼저임을 알 수 있습니다. 바울이 예루살렘 공회(갈 2:4-10; 행 15장)를 언급한 후 안디옥 사건(갈 2:11-14)을 기록하는 것을 보아도 그렇습니다. 또 갈라디아서에 안디옥 사건이 언급되어 있으므로 그 사건 후에 갈라디아서가 기록된 것도 자명합니다.

갈라디아서 기록 시기

갈라디아의 성도들이 그렇게 속히 유대주의자들의 거짓 가르침에 넘어간 것은 바울이 율법을 지키거나 할례를 받지 말라고 미리 가르치지 않았기 때문이었습니다. 지키지도 말아야 할 율법을 무엇 때문에 미리 가르치겠습니까? 이제 문제가 생겼기에 편지로 자신이 전한 복음과 율법의 상관관계를 설명하며, 따라서 율법과 할례는 지킬 필요가 없다고 강변하는 것입니다.

그럼 갈라디아서는 언제 썼을까요? F. F. 브루스 박사는 안디옥 사건 직후, 예루살렘 공회 전에 썼으리라고 주장합니다(《Paul Apostle of Heart Set Free》, p. 184; 《Galations》, [NIGTC], p. 55). 공회에서 율법과 할례를 부과하지 않기로 결정했기 때문에 공회 후에는 갈라디아 교회들에 문제가 생길 리가 없었다는 것입니다. 만일 갈라디아서가 예루살렘 공회 후에 쓰였다면, 갈라디아 교회들에 문제가 생겼을 때 바울이 틀림없이 할례를 받지 않아도 된다는 공회의 결정을 편지에 썼으리라는 것입니다.

하지만 이 해석은 예루살렘 공회 이후에 왜 고린도에서도 같은 문제가 생겼으며, 왜 바울이 로마교회를 비롯하여 에베소, 빌립보, 골로새에 있는 교회들에게도 유대주의자들을 경고해야 했는지를 고려하지 않았습니다. 예루살렘 공회의 결정으로 이방 성도들이 율법을 지켜야 한다는 주장이 완전히 가라앉았다면 바울은 얼마나 좋아했겠습니까? 그러나 그렇지 못했습니다. 목회 서신에서도 바울은 유대주의자들의 집요한 활동을 경고하고 있습니다(딤전 1:3-7, 4:1-5; 딤후 3:1-8; 딛 3:9).

더 나아가 이 해석은 바울이 공회의 결정을 갈라디아서에 언급하지 못하는 배경도 간과했습니다. 갈라디아 교회들은 공회 결정문의 수신인에 포함되지 않았습니다. 게다가 이방인들은 율법과 할례의 의무가 없다는 내용은 명문화되지 않았습니다. 따라서 첨예한 대결 상황에서 명문화되지 않은 내용으로 논지를 제시할 수 없었을 것입니다. 더구나 유대주의자들은 예루살렘교회의 직·간접적 지원을 받아 활동하던 상황이었습니다.

예루살렘 공회의 결정으로 모든 문제가 다 해결되었고, 그래서 율법 문제가 다시 제기되었을 리 없다고 보는 것은 상황을 너무 단순하게 보는 견해입니다. 이 논리대로라면, 공회에서 유대인과 이방인 성도들 간의 식사 교제 규범을 만들었는데(행 15:20, 29) 왜 그 후에 안디옥 사건이 생겼겠습니까?

19세기 고고학자이면서 바울 학자였던 윌리엄 람세이 박사는 바울이 2차 선교 여행을 마치고 안디옥에 돌아와 있던 기간에 갈라디아 교회들의 문제를 들었고, 편지를 보냈고, 문제를 해결하기 위해 서둘러 갈라디아 지역을 향해 3차 선교 여행을 떠났다고 재구성했습니다. 그러나 그랬다면 갈라디아에 편지를 쓰지 않고 속히 가서 대면하여 설명했을 것입니다. 갈라디아서를 쓴 이유는 갈라디아 지역에 갈 수 없는 장소와 상황에 처했기 때문입니다. 만일 갈라디아 교회들의 위기 상황이 3차 선교 여행 출발 전에 발생했다면, 3차 선교 여행을 가는 도중 갈라디아 지방에 들러 그들과 대면하여 경고하고 잘못된 상황을 바로잡았을 것입니다. 그리고 이어서 방문한 아시아, 마게도냐, 아가야의 교회들에게도 강력하게 경고했을 것입니다. 그랬다면 몇 년 후 에베소 장로들을 밀레도로 다급히 불러 권면하지 않아도 되었을 것입니다.

복잡한 문제를 풀 수 있는 쉬운 고리

이 문제는 고린도전서로부터 시작하면 해결 고리를 찾을 수 있습니다. 고린도전서는 3차 선교 여행 중 에베소에서 썼는데, 이 서신에서 할례와 율법을 몇 번 언급하기는 하지만 지키지 말아야 한다는 권고로 이어지지는 않습니다(고전 7:18-19). 3차 선교 여행 후반부에 쓴 고린도후서에서도 할례라는 단어를 전혀 사용하지 않고, 율법은 두 번만 언급합니다(고후 3:6-7). 이것을 보면 고린도 성도들이 다른 복음을 전하는 거짓 선생들을 용납하기는 했지만(고후 11:4, 20), 고린도후서를 쓸 때까지만 해도 유대주의자들이 율법 준수를 요구하며 고린도교회를 심하게 훼방하지 않았고, 바울도 그렇게 인식하지는 않은 것 같습니다.

그러나 갈라디아서를 쓸 때에는 상황의 본질과 엄중함이 달랐습니다. 갈라디아에 간 유대주의자들은 바울이 사실상 사도가 아니라면서, 그의 복음이 잘못된 것은 아니지만 율법 준수에 대한 내용이 빠져 있다고 말했습니다. 그러면서 자신들이 예루살렘 사도들의 보냄을 받아 왔으니 자기들의 말을 들으라고 했습니다. 갈라디아 성도들은 바울에게서 율법을 지키지 말아야 한다고 경고도 받지 못했으므로, 예루살렘 사도들의 권위로 찾아온 선생들의 가르침대로 신속히 할례를 받고 율법에 따라 절기도 지키기 시작했던 것입니다(갈 1:6, 4:10, 5:1-3).

상황의 심각성을 간파한 바울은 믿음과 율법의 관계를 대치시키며 갈라디아인들을 돌이키려고 편지를 썼습니다. 그러면서 유대인들은 유대 절기를 지켜도 되지만, 이방 성도들은 유대 절기를 지켜서는 안 된다는 입장을 분명히 전달합니다. 특히 이방 성도들도 유대 율법을 지켜야 한다는 신학적 주장을 받아들여 율법을 지키는 것은 종의 멍에를 다시 메는 일이라며 강력하게 만류했습니다.

"그리스도께서 우리를 자유롭게 하려고 자유를 주셨으니 그러므로 굳건하게 서서 다시는 종의 멍에를 메지 말라 보라 나 바울은 너희에게 말하노니 너희가 만일 할례를 받으면 그리스도께서 너희에게 아무 유익이 없으리라"(갈 5:1-2).

예루살렘 공회, 안디옥 사건, 갈라디아서 저작 시점은 이 책 23장 '초대 교회의 이방 선교 시작과 율법관의 변화'에서 살펴본 내용과 깊은 연관이 있습니다. 바울이 유대주의자들을 반박했던 신학적 논쟁은 그들이 점진적으로 세력을 확대해 나가면서 바울이 세운 교회들을 훼방했던 것과 맞물려 진행되었습니다. 초대 교회에서 생긴 이방 성도의 율법 준수 여부에 대한 태도 변화와 이에 대한 바울의 대처를 고려할 때, 갈라디아서는 바울의 사역 초기에 쓰였다기보다 오히려 후반부에 쓰였다고 보는 것이 더 정확합니다. 고린도후서를 보내고 일루리곤을 다녀온 후 데살로니가에서 갈라디아에서 생겨난 율법 준수 문제를 듣고 격한 마음으로 갈라디아에 편지를 보냈을 것으로 보입니다.

복음을 확신하고 살아가면서 그 진가를 경험한 사람만이 확신과 사명감을 가지고 진리를 지킬 수 있을 것입니다. 우리도 바울을 본받아 복음을 전할 뿐 아니라, 복음이 변질된 가르침으로 도전받는 것을 보면 단호히 복음의 진리를 사수하고자 최선을 다해야겠습니다.

25 ── 로마서의 핵심 주제는 무엇인가

심화 강의 5편

로마서는 바울의 가장 성숙하고 심오한 신학 사상을 담은 무게 있는 서신이자 기독교에서 가장 영향력 있는 문서입니다. 로마서를 어떻게 이해하느냐에 따라 바울 신학 전체에 대한 해석이 달라지곤 합니다. 역사적으로 로마서를 새롭게 읽을 때 교회사가 바뀌어 온 것도 사실입니다. 종교 개혁이 가장 좋은 예가 됩니다. 이 중요한 로마서의 핵심 주제를 이해함으로써 로마서는 물론 바울과 신약을 이해하는 폭을 넓히게 되기를 바랍니다.

종교 개혁 이후 개신교계에서는 로마서가 믿음으로 구원을 받는다는 이신칭의 교리를 설명하는 서신이라고 받아들였습니다. 루터가 제기했던 질문, '사람은 어떻게 구원받을 수 있는가?'를 염두에 두고 로마서를 읽었기 때문입니다. 후대 학자들도 루터가 제시한 전제로 로마서를 읽었기 때문에 그 틀에서 벗어나지 못했고, 이로 인해 이신칭의가 로마서의 핵심 주제라는 이해는 기정사실로 인정받아 왔습니다.

유대인 대학살 이후: 유대인의 우월성

그러나 제2차 세계대전이 끝나고 히틀러가 6백만의 유대인을 너무도 잔인하게 학살한 사실이 알려지게 되었습니다. 그 후부터 유럽의 신학자들은 '하나님은 과연 유대인을 버리셨는가?'라는 새로운 질문을 가지고 신약성경, 특히 로마서를 읽기 시작했습니다. 독일의 국교인 루터교의 신학자와 목회자 대부분이 히틀러의 만행을 묵인 내지 동조했었기 때문에 이들의 죄책감은 아주 컸습니다. 사실 루터 자체가 철저한 반유대주의자였습니다. 히틀러는 유대인을 핍박할 때 종종 루터를 인용하곤 했습니다. 심한 죄책감에 사로잡힌 루터교 신학자들은 이제 친유대주의적 언급을 찾으려고 신약성경을 읽기 시작했습니다.

그러나 사복음서는 유대인들이 예수님을 반대하고 핍박하다가 결국 십자가에 못 박는 만행을 저지르는 기록으로 가득 차 있습니다. 예수님이 유대인들을 향해 "너희는 너희 아비 마귀에게서 났으니"(요 8:44)라고 야단치시기까지 합니다. 사도행전에는 이방인들은 선교사들이 전하는 복음을 받아들이지만, 유대인들은 그들을 적대하고 핍박하는 모습이 주류를 이루고 있습니다. 루터조차 예수님이 말씀하시는 대상이 누구인지, 왜 그런 말씀을 하시는지 문맥을 이해하지 못했기에 반유대적 반응을 보였던 것입니다.

그런데 유대인 대학살 이후, 신학자들은 로마서에서 친유대주의적 발언들을 찾아냈습니다. "먼저는 유대인에게요 그리고 헬라인에게로다"(1:16-17, 2:9-10). 유대인의 특권을 언급한 내용(3:1-2, 9:4-5, 11:17-24), 동족에 대한 바울의 애정이 드러난 부분(9:1-3, 11:14), 더 나아가서는 모든 이스라엘이 구원을 얻으리라는 이스라엘의 밝은 미래에 대한 선포(11:26)들을 보면서 크게 고무되었습니다.

그리하여 루터교 사제로서 하버드대학교 신학대학장을 지낸 스웨덴 출신의 스텐달(K. Stendahl) 교수는, 로마서의 핵심 주제는 이신칭의가 아니라 유대인과 이방인의 관계라면서 종교 개혁자들이 이해한 전통적 견해를 반박했습니다. 심지어 유대인 대학살 이후 많은 학자가 바울이 로마서에서 유대인의 우월성을 옹호하고 있다고 주장하면서, 이방인과 유대인에게는 서로 다른 '두 가지 구원의 길'(Zwei Heilswege)이 있는데, 이방인은 예수를 믿음으로 구원을 얻고, 유대인은 하나님이 예비하신 '특별한 길'(Sonderweg), 즉 아브라함과 맺은 언약으로 구원을 얻는다고 주장하기에 이렇습니다. 이렇게 유대인 대학살이 있었던 세계 2차 대전 이후 이전의 극단적 반(反)유대주의에서 극단적 친(親)유대주의로 급격한 방향 전환이 이루어졌습니다.

그리하여 유대인으로서 외교관이며 신학자였던 라피데(P. Lapide) 교수는 "이방인을 향한 바울의 모든 선교 활동은 궁극적으로 유대인을 구원하기 위한 우회로에 불과했다"고 주장하는가 하면, 독일 튀빙엔대학교의 신약학자 슈툴마허(P. Stuhlmacher) 교수는 "바울은 자신을 유대인을 위한 이방인의 사도로 이해하고 있었다"는 친유대적 이해로 신학 작업을 했습니다. 이같은 해석은 유대인 대학살에 대한 죄의식에 기인했는데, 1948년에 이스라엘의 독립에 힘입어 적극 지지를 받게 되었습니다. 그리하여 세계 신학계에 새로운 정설로 자리 잡게 되었습니다.

유대인과 이방인의 동등성

저는 1995년 제출한 박사 학위 논문에서 새롭게 합의된 이 정설에 이의를 제기했습니다. 로마서를 비롯하여 거의 모든 신약성경의 주석을 쓴 영국 더럼대학교의 바레트(C. K. Barrett) 교수는 저의 로마서 해석을 적극 지지하는 추천서를 보내 주었습니다. "나치가 범한 유대인 대학살의 끔찍함과 사악함을 잊어서는 안 되겠지만, 그것이 우리가 1세기 바울을 이해하는 데 영향을 끼쳐서는 안 되며, 가능한 모든 전제를 배제한 가운데 오직 주해를 통해서만 바울이 말하는 하나님의 목적을 이해해야 한다는 사실을 최 박사는 정확히 간파하였다. 이러한 그의 통찰과 탁월한 주해 작업은 축하를 받아 마땅하다." 사실 바레트 교수의 학설을 많이 비판했는데도 너그러운 반응을 보인 대학자의 겸손에 고개가 숙여졌습니다.

로마서가 유대인과 이방인의 관계를 설명하고 있다는 스텐달 교수의 주장은 중요한 발견이었습니다. 로마서에서 바울이 유대인과 이방인에 대해 가장 많이 말하고 있기 때문입니다. 하지만 그 관계의 성격을 유대인의 우월성으로 이해한 것은 아쉬운 오류였습니다.

몇 가지 이유는 다음과 같습니다. "이 복음은 모든 믿는 자에게 구원을 주시는 하나님의 능력이 됨이라 먼저는 유대인에게요 그리고 헬라인에게로다"(롬 1:16)라는 바울의 선언과 "선을 행하는 각 사람에게는 영광과 존귀와 평강이 있으리니 먼저는 유대인에게요 그리고 헬라인에게라"(롬 2:10)라는 구절을 보면 유대인의 우월성 혹은 선위성(先位性, primacy)을 나타내는 듯하기도 합니다. 그러나 그 앞에 언급한 "악을 행하는 각 사람의 영에는 환난과 곤고가 있으리니 먼저는 유대인에게요 그리고 헬라인에게며"(롬 2:9)라는 구절을 보면 바울이 꼭 유대인의 우월성을 말하면서 유대인을 옹호하고 있다고는 보기 어렵습니다.

더 나아가 유대인의 특권을 말하는 듯 보이는 로마서 3장 1-2절, 9장 4-5절, 11장 17-24절에서도 특권을 부각하려는 의도가 보이지 않습니다.

유대인의 특권은 언급만 하고 넘어가지만, 이 특권에 이방인들도 참여하게 되었다는 내용은 지면을 할애하여 논증합니다. "온 이스라엘이 구원을 받으리라"(롬 11:26)는 밝은 미래도 간단히 언급하고 지나갈 뿐, 이 중요한 선언을 설명하거나 증명하지 않습니다. 그런가 하면 '온 이스라엘'이라는 표현은 '유대인이면 누구나 무조건'이라는 뜻으로 받아들이기 어렵습니다. 《미쉬나》(The Mishina)의 산헤드린 10:1에서도 '온 이스라엘'이라는 정확히 같은 표현을 쓰지만 유대인이라 해도 구원받지 못할 경우를 두 페이지에 걸쳐 나열하기 때문입니다. 역대상·하에도 '모든 이스라엘'이라는 표현이 34회 등장하는데, 이는 이스라엘의 대다수를 의미할 뿐입니다. 아브라함의 자손이라는 혈연 때문에 유대인이라면 모두 특별한 길을 통해 구원받는 것이 보장되었다면, 바울은 왜 핍박을 무릅쓰고 회당을 찾아다니며 복음을 전했겠습니까? 모든 유대인은 같은 유대인인 바울과 베드로가 구원받은 방법, 즉 예수를 믿음으로 구원받아야 할 것입니다.

더욱 결정적으로 유대인의 우월성을 부인하는 명백한 증거는, 바울이 로마서에서 유대인과 이방인 사이에 '차별이 없다'(3:9, 22, 10:12-13)고 반복하여 선포한다는 점입니다. 이렇게 보면, 오히려 바울은 유대인과 이방인의 관계가 동등하다고 주장하며, 이것은 다른 바울 서신에도 나타나 있습니다(고전 12:13; 갈 3:28; 엡 2:19-3:6; 골 3:11).

결론적으로 로마서의 핵심 주제는 유대인과 이방인의 동등성이며, 그 구조는 아래와 같습니다.

- 유대인과 이방인의 죄성의 동등성(롬 1:18-3:20)
- 유대인과 이방인의 칭의의 동등성(롬 3:21-4:25)

- 유대인과 이방인의 새로운 신분의 동등성(롬 5:1-8:39)
- 유대인과 이방인을 향한 하나님의 계획의 동등성(9:1-11:36)
- 유대인과 이방인의 동등성에 근거한 사랑과 연합 강조(롬 12-16장)

종교 개혁자들: 이신칭의

그렇다면 이신칭의가 로마서의 핵심 주제라던 전통적 이해는 어떻게 평
가해야 할까요? 로마서가 그 어떤 바울 서신보다도 칭의의 내용을 많이
담고 있는 것은 사실입니다. 그러나 바울이 믿음으로 구원받는 진리를 그
토록 설명하는 '의도'는 무엇일까요? 이신칭의 교리를 핵심 주제로 설명
하려는 의도 때문일까요? 그렇지 않다는 증거들이 발견됩니다. 로마서는
모두 인정하는 대로 상당히 정교한 구조와 논리를 가지고 있습니다. 개인
적인 인사말(1:1-15), 논제적 서론(1:16-17), 논제적 결론(15:7-13), 개인적인 맺
는말(15:14-21)로 구성되었는데, 이 네 문단 속에 모두 들어 있는 핵심 단어
는 바로 '이방인'(ethnē)입니다. 반면 이신칭의를 나타내는 '의'(dikaio-, 義)라
는 용어는 로마서 10장 10절 이후 사라지고, 믿음으로 구원받는 내용은
논제적 결론과 개인적인 맺는말에 나타나지도 않습니다(롬 15:7-21). 더 치
명적인 점은, 다른 서신과는 달리 유독 로마서 여러 곳에서 행위와 율법
을 긍정적으로 쓰고(롬 2:6, 13, 7:10, 12, 13, 14, 16, 8:4), 할례에도 유익이 있다고
말한 것입니다(롬 3:1-2).

아브라함의 믿음을 예화로 드는 부분에서도 이방인의 구원이 충분하
다는 것을 강조합니다. 아브라함이 할례와 율법을 받기 전에 믿음으로 의
롭다 함을 받았듯이, 이방인도 할례와 율법 없이 믿음으로 구원을 받았다
는 것입니다. 따라서 이방인이 믿음으로 얻은 구원이 충분하여 율법을 지

킬 필요가 없다는 것을 강조하기 위해 아브라함의 믿음을 예화로 사용한 것입니다. 더 나아가 아브라함이 많은 민족(ethnē)의 조상임을 강조하는데, 헬라어에서 민족과 이방인은 같은 단어(ethnē)이므로 바울은 아브라함이 '많은 이방인의 조상'임을 선포한다고도 볼 수 있습니다.

따라서 로마서의 핵심 주제는 이방인과 관련이 있습니다. 바울이 로마서에서 이신칭의를 강조하는 것은 바로 믿음으로 구원받은 이방인의 구원의 정당성과 합법성을 일관성 있게 설명하기 위함입니다. 바울이 서신 전체에서 구약을 88회 인용하는데, 그중 로마서에서 53회가 인용된 점만 보더라도 로마서를 쓰면서 의식한 주 독자층이 유대인이었음을 알 수 있습니다.

바울은 로마의 유대인 성도들에게, 이방인들이 믿음으로 말미암아 구원받은 것은 충분하며 합당하고 적법하기에 유대 율법을 추가로 지키지 않아도 된다는 것을 강조합니다. 로마서의 가장 핵심 주제는 유대인과 이방인의 동등성이며, 그 동등성에 근거하여 유대인과 이방인 성도들이 예수 안에서 연합을 이루어야 한다는 것입니다. 이처럼 바울은 이방인의 사도로서 이방인의 입지를 옹호하기 위해 로마서를 썼습니다.

우리도 로마서에 제시된 복음의 진리를 분명히 알고 믿음에 굳게 서야겠습니다. 더 나아가 예수 믿는 사람이라면 인종과 국적, 성별과 신분, 직업과 연령, 교육 정도, 배경을 불문하고 서로 동등함을 알아 삶 속에서 사랑과 연합을 이루어 하나님께 영광을 돌릴 수 있기를 축복합니다.

로마서를 쓰게 된 경위와 목적

로마서를 쓴 목적에 대한 전통적 견해는 (1) 바울 복음의 포괄적 개요를 남기기 위하여 (2) 서바나 선교 후원을 호소하기 위하여 (3) 로마교회에 만연한 반유대주의적 성향을 바로잡기 위하여 썼다는 주장들이었습니다. 특별히 (3)은 유대인 대학살 이후의 친유대주의 성향에서 비롯된 주장으로서, 로마교회에 속한 이방 성도들에게 유대인의 우월성을 강조하면서 유대인 성도들을 향해 적대감을 갖지 않도록 하기 위해 썼다는 것입니다. 하지만 로마서에서 유독 구약을 많이 인용하는 것을 보면, 이방인 성도들에게 유대인 성도에 대해 말한다기보다 구약을 알고 그 권위를 인정하는 유대인들에게 이방인들에 대한 가르침을 주려 했다고 보는 것이 타당할 것입니다.

로마서를 바르게 해석하려면 로마서를 쓴 목적을 이해해야 하고, 그러기 위해서는 당시 로마교회의 상황을 이해해야 한다는 것이 정설입니다. 그러나 로마서를 쓴 목적을 더욱 정확히 이해하려면 로마교회의 상황뿐만 아니라 당시 바울의 상황과 예루살렘의 상황까지 참작해야 합니다.

로마교회의 상황

당시 로마에 사는 유대인들 사이에 '크레스투스'(Chrestus)에 대한 주제로 큰 분쟁이 생겼는데, 이것은 그리스도를 가리키는 '크리스투스'(Christus) 때문인 것으로 생각됩니다. 로마에 사는 유대인들 사이에 "예수라는 그리스도가 왔다더라", "십자가에 달려 죽은 사람이 어떻게 그리스도가 될 수 있겠느냐"는 의견이 팽팽히 맞섰습니다. 결국 큰 분쟁으로 번져 글라우디오 황제의 귀에까지 들어갔고, 이런 문제에 관여하고 싶지 않았던 황제는 주후 49년에 모든 유대인을 로마에서 추방하라는 칙령을 내렸습니다. 아굴라와 브리스길라도 이때 추방되어 고린도에 오게 되었습니다(행 18:2). 글라우디오가 급사한 후 주후 54년에 황제가 된 네로는 추방되었던 유대인들이 로마로 돌아와도 좋다는 칙령을 내렸습니다. 아굴라와 브리스길라 부부는 로마로 돌아가 가택 교회를 인도했습니다(롬 16:3).

로마서에 쓰인 내용으로 미루어 보아 로마교회에는 '약한 자'와 '강한 자' 사이에 유대 음식과 절기 준수를 둘러싼 분쟁이 벌어졌습니다(롬 14:1-15:2). 또 유대주의자들이 아직 도착하지는 않았지만, 조만간 도착하여 활동하리라고 예상되는 상황이었습니다(롬 16:17-20).

유대인 대학살 이후의 학자들은 로마서 11장 17-24절 말씀을 주목했습니다. 돌감람나무 가지인 이방 성도들이 참감람나무인 유대 성도들에게 반유대적인 교만한 마음을 품고 있었기에 주의를 주었다고 해석했습니다. 그러나 이방 성도들이 지금까지 거만하게 행동해서 이렇게 쓴 것인지, 아니면 이방인에 대해서는 긍정적으로, 유대인에 대해서는 비판적으로 쓴 로마서 1-11장의 내용에 근거하여 앞으로 거만하지 말라고 주의를 주는 것인지 판단할 필요가 있습니다. 후자의 경우가 더 타당합니다.

바울의 상황

로마서를 쓴 목적을 바르게 이해하려면 당시 바울의 상황도 살펴야 합니다. 바울은 늘 로마를 방문하고 싶어 했습니다(롬 1:11-13). 이제 동쪽의 사역이 다 끝났으므로 서바나 선교를 계획하며 가는 길에 로마에 들르고자 했습니다(롬 15:23-24). 그럼에도 불구하고 로마로 가지 않고 오히려 예루살렘으로 갑니다(롬 15:25). 예루살렘으로 가지 말라는 강력한 충고와 예언이 있었음에도 불구하고 죽음까지 각오하고 예루살렘으로 발길을 옮겼습니다(행 21:4, 10-14). 왜 그랬을까요?

흔히 헌금을 전달하기 위해 예루살렘으로 갔다고 주장하기도 합니다.

그러나 고린도전서 16장 1-4절을 보면, 바울은 원래 교회들이 인정한 다른 형제들 편에 헌금을 전달하고자 했습니다(고전 16:3). 하지만 이제는 자신이 직접 예루살렘에 가지 않으면 안 될 상황이 생겼다고 판단했고, 그가 가는 길에 형제들이 동행했습니다. 따라서 헌금 전달보다 더 중요한 이유로 예루살렘을 방문하는 것이 분명합니다.

예루살렘의 상황

바울은 로마교회에 기도를 부탁하면서 당시 예루살렘의 형편을 귀띔합니다. "나로 유대에서 순종하지 아니하는 자들로부터 건짐을 받게 하고 또 예루살렘에 대하여 내가 섬기는 일을 성도들이 받을 만하게 하고"(롬 15:31). 이 기도 제목은 예루살렘의 불신자들이 바울의 목숨을 노리고 있었고, 예루살렘교회의 지도자들이 이방 교회들이 모금한 헌금을 거부할 가능성이 있었음을 보여 줍니다.

예루살렘교회가 헌금을 거부할 이유는 없었겠지만, 바울에 대한 좋지 않은 소문이 예루살렘 성도들 가운데도 퍼져 있었기에 거부할 가능성도 상당히 농후했습니다. 이 헌금을 거부한다면, 그것은 바울의 이방 선교 사역과 그 열매로 세워진 이방 교회들을 인정하지 않는다는 의미였습니다. 바울은 예루살렘교회의 지도자들이 이 헌금을 받기를 기도했습니다. 그리고 예루살렘에 간 김에 갈라디아와 아가야에 세워진 이방 교회들이 유대주의자들의 잘못된 가르침으로 크게 훼방을 받아 혼란을 겪고 있다고 알리고자 했습니다. 예루살렘교회의 지도자들에게 유대주의자들의 활동과 폐단을 알리고 그들의 활동을 막아 달라고 호소하며, 필요하면 신학 논쟁까지 벌일 각오로 예루살렘으로 가려고 한 것입니다. 갈라디아서

및 로마서와 상당히 유사한 내용을 예루살렘 지도자들에게 설명하며 그들을 설득하고 싶었을 것입니다.

하지만 예루살렘으로 가면 자신이 그곳의 불신자들에게 노출된다는 사실을 알고 있었습니다. 그렇게 되면 체포되어 순교당하거나 장기적으로 옥고를 치를 수도 있음을 알고 있었습니다. 투옥이나 순교를 두려워하지 않았지만, 그런 일이 생길 경우 그렇게도 보고 싶어 했고 무엇보다 '나의 복음'으로 로마 성도들을 강건하게 하고자 했던 계획이 무산될 것이었습니다.

로마서: 바울의 유언서

그래서 바울은 직접 말로 전하려 했던 '나의 복음'을 글로 썼습니다. 로마에 가지 못하게 될 경우를 대비하여 영구적인 대체물을 기록으로 남긴 것입니다. 이런 면에서 로마서는 바울의 유언이라 할 수 있습니다. 바울은 이방인이 믿음으로 얻은 구원이 아무런 하자 없는 충분한 것이어서 이방인 성도들이 구원을 얻기 위하여 유대 율법을 지킬 필요가 없음을 강변하고 있습니다. 로마교회의 성도들이 온전히 연합하기 바라며 유대인과 이방인의 동등성을 강조했습니다.

우리도 바울처럼 수호해야 할 진리와 감당할 사명이 있다면 가장 적절한 시기를 분별하여 어려운 일이라 할지라도 과감하게 시행할 수 있어야겠습니다. 바울이 남긴 로마서 한 편이 많은 사람을 구원으로 인도했을 뿐 아니라 우주적 교회를 지켜 왔습니다. 기록의 위대함을 절감하고 묵상의 말씀, 받은 사명, 기도와 소원을 적어 보기를 바랍니다. 더 자세한 내용은 제가 쓴 《Paul as Apostle to the Gentiles》(Paternoster)와 그 번역본인 《로마서: 이방인의 사도가 전한 복음》(이레서원)을 참조하면 좋겠습니다.

26 __ 옥중 서신은
어느 감옥에서 썼을까

심화 강의 6편

에베소서, 빌립보서, 골로새서, 빌레몬서는 옥중 서신으로 알려져 있습니다. 감옥에서 편지를 쓴다는 표현이 이 네 서신에 모두 등장하기 때문입니다(엡 6:20; 빌 1:7, 13-14, 17; 골 4:18; 몬 1:10, 23). 이 옥중 서신들이 같은 감옥에서 쓰였는지, 그렇다면 가이사랴, 로마, 에베소 중 어느 감옥에서 쓰였는지를 살피는 것은 바울의 연대기를 구성할 때 중요한 의미를 갖게 됩니다. 집필 장소에 따라 옥중 서신을 기록한 시기를 알 수 있기 때문입니다.

같은 감옥에서 썼다는 증거

다음 몇 가지 자료를 분석하면 이 네 편지가 같은 감옥에서 쓰였음을 알 수 있습니다.

- 골로새서와 빌레몬서를 쓸 때 에바브라, 마가, 아리스다고, 데마, 누가도 같이 문안을 전하는 것으로 보아 이들이 바울과 같은 지역에 있었습니다. 이때 감옥에 오네시모도 함께 있었습니다(골 4:10-14; 몬 1:10, 23-24).

- 디모데가 골로새서, 빌립보서, 빌레몬서에 공동 송신자로 언급된 것을 볼 때(골 1:1; 빌 1:1; 몬 1:1) 이 세 편지가 같은 장소에서 기록되었음을 알 수 있습니다.

- 두기고는 골로새서를 들고 가면서 골로새에 사는 빌레몬에게 도망친 그의 노예 오네시모와 빌레몬서도 전달했습니다(골 4:7, 9-10; 몬 1:10-14). 두기고는 골로새에 가는 길에 인근의 에베소에도 편지를 전달했습니다(엡 6:21). 또한 두기고를 에베소교회와 골로새교회에 소개하는 내용과 그의 역할이 동일합니다(엡 6:21-22; 골 4:7-8).

같은 감옥에서 에베소서, 골로새서, 빌립보서, 빌레몬서를 써서 에베소서, 골로새서, 빌레몬서는 두기고에게, 빌립보서는 에바브로디도에게 들려 보냈습니다(빌 2:25). 바울이 한때 에바브로디도 대신 디모데를 빌립보교회로 보낼까 생각했던 것을 보아도 두 동역자가 같은 장소에 있었음을 알 수 있습니다(빌 2:19-30).

그렇다면 어느 감옥에서 옥중 서신을 썼을까요? 세 가지 학설이 있습니다.

1. 에베소 감옥에서 썼다

가이사랴 감옥이나 로마 감옥에서 썼을 것이라는 학설이 주류를 이루고 있지만, 에베소 감옥에서 썼다는 주장도 있습니다. 물론 사도행전이나 바울 서신에는 바울이 에베소에서 투옥되었다는 언급이 없습니다. 에베소 감옥에서 썼다는 주장은 1912년에 독일의 다이스만(A. Deissmann)이 처음 제기했고 1929년에 영국의 던컨(G. S. Duncan)이 동조하더니, 근래에는 샌더스(E. P. Sanders), 라이트(N. T. Wright), 머피 오코너(J. Murphy-O'Connor) 같은 학자들도 주장하고 있습니다.

오네시모가 골로새에서 가이사랴나 로마까지 도망가기에는 너무 멀고, 또 빌립보서를 가이사랴나 로마에서 빌립보까지 전달하기도 너무 멀다는 이유에서 가까운 에베소에서 썼으리라 가정한 것입니다. 또 바울이 남보다 감옥에 갇히기도 더 많이 했다고 하므로, 고린도후서를 쓰기 전에 빌립보 외의 또 다른 곳에도 갇힌 적이 있으리라는 것입니다(롬 16:7; 고후 11:23). 특히 에베소에서 맹수와 싸웠다는 말이 투옥을 의미한다고 주장합니다(고전 15:32). 그러나 이 주장은 톰 라이트 교수가 인정하듯이 어디까지나 추측일 뿐입니다. 마르틴 헹엘(M. Hengel) 교수는 이 학설을 강하게 반대했습니다.

2. 로마 감옥에서 썼다

이 주장이 대세를 이루어 왔지만, 그렇게 보이지 않습니다. 특별히 앞서 살펴본 대로 세 교회와 빌레몬에게 보내는 편지가 한 장소에서 쓰였음을 감안하면 더욱 그렇습니다. 바울이 로마에서 썼다면 디모데는 당시 에베소에 있었을 것이기 때문에 이 네 편지의 공동 송신자가 될 수 없었을 것입니다. 더구나 바울이 로마에서 디모데후서를 썼을 당시 두기고는 에베소에 있었기에 로마로부터 에베소서, 골로새서, 빌레몬서를 들고 갈 수 없었을 것입니다. 또 골로새서 4장 10절을 보면 마가가 이미 바울과 같이 있고 곧 그를 골로새로 보내려 하고 있는데(딤후 4:11), 만일 골로새서를 로마에서 썼다면 에베소에 있던 디모데에게 올 때 마가를 데리고 오라고 하지 않았을 것입니다.

옥중 서신을 로마에서 썼다는 학설은 시위대와 가이사의 집 사람들이 안부를 전한다는 말에 근거하기도 합니다(빌 1:13, 4:22). 그러나 바울이 로마에서 옥중 서신을 썼다면 1차 구금 때일 텐데, 이때 바울은 셋집에서 로마 군인 한 명의 감시를 받고 있었습니다(행 28:16). 다수의 군대를 의미하는 모든 시위대 안에 바울의 구금이 알려질 일이 아니었습니다.

3. 가이사랴 감옥에서 썼다

이런 면에서 오히려 가이사랴 감옥에서 옥중 서신을 썼다는 학설이 힘을 받습니다. 바울은 헤롯이 자기가 살려고 가이사랴에 지은 헤롯궁 어딘가에 갇혔는데(행 12:19, 23:35; 빌 1:13), 이 왕궁은 주후 44년부터 총독의 관저와 집무 관청이 되었습니다. 자연히 가이사의 군대들이 이 관저와 총독부를 경계하고 있었고(행 10:1), 바울도 이곳의 감옥에서 로마 시위대(Praitōrion)에 속한 군인들의 감시를 받고 있었습니다. 예수님이 로마 군인들에 의해 끌려가셨던 빌라도 총독의 관정(Praitōrion)도 같은 헬라어를 쓴 것을 보면(마 27:27), '시위대'는 총독의 관저를 겸한 집무처를 의미했습니다. '가이사의 집'이라는 표현은 가이사를 대표하는 총독의 가족과 직원과 하인들을 나타내는 말입니다.

바울을 자주 만났던 벨릭스 총독은 친구들의 방문과 도움을 받게 하는 등 상당한 호의를 베풀었습니다(행 24:23). 그래서 바울은 자신이 곧 석방

될 것을 예상하여 로마로 가는 길에 골로새와 빌립보에 들르고 싶다고 한 것 같습니다(빌 1:24-26, 2:24; 몬 1:22). 이를 보아도 가이사랴에서 썼을 가능성이 높습니다.

또한 옥중 서신을 쓸 때 디모데, 아리스다고, 두기고와 누가가 모두 바울과 함께 있었음을 고려한다면 로마보다 가이사랴에서 썼을 가능성이 더 많습니다. 왜냐하면 이들이 이방 교회들로부터 모금한 헌금을 가지고 예루살렘으로 갈 때 동행했기 때문입니다(행 20:4). 예루살렘 방문 중 체포되어 가이사랴로 이송된 후 이들도 바울을 방문하고 도우려고 가이사랴로 가서 머물렀을 가능성이 아주 높습니다. 벨릭스 총독이 친구들의 방문을 허용했기 때문입니다.

이 모든 것보다 중요한 이유는, 바울은 에베소, 빌립보, 골로새에 있는 교회들에게 유대주의자들에 대한 경고를 로마에 갈 때까지 미루어 둘 수 없었을 것입니다. 로마 방문과 서바나 선교까지 연기 혹은 포기하고 예루살렘으로 간 것은 고린도교회와 갈라디아 교회들을 어지럽힌 유대주의자들을 직간접으로 지원하는 예루살렘교회의 지도자들에게 상황을 설명하고 유대주의자들의 훼방을 차단하기 위함이었습니다. 위급한 현실을 인식하고 목숨까지 내놓을 각오로 갔습니다. 그래서 에베소 장로들을 밀레도로 불러 간곡하고 준엄하게 거짓 선생들로부터 교회를 지키라고 경고했습니다.

그랬던 바울이 크게 바쁘지도 않은 2년 동안 가이사랴 감옥에서 빌립보교회와 골로새교회에 아무런 경고나 준비를 시키지 않았다는 사실은 상상하기 힘듭니다. 미리 준비시키지 않아 쉽게 현혹되었던 갈라디아 교회들을 생각하며 편지로나마 준비시키고자 했을 것입니다(빌 3:2, 18-19;

골 2:8). 바울이 이방인을 위하여 갇혔다고 말하는 것을 보면(엡 3:1), 이방인을 위한 고민이 가이사랴 감옥에 있을 때 가장 간절했다는 것과도 일치합니다.

골로새서를 들고 가는 두기고 편에 오네시모를 빌레몬에게 보내면서 그에게도 짧은 편지를 씁니다. 빌레몬서입니다. 또 골로새에 가는 두기고를 통해 인근의 에베소교회에도 편지하여 밀레도에서 못다 한 말을 전하는 등 에베소를 중심으로한 아시아의 다른 교회들을 위해 편지로 써 보냅니다. 결론적으로 옥중 서신은 같은 감옥에서 썼으며, 그 장소는 가이사랴였을 것입니다.

바울은 감옥에서도 성도들이 진리에 바로 서서 참된 신앙을 갖고 바른 삶을 살기를 간절히 바랐습니다. 그래서 에베소서 1-3장에서는 교리 부분을, 4-6장에서는 삶의 문제를 강조하고, 골로새서에서도 1-2장은 교리, 3-4장은 삶을 다루었습니다. 바울이 유대주의자들을 거짓 선생이라 부르는 것은 그들이 거짓 교리를 가르치기 때문입니다. 그들을 이기는 가장 좋은 방법은 바른 가르침을 알고 살아 내는 것이기에, 바울은 진리를 짚어 주고 거룩과 선행과 사랑, 연합의 삶을 강조했습니다. 그러면서 믿음으로 구원을 얻은 다음에는 반드시 행위가 뒤따라야 한다고 강조합니다 (엡 2:8-10). 우리도 복음의 진리를 바로 믿고 고백할 뿐 아니라, 옥중 서신에서 "빛의 자녀들처럼 행하라"(엡 5:8), "복음에 합당하게 생활하라"(빌 1:27)고 당부한 대로 살아가야겠습니다.

작은 바울이 필요합니다

 바울의 순교를 생각하면 예수님의 위대한 종, 사도의 최후가 너무 비참한 것 같아 보입니다. 하지만 하나님은 그것도 허락하셨습니다. 하나님을 섬기는 것은 세상의 기준으로 위대해 보이는 삶을 살기 위함이 아닙니다. 하나님의 종은 하나님의 뜻을 따라 그분이 맡기신 사명을 다하는 사람입니다. 그렇게 사는 것이 최고의 영광이고 최선의 삶입니다. 어떤 모습으로 생을 마감하든 그 죽음 저편에는 하나님의 영광스러운 상급이 기다리고 있기 때문입니다. 예수님과 세례 요한도, 스데반과 다른 사도들도 인간적으로 볼 때 참담한 모습으로 죽임을 당했습니다. 그러나 역설적으로, 그들은 죽음으로 당당히 증거한 것입니다. 하나님을 향한 신앙과 충성은 기꺼이 목숨을 바칠 만한 가치 있는 일이라고 말입니다.

 바울은 외모나 언변이 뛰어나지 않았습니다. 그러나 예수님의 사랑에 사로잡혀 있었습니다. 예수님과 교회를 극심하게 핍박한 죄인 중의 괴수를 용서하여 당신의 사랑과 복음을 유대인과 이방인에게 전할 사도로 세워 주셨음을 결코 잊을 수 없었습니다. 다시는 자기를 위해 살지 않고 보이지 않는 하나님의 형상이요, 본체이신 예수님을 위해 살며 그분이 맡기시는 사명이라면 어떤 고난과 시련, 핍박이 있어도 감당하기로 결단한 사람이었습니다.

 "내가 그리스도와 함께 십자가에 못 박혔나니 그런즉 이제는 내가 사는 것이 아니요 오직 내 안에 그리스도께서 사시는 것이라 이제 내가 육체 가운데 사는 것은 나를 사랑하사 나를 위하여 자기 자신을 버리신 하나님의 아들을 믿는 믿음 안에서 사는 것이라"(갈 2:20).

"그리스도의 사랑이 우리를 강권하시는도다 우리가 생각하건대 한 사람이 모든 사람을 대신하여 죽었은즉 모든 사람이 죽은 것이라 그가 모든 사람을 대신하여 죽으심은 살아 있는 자들로 하여금 다시는 그들 자신을 위하여 살지 않고 오직 그들을 대신하여 죽었다가 다시 살아나신 이를 위하여 살게 하려 함이라"(고후 5:14-15).

바울의 고백과 인생관이 우리의 것이 되기를 기도합니다. 바울은 〈바울로부터〉 다큐멘터리나 이 책의 주인공은 자기가 아니라 예수님이라고 외칠 것입니다. 그러니 자기를 보지 말고 예수님을 보라고 말할 것입니다. 자기를 사용하신 주님을 보라고 할 것입니다. 그분의 사랑과 복음을 땅끝까지 전하고자 노력했던 자신의 사명을 이어가 달라고 당부할 것입니다.

바울의 삶은 로마에서 끝났지만, 그가 뿌린 복음의 씨앗은 계속 움트고 자라 세계 도처에서 열매를 맺었습니다. 사자에게 물어뜯겨 죽어 가면서도 찬양하는 예수의 제자들을 길러 냈습니다. 그가 세운 교회들은 또 다른 교회들을 세우면서 전 세계로 퍼져 나갔습니다. 이 책 초두에 인용했던 유대인 학자 요셉 클라우스너의 평가는 옳습니다. "바울이 없었다면 세계 기독교는 없었을 것이다."

이렇게 바울은 훌륭했지만, 그가 수행했던 선교는 사실상 하나님의 선교였습니다. 하나님께서 일꾼을 부르고 세워 당신의 아들이 십자가와 부활로 완성하신 복음을 예루살렘으로부터 땅끝까지 전하셨습니다. 성령으로 문을 열기도, 길을 막기도 하며 표적과 기사로 함께해 주셨습니다.

또한 환상으로 인도하며, 성령으로 사람들의 마음을 열어 주셨습니다.

하나님은 당신과 함께 일할 인간 도구로 바울을 특별히 택하셨습니다. 바울은 순종하고 헌신하여 하나님의 택하신 그릇으로 귀하게 쓰임을 받았습니다. 그릇이고 도구일 뿐이었지만 그는 깨끗한 그릇, 열심 있고 충성스러운 도구였습니다. 예루살렘으로부터 시작하여 수리아, 길리기아, 갈라디아, 아시아, 마게도냐, 아가야, 일루리곤, 로마, 어쩌면 서바나까지 그리스도의 복음을 전한 불타는 선교사였습니다. 가는 곳마다 교회 공동체를 세우는 개척자였습니다. "내가 주를 의뢰하고 적군을 향해 달리며 내 하나님을 의지하고 담을 뛰어넘나이다"(시 18:29)라고 고백하며 순종하는 신앙의 모험가였습니다.

바울은 성도들에게 복음과 말씀의 진리를 깨우쳐 주고자 안달하는 목회자였습니다. 복음의 진보와 교회의 안정을 위하여 어떤 고난도 감수하는 불사조였습니다. 복음의 진리를 사수하고 가르치는 신학자였습니다. 하지만 학문만 하는 상아탑의 신학자가 아니었습니다. 발로 뛰는 신학자요, 가슴이 뜨거운 신학자요, 교회의 삶과 복음 확장에 공헌하는 신학자였습니다. 신학과 실천, 영성을 조화롭게 살아 낸 일꾼이었습니다. 복음을 전하다가 돌 맞고, 매 맞고, 채찍 맞은 흔적을 온몸에 훈장처럼 가득 지녔다가 마침내 목숨까지 드린 순교자였습니다.

그는 하나님과 함께 사역했을 뿐 아니라 늘 동역자들과 같이 다니며 삶을 나누고 함께 복음을 전했습니다. 외로울 때 동역자들을 그리워했으며, 어떤 경우에는 동역자들의 필요를 채우기 위해 열심히 손으로 일하기도 했습니다. 물질을 탐하지 않고, 물질로 책잡히지 않으려고 처음부터 깨끗하고 분명하게 자신을 지켰습니다. 자신의 연약함을 인정하고 자랑하며 사역했습니다. 동역자들과의 관계에서도 군림하는 자세가 아니라 따뜻한 친구로서 섬기고 격려하는 자세를 유지했습니다. 디모데, 디도, 누가, 브리스길라와 아굴라, 마가, 에바브로디도 등 대부분의 동역자가 평생 그와 함께했습니다. 모본으로 리더십을 세워 나갔습니다. 복음으로 하나님 나라를 세워 나갔습니다.

오늘 바울은 자신의 삶을 바쳤던 예루살렘과 튀르키예, 그리스와 로마를 보며 무슨 생각을 할까요? 천주교나 개신교가 드리는 예배와 성찬을 기뻐할까요? 복음의 내용은 같다고 할까요? 복음 전파를 위한 우리의 노력을 대견해할까요, 아니면 전도하거나 복음을 살아 내지 못한다고 실망스러워할까요? 어떤 당부를 할까요? 부족해도 받아 주고 늘 격려하는 전형적인 바울의 모습이 떠오릅니다. "내 사랑하는 형제들아 견실하며 흔들리지 말고 항상 주의 일에 더욱 힘쓰는 자들이 되라 이는 너희 수고가 주 안에서 헛되지 않은 줄 앎이라"(고전 15:58). "오직 우리가 어디까지 이르렀든지 [푯대를 향하여] 그대로 행할 것이라"(빌 3:16).

〈바울로부터〉 다큐멘터리를 촬영하고 이 책을 준비하면서 바울이 복음을 전했던 여러 고대 도시를 몇 번 답사했습니다. 고대 제국들은 불가사의할 만큼 수많은 거대한 신전과 건축물과 성벽과 도시를 세웠습니다. 그런데 그 위용을 자랑하던 웅장한 것들이 몇 백 년 가지 못하고 다 무너져 내린 것을 보았습니다. 그러나 바울이 전한 복음은 무너지지 않았습니다. 2천 년 동안 온 세계에 선포되었고, 수십 억의 사람이 예수님을 주님과 구주로 고백하고 따랐습니다.

하지만 바울이 생명을 다하며 복음을 전파하여 시작된 유럽의 교회가 생명력을 잃어 가고 있습니다. 지난 2천 년 동안 기독교의 중심지요,

230년 동안 현대 선교를 주도했던 대륙이었기에 유럽 재복음화의 과제가 절실합니다. 미국을 포함하여 서구 교회도 마찬가지입니다. 한국 교회도 정체기를 지나 감소기에 접어들었습니다. 기독 종교의 모습은 있는데 복음의 생명력이 약화된 지역이 많습니다. 바울의 정신으로 무장하여 그가 전한 복음을 다시 전파하는 것이 유럽과 세계 복음화를 이루는 가장 중요한 전략입니다. 우리도 "내가 달려갈 길과 주 예수께 받은 사명 곧 하나님의 은혜의 복음을 증언하는 일을 마치려 함에는 나의 생명조차 조금도 귀한 것으로 여기지 아니하노라"(행 20:24)라고 고백하던 바울을 본받기 원합니다.

바울은 복음을 말로만 전하지 않았습니다. 오히려 삶으로 더 큰 울림을 주며 전도했습니다. 에베소 장로들에게, 고린도 성도들에게, 데살로니가교회에게 거룩하고 순전하고 욕심 없고 섬기는 자신의 삶을 회상시키며 복음에 합당한 삶을 살 것을 촉구했습니다. 그리하여 "내가 그리스도를 본받는 자가 된 것같이 너희는 나를 본받는 자가 되라"고 권면했습니다(고전 11:1). 그의 신앙과 충성, 정신과 삶을 본받고 실천했으면 좋겠습니다. 물론 지난 2천 년 동안 바울과 비교될 사람이 없었으니 바울을 본받으려고 시도하는 것이 부담스러울 수도 있습니다. 하지만 작은 영역에서부터 조금씩 변화의 걸음을 내딛기 원합니다. 그리하여 세계 곳곳의 지역 교회와 선교계, 신학교와 성도의 삶에서 바울의 삶과 가르침이 새롭게 살아나고 실천되기를 소원하며 기도합니다. 작은 바울이 많이 필요합니다.

참고 문헌

Alexander, L. C. A. 'Chronology of Paul,' in *Dictionary of Paul and His Letters*
(이후 *DPL*로 표기: ed. G. F. Hawthorne, R. P. Martin and D. G. Reid; Downers Grove, IL/Leicester: IVP, 1993eds), pp. 115-123.

Allen, R. *Missionary Methods: St Paul's or Ours?* (Grand Rapids: Eerdmans, 1962, repr. 1986 [1912, 1927]).

Arnold, C. E. 'Ephesus,' *DPL*, pp. 249-253.

Aune, D. E. 'Religions, Greco-Roman,' *DPL*, pp. 786-796.

Barnett, P. W. 'Opponents of Paul,' *DPL*, pp. 644-653.

———. *Paul: Missionary of Jesus* (Grand Rapids: Eerdmans, 2008).

———. 'Tentmaking,' *DPL*, pp. 925-927.

Beasley-Murray, P. 'Pastor, Paul the,' *DPL*, pp. 654-658.

Beker, J. C. *Paul the Apostle: The Triumph of God in Life and Thought* (Philadelphia: Fortress, 1980).

Bowers, W. P. 'Mission,' *DPL*, pp. 608-619.

Bruce, F. F. *Commentary on the Book of the Acts: The English Text with Introduction, Exposition and Notes* (London and Edinburgh: Marshall, Morgan & Scott, 1977 [1954]).

———. *New Testament History* (New York et al: Doubleday, 1969).

———. *Paul: Apostle of the Heart Set Free* (Grand Rapids: Eerdmans, 1977).

———. *The Acts of the Apostles: The Greek Text with Introduction and Commentary* (Grand Rapids: Eerdmans; Leicester: Apollos, 3rd edn, 1990 [1951]).

———. *The Spreading Flame: The Rise and Progress of Christianity from its First Beginnings to the Conversion of the English* (London: Paternoster, 1958).

Campbell, W. S. 'Judaizers,' *DPL*, pp. 512-516.

Chae, D. J. S. 'Paul'. Pages 275-279 in *Dictionary of Mission Theology* (ed. J. Corrie; Nottingham / Downers Grove, IL: IVP, 2007).

———. 'Paul's Apostolic Self-Awareness and the Occasion and Purpose of Romans.' Pages 116-137 in *Mission and Meaning: Essays Presented to Peter Cotterell* (ed. A. Billington, T. Lane and M. Turner; Carlisle: Paternoster, 1995).

———. *Paul as Apostle to the Gentiles: His Apostolic Self-Awareness and its Influence on the Soteriological Argument in Romans*, PBTM (Carlisle: Paternoster, 1997).

———. *The Historical Paul in Acts* (Milton Keynes, UK: Paternoster, 2019).

Cummins, G. *Paul in Athens* (London: Rider & Co, 1930).

Dodd, C. H. *The Apostolic Preaching and Its Developments* (London: Hodder & Stoughton, 1972 [1936]).

Dunn, J. D. G. 'Romans, Letter to the,' *DPL*, pp. 838-850.

——. *The Theology of Paul the Apostle* (Edinburgh: T&T Clark; Grand Rapids: Eerdmans, 1998).

de Lacey, D. R. 'Gentiles,' *DPL*, pp. 335-339.

Ellis, E. E. 'Coworkers, Paul and His,' *DPL*, pp. 183-189.

——. 'Pastoral Letters,' *DPL*, pp. 658-666.

Eusebius, *The Church History Trans*. P. L. Maier (Grand Rapids: Kregel, 1999).

Everts, J. M. 'conversion and Call of Paul,' *DPL*. pp. 156-163.

Ferguson, E. *Backgrounds of Early Christianity* (Grand Rapids: Eerdmans, 1987).

Filson, F. V. *New Testament History* (London: SCM, 1965).

Foakes-Jackson, F. J. *The Acts of the Apostles* (London: Hodder & Stoughton, 1931).

Foakes-Jackson, F. J. and Lake, K. (ed.), *The Beginnings of Christianity*, vol. 5
(London: Macmillan, 1933).

Gempf, C. 'Athens, Paul at,' *DPL*, pp. 51-54.

Hafemann, S. J. 'Corinthians, Letter to the,' *DPL*, pp. 164-179.

Hansen, G. W. 'Galatians, Letter to the,' *DPL*, pp. 323-334.

Hemer, C. J. *The Book of Acts in the Setting of Hellenistic History*, WUNT 49
(ed. C.H. Gempf; Tübingen: Mohr Siebeck, 1989.

Hengel, M. *Acts and the History of Earliest Christianity* (trans. J. Bowden; London: SCM, 1979).

——. *Between Jesus and Paul: Studies in the Earliest History of Christianity* (trans. J.
Bowden; London: SCM; Philadelphia: Fortress, 1983).

——. *Earliest Christianity* (London: SCM, 1986 [1973, 1979]).

Hengel, M. and A. M. Schwemer. *Paul Between Damascus and Antioch:*
The Unknown Years (trans. J. Bowden; London: SCM, 1997).

Howson, J. S. *Scenes from the Life of St. Paul and Their Religious Lessons with*
Illustrations by Paolo Priolo (London: Religious Tract Society, 1866).

Jewett, R. *Dating Paul's Life* (London: SCM, 1979).

Josephus, *The Works of Josephus* Complete and Unabridged New Updated Edition,
trans. W. Whiston (Peabody: Hendrickson, 1987).

Keener, C. S. *Acts: An Exegetical Commentary* (4 vols; Grand Rapids: Baker, 2012-15).

——. *The IVP Bible Background Commentary: New Testament* (Downers Grove, IL: IVP, 1993).

Klausner, J. *From Jesus to Paul* (New York: Menorah, 1943 [1939]).

Kreitzer, L. J. 'Travel in the Roman world,' *DPL*, pp. 945-946.

Lohse, E. *The New Testament Environment* (London: SCM, 1976 [1974]).

Marshall, I. H. *Luke: Historian and Theologian* (Exeter: Paternoster, 3rd edn, 1988 [1970]).

——. 'Luke's Portrait of the Pauline Mission.' Pages 99-113 in *The Gospel to the Nations: Perspectives on Paul's Mission* (ed. P. Bolt and M. Thompson; Leicester: IVP, 2000).

——. *The Acts of the Apostles: An Introduction and Commentary*, TNTC (Leicester: IVP; Grand Rapids: Eerdmans, 1980).

McKnight, S. 'Collection for the Saints,' *DPL*, pp. 143-146.

McRay, J. 'Antioch on the Orontes,' *DPL*, pp. 23-25.

Meeks, W. A. *The First Urban Christians: The Social World of the Apostle Paul* (New Haven: Yale University Press, 1983).

Morton, H. V. *In the Steps of St. Paul* (London: Rich & Cowan, n.d.).

Mousteraki, R. *Apostle Paul in the Footsteps of Apostle Paul* (Athens: Imagico, n.d.)

Muggeridge, M. and Vider, A. *Paul: Envoy Extraordinary* (London: Collins, 1972).

Munck, J. *Paul and the Salvation of Mankind* (Atlanta: John Knox, 1959 [1954]).

Murphy-O'Connor, J. *Paul: A Critical Life* (Oxford: Clarendon, 1996).

Plummer, R. L. and J. M. Terry, eds. *Paul's Missionary Methods: In His Time and Ours* (Downers Grove, IL: IVP Academic, 2012).

Porter, S. E. *Paul in Acts* (Peabody, MA: Hendrickson, 2001 [1999]).

Ramsay, W. M. *St Paul the Traveller and the Roman Citizen* (18th ed. London: Hodder & Stoughton, 1935 [1895, 1920]).

——. *St Paul the Traveller and the Roman Citizen* Full-Color updated & Revised Edition (ed. Mark Wilson, Kregel, 2001, Updated from the 15th ed. Published by Hodder & Stoughton, 1925 [1895]).

——. *The Church in the Roman Empire before A. D. 70* (London: Hodder & Stoughton, 4th edn, 1895; Reprinted by Baker Book House 1979).

——. *The Cities of St. Paul, Their Influence on His Life and Thought* (Grand Rapids: Baker, 1979; Reprinted the 1907 edition published by Hodder & Stoughton, London).

Rapske, B. M. 'The Importance of Helpers to the Imprisoned Paul in the Book of Acts'. *TynBul 42* (1991): pp. 3-30.

Rapske, B. M. *The Book of Acts and Paul in Roman Custody, vol. 3 of The Book of Acts in Its First Century Setting* (Carlisle: Paternoster; Grand Rapids: Eerdmans, 1994).

Riesner, R. *Paul's Early Period: Chronology, Mission Strategy, Theology* (Grand Rapids: Eerdmans, 1998).

Sanders, E. P. *Paul the Apostle's Life, Letters and Thought* (Minneapolis: Fortress, 2015).

Schnabel, E. J. *Acts*, ZECNT (Grand Rapids, MI: Zondervan, 2012).

——. *Early Christian Mission* (2 vols; Downers Grove, IL: IVP, 2004).

———. *Paul the Missionary: Realities, Strategies and Methods* (Downers Grove, IL: IVP; Nottingham: Apollos, 2008).

Schreiner, T. R. *Paul, Apostle of God's Glory in Christ: A Pauline Theology* (Downers Grove, IL: IVP; Leicester: Apollos, 2001).

Stegner, W. R. 'Jew, Paul,' *DPL*, pp. 503-511.

Stein, R. H. 'Jerusalem,' *DPL*, pp. 463-474.

Tidball, 'Social Setting of Mission Churches,' *DPL*, pp. 883-892.

Trebilco, P. 'Itineraries, Travel Plans, Journeys, Apostolic Parousia,' *DPL*, pp. 446-456.

Walker, P. *In the Steps of Saint Paul* (Oxford: Lion, 2008).

Walton, S. *Leadership and Lifestyle: The Portrait of Paul in the Miletus Speech and 1 Thessalonians* (Cambridge: Cambridge University Press, 2007).

Weiss, J. *Earliest Christianity: A History of the Period AD 30-150 Vol 1* (New York: Harper Torch Books, 1959 [1937]).

Witherington III, B. *The Paul Quest: The Renewed Search for the Jew of Tarsus* (Downers Grove, IL/Leicester: IVP, 1998).

Wright, C. J. H. *Mission of God: Unlocking the Bible's Grand Narrative* (Downers Grove, IL/Nottingham: IVP, 2007).

———. 'Reading the Old Testament Missionally.' Pages 107-123 in *Reading the Bible Missionally* (ed. M. W. Goheen; Grand Rapids: Eerdmans, 2016).

Wright, N. T. *Paul A Biography* (London: SPCK, 2018).

———. *What St. Paul Really Said: Was Paul of Tarsus the Real Founder of Christianity?* (Oxford: Lion, 1997).

권주혁, 《사도 바울의 발자취를 찾아서》(서울: PUREWAY PICTURES, 2021).

김성운, 《WITH 바울》 (서울: 생명의양식, 2021).

소티리오스 트람바스 대주교, 《위대한 선교사 성 사도 바울로》(서울: 정교회출판사, 2012).

위날 데미르, 《비시디아 안디옥》(서울: 바울서원, 2004)

이문범, 《역사 지리로 보는 성경: 신약편 2 사도행전—요한계시록》(서울: 두란노, 2017).

최종상, 《로마서: 이방인의 사도가 전한 복음》(서울: 이레서원, 2012).

최종상, 《사도행전과 역사적 바울 연구》(서울: 새물결플러스, 2020).

바울 서신과 사도행전에 대한 영문 주석과 바울 당시의 고대 도시들과 역사적 사건에 대한 온라인 자료 및 세계 지도들을 참조함.

▲ 비잔틴 시대에 세우다가 무너져 중단된 바실리카 B가 빌립보 유적의 정취를 더해 준다. ©DC

CGN 스토리 다큐
<바울로부터> 워크북

바울을 따라
예수님 본받기

<바울로부터> 워크북 활용 방법

1. 다큐 영상을 보고(이미 보았으면 한 번 더 보면서) 개인적으로, 가능하면 소그룹으로 진지하게 바울을 통해 예수님을 본받는 삶을 공부해 갑시다.

2. 다큐를 한 편씩 시청한 후 워크북의 안내에 따라 관찰하고 묵상하며 바울의 삶과 사역에 대해 대화를 나눕시다.

3. 어떻게 바울의 정신을 삶으로 실천할 수 있을지 나누고 기도합시다.

4. 목사님들과 성도님들에게 이 책과 다큐를 소개해 바울을 따라 예수님을 본받는 삶을 확장해 나갑시다.

목차

01 | 사명으로 부르심

〈바울로부터〉 1편

찬양·시작 기도
마음 열기 〈바울로부터〉 1편을 본 느낌을 간단히 나누며 마음을 여세요.
말씀 읽기 디모데전서 1장 12-16절을 함께 읽습니다.

1편 내용 사울은 길리기아 다소에서 예루살렘으로 유학 온 후, 가장 존경받던 율법사인 가말리엘 밑에서 랍비 교육을 받았습니다. 십자가에 못 박혀 죽으신 예수님이 부활했다고 사도들이 선포하자 많은 백성이 믿었습니다. 하나님을 향한 열심이 지극했던 사울은 이들이 하나님을 모독한다고 확신해 무자비하게 핍박을 가했습니다. 처형의 집행관으로 스데반의 순교 현장을 지휘하기도 했습니다. 살기등등해 외국 땅 다메섹으로 가던 어느 날, 예수님이 그에게 극적으로 나타나셨습니다. 그를 용서할 뿐 아니라 당신의 복음을 전파할 특별한 그릇으로 택해 불러 주셨습니다. 예수님의 신성을 확인한 사울은 부르심에 철저히 순종했습니다. 하지만 본격적인 전도 활동을 하기 전, 먼저 아라비아에서 3년을 보낸 후 베드로를 만나러 예루살렘으로 갔습니다.

관찰하기 1. 사울은 왜 교회를 핍박하게 됐나요? 그의 성장 배경과 신앙 훈련에서 어떤 요소 때문에 그렇게 잘못된 사명과 확신에 찬 행동을 했나요(갈 1:13-14)?

2. 바울은 자신의 과거를 어떻게 묘사하나요(딤전 1:13, 15)? 왜 하나님이 자신에게 긍휼을 베풀어 사명을 주셨다고 생각했나요(딤전 1:14, 16)?

1. 예수님은 최악의 핍박자인 사울을 전도자로 불러 주셨으며, 과거를 묻지 않고 용서해 주셨습니다. 예수님을 만나기 전 당신의 모습은 어떠했나요? 예수님을 믿은 후 당신의 삶은 어떻게 변화됐나요? 새로운 차원에서 예수님을 한 번 더 만난다면 어떤 가능성이 펼쳐질까요?

2. 당신이 처한 험하고 외로운 광야도 하나님만 의지하는 믿음으로 견뎌 낸다면 오히려 다른 차원의 인생으로 살게 하실 기회가 되지 않을까요?

1. 누구나 예수님을 믿으면 새로운 사람이 됩니다. 아직 주님을 모르는 다른 사람을 대할 때 인내하고 기도하며 소망을 가집시다.

2. 사울이 베드로를 만났을 때와 같이 용서를 구하는 용기와 받아 주는 넉넉함을 가집시다.

1. 사울같이 저도 용서해 받아 주시고 새 삶을 살게 해 주신 것을 감사합니다.

2. 저의 신앙생활에도 새로운 전기를 허락해 주소서.

3. 저도 사울같이 "주여, 주님을 위하여 무엇을 하리이까?"(행 22:10) 여쭈오니 인도해 주옵소서.

_____

_____

_____

02 | 선교의 시작

<바울로부터> 2편

찬양·시작 기도
마음 열기 <바울로부터> 2편을 본 느낌을 간단히 나누며 마음을 여세요.
말씀 읽기 사도행전 13장 1-5절을 함께 읽습니다.

2편 내용 대도시 수리아 안디옥에 최초의 이방인 교회가 세워졌습니다. 예수님으로부터 지상 명령을 직접 받은 사도들조차도 이방 선교를 실천하지 못했을 때 핍박을 피해 흩어졌던 예루살렘교회의 평신도들이 이방 선교에 쓰임을 받았습니다. 바울은 베드로를 방문한 후 고향 다소에 가서 10여 년 있으면서 유대인과 이방인에게 전도했습니다. 그리고 바나바의 초청을 받아 안디옥에 온 후 성경 교사로 섬겼습니다. 교회 대표로 예루살렘교회에 구제 헌금을 전달하기도 했습니다. 어느 날 성령께서 바울과 바나바를 복음 전파를 위해 보내라고 말씀하셨고, 안디옥교회는 순종했습니다. 안디옥교회를 통해 바울은 새로운 삶과 사역의 지경이 넓어지게 됐는데, 이는 고난의 시작에 불과했습니다. 1차 선교 여행을 출발한 선교사들은 구브로에서 로마 총독이 회심하는 쾌거를 경험했습니다.

관찰하기 1. 어떻게 안디옥에 이방 교회가 세워졌나요(행 11:19-21)? 안디옥교회 성도들이 처음으로 '그리스도인'이라는 별명을 얻은 이유는 무엇인가요(행 11:25-26)?
2. 안디옥교회 지도부 구성원의 특징은 무엇인가요(행 13:1)? 안디옥교회가 갖고 있는 특징은 무엇이라 생각하나요(행 11:27-30, 13:2-3)?

묵상하기   1. 하나님의 뜻을 분별하기 위해 당신은 가끔 금식하며 기도하나요? 안디옥교회는 힘겨운 순종으로 세계 선교에 참여하는 첫 교회가 됐는데, 당신과 당신의 교회는 어떻게 주님의 뜻을 알고 순종할 수 있을까요?

2. 사도들보다 평신도들이 먼저 이방 선교에 쓰임 받은 것에는 어떤 의미가 있을까요(행 11:20-21)? 전도가 안 된다고 하는 이 시대에도 주 예수를 전파하면 주의 손이 함께해 많은 사람이 믿고 주께 돌아오지 않을까요? 전도가 되지 않는 것보다 전도를 하지 않는 것이 더 큰 문제가 아닐까요?

실천하기   1. 안디옥으로 피난 온 성도들이 주변 사람들에게 예수님 이야기를 했던 것처럼 우리도 주변 사람들에게 예수님 이야기를 해 봅시다.

2. 간절한 기도와 열린 마음을 가지고 개인적으로, 교회적으로 주님의 뜻을 구해 봅시다.

3. 성령께서 버거운 요청을 하신다 해도 믿음으로 순종해 봅시다.

기도하기   1. 할 수 있는 수준에서 예수님 이야기를 다른 사람들에게 나누도록 도와주소서.

2. 예수님의 특징을 나타내는 '예수쟁이'로 살게 도우셔서 '예수쟁이'가 좋은 의미로 인식되는 날이 오게 하소서.

3. 우리 교회도 안디옥교회처럼 나누는 교회, 기도하는 교회, 순종하는 교회, 선교하는 교회, 삶으로 그리스도를 보여 주는 교회가 되게 해 주옵소서.

메모
_____
_____
_____

03 내게 능력 주시는 자 안에서

〈바울로부터〉 3편

찬양·시작 기도

마음 열기 〈바울로부터〉 3편을 본 느낌을 간단히 나누며 마음을 여세요.

말씀 읽기 사도행전 13장 46-52절을 함께 읽습니다.

3편 내용 구브로를 떠난 바울 일행은 배를 타고 앗달리아에 도착합니다. 하지만 곧 마가가 선교 팀을 이탈하는 어려운 상황에 직면합니다. 바울과 바나바는 대도시 버가에서 전도하지 않고 3,500미터가 넘는 타우로스산맥을 넘어 비시디아 안디옥에 도착합니다. 로마 제국은 11킬로미터 밖에서 물을 끌어오면서까지 이곳에 군사적, 행정적, 경제적 전략 도시를 건설했습니다. 바울은 건강이 심하게 악화됐지만 복음 전파에 매진했고, 그 결과 더 많은 이방인이 예수님을 믿는 놀라운 역사가 일어났습니다. 유대인들의 시기와 핍박을 받아 이고니온과 루스드라와 더베로 쫓겨 갔지만, 복음을 전한 곳마다 교회가 개척됐습니다. 가는 곳마다 전도, 구원 역사, 핍박, 피신이 반복됐지만, 성령께서는 바울과 바나바와 함께하며 당신의 뜻을 이루셨습니다.

관찰하기 1. 누가는 "그들은 버가에서 더 나아가 비시디아 안디옥에 이르러"(행 13:14)라고 짧게 기록했지만, 다큐 영상을 통해 타우로스산맥의 높이와 길이를 보면서 어떤 생각이 들었나요? 왜 유대인들은 오랫동안 기다려 온 메시아가 오셨는데도 믿지 않았고, 약속 밖에 있었던 이방인들은 믿었을까요(행 13:42-48)?

2. 유대인들이 가는 곳마다 바울을 핍박한 것과 사울이 회심 전에 교회를 핍박했던 이유의 공통점은 무엇인가요(행 13:44-45, 49-50, 14:5-6, 19-20)?

1. 전도하다 반대에 부딪힐 때 당신은 주로 어떻게 대처했나요? 어떻게 하면 낙심하지 않으면서 바울처럼 지치지 않고 지속적으로 전도할 수 있을까요?

2. 유대인들은 그들의 사전 지식과 선입견으로 눈이 멀고 귀가 막혀 기다리던 메시아를 알아보지 못했습니다. 당신도 어떤 전제나 아집에 사로잡혀 진리를 보지 못하는 경우는 없을까요?

실천하기 1. 반대, 핍박, 팀원 이탈, 바쁨과 같이 전도를 지속하지 못하게 하는 요소가 늘 있지만 이것들을 이겨 내 봅시다.

2. 바울이 나중에 마가를 받아 준 것과 같이(골 4:10; 딤후 4:11) 당신을 아프게 했거나 실망시킨 사람들을 품어 관계를 회복해 봅시다. 복음의 진보를 위해 더욱 그렇게 해야겠습니다.

기도하기 1. 속해 있는 소그룹에 될 수 있는 대로 함께함으로써 서로에게 격려와 힘이 되게 하소서.

2. 우리의 신앙생활이나 전도를 반대하는 사람들이 있을 때에도 낙심하지 않고 대안을 찾으며 더욱 지혜롭게 복음을 말과 삶으로 나타내게 하소서.

3. 산을 넘든 평지를 걷든, 가까이 가든 멀리 가든 복음을 들고 가는 아름다운 발이 되게 하소서.

메모 _____

_____

_____

04 | 그럼에도 불구하고

〈바울로부터〉 4편

찬양 · 시작 기도
마음 열기 〈바울로부터〉 4편을 본 느낌을 간단히 나누며 마음을 여세요.
말씀 읽기 사도행전 15장 6-11절을 함께 읽습니다.

4편 내용 더베까지 복음을 전한 바울과 바나바는 이제 수리아 안디옥으로 돌아가기로 계획합니다. 그런데 가까운 길을 마다하고 심하게 핍박받았던 지역을 차례로 다시 방문합니다. 그리고 핍박받는 성도들을 굳게 하고, 교회가 자체적으로 유지되고 성장할 수 있도록 장로들을 세웁니다. 그들은 높고 험한 타우로스산맥을 거꾸로 넘어 앗달리아에서 배를 타고 수리아 안디옥으로 돌아와 1차 선교여행을 마칩니다. 그러나 예상치 못한 어려움이 찾아왔습니다. 어떤 유대인 성도들이 이방 성도도 할례를 받아야 온전한 구원을 받는다고 주장하며 안디옥교회를 혼란에 빠뜨린 것입니다. 예루살렘 공회를 통해 혼란을 정리한 후 바울은 바나바에게 2차 선교를 제안합니다. 하지만 출발을 앞두고 의견 대립이 생겨 둘은 결국 갈라서고 맙니다. 바울은 갈라디아 교회들을 다시 방문한 후 아시아로 가고 싶어 하지만 성령님이 막으시는 것을 느낍니다.

관찰하기 1. 더베에서 동쪽으로 가서 다소를 거쳐 수리아 안디옥으로 오면 최단거리인데 바울과 바나바는 왜 왔던 길을 길게 되돌아 앗달리아에서 배를 타고 안디옥으로 왔나요(행 14:21-23)?
2. 거짓 선생들이 잘못된 가르침으로 안디옥교회를 혼란스럽게 했던 내용은 무엇인가요(행 15:1, 5)? 바울과 바나바가 적극 반론을 제기한 근거는 무엇인가요(행 15:3, 12; 갈 2:3-5)?

묵상하기 1. 루스드라는 바울이 돌에 맞아 죽을 뻔한 곳이고, 이고니온과 비시디아도 심한 핍박을 받았던 곳입니다. 그런 곳으로 다시 가는 바울의 심정은 어땠을까요? 약속도 없었는데 다시 찾아온 사도들을 보고 새 신자들의 마음은 어땠을까요? 이를 통해 무엇을 배울 수 있나요?

2. 1차 선교 여행은 심한 핍박의 연속이었지만, 바울은 끝까지 복음 전도의 사명을 감당하려고 애썼습니다. 당신과 당신의 교회는 전도와 선교의 사명을 다하기 위해 어떻게 해야 할까요?

실천하기 1. 전에 복음 접촉을 했던 사람들의 영적 상태에 대해 지속적인 관심을 가지면서 다시 만남을 주선해 봅시다.

2. 목회적, 신학적 불협화음이 노출됐을 때 예루살렘 공회와 같이 합당한 절차와 과정을 거치려고 노력해 봅시다.

기도하기 1. 늘 복음 중심, 영혼 중심, 하나님 나라 중심으로 생각하고 행동하게 하소서.

2. 전에 전도한 사람들의 안위에 관심 갖게 하시고 재회의 기회와 기쁨을 허락해 주소서.

3. 복음의 진리가 도전받을 때 단호히 진리를 수호할 수 있는 용기와 실력과 지혜를 주소서.

메모 _____

_____

_____

05 | 이끄시는 대로

〈바울로부터〉 5편

찬양·시작 기도
마음 열기 〈바울로부터〉 5편을 본 느낌을 간단히 나누며 마음을 여세요.
말씀 읽기 사도행전 16장 6-10절을 함께 읽습니다.

5편 내용   갈라디아를 재방문한 후 다음 사역지를 찾던 바울은 성령께서 보여 주신 환상을 따라 마게도냐로 갔습니다. 그리고 처음으로 유럽 대륙에 복음을 선포하기 시작했습니다. 하나님께서 예비하신 루디아와 그의 가족이 예수님을 믿었습니다. 바울은 선교 팀을 귀찮게 하는 귀신을 쫓아냈다가 주인들의 고소를 받아 억울하게 감옥에 갇힙니다. 그러나 바울과 실라는 감옥에서도 기도하고 찬양했습니다. 그로 인해 간수와 그의 가족과 죄수들까지 예수님을 믿게 돼 빌립보교회가 세워졌습니다. 그 후 데살로니가와 베뢰아에도 교회가 세워지며 유럽 복음화가 시작돼, 유럽은 지난 2천 년 동안 기독교의 중심이자 선교를 주도하는 대륙이 되었습니다.

관찰하기   1. 바울은 마게도냐 선교를 계획하지 못했는데 어떻게 마게도냐에 가게 됐나요(행 16:6-10)? 전도자들이 사역지로 인도함을 받는 다양한 길을 알아봅시다(행 11:19-21: 핍박 / 13:2-3: 성령 / 14:21-22, 15:36: 목회적 관심).

2. 바울이 최우선적으로 전한 복음의 핵심은 무엇이었나요(행 17:2-3; 고전 2:2; 15:1-4)?

묵상하기 1. 아시아에서 복음을 전하지 말라는 '노'(No)는 앞으로 보여 주실 더 큰 '예스'(Yes)의 일부분이었습니다. 성령님은 미래의 '예스'를 보면서도 지금은 '노'라고 하실 때가 있습니다. 이렇게 일하시는 하나님을 경험한 적이 있으면 나눠 봅시다.

2. 당신은 바울이 가장 중요하게 전한 복음의 내용을 분명히 알고, 믿고 있나요? 그렇다면 이 내용과 믿음을 다른 사람에게 어떻게 권면해 주면 좋을까요(롬 10:9-10)?

실천하기 1. 자동문은 닫힌 줄 알면서도 그 닫힌 문을 향해 걸어가는 사람에게만 열립니다. 지금 앞에 닫힌 문이 있다면 그 문을 향해 믿음으로 걸어가 봅시다.

2. 성령께서 막으시는 것을 느끼면서도 계속 열린 문을 찾아 움직였던 바울을 본받아 기도나 전도하다 주춤했던 적이 있다면 다시 시도해 봅시다.

기도하기 1. 매사에 하나님의 때와 일의 순서가 있으니, 주님의 선하신 뜻과 때를 따라 우리를 인도해 주소서.

2. 2천 년 동안 기독교의 중심으로서 선교를 주도했던 유럽 교회가 근래에 급격히 감소하고 있습니다. "다시 건너와 우리를 도우라"는 유럽의 간청을 듣게 하시고, 기도와 전도로 유럽을 돕게 하소서.

메모 _____

_____

_____

06 | 성공과 실패 사이

<바울로부터> 6편

찬양·시작 기도
마음 열기 <바울로부터> 6편을 본 느낌을 간단히 나누며 마음을 여세요.
말씀 읽기 사도행전 17장 22-31절을 함께 읽습니다.

6편 내용
홀로 베뢰아를 급히 떠나 아덴에 도착한 바울은 수많은 우상과 신전을 보면서 거룩한 분노를 갖게 됩니다. 주 중에는 아고라 시장터에서, 안식일에는 회당에서 복음을 증거했습니다. 예수와 부활에 대해 증거하다가 아레오바고 언덕으로 초청을 받아 철학자들과 시민들 앞에서 연설했습니다. 많은 신학자가 아덴 사역을 실패한 사역으로 말하지만, 전도에 실패란 없습니다. 아덴에서는 별다른 핍박이 없었지만, 고린도에서는 많은 핍박을 받았습니다. 하나님께서는 브리스길라와 아굴라 부부를 만나게 하셨고, 환상 중에 나타나 위로해 주셨습니다. 바울 일행은 큰 힘을 얻고 고린도에서 1년 반 동안 사역합니다. 여기서 데살로니가전·후서를 써 보내며 다른 지역에 개척했던 교회들을 돌보는 사역도 시작합니다. 고린도 사역을 끝으로 2차 선교 여행을 마무리하고 수리아 안디옥교회로 돌아옵니다.

관찰하기
1. 바울은 관찰하는 전도자였습니다. 그는 아덴에 가득한 우상과 신전을 관찰한 것을 어떻게 전도에 활용했나요(행 17:23)? "시작이 반이다"라는 속담처럼, 전도할 때도 일단 입을 열면 수월해집니다. 바울은 전도할 때 어떻게 말문을 열었나요(행 17:22)?
2. 고린도에서 갈리오 총독이 재판을 열지 않은 것이 어떤 면에서 바울에게 유리하게 받아들여졌나요? 유대인들은 왜 격분해 폭력을 휘둘렀을까요(행 18:12-17)?

묵상하기 1. 우상과 학문과 철학의 도시였던 아덴에서 아크로폴리스를 가리키며 "천지의 주재이신 하나님은 손으로 지은 전에 계시지 않는다"라고 선포했던 바울의 당당함은 어디서 나왔을까요 (행 17:24)?

2. 바울은 복음의 씨를 뿌리고 결과는 주님께 맡겼습니다(고전 3:6-7). 씨를 뿌리다 보면 돌밭과 가시밭에 떨어지는 씨도 있지만 좋은 밭에 떨어지는 씨도 있습니다. "내게서 나간 말은 헛되이 돌아오지 않는다" 하셨으니(사 55:11), 전도에 실패가 있을까요? 당신의 작은 노력도 다 쓰임을 받지 않을까요?

실천하기 1. 복음을 나누려는 의도를 갖고 주변 상황과 사람들을 관찰하며, 관찰한 상황을 바탕으로 부탁(예수님: 요 4:7), 질문(빌립: 행 8:30), 칭찬(바울: 행 17:22)과 같은 긍정적 방법으로 접근해 봅시다.

2. 조롱받아도, 핍박받아도 복음 전하기를 쉬지 않았던 바울처럼, 결과는 성령께 맡기고 겸손한 말과 모본이 되는 삶으로 복음의 씨를 뿌려 봅시다.

기도하기 1. 바울을 본받아 전도하기 위해 의식적으로 주변을 살피게 하시고, 예수님 이야기를 하려고 입을 열 때 성령으로 도와주소서.

2. 바울 같은 담대함, 순발력을 주시되 무엇보다 예수님을 전하려는 마음으로 가득 채워 주소서.

3. 바울에게 브리스길라와 아굴라를 포함해 많은 신실한 동역자를 주신 것같이 저에게도 동역자들을 주시고, 저도 다른 이에게 힘이 되는 동역자가 되게 하소서.

메모 _____

_____

_____

전쟁의 서막

찬양·시작 기도

마음 열기 〈바울로부터〉 7편을 본 느낌을 간단히 나누며 마음을 여세요.

말씀 읽기 갈라디아서 2장 11-14절을 함께 읽습니다.

7편 내용
고린도를 떠난 바울은 브리스길라와 아굴라 부부에게 에베소를 맡기고 예루살렘에 돌아와 서원을 마무리하고 선교 보고를 했습니다. 안디옥의 파송 교회에서도 마게도냐까지 교회가 개척된 사역 보고를 하며 주님께 영광을 돌렸습니다. 그런데 안디옥에 머무는 동안 엄청난 사건이 발생합니다. 바울이 베드로를 심히 책망하는 안디옥 사건이 벌어진 것입니다. 이방 성도들에게 할례와 율법을 지키게 하려는 일부 유대 성도들의 집착은 끈질겼고, 그들을 두려워하는 베드로를 바울은 절대 지나칠 수 없었던 것입니다. 믿음으로 얻은 이방인들의 구원을 신학적으로 지키려는 바울의 외로운 싸움이 시작됩니다. 그 후 바울은 에베소로 3차 선교를 떠납니다. 에베소에서 사역하는 3년 동안 고린도를 향한 바울의 목회적 노력도 계속됩니다.

관찰하기
1. 베드로는 왜 예루살렘에서 온 유대 형제들을 두려워했을까요? 그리고 그는 다른 사람들에게 어떤 영향을 끼쳤나요(갈 2:12-13)?
2. 에베소에서 사역하던 3년 동안 바울은 에게해 건너편의 고린도교회에 깊은 관심을 보였습니다. 고린도에는 네 번이나 편지를 보냈고, 세 번 방문했습니다. 왜 그런 정성을 쏟았을까요?

묵상하기 1. 교회를 핍박했던 바울이 아무리 사도가 됐다 해도 예수님의 수제자였던 베드로를 공개적으로 꾸짖는 것은 있을 수 없는 일 같은데, 왜 그렇게 할 수밖에 없었을까요? 그리스도인에게 사태 파악과 용기란 언제 필요한 것일까요?

2. 한 영혼을 향한 사랑을 베푸셨던 예수님을 닮아 바울은 고린도교회 하나에 깊은 관심을 쏟았습니다. 예수님이나 바울은 폭넓고 다양한 사역을 하면서도 필요하다 싶으면 과하다 싶을 만큼 한 영혼에 정성을 쏟습니다. 무슨 메시지가 있을까요?

실천하기 1. 진리나 예수님의 명예가 훼손되는 일을 보면 무례하지 않게, 그러나 단호하게 바로잡으려고 노력해 봅시다.

2. 군대 귀신 들린 한 영혼을 찾아가 고쳐 주신 예수님과 어려움에 처한 고린도의 한 교회를 목회적으로 보살핀 바울을 본받아 우리도 다른 사람의 필요를 살피고 채워 주는 작은 목자가 됩시다.

기도하기 1. 복음의 진리가 타협되는 것을 볼 때 지적할 수 있는 판단력과 순발력, 지혜와 겸손을 주옵소서.

2. 두란노 서원에서의 훈련 사역을 통해 아시아 전역이 복음을 듣게 되었던 것같이, 이 시대에도 복음 전도와 교회 개척을 위해 요긴하게 쓰임 받을 사역이 세워지게 하소서.

메모 _____

_____

_____

08 | 아버지의 마음으로

<바울로부터> 8편

찬양·시작 기도
마음 열기 <바울로부터> 8편을 본 느낌을 간단히 나누며 마음을 여세요.
말씀 읽기 갈라디아서 2장 16-21절을 함께 읽습니다.

8편 내용 꿈에도 그리던 에베소에서 본격적인 사역을 시작한 바울은 아시아의 모든 사람이 복음을 들을 만큼 대대적인 선교 사역을 했습니다. 표적과 기사가 나타나 마술의 도시에서 마술사들이 개종해 공개적으로 마술책을 불사르는 역사가 일어납니다. 바울의 성공적인 사역으로 인해 큰 손해를 보는 사람들이 있었으니, 바로 우상 제작과 판매에 종사하는 사람들입니다. 결국 이들의 공격을 받은 바울은 에베소를 떠나 드로아와 마게도냐를 거쳐 일루리곤까지 선교합니다. 그 후 유대주의자들이 갈라디아 교회들을 찾아다니며 할례와 율법을 지킬 것을 강요합니다. 갈라디아 성도들은 곧바로 그들의 거짓 가르침에 넘어갑니다. 사태의 심각성을 파악한 바울은 결연한 마음으로 갈라디아서를 써 보냅니다.

관찰하기 1. "이와 같이 주의 말씀이 힘이 있어 흥왕하여 세력을 얻으니라"(행 19:20; 고전 16:8-9)로 종합된 배경에는 어떤 일들이 있었나요? 에베소에서 살 소망이 끊어지고 사형 선고를 받은 것 같았다고 했던 상황과는 어떤 연관이 있나요(고후 1:8-9)?
2. 우상 제작과 판매에 종사하는 사람들은 어떤 방법으로 시민들을 선동해 불법 집회를 모았나요(행 19:23-27)? 바울 일행을 위기에서 구하기 위해 하나님이 개입하신 방법은 무엇이었나요(행 19:35-41)?

묵상하기 1. 대연극장에서 두 시간 동안 목청을 높이며 자신들을 규탄하는 소리를 듣고 바울은 무슨 생각을 했을까요? 분노한 그 데모대를 마주해 당당했던 바울의 동역자들을 하나님은 어떻게 생각하셨을까요?

2. 성공적으로 사역했고 세 번이나 재방문을 했던 갈라디아 교회들이 거짓 선생들의 꾐에 빠졌다는 소식을 들은 바울의 마음은 얼마나 안타깝고 간절했을까요? 그들을 복음으로 바로잡기 위해 애타는 노력으로 쓴 갈라디아서를 통해 후대에도 복음의 진수를 전해 주신 하나님의 섭리가 얼마나 놀라운가요!

실천하기 1. 에베소 서기장은 "우리 여신을 비방하지도 아니한 이 사람들을 너희가 붙잡아 왔다"고 했습니다(행 19:37). 우리도 전도할 때, 다른 종교를 비난하지 않고 복음을 전했던 바울의 원리를 실천합시다.

2. 구원은 행위가 아닌 오직 그리스도를 믿음으로 얻습니다. 하지만 믿은 후에는 거룩한 삶, 사랑과 연합의 삶, 선행의 삶을 삽시다. 복음에 합당하게 생활하고 빛의 자녀답게 살라는 바울의 권면을 실천합시다(엡 2:8-10, 5:8; 빌 1:27; 딛 2:14).

기도하기 1. 거의 아시아 전체가 복음을 듣게 했던 열심과 전략을 가진 복음의 일꾼들과 사역을 이 시대에도 세워 주옵소서.

2. 복음의 진리를 바로 분변함으로 잘못된 가르침이 교회로 들어올 때 대적해 진리를 수호하게 도와주소서.

메모 _____

_____

_____

09 진리를 향한 담대함

<바울로부터> 9편

찬양·시작 기도
마음 열기 <바울로부터> 9편을 본 느낌을 간단히 나누며 마음을 여세요.
말씀 읽기 사도행전 20장 22-30절을 함께 읽습니다.

9편 내용 갈라디아서를 써 보내고 바울은 약속했던 대로 고린도로 향합니다. 이미 유대주의자들의 영향을 받은 고린도교회와 갈라디아 교회들은 물론, 다른 교회들도 공격을 받을까 봐 걱정이 됐습니다. 그토록 가고 싶었던 로마로 갈 여건이 이제 마련됐지만, 바울은 예루살렘부터 가야 한다고 확신했습니다. 유대주의자들을 원천 차단하기 위해 예루살렘교회의 지도자들을 설득해야 한다고 판단한 것입니다. 예루살렘에 가면 죽임을 당할 것이라는 성령의 음성과 선지자들의 경고를 받았지만, 자신의 목숨보다 중요한 것은 이방 교회들을 복음의 진리로 지키는 일이었습니다. 바울은 로마에 가지 못할 경우를 대비해 대면해 가르치려던 내용을 편지로 써서 로마로 보냈습니다. 그리고 헌금을 모은 이방 교회들의 지역 대표들을 대동하고 복음과 진리를 사수하려는 결연한 마음으로 예루살렘으로 향했습니다.

관찰하기 1. 로마로 갈 수 있게 됐는데 예루살렘부터 가는 배경은 무엇인가요(롬 15:22-25)? 전에는 믿을 만한 형제들이 헌금을 전달해도 충분하다 했는데(고전 16:1-4), 이제는 직접 갖고 갑니다. 헌금 전달보다 더 중요한 이유가 있었을까요?
2. 바울의 두 가지 기도 제목에서 무엇을 감지할 수 있나요(롬 15:30-31)? 왜 바울은 예루살렘 지도자들이 꼭 헌금을 받을 수 있도록 기도를 부탁했을까요?

묵상하기 1. 거짓 선생들은 잘못된 신학과 신앙을 갖고 있으면서도 오히려 바울을 바로잡겠다는 일념으로 대대적 공세를 폈습니다. 바울은 주님께서 어떻게 하기를 바라신다고 생각했을까요(갈 2:5; 고후 11:12-15)?

2. 로마서에 복음의 진수를 담은 이유는 무엇일까요? 거짓을 이기는 가장 강력한 힘은 진리를 밝히 숙지해 복음에 합당한 삶을 사는 것입니다.

실천하기 1. 서바나 개척 선교, 로마교회 방문까지 포기하고 예루살렘으로 가는 바울을 보며 우리의 삶이나 신앙생활에서도 우선순위를 조정해야 할 것이 있는지 생각해 봅시다.

2. 바울은 복음을 전하지 않으면 들을 수 없고, 듣지 않으면 믿을 수 없다는 확신에서 최선을 다해 전했습니다(롬 10:13-15). 이런 바울의 모습을 당신의 삶 속에서도 실천해 봅시다.

기도하기 1. 아무리 좋은 제품도 만들어 놓고 알리지 않으면 소비자들이 알지 못해 유익을 얻지 못하듯, 예수님이 죽음과 부활로 완성하신 '가장 위대한 사랑의 스토리'도 알리지 않으면 죄인들이 알 길이 없습니다. 그러니 먼저 믿고 경험한 우리가 바울과 같은 확신과 소명으로 복음을 전하게 하소서.

2. 바울과 에베소 장로들은 진정으로 아쉬워했으나 감사하고 축복하며 헤어졌습니다(행 20:36-38). 한국 교회의 목회자들과 성도들도 이임이나 은퇴 때 이러한 좋은 관계를 형성하게 하옵소서.

메모 _____

_____

_____

10 | 끝나지 않는 선교

〈바울로부터〉 10편

찬양·시작 기도
마음 열기   〈바울로부터〉 10편을 본 느낌을 간단히 나누며 마음을 여세요.
말씀 읽기   디모데후서 4장 1-8절을 함께 읽습니다.

10편 내용   바울은 고난의 예언을 듣고 눈물로 만류하는 형제들을 뿌리치며 예루살렘으로 돌아옵니다. 자신의 안위보다 이방 교회를 위한 복음의 진리를 수호하기 위해서였습니다. 감사하게도 예루살렘교회의 지도자들은 이방 교회들이 모은 연보를 잘 받아들였습니다. 자신에 대한 오해가 예루살렘에 퍼져 있음을 들은 바울은 야고보의 제안대로 행해 오해를 해소했습니다. 하지만 불신 유대인들의 선동으로 큰 소동이 일어났고, 결국 로마군에게 체포되어 2년 동안 가이사랴에 수감됩니다. 이 기간에 바울은 빌립보, 골로새, 에베소에 있는 교회에 유대주의자들에 대한 경고와 더불어 그들의 거짓 가르침을 이길 수 있는 진리와 삶에 대해 편지를 보냅니다. "황제에게 증언하리라"라는 환상대로 로마로 이송되어 2년 동안 가택 연금을 당합니다. 풀려난 후 4차 선교 여행을 했지만 다시 체포되어 순교하고 맙니다. 바울의 파란만장한 삶은 그때 끝났지만, 하나님의 선교는 계속됩니다.

관찰하기   1. 바울은 자신에 대한 오해를 해소하기 위해 율법을 따라 정결 의식을 행했습니다(행 21:20-24). 이것은 율법을 반대하던 모습과 모순되는 것이 아닌가요? 아니라면 바울은 누가 율법을 지키는 것을 반대한 것인가요(고전 9:19-23)?

2. 죽음을 예견하고 그 앞에 담담했던 바울이(딤후 4:6-8) 후계자 디모데에게 전해 준 가장 준엄한 유언은 무엇인가요(딤후 4:1-2, 5)?

묵상하기   1. 하나님은 위대한 바울을 가이사랴에서 2년, 로마에서 2년이나 감옥에 있게 하셨습니다. 몸으로 끊임없이 달리는 것만 사역이 아닙니다. 하나님은 급히 달리게도, 때로는 쉬게도 하십니다. 바울은 이 육신적 쉼의 기간을 어떻게 보냈을까요?

2. 예수님을 만난 후 오직 '예수 사랑, 복음 전파, 진리 수호'라는 한 길만 달려온 바울, 그는 죽음을 앞두고 어떤 생각을 했을까요? 삶을 마감할 때 당신은 주님 앞에서 어떻게 당신의 삶을 돌아볼까요?

실천하기   1. 하늘에서 보이신 당신의 소명을 묵상해 봅시다. 다양한 삶의 영역에서 당신에게 주신 재능으로 주님을 섬길 작은 소원과 소명을 적어 봅시다.

2. "내가 그리스도를 본받는 자가 된 것같이 너희는 나를 본받는 자가 되라"(고전 11:1). 바울의 본받을 많은 영역 가운데 특히 당신이 본받아야 할 모습과 원리를 적고 조금씩, 그러나 지속적으로 실천해 봅시다.

기도하기   1. 바울 같은 위대한 종을 세워 사용해 주신 주님께 감사와 영광을 올려드립니다. 그의 예수 사랑 정신과 복음화 전략이라는 횃불이 이 시대의 작은 바울들을 통해 재점화되게 하소서.

2. 하늘에서 저에게 보이신 것을 분변해 감당할 힘을 주시고, 구체적으로 실행할 수 있는 길로 인도해 주소서.

3. 다큐 〈바울로부터〉가 좋은 자료의 차원을 넘어 한국과 세계에 바울 정신을 실천하는 운동을 일으키는 불쏘시개로 쓰임 받게 하시고, 그 길을 인도하소서.

메모